法による国家制限の理論

今関 源成 著
Motonari Imaseki

日本評論社

はしがき

本書は、二〇一七年九月二三日、六〇歳で逝去した早稲田大学法学学術院教授、今関源成氏の仕事をまとめた論文集である。齢六〇という、まだこれからという時にその命を終えてしまった。さぞや無念だったことだろう。

今から三九年前、今関氏は、私が大学院博士課程二年の時に修士課程に入学してきたので、三年後輩になる。入学当初から頭角をあらわし、控えめで寡黙、自己主張をするタイプではなかったが、報告や質問のなかではポイントを衝いた、実に鋭い指摘を行う。「おぬし、できるな」という太刀筋だった。三年半ほど大学院で一緒に学んだが、私が地方の大学に就職したため、たまに学会で挨拶する程度の関係になった。一九九六年四月に私が早稲田にもどると、彼とは学部内のさまざまな仕事を相談できるよき同僚となった。自分のことはほとんど語らず、とにかく弟子のこと、学部のことについて力を注ぐ彼に、私はすっかり甘えてしまった。学部の執行部（正副の教務主任）を通算一一年の長きにわたって務め、カリキュラム改革や学生の勉学条件の改善などに尽力された。そのため単著を出すのが遅れてしまい、私は、彼が五四歳の時に、出版社を紹介して著書化をすすめたことがある。その時、一瞬目が光ったので、出版の方向に進むものと思っていたのだが、そのままになってしまった。私の怠慢もあって、再度すすめることをしないうちに、彼はこの世を去ってしまった。

昨年一二月一六日、早稲田大学法学部主催の「今関源成先生とお別れする会」におけるスピーチのなかで、私は、「今関さんの仕事を何とかまとめて、世に問いたい」と宣言してしまった。「会」の終わりに挨拶した奥様の佳子さんがこれに反応され、彼が日頃家族に語っていた自らの仕事への思いを知ることになる（「あとがき」参照）。その場で、私の気持ちは決まった。すぐに日本評論社の串崎浩氏に相談したところ、言下に快諾してくださった。

そこで、直系の弟子にあたる早稲田大学法学学術院講師（任期付）の波多江悟史氏にまとめ役を依頼し、同じく三上佳佑氏（南山大学法学部専任講師）、森口千弘氏（熊本学園大学社会福祉学部専任講師）、さらに研究室は異なるが今関氏を師と仰いでいた春山習氏（早稲田大学法学学術院助教）の各氏に分担してもらって、その仕事を体系的に整理し、解題を付して一冊にまとめたのが本書である。

今関氏の研究の軸足は、フランス憲法研究に置かれた。法学部助手だった二五歳の作品、「レオン・デュギ、モリス・オーリウにおける『法による国家制限』の問題（一）（二）」（本書三四一～四〇五頁）は、若き今関氏の切れ味と可能性を感じさせるデビュー作となった。その後もフランス憲法における司法や違憲審査の問題について研究を続けた。また、日本における司法制度改革に正面から向き合い、その基礎にある「法の支配」論について根底的批判を展開するなど、学界においても注目される論稿を発表してきた。「法による国家制限」は、法を統治手段と見る司法審答申の「法の支配」観とは完全に対立するものである。著者が日仏の憲法研究を通して獲得した近代立憲主義のあり方は、この「法による国家制限」の理論のなかに集約されているといえよう。本書のタイトルとした所以である。

その後も「国民の司法参加」、検察審査会制度、弁護士自治、最高裁裁判官の任命慣行など、司法をめぐる重要問題について次々に論稿を公表して問題提起を行ってきた。近年では、大学の自治について関心を深め、「『大学の自治』と憲法院――『大学の自由と責任に関する法律』判決を契機として」（本書三〇七～三三三頁）を公表するなど、大学の自治の担い手としての理論と実践を総合する論稿を発表しはじめたところだった。「学問を学問として成立させ、教育の質を高めることができるのは、学問の論理以外の束縛から解放されて自由な教育・研究活動を行う大学人をおいてない。」（本書三一九頁）。この言葉には、今の大学のありように対する、彼の危機感に満ちた問題意識が集中的に表現されている。研究の方向と内容がより鮮明になってきたところでの急逝は、本当に残念でならない。

波多江氏をはじめとする愛弟子たちは、師の人と学問を知り抜いている。彼らが書いた解題とともに、ここに今関氏の仕事を世に問う。

最後に、本書の刊行にあたっては、串崎浩・日本評論社代表取締役社長に本当にお世話になった。心からお礼申し上げたい。

今関さん、この国と、この国の憲法の行方をしっかり見守ってください。

二〇一八年七月一七日

早稲田大学法学学術院教授　水島朝穂

『法による国家制限の理論』――目次

第3部　フランス公法学と国家理論――339

【初出一覧】

〈第1部〉

第一章

1 「司法制度改革における『法の支配』と『国民の司法参加』」
現代思想三六巻一三号（二〇〇八年）七五頁

2 「参加型司法」
全国憲法研究会編『憲法改正問題――いま、憲法学から改憲論議を問う』（日本評論社、二〇〇五年）一八〇頁

第二章

3 「憲法裁判をどうするか」
法の科学三〇号（二〇〇一年）一二〇頁

4 「司法制度改革と弁護士自治」
憲法理論研究会編『憲法と自治』（敬文堂、二〇〇三年）一二七頁

5 「刑事裁判への『国民参加』とは何か？」
憲法理論研究会編『政治変動と憲法理論』（敬文堂、二〇一一年）一一九頁

6 「検察審査会による強制起訴――『統治主体』としての『国民』」
法律時報八三巻四号（二〇一一年）一頁

第三章

7 「『法の支配』と憲法学」
法律時報七三巻一号（二〇〇一年）二五頁

8 「『行政』概念の再検討」
公法研究六七号（二〇〇五年）一六〇頁

〈第2部〉

第一章

9 「第五共和制の基本的枠組み」
奥島孝康＝中村紘一編『フランスの政治――中央集権国家の伝統と変容』（早稲田大学出版部、一九九三年）三五頁

第二章

10 「フランスにおける〝違憲審査制〟の問題点——政権交代と憲法院」
法律時報五七巻六号（一九八五年）六一頁

11 「挫折した憲法院改革——フランスにおける法治国家（Etat de droit）論」
奥平康弘編『高柳信一先生古稀記念論集　現代憲法の諸相』（専修大学出版局、一九九二年）三六三頁

12 「九〇年代のフランス憲法院」
憲法理論研究会編『憲法50年の人権と憲法裁判』（敬文堂、一九九七年）一六九頁

13 「フランス憲法院への事後審査制導入——『優先的憲法問題 question prioritaire de constitutionnalité』」
早稲田法学八五巻三号（二〇一〇年）二一頁

第三章

14 「憲法院と地方分権化改革」
早稲田法学六二巻一号（一九八六年）一五頁

15 「憲法院と一九九三年移民抑制法」
浦田賢治編『立憲主義・民主主義・平和主義』（三省堂、二〇〇一年）九九頁

16 「『大学の自治』と憲法院——『大学の自由と責任に関する法律』判決を契機として」
早稲田法学八七巻二号（二〇一二年）一頁

〔第3部〕

17 「レオン・デュギ、モリス・オーリウにおける『法による国家制限』の問題（一）（二）」
（一）早稲田法学五七巻二号（一九八二年）三一頁
（二）早稲田法学五八巻一号（一九八三年）一〇五頁

18 「公役務理論の変遷（ノート）」
早稲田法学五九巻一〜三号（一九八四年）二九頁

19 「自由主義的合理性の変容と福祉国家の成立——フランソワ・エヴァルド『福祉国家（L'Etat Providence）』」
大須賀明編『社会国家の憲法理論』（敬文堂、一九九五年）三頁

20 「Dominique Schnapper における Nation と Citoyen」
中村睦男＝高橋和之＝辻村みよ子編『欧州統合とフランス憲法の変容』（有斐閣、二〇〇三年）六二頁

第1部

司法制度改革と「法の支配」

1　司法制度改革における「法の支配」と「国民の司法参加」

二〇〇八年

一　司法制度改革

「国民の司法参加」の特殊日本的な形態として裁判員制度のコンセプトは、今次の司法制度改革の中で提起された。司法制度改革は、一九九九年に司法制度改革審議会（以下、審議会という）が設置され、二年間の審議を経て審議会意見書（「二一世紀の日本を支える司法制度」）が出され（二〇〇一年六月）、司法制度改革推進本部における意見書構想の具体化を経て法制化が進められた。基本的な法整備は二〇〇四年通常国会と臨時国会においてなされ、その年の一一月には改革推進本部は解散され、一応の区切りがつけられた。裁判員制度については来年の実施を控えてなお制度の見直しが提起されている。まだ評価を下すには時期尚早であるが、「一〇〇年に一度の改革」ともいわれ、日本の司法制度のあり方を根底的に変えるものである点では衆目の一致する大改革である。

司法制度改革は「法の支配」を基本理念とし、①「国民の期待に応える司法制度」[1]、②「司法制度を支える法曹のあり方」[2]、③「司法の国民的基盤の確立」[3]を改革の三本柱として司法制度全般に及ぶが、司法の運用主体である法曹三者の関与を排除する形で構成された審議会[4]の二年という短い審議で基本的な決定がなされたため、これに由来する改革の歪みは、法科大学院・新司法試験の場面において現在すでに顕著な形で現れている。まず、この問題に触れておきたい。

二　法科大学院問題

法科大学院は二〇〇四年に十分な準備期間もなく発足し、すでに三期の修了者を出している。法学部を持つ大学が挙って設けたため、法科大学院は司法試験合格者年三〇〇〇人の目標値の倍程度の定員をもって全国に簇生することになった。その結果、司法試験の合格率は、意見書の想定した七、八割から理論上三割前後に急降下することになり、新司法試験も競争試験の実質を維持することになった[5]。法曹人口大幅増に伴う法曹の質の低下を防ぎ、司法試験予備校から真の法曹教育を取り戻すために構想された法科大学院であるが、皮肉にもそれ自体の予備校化が問題とされるようになり、試験委員による試験問題の漏洩事件も起きた。法科大学院の教育に対する批判とともに、修了者の質の低下も喧伝されている[6]。

司法試験合格者の急増は、その就職難をもたらし、当初からの独立開業を強いているようであり、そうなると既存の事務所に入り先輩弁護士から弁護士職についてＯＪＴを受けることもできない。弁護士の専門職集団としての一体性は、大量増員による大衆化と、経験の継受の断絶によって蝕まれ、弁護士職のあり方は大きく変質する可能性がある。

このような「質の問題」が提起されるなかで、年間合格者三〇〇〇人の抑制を求める「法曹人口問題に関する緊急提言」（二〇〇八年七月一八日）を日弁連は発表した。(7) また、法務大臣によって、定員割れや合格率の低い法科大学院の取りつぶしが示唆された。(8) 司法制度改革の目玉政策の一つがすでに見直されようとしている。しかし、数値目標三〇〇〇人や法科大学院制度の問題性は、「質の問題」よりも、法科大学院修了者で司法試験に受からず法曹資格を得られない者（制度設計上、法科大学院入学者の七、八割）の社会的な受け皿が欠如していることである。また、法曹資格は得ても就職口のない者が大量に輩出される可能性があり、さらには、弁護士にはなったものの「独弁」として既存の事務所に入り先輩弁護士から現場の実際の仕事の仕方を学ぶ機会を得ることもできずに「自由市場」に放り出される者が出てくる。優秀な法曹を少数でも確保できれば、このような犠牲はやむをえないのか。「市場の落伍者」は、自己責任の問題であり、自律的個人として挫折から自力で立ち上がれというのだろうか。この歪な制度を作り出した責任は問われないのだろうか。

司法制度改革審議会は、会長のリーダーシップの下に短期間にあまりにも多くのことをやり遂げようとした。その拙速さに、(9) 現在の状況の原因の少なくとも一端はあるだろう。ちなみに、審議会のやり方は、素人と専門家（裁判官）が協働して連日開廷によって短期間に判断を下す裁判員制度の決定方式と似ている。しかし、裁判員制度は、審議会と同じ轍を踏むわけにはいかない。

三　法曹一元と陪審制

法曹一元と陪審制は、日弁連の司法改革構想(10)の最重要課題であった。日弁連の司法改革構想は、日本の裁判のあり方に対するオーソドックスな批判に基づく、いわば従来の標準的な改革構想ともいえるものである。(11) この構想との対比から今次司法制度改革の基本的性格を析出してみたい。

1　基本的視座

日弁連の改革構想は、「自由と正義」、「基本的人権の擁護と社会正義の実現」、「個人の自由と国家の利益のどちらを優先させたらよいか疑わしい場合には、個人の自由を優先させる」、「国家は個人の幸福追求のためにある」という「現行憲法の思想」から出発する。「統治の視点」ではなく、「利用者である国民の具体的な『幸福追求』（憲法一三条）に役立つ」か否かが改革の基本的視点とされ、スローガンとして「市民の司法」（「官の司法から民の司法への転換」）が掲げられる。弁護士の自己改革とともに、司法改革の「根本的な課題」は、「裁判官が利用者たる国民本位で裁判を行うことを、裁判官個人の自覚と努力に任せずに制度的に確保すること」とされ、変革の主たる対象は、「中央集権型の官僚組織による司法」に組み込まれ、司法組織内部における独立性を必ずしも享受していない裁判官のあり方である。

これに対して、審議会意見書の基本理念は「法の支配」、国民の「統治主体意識」である。「人権」という個人が基本的に国家に対して主観的権利を主張するための法概念は注意深く排除され、「法の支配」という客観的法原則がとられる。しかも、「法の支配」は私人間の関係が法によって規制されることを意味し、為政者も法に服するという対国家的意義は重視されない。また、国民が「統治主体」になるという議論は、国民の自己統治の強調によって国家の正統性を強化する機能を果たしがちであるので、個人の対国家的人権主張と緊張関係を孕むものである。

司法改革の理念は、従来、いかに十全に人権保障に適合的な制度を構築するかにあった。それゆえに、司法消極主義の現実に対して違憲審査制の活性化の方策が議論され、提訴を躊躇させるほど勝訴率の低い行政訴訟制度が批判された。また、代用監獄を利用した自白偏重の捜査・取調に依拠し、被疑者・被告人の防御権を十分に保障せず武器対等の原則に反するような刑事裁判のあり方、それによる冤罪の危険が指弾され、適正手続の観点から取調の可視化のための録画や防禦権の十全な保障の必要性が強く主張されてきた。さらに、最高裁事務総局による裁判官管理システム（司法官僚制）が人権保障の障害となっているという認識の下に、裁判官の独立性を強化する必要性も広く認められていた。日弁連の構想は、このような認識を基本的に共有するものである。

しかし、審議会は、規制緩和の結果として大量に生じると予想される紛争や、知的財産権のような新たな専門的知見を必要とする紛争への対応といった民事領域の問題（とりわけ、紛争解決の迅速性の追求の見地から）の検討に精力を注ぎ、国家の立法・行政活動のコントロールを目的とする違憲審査や行政訴訟[12]には手をつけなかった。国家の刑罰権の行使（あるいはそのチェック）の場である刑事裁判については、裁判員制度導入に伴い必要になる限りで手直しがなされたに過ぎない。人的基盤の問題は、法曹人口増（実質は弁護士の大幅増）の問題に解消されてしまい、裁判官制度改革は微温的なものにとどまった。

このように日弁連と審議会のスタンスは、理念（「人権」か、「法の支配」か）、改革の主体（「市民」か、「国民」か）、改革対象（権力の行使にかかわる違憲審査・行政訴訟・刑事裁判か、私人間の紛争である民事事件か。官の裁判官制度改革か、民の弁護士改革か）、達成目標（適正さか、迅速化か。裁判官の独立性か、弁護士の大幅増加か）といった点で際立った対照をなしている。一言でいえば、権力行使に対する統制を強化する改革を行なうのか、グローバル化と新自由主義的政策の結果生じる民事紛争の迅速な解決に適合的な仕組みを構築するのかという相違である。この対照の意味について、法曹一元と陪審制を素材に若干検討してみたい。

2　法曹一元と弁護士任官

法曹一元とは、一定の実務経験を積んだ弁護士の中から裁判官を選ぶ制度である。現在のキャリア・システムでは、裁判官は最初から裁判官として任用され、最高裁事務総局を頂点とする組織のなかでキャリアを積んでいく。「司法研修所の門から直ちに裁判所に入り、事件処理を通してしか世の中のことをみない裁判官」は「市民感覚」

を知らない。それに対して、「市民とともに生活し、その利益を理解し、裁判において当事者代理人として経験を積」むことで弁護士は「市民感覚」と、「裁判を受ける立場に立った経験」があるが故に「裁判をする者の豊かな認識能力」とを備えている。したがって、弁護士こそが裁判官となるにふさわしい。裁判官は市民も加わった「裁判官推薦委員会」を通じて推薦される弁護士から選ばれるものとすべきである。これが日弁連の提案する法曹一元制である。

市民の生活者としての感覚を、市民が直接裁判に参加するのではなく、弁護士経験者が裁判官となることによって法律専門職として、裁く側に媒介する構想が法曹一元制である。これは現行システムを根底的に変革する構想であった。それだけに実現の見込みは皆無に近かったと思われる。しかし、審議会は、これを議論の俎上に載せたうえで、法曹一元のもつ司法官僚制にとって不都合な棘の部分を除去して現行キャリア・システムにその補完物としてうまく組み込んでしまった。弁護士会に対するのとは違って、裁判所の意向[13]を挫いてまで改革に邁進しようとはしなかった。

最高裁の意向に沿ってキャリア制を維持しつつ、法曹一元の趣旨を生かして制度化されたのは、裁判官と弁護士の若干の人的交流の仕組み（弁護士任官（一九九一年に制度発足）の推進[14]、判事補の他職経験[15]、非常勤裁判官制度[16]）であるが、非常に射程の限定されたものである。また、裁判官の任用手続の民主化、透明化、客観化を図るために、下級裁判所裁判官指名諮問委員会（法曹三者以外の「学識経験者」が委員の過半数を占める）の設置、裁判官の人事評価の透明化・客観化が行なわれた。これらによって裁判官の給源は若干多様化し、裁判官の社会経験は若干豊かになり、裁判官人事は若干風通しがよくなるであろうが、根底から司法官僚制を覆さねばならないという法曹一元の野心的主張からすれば、極端に矮小化された成果であった。

逆に、下級裁判所裁判官指名諮問委員会ができたことによって、任官や再任の際における不適格者の排除が増えている。[17]「裁判官の独立性に対する国民の信頼を高める」ためのこの委員会の設置によって、これを隠れ蓑に最高裁事務総局の人事の選別に関する裁量が拡大する結果となっている可能性が示唆されている。[18]また、人事評価制度が、裁判官の内部的独立性を弱める働きをする危険も指摘されている。[19]裁判官制度の改革は、弁護士制度改革のドラスティックな性格に比べ非常に微温的であるが、問題はそれにとどまらず、むしろ改革によって司法官僚制が強化され、裁判官の独立性がますます危殆に瀕するかもしれないということにある。このようにして、法曹一元構想は骨抜きにされ、挫折した。

3　陪審制と裁判員制度

日弁連は「市民の司法への直接的参加の方法」として刑事重罪事件と行政訴訟[20]を対象に「事実認定」を市民の手に委ねる陪審制を提案した。

「精密司法」とか「調書裁判」といわれる専門家だけに理解可能な刑事裁判への「国民」の関与によって、一般国民にもわかる言葉で裁判が行なわれれば、重要な国家作用である裁判に対する国民の理解と信頼が得られるようになる。また、裁判手続の構造自体も大きく変えざるを得なくなる。陪審員の負担を考慮すると、裁判期間短縮のため集中審理が必要で、それには争点や証拠に関して事前の整理手続の整備が必要になり、審理自体も書面ではなく、陪審員の面前における証言や検察官と弁護人の直接的なやり取りになる（形骸化している口頭主義・直接主義の再生）。この手続の変更は、証拠開示の徹底による武器対等の実現や、九九・九パーセントともいわれる有罪率を誇る日本の刑事裁判の現状の中での無罪推定原則の復活をもたらす。国民の参加によって、現状に慣れ親しんだ法曹とは異なる素人の健全な常識、法に対する虚心な姿勢が刑事裁判に反映されるようになるのである。このように被告人の立場が強化され、陪審員の常識に法曹が配慮せざるを得ない状況になれば、冤罪の温床といわれる日本の自白偏重の刑事捜査・刑事裁判はドラスティックに変わっていく。このような連環の中で、陪審員制度は刑事手続の中に組み込まれ、憲法の要求する適正手続を絶えず刑事手続の内部で喚起し、その実現への圧力をシステムにかけ続けることになる。日弁連の構想を理念的に多少敷衍すれば、このような展望になると思われる。この展望があればこそ、国家の刑罰権の発動への国民の関与（陪審制の導入）は意義を持つのである。この意義は、適正手続の保障によって個人の人身の自由が保障されるという人権保障の観点から捉えられるべきであって、国民の「統治主体」化という「国民主権」の文脈に位置づけられるべきではない。換言すれば、ここでは「参加」自体に意味があるわけではなく、「参加」によって得られる（人を処罰する過程の適正さの保障、主観的権利の問題としていえば人身の自由の保障と強化）帰結にこそ意味があるのである。

裁判員制度[21]はこの展望を現実化するにふさわしい制度設計となっているだろうか。裁判員制度の見せかけの分かりやすさ（検察官や弁護士が裁判員のまえで行う弁論のパフォーマンス化）や、弁護士の側に十分な態勢のない中での連日開廷による迅速な事件処理によって被告人の防禦権が侵害され、厳罰化を望む国民の「常識」によって適正な手続への配慮が後景に退く危険などが指摘されている[22]。人権の観点から、裁判員制度を綿密に点検する必要性は高い。冤罪の防止に役立つという理由で提案された陪審制（司法への国民参加）が、冤罪を生む裁判員制として制度化されたとしたら皮肉なことである。

保岡法務大臣は、裁判員制度について「裁判が分かりやすく、迅速になり、国民の意思を裁判に反映できるようにもなる[23]」と発言しているが、素直に裁判員制度の導入意図を説明しているように思われる。陪審制の提案を裁判員制度として結実させた原動力は、刑事裁判の迅速処理の推進役として「国民参加」が使えるという点に求めることができると思われる。国民に負担をかけないということを理由にすれば、短期集中審理を正当化できるのである。しかし、迅速な裁判で防禦権も十分に行使できず、有罪を宣告される被告人は堪らない。それを、国民も参加して民主的に決定したことだからと説明されても、被告人としては納得がいかないだろう。手続が適正であり、自分の主張も十分聞いてもらえたときに初めて、裁判に対する信頼と納得は生じる。国民の負担軽減のために、迅速さと分かりやすさを優先して裁判員制度を設計したのは本末転倒であった。

国民の意思の反映という民主主義の文脈で裁判員制度のメリットを主張する議論についても、警戒的でなければならない。刑事手続においては、無辜を処罰してはならないという価値が最重要視されるべきである。国民参加自体の価値が、それより大きいとは思えない。国民参加のメリットは、国民による刑罰権行使のチェックにあり、その権力チェックの意味で民主的な意義をもつ(24)。事件の判断を、量刑を含めて、国民が直接行うことが民主的なのではない。この点で量刑判断への関与は、死刑の決定に国民を関与させることの当否とともに、構造的な問題を抱えているように思われる。

国民参加が、「国民の健全な常識」によって専門家の「非常識」を正すという議論にも警戒的でなければならない。法制度のもつ法的合理性を、「常識」という捉えどころのない観念によって相対化することは、人権保障にとって有害である場合が多い。なぜ法律学が緻密な概念を用いて議論をし、結果妥当性と同じくらい手続の公正さを重視するのか。そうした点を考慮せず、国民の「常識」の健全性を推定した議論はすべきではないだろう。

また、専門家が専門合理性に則って専門家としての責任を自覚して果たすべき役割を的確に果たすことが裁判では重要である。裁判員制度において、裁判官と裁判員の「協働」という仕組みが、専門家による素人への責任転嫁と、素人の専門家への依存によって無責任な判断をもたらすことにならないかが懸念されるところである。

迅速・分かりやすい・「常識」、それに国民参加という民主主義、これらによって、慎重で専門合理性に基づく、人権に配慮した専門家の適切な判断までが覆されてしまう事態が出来することがあってはならない。

裁判員制の導入の意図として、「今は地域社会がバラバラになり、他人の事件へのかかわりを避ける人が多い。

裁判員の経験者が増えていけば、事件を自分のことと考え、治安を人任せにしないという意識が社会に浸透するだろう」（検察幹部）[25]といったことが言われている。市民が共同体の一員として共同体で起きていることに関心を持つことは重要であるが、問題は、国家の側が上から組織的に義務として共同体への関心を喚起しようとしていることにある。検察幹部の発言の延長上で、「治安を人任せにしないという意識」が浸透した社会が、国家によってどのように組織されていくのかという懸念を持たざるを得ない。国民主権や公共精神の強調は、改憲論にも見られるが、民主的決定であっても服さなければならない制約として権力に課された人権の価値を稀薄化するのに一役かっている。

司法制度改革は、「自律的個人」、「法の支配」、「国民」の「統治主体」化を高らかに謳い上げた。しかし、権力制限という本来的意味での「法の支配」と、「統治主体意識」が前提とする民主主義との間には緊張関係が存在している。また、「法」が想定する手続的適正および実体的価値としての「人権」は、「国民の健全な常識」とはかけ離れざるを得ないこともある。「法の支配」と、「民主主義」、「国民の常識」とは敵対関係にも立ちうるものであるが、今次司法制度制度においては、この三者が調和的に語られ、本来なされるべき権力に対する拘束の強化[26]はなされず、むしろ権力は法的な軛から解放され、他方、国民や弁護士という「民」の側には公共性に由来する義務（裁判員の出頭義務・守秘義務、弁護士の公益的任務の遂行など）が課されるという奇妙な転倒した事態が生じている。

「人権保障」と「権力に対する拘束としての法」という立憲主義に対する配慮があれば、「法の支配」と「国民の司法参加」に基づく司法制度改革も、審議会とは全く異なった形で構想されていただろう。司法制度改革は、「法の支配」、「国民主権」という法的観念と「国民の常識」とを動員して「人権」を取り囲む防壁を一枚一枚剥ぎ取り、「人権」という価値の相対化に大きく寄与したように思われる。[27]

（1）「より利用しやすく、分かりやすく、頼りがいのある」司法制度の整備であり、主として民事裁判における司法アクセスの改善と迅速な裁判の実現を内容とする。なお、審議会意見書については、首相官邸HP（http://kantei.go.jp/jp/sihouseido/report/ikensyo/index.html）、ジュリスト一二〇八号（二〇〇一年九月一五日号）一八五頁以下を参照。

（2）「質量ともに豊かなプロフェッションとしての法曹」の確保（司法試験合格者の大幅増によって約一〇年で法曹（実質的に弁護士）人口倍増）と、司法試験予備校のマニュアル教育でも対処できる一発試験ではなく、問題発見・解決能力と論理的かつ説得力ある論証を行える能力を養成する法科大学院（いわゆるロースクール）を中核としたプロセスとしての教育の実現が、その内容である。司法試験の受験資格が法科大学院修了者に限定され、受験回数制限（修了後五年以内に三回）も導入された。

（3）「国民が訴訟手続に参加する制度の導入等により司法に対する国民の信頼を高める」ことが目的であり、裁判員制度がその主たる制度的表現である。ほかに、検察審査会の議決への法的拘束力の付与、裁判官の任用手続や弁護士会の懲戒手続への非法律家や外部委員の参加などが具体策として提案された。

（4）司法制度審議会自体の実質的正統性は、かなり曖昧なものである。法曹三者が改革を議論する適格を欠くとして排除され、他方、裁判や訴訟法あるいは法律学の専門研究者からなる専門家会議でもなく、国民各層を代表し民主的に選任された委員であるわけでもない。法律関係者六名と司法ユーザー七名のコラボレーションにこそ正統性があるとでもいえばよいのだろうか。裁判員制度における裁判官と国民の「協働」というコンセプトが何をもたらすか、司法制度改革審議会の意思決定システムを検証すれば、わかるかもしれない。審議会において、組織の裏付けもなく、司法に対する専門知識もないと思われる委員が積極的な寄与をなしえたのか。これは裁判員として参加する一般国民の地位を予示するものではないか。

（5）二〇〇八年度の合格率は、三三パーセントである。合格者は二〇六五人。三回不合格で今後の受験資格を喪失した者は一七二名（旧試験からの分を含めると二四一名）である（二〇〇八年九月一二日付朝刊各紙）。

（6）たとえば、「政府の失敗でおバカ弁護士が増殖中」（週刊朝日二〇〇八年九月一二日号三三頁）参照。司法研修所修了試験の不合格者の増加も質の低下の論拠とされる。二〇〇七年度の不合格者は、旧試験組が七一名（不合格率四・八パーセント）、新司法試験組が七六名（七・二パーセント）（日弁連「緊急提言」資料四参照）、今年度分は、旧試験について三三名（五・一パーセント）である（朝日新聞二〇〇八年九月二日朝刊）。

（7）日弁連のHP上で参照することができる（http://www.nichibenren.or.jp/ja/opinion/report/080718.html）。

（8）朝日新聞二〇〇八年八月一三日朝刊。中教審大学分科会・法科大学院特別委員会も九月五日に、法科大学院の定員縮小や統廃合の促進の検討を求める改革案を示した（日経新聞二〇〇八年九月六日朝刊）。

（9）司法制度改革推進本部の事務責任者は、三年で改革審の意見書を具体化する任務を前にして、「こんなすごいことを何で三年でできるんだ。こんなむちゃな計画はない」という「正直な感想」を持ったと述べているという（大川真郎『司法改革』（朝日新聞社・二〇〇七年）二一六頁）。

（10）一九九九年一二月八日に当時の日弁連会長小堀樹が司法制度改革審議会第八回会合においてプレゼンテーションした「新しい世紀における司法のあり方と弁護士会の責務」にここでは準拠する。

（11）弁護士会は、当番弁護士制など被疑者・被告人の人権保障（適正手続の保障）の向上に尽力してきたし、法律扶助制度の運営にも積極的にコミットするなど、独自の改革を司法制度改革以前から実践してきた（その詳細は、大川前掲書参照）。その意味でも、司法の現場を熟知している弁護士たちが主張する改革構想に一定の敬意が払われるべきだと思われる。

（12）行政訴訟改革ついては、司法制度改革審議会は、行政に対する配慮からか、立ち入った議論をせず、別の会議体に議論を丸投げした。その結果、行政法の専門家による検討を経て、二〇〇四年に行政事件訴訟法が改正された。

（13）最高裁にとって法曹一元は「実証的視点を欠いた理念的なもの」である（「二一世紀の司法制度を考える――司法制度改革に関する裁判所の基本的考え方」第八回司法制度改革審議会における最高裁のプレゼンテーション文書）。

（14）最近の弁護士任官者は一桁である（二〇〇三年度一〇人、四年度八人、五年度四人、六年度一人。D・H・フット『名もない顔もない司法――日本の裁判は変わるのか』（NTT出版・二〇〇七年）一九八頁による）。これではキャリア制の性格は変わらない。

（15）判事補が二年前、裁判官の身分を離れて弁護士の経験を積む制度。年間一〇人ほどに適用。

(16) 弁護士任官を促進するための環境整備も兼ねて、民事調停事件と家事調停事件で、弁護士が非常勤で裁判官と同等の立場で調停手続を主宰する制度。弁護士任官よりは非常勤であるので応募者は多いが、数十人といったところである。

(17) フット・前掲書によれば、二〇〇三年から四年間で裁判官への任用の不適格者とされた者は三二名（〇二年までの一五年間で一〇名）、申請撤回二二名、再任拒否された者は〇三年から三年間で一八名（〇二年までの五〇年間で二名）にも上るという（二二五頁以下参照）。フットの指摘するように、この数値上の増加をどのように評価すべきかは難しい問題である。

(18) フット・前掲書二二六頁以下参照。

(19) 久保田穣「裁判官の人事評価制度と裁判官の内部的独立」広渡清吾他編『民主主義法学・刑事法学の展望』（小田中先生古稀記念論文集）下巻（日本評論社・二〇〇五年）三二八頁以下参照。

(20) 国を一方当事者とする行政訴訟は、行政の監視に直接関わるので、国民が主権者として裁判に参加するに最もふさわしい場面であると思われるが、審議会ではこの点は考慮されなかった。

(21) 裁判員制度の詳細および具体的問題点については、土屋美明『裁判員制度が始まる——その期待と懸念』（花伝社・二〇〇八年）、竹田昌弘『知る、考える裁判員制度』（岩波ブックレット・二〇〇八年）、小田中聰樹『裁判員制度を批判する』（花伝社・二〇〇八年）、フット・前掲書第六章など参照。上野勝・山田悦子編著『甲山事件——えん罪のつくられ方』（現代人文社・二〇〇八年）も参考になる。憲法学者による法解釈論的検討として、「日本国憲法研究　第一回　裁判員制度」（笹田栄司、ダニエル・フット、長谷部恭男、大沢秀介、川岸令和、宍戸常寿）ジュリスト一三六三号（二〇〇八年九月一五日号）七八頁以下参照。

(22) 裁判官制度によって現実に厳罰化が起きるかは分からないが、審議会は量刑への国民の関心の高さを導入の根拠として挙げている。

(23) 日経新聞二〇〇八年八月八日朝刊。

(24) 検察審査会の例が国民参加の積極的意義の例証としてよく援用されるが、検察審査会は、陪審や裁判員のように国民が他の国民を直接裁くのではなく、検察官という国家機関の活動を国民がチェックするものであり、裁判員制度とは、国民と国家との関係性を構造的に異にしている。

(25) 読売新聞社会部裁判員制度取材班『これ一冊で裁判員制度がわかる』(中央公論新社・二〇〇八年)一八五頁。

(26) 本来、執行権の強化・強いリーダーシップの確立を目指した九〇年代諸改革の「最後のかなめ」として司法改革の課題は、強力な政府に対する権限行使の適正さのチェック体制の確立であろう。その意味で、違憲審査、行政訴訟、司法官僚制の改革は、司法改革の試金石といえるものであったと思われる。

(27) 人権の相対比は、改憲論においては、新しい人権を憲法に規定し、たとえば、表現の自由とプライバシー、適正手続(デュープロセス)と被害者の人権など、人権と人権の対立の調整者としての役割を国家に付与し、そこから権力を引き出そうとする指向に顕著に現れている。なお、有罪無罪の決定の段階への被害者の積極的な参加は、アメリカ合衆国であれば、デュープロセスの観点からまず違憲であろうという指摘(フット・前掲書三一〇頁)を参照。

第一章　司法制度改革における「法の支配」と「国民の司法参加」

2　参加型司法

二〇〇五年

一　憲法改正と司法制度改革

憲法裁判所の設置構想〔別項参照〕を除けば、司法制度に関する憲法改革の具体案として論議の俎上に上っているのは、最高裁判所裁判官の国民審査の廃止、軍事裁判所の設置、迅速な裁判を受ける権利の明文化〔自民党新憲法起草委員会小委三月一四日〔朝日新聞三月一五日朝刊〕〕、プライバシー保護のための裁判の公開に対する制限の強化〔読売改憲試案〕などである(1)。司法制度に関しては、すでに司法制度改革審議会の意見書に基づいて、司法制度改革推進本部がその具体化立法を整え終えたところである(2)。改革推進本部は、二〇〇四年一一月三〇日に正式に解散している。司法制度改革は一応憲法の枠組を前提としていたが、現時点であえて憲法改正によって実現しなければならない重要課題が司法制度について残されているであろうか。また、自民党は、憲法改正というより、新たな会議体の名称〔新憲法起草委員会〕が雄弁に物語るように、憲法の基本構造をすべて変更しようとするかのようであるが、それに付き合って憲法全体を不必要に政治争点化する必要もないと思われる。ただ、改憲の主戦場である九条平和主義の改正と、それと連動する統治システムの再編成の中でどのような司法制度が想定されているのかを検討することには一定の意味はあるであろう。

憲法改正の文脈で司法の問題が活発に論議されているわけではないが、それは、先行した司法制度改革において、来るべき司法像が予示されていたということであろう。本稿では、九条改正後の「普通の国」における効率的な統治システムの構想の中で司法が、現在とは異なるどのような位置づけと役割を期待されることになるのかを、司法制度改革をふり返りながら検討してみたい。従来、現実はともかく、観念の世界においては人権保障の最後の砦として、また政治から独立した存在として立憲主義の文脈の中に司法は位置づけられてきた。司法制度改革において、司法は「国民的基盤」を有すべきものとされ、「国民」シンボルと結合された。司法を「国民」と結合して規定する考え方の問題性は何か。

二　司法制度改革と「国民」シンボル

司法制度改革審議会は、その意見書（「21世紀の日本を支える司法制度」二〇〇一年六月一二日。以下、意見書という）において今次改革を「『法の支配』の血肉化」、「国民の統治主体意識」（統治に対する国民の重い責任の自覚）、政治とともに「『公共性の空間』を支える柱」としての司法、「国民の社会生活上の医師」としての法曹（人権・社会的正義の実現者という弁護士像からの脱却）といったキーワードによって規定し、司法制度改革の三つの柱として、①「国民の期待に応える司法制度の構築」、②「司法制度を支える法曹のあり方」、③「国民的基盤の確立（国民の司法参加）」を掲げた。この三本柱は、主として、①迅速な紛争解決の実現（裁判の迅速化に関する法律）、②法科大学院の設置、弁護士・弁護士会改革、③裁判員制度（裁判員の参加する刑事裁判に関する法律）として具体化された。

「法の支配の血肉化」は、法による権力の拘束ではなく、「法化」という意味で用いられていることはつとに指摘されてきた。「法化」は、法を主たる社会的調整手段とすることによって社会関係を法的関係へと還元することを意味するだけであって、権力制限という立憲主義的な意義とは無関係である。むしろ法を統治の手段視する考え方である。司法制度改革審議会の司法改革を検討する際には、この前提を閑却してはならない。また、司法を「公共性の空間」とする理解は、国民の統治に対する重い責任と合わせ読むと、私益と私益の対立であれ、私益と公益の対立であれ、基本的に個人の私的権利主張の場として司法を捉える考え方とは異質なものである。裁判は、私的権利主張を貫徹する場というよりも、「公共性」への配慮を個人が学ぶ場とされているように思われる。

さて、司法制度改革において「国民」という言葉は、司法サービスの利用者（消費者）と、政治的主体・主権者という異なる二つの存在を包括して指し示している。したがって、前者の意味における「国民の期待」には、個人だけではなく企業の期待も当然に含まれる。他方、「公共性の空間」を支える司法の運営への参加というときには、「統治主体」としての「国民」が統治に責任を負うことの一環として国民参加、司法の国民的基盤の確立が語られる。ただ国民的基盤の確立といっても、単に国民の声を裁判の運営に反映させるべきであるということ（民意の反映）なのか、それ以上に司法に自己統治理念を貫徹させるという強い意味を持つのかは判然としない。こうした曖昧さにもかかわらず、あるいはそれゆえに、主権者と利用者を無媒介に結合させた「国民」というイデオロギッシュな観念によって、さまざまな改革が正当化され、公正と適正を理念とする従来の司法観を無原則に相対化することになる。

「国民」シンボルは、たとえば弁護士自治という旧制度を解体する論理としては強力に機能するが、裁判員制度に端的に見られるように、司法制度改革においては、統治主体化した「国民」を中心とする司法制度の全面的な再編が目指されているというわけでは決してない。

三 「国民」シンボルの機能

司法制度改革の最大の眼目の一つは裁判の迅速さの実現であった。意見書は「国民の期待に応える司法制度の構築」の項において、迅速な裁判によって紛争解決の実効化を図ること、および裁判の迅速化に必要な民事・刑事裁判の再編を語っている。裁判の迅速さは、訴訟当事者となる個人にとっても切実な問題であるが、グローバリゼーションの進行の中で経済競争に勝ち抜かねばならない企業にとってはより切実な要求となっている。これが「国民の利用しやすさ」という価値を媒介として「国民」の要求とされる。確かに裁判の長期化は紛争解決手段としての意義を裁判から奪ってしまう。問題は、裁判に必要とされる手続の適正さと迅速さという二つの価値のバランスについて十分吟味されることなく、企業の要求が「国民」の援用によって司法の正統性の重要な契機の一つである手続の適正さを後景に押しやる危険である。

「国民の利用しやすさ」、「国民の身近な司法」という理念は、法曹人口増の根拠でもある。法曹人口増は、否応なく弁護士の社会的ステイタスと弁護士会という職能団体の変化をもたらすであろう。また、法曹人口増は法曹養成システムとしてロースクールを生み出した。ロースクールは、大学における法学教育のあり方を大きく変え、同時に、大学の自治の大幅な後退を導くことになった。利用者・国民に開かれた弁護士会あるいはロースクールという理念によって、自治に名を借りて既得権益の上にあぐらをかいた組織として弁護士会や大学は批判される。「国民」シンボルは、国家との関係で一定の自律性を認められてきた団体から、利用者・国民に対するサービス向上を名目に、いわば消費者主権という市場主義的論理に基づいて自治を奪う機能を果たす。自治の喪失によって、大学や弁護士会は対抗権力としての力を殺がれてしまう。その意味を無視することはできない。

自治の解体は、統治主体として責任を自覚した「国民」の援用によっても遂行される。「国民」は、これまで疎遠であった裁判官や弁護士のあり方に関心を持たなければならない。逆に、法曹の側は統治主体としての「国民」に対して説明責任を果たさなければならない。裁判官、弁護士に対する「国民」のコントロールは、実際には、第三者の関与という矮小化された形態で実現される（下級裁判所裁判官指名諮問委員会、日弁連綱紀審査会など）。「国民」は、自律的職能団体の外部一般を指す「第三者」という観念と置換可能である。そして「第三者」は「国民」を僭称し、自律的職能団体に対して影響力を行使して、その団体のエトスを掘り崩していくのである。それが司法の民主化に値するものであろうか。「国民」という観念に政治的主権を有する個人の集合体という明確な規定を与えず、アモルフなまま司法の民主化や「国民主権の実質化」を語り、他方で、政治的主権の問題と利用者の意向の反映の問題とを混同するがゆえに、「国民の統治主体化」は安易に「第三者」の関与で代用され、民主主義とは無縁となる。

四　裁判員制度——参加型司法の内実

国民の司法参加は、意見書において「国民の統治主体意識」という自己統治的民主主義を彷彿とさせる理念と関係づけられるが、一般にはむしろ司法は政治部門の組織原理である民主主義によって支配されるべきものではない。国民の司法参加は「国民主権の実質化」だともいわれるが、それがどのような意味で民主的なのかということ、およびそれが公正な裁判を実現するのか否かは吟味を要する問題である。司法制度改革における「国民の司法参加」の典型的な表現である裁判員制度に関して、「国民」シンボルによる司法と民主主義の結合はどのような意味を持つのであろうか。

司法制度改革における「国民の統治主体意識」と司法との結合は「司法の国民的基盤の確立（国民の司法参加）」という表現をとるが、それは複数の意味を有し、それぞれに問題を抱えているように思われる。

①キャリア裁判官の専門合理性によって実現される公正さ・適正さに代わって、主権者国民の参加自体が司法に新たな正統性を提供するという裁判の正統性根拠の転換。これは、迅速さの要請とあいまって裁判の公正を後退させるベクトルとして利用される危険を有する。

②裁判の正統性根拠は公正さに求めつつ、専門家の独善を「国民の常識（良識）」によって正すことで裁判の質（公正さ）を向上させるということ。これも裁判に国民の良識が反映されるという点で裁判の民主化とされる。ただし、常識に反してでも裁判官が専門合理性を貫徹することを公正な裁判の条件とする「非常識の府」としての司法[3]という理念とは背馳する。常識（良識）の関与が常に裁判の公正を保障するかは疑わしい。国民の良識が公正さを高める方向に働くような制度的担保が必要であろう。

③「国民」に対する司法の担い手の説明責任の問題。国民が裁判の場や弁護士会の内部に入っていき、自らあるいは法曹から司法の運営について情報を得ること、すなわち主権者として司法の実態を知ることによって、司法が国民にわかりやすいものに変わっていく可能性は出てくる。これも主権者に対する説明責任という意味で民主主義の問題であるが、この「開かれた司法」の理念は、裁判の独立性と法曹の自律性を蝕み、外部からの影響力行使に対して司法を脆弱にする危険をもっている。

④司法への参加（裁判員制度）は、「国民」の市民的徳性を涵養することによって民主主義の精神的基礎を形成するという意味において、民主主義を強化する。こうなれば民主主義にとって大きな利益だろう。ただ、裁判の目

的は民主主義の訓練の場であることではない。裁かれる者の立場に立った場合（誰でもその可能性はある）、公正な扱いを求めるのは当然であろう。「同胞による裁判」というだけでは納得できないし、まして訓練の素材という扱いでは尚更そうである。また、裁判員制度は、「公共性の空間」において統治に対する国民の重い「責任」を強制的に果たさせ、もって「国民」的徳性を内面化することを要求する。(4) 裁判員制度は、政府が公共性・徳性を振りかざして個人の内面の改造を意図する試みであり、公共的価値や国民の義務を強調する改憲の理念と相似形をなしている。また、刑事の重大犯罪に対象を限定した裁判員制度は、人の命を奪うか否かの判断に強制的に国民を関与させる点において、戦争に国民を動員することになる九条改正論に通じるものがある。なぜ刑事重大事件から国民の司法参加を始めなければならなかったのか。

以上のように司法の民主化といっても多義的で、それぞれに難しい問題を抱えているが、司法の民主化といった議論の一番の問題は、「国民」の援用によって複数の意味が分節されない結果、民主主義と裁判の公正の要請とをともに満たしうる制度を実現すべく改革の得失を十分吟味するといったプロセスが省かれてしまうことである。民主主義のために裁判の公正を犠牲にし、裁判の公正を口実に民主化に歯止めを掛け、何を目指すのかわからないキメラが出来上がり、民主主義も裁判の公正も結局ともに失ってしまう危険は否定できない。

裁判員制度については、そもそも民主的制度として機能しうるかという問題がある。「統治主体」という勇ましいイメージを背景にしているにもかかわらず、裁判員は裁判官と「協働」するにすぎないし、六対三という人数比も裁判官の専門家としての権力性を抑制するに十分といえるものではなかろう。民主主義との関係では裁判員の守秘義務の問題が重要である。裁判員の経験が国民全体に共有されなければ、国民全体の統治主体としての責任の自覚も高まらず、司法の民主化も実現されえないであろう。裁判員制度が、司法の民主化というよりも、刑事重罪事件の迅速裁判による厳罰に対する「いちじくの葉」にすぎないという評価をうける所以である。(5)

おわりに

改憲論は、司法制度に関して参加型司法という構想を明確な形で展開しているわけではない。むしろ、迅速な裁判を受ける権利や国民の司法参加の憲法明文化という形で基本的に司法制度改革を援用することが多い。そこで、司法制度改革における「国民の司法参加」論を素材に司法と民主主義のかかわりについて瞥見してきた。

まず、「国民の司法参加」は司法の公正と「民主主義」という二つの二律背反的契機から構成されていること、「民主主義」も多義的な意義を担わされていること、「民主主義」の担い手である「国民」は「統治主体＝利用者」という二面性を表裏一体化したものであること、このような多義的含意を分節することなく関係性を曖昧にしたまま用いているため「国民の司法参加」論は明確な像を結ばないことなどを指摘できる。とらえどころのないこの「国民の司法参加」論は、従来の司法制度観に対して、とらえどころがないがゆえに強力な破壊性を有する。逆に、新たな司法制度の構築原理としては、明確な内容を有しているわけではないので、役に立たず、むしろ融通無碍で便宜的な対応を制度立案者に許すのである。そのような意味で「国民の司法参加」は非常に政治的な議論である。

国民の司法への関与を考えるのであれば、司法の理念が裁判手続の公正・適正にあることを原則として、それを実現する最適の手段を探究するという枠組の中で、プラグマティックに検討すべきではないだろうか。「国民」全体の意思に対して個人の権利主張の正当性を、法規範を基準とし第三者として判定するという本来的に非民主的な司法に安易に民主主義の論理を導入すべきではない。民主性に司法の正統性の淵源を一元化することにも懐疑的であるべきである。専門職集団が国家権力に対抗するよりどころを形成することには一定の意義があるのではないか。司法制度改革審議会はそのメンバーから、建前としては法曹三者の代表を排除した。そこに現れているように、審議会の「司法」理念は、法曹という専門職を「国民」や「常識」というシンボルによって解体すること、法曹の自治をいわば無化することによって成立する理念である。職能団体の自律性と法的専門合理性を、特権としてあるいは特殊な閉鎖団体内部でのみ通用する符丁として非難し、主権者・国民の一元的な価値体系に従属させる司法理念は、司法権が、民主主義と維持する微妙な関係を単純に民主的正統性原理に還元してしまう。もしそれほどに民主主義を信頼するのであれば、憲法裁判所の存在など認められないであろう。理論的・イデオロギー的一貫性とは無縁な改憲論の便宜主義をここにも見ることができる。

（1）参院憲法調査会では、裁判官の身分保障のあり方の見直し、民事・刑事裁判の迅速化、最高裁判所裁判官の国民審査制の廃止、司法への国民参加の明文化、弁護士会制度のあり方、行政裁判所、軍事裁判所等の設置などが議論されている。また、衆院憲法調査会の司法に関する議論の整理として、衆議院憲法調査会事務局「衆議院憲法調査会における『司法・改正・最高法規等』に関するこれまでの議論」（衆憲資六六号、二〇〇五年二月）を参照。

（2）立案担当者の手になる総括のひとつとして、松永邦男『司法制度改革推進法・裁判の迅速化に関する法律』司法制度改革概説1（商事法務、二〇〇四年）がある。司法制度改革審議会におけるアカデミスムの立役者たちによる意見書の解説として、佐藤幸治・竹下守男・井上正仁『司法制度改革』（有斐閣、二〇〇二年）。また、最近の司法制度改革の総括的評価として、日弁連司法改革実現本部編『司法改革――市民のための司法をめざして』（日本評論社、二〇〇五年）、「特集：検証・『司法改革』――これで司法はよくなるか」法と民主主義二〇〇五年一月号、安念潤司「自由主義者の遺言」（樋口陽一先生古稀記念『憲法論集』（創文社、二〇〇四年）三七一頁）を挙げることができる。司法制度改革に積極的にコミットした日弁連、日弁連と同じくスローガンとしては「市民のための司法」を掲げながら司法制度改革に批判的に切り結ぶ日民協、司法制度改革を省庁間の利権争奪戦として捉え文科省と法務省の一人勝ちと総括する自由主義者・安念、これらは三者三様の評価を行っている。

（3）高柳信一「司法権の独立と裁判官の市民的自由」池田政章・守屋克彦編『裁判官の身分保障』（勁草書房、一九七二年）七九頁。

（4）裁判員制度の強制的性格を強く批判するものとして、安念・前掲論文三八一頁以下参照。

（5）小田中聰樹「今般の司法制度改革の『逆改革』的本質」法と民主主義二〇〇一年七月号三八頁。

第1部第一章解題

本書第1部は著者が司法制度改革に論究した論文を収録している。第一章に収録された論文は、司法制度改革に一定の区切りがついた時点で、司法制度改革が孕む問題系全体を指摘したものである。

司法制度改革は一九九九年六月に司法制度改革審議会が設置されたことにより開始された。同審議会は同年一二月に論点整理を、二〇〇〇年一一月には中間報告を公表した後に、二〇〇一年六月に最終意見書「21世紀の日本を支える司法制度」を内閣に提出した。この意見書は同年一二月に設置された司法制度改革推進本部において具体化されていった。その後二〇〇四年国会において司法制度改革を実現する基本的法制度が整備された。なお著者は、審議会の設置当初から、その活動を批判的に観察し分析する論考を公表している（参照、「法曹三者の意見聴取と『論点整理』」法律時報七二巻二号、「『国民が利用しやすい司法』・『国民の期待に応える民事司法』の内実」法律時報七二巻九号、「中間報告に対する評価とその後の審議」法律時報七三巻三号）。

司法制度改革は、一九八〇年代から立て続けに着手された行政改革、政治改革、経済改革の総決算として位置づけられる。そのため司法制度改革が目的としたのは、基本的人権という憲法的価値を前提に、戦後の司法制度が抱えていた問題を解決することではない。むしろそこで前提とされたのは、日本社会にも市場原理を導入し、さまざまな領域で規制緩和を貫徹するという新自由主義的理念であった。その結果として生じる紛争に対処する司法を構築することこそが、司法制度改革の目的である。

司法制度改革は多岐にわたる改革によって実現された。その統一的な基本理念として提唱されたのが、「法の支配」及び「国民の司法参加」という考え方である。ここで援用される「法の支配」は、一般的な用語法とは異なり、法を国家権力を制限するものとしては把握しない。むしろ、法を統治のための手段として位置づけた上で、法が私人間の関係を規制することを重視するものである。この点で、個人が国家に対して主張する基本的人権とは対立するものである。さらに「国民の司法参加」は、個人と国家の緊張関係を弛緩させ、国民を統治主体として位置づけることによって、司法に国民主権を導入しようとする。もっとも司法は法律家の専門合理性に立脚すべきものであるから、本来的に国民主権とは相容れない性格を有している。そのため「国民の司法参加」は、法律家から専門合理性を剥奪し、公正な裁判手続の理念を軽視するものとなる。

司法制度改革は、改革を実現する法制度が整備されてから一〇年以上が経過するなかで、日本社会に定着していった。より一般的にいって、現在の日本社会は、一九八〇年代以降の改革によって構築された諸制度に立脚している。今日では改革の弊害を指摘する見解も多くなっているが、著者も二〇一六年には次のような見解を提示している。「最高法規である憲法を無視し、近代国家の存立根拠である国民の生命・自由・財産を保障する任務を放棄した国家を私たちは眼前に見ている。しかも、この状況は行政改革、政治改革、それらの『最後のかなめ』とされた司法制度改革の後に、すなわち『法の支配』の血肉化と、国民が『自律的でかつ社会的責任を負った統治主体』となることを高らかに謳った改革を経て、もたらされている」（公法研究七八号二八九頁）。

最後に、本書の書名とも関連して、本書第1部と第2部・第3部との関係について指摘しておきたい。本書第1部は司法制度改革を扱うのに対して、第2部と第3部はフランス憲法に論究する。著者は一九八二年にフランスの公法学者デュギとオーリウを考察する論文を刊行した。それ以来長く研究対象とされたのが、フランス憲法、とくに憲法院の動向であった。このフランス憲法研究が司法制度改革論と切り結ぶ結節点となるのが、「法による国家制限」という考え方であるように思われる。「法による国家制限」は法を統治手段と見る「法の支配」とは完全に対立するものである。著者が日仏の憲法研究を通して獲得した近代立憲主義のあり方は、この「法による国家制限」の理論のなかに集約されていると考えられよう。

〔波多江悟史〕

3　憲法裁判をどうするか

二〇〇一年

一　司法制度改革における憲法裁判の不在

司法制度改革において憲法裁判の問題の影は薄い。それが語られないことに、司法制度改革の本質の一面が現われているように思われる。

これまで憲法学において、法の支配は憲法の最高法規性と、それを担保する違憲立法審査権とを基礎づけ、その活性化を要求するものと解されてきた。そして、司法消極主義の克服は憲法学の最重要課題の一つであった(1)。ところが、「法の支配」を理念と掲げる司法制度改革審議会において憲法裁判について何も語られていない。これは奇異に思われるが、憲法学と違って法の支配を「法による支配」とみなす今回の司法制度改革の基本的な発想(2)からすれば、当然のことである。法は権力に向けられた規範ではなく、私人が遵守すべきルールとしてしか捉えられない。法による権力の制限ではなく、支配を法を通じて効率的に実現するシステムの構築が目的とされる。行政改革の総仕上げとしての司法改革という定式は「法の支配」という文言と結びついて、行政改革の生み出した強い権力をチェックするための司法を連想させなくもないが、司法制度改革における司法は、規制緩和の結果発生する私人間の紛争の事後処理機関と位置づけられるにすぎない。

今回の司法改革は、規制緩和と関連づけられて、自由主義原理としての法の支配による福祉国家の批判という文脈に位置づけられることもあるが、ある意味で権力に対する警戒を驚くほど欠いている。それは、この改革の担い手がこれまで権力とともに戦後の支配体制を支えてきた勢力であることによっていると思われる。権力とともにある勢力が、桎梏となった古い殻を脱ぎ捨て、新たな装いを整えようとする試みにすぎないのだから、改革といっても権力に対する防備など課題となろうはずもない。迅速性、効率性が突出し、紛争解決の公正さや公平さへの配慮が欠如するのも当然である。そして、自ら手中にしている権力の民主化が課題となるはずもない。司法の民主化が、いつのまにか司法への社会常識の反映というつまらない議論に堕してしまうのも当然である。そして、権力と個人の対立の契機が最小限に見積もられるだけでなく、個人の側が公共性の空間において政治部門の担う公共性を我が物とすることを求められるに至るのである。

行革が目指した強い権力による危機管理・効率的政策決定と、行政のスリム化・規制緩和から生じる企業がらみの紛争の迅速処理とに適合的な司法制度の構築を、「法の支配」によって正当化しようとすればどうしても綻びが生じる。中間報告の中に存在する「潤いのある自己責任社会に必要とされるセーフティネットを整備する上で、また活力のある政治部門の行き過ぎを是正する上で、人権保障を核とする憲法を頂点とする法秩序の維持、貫徹に直接的責任を負う司法（法曹）の役割が一層大きくなることが、改めて認識されなければならない」という奇妙な文章に、この綻びを取り繕おうとするところに生じる欺瞞が現われているように思われる。「潤いのある自己責任社会」、「活力ある政治部門」というミスマッチな形容（「ぎすぎすした自己責任社会」と「強力な政治部門」?）、「司法（法曹）」という裁判官と弁護士を一緒くたにした言葉による裁判所・最高裁の主体性・責任の隠蔽、司法的救済と同視されてしまう「セーフティネット」。ここに言及されている「政治部門の行き過ぎ」の是正は行革以来課題とされてきたが、審議会は中間報告後に行政訴訟についてようやく意見聴取を始めた。違憲審査に至っては、議論の必要性が意見として今頃出される（第三九回議事概要）ような体たらくである。

残り半年あまり、積み残された課題の多さと、憲法訴訟と行政訴訟の問題に対するこれまでの扱いを考えると、この領域で実のある改革を審議会に期待することはできない。というよりも、「活力のある政治部門の行き過ぎを是正する」方策が真剣な論議の対象となる構造が司法制度改革にはそもそも存在していない。

本稿は、司法制度改革審議会において憲法裁判が語られない意味を再確認し、改革の方向性の手がかりを得るために、憲法裁判の担い手に関する議論（裁判官の独立と司法官僚制の問題）および抽象的審査制導入論と司法制度改革との関係を検討したい。議論は最高裁のあり方に収斂していくように思われる(3)。

二　憲法裁判の担い手の問題

伝統的に司法消極主義の原因は、最高裁裁判官の人の問題として捉えられてきた。まず、この問題を扱う。付随的審査制が司法消極主義の原因とされるようになったのは、つい最近のことであるにすぎない(4)。自民党一党支配の下で、政権党と政治的傾向を同じくする裁判官が多数を占める最高裁判所に、政治部門の民主的決定を覆す違憲判決を求めても無い物ねだりにすぎない(5)。その最高裁の事務総局が下級審の裁判官の頭を抑え、出る杭を打つような人事政策を遂行し、個々の裁判官の独立と市民的自由を脅かす司法官僚制と言われるシステムを構築してきた。その中で下級審の裁判官は萎縮し、最高裁に抗して違憲判決を書くといった気概を失った。こうした事態について、司法組織全体を政治的攻撃から守り、司法府全体の独立を維持するためのやむを得ない自衛策だという正当化が臆面もなくなされてきたが、司法権の独立を守るために裁判官の独立・市民的自由を内部的に制限するという自己欺瞞の中で、最高裁ひいては司法全体が国民の信頼を喪失していった。一時期政教分離関係の訴訟では、高裁レベルで判決理由の中で違憲性や憲法的疑義への言及がなされた場合に、最高裁でそれを否定するような判断がなされることを見越して、主文では敗訴であっても敢えて上告しないという戦術が採られていた。最高裁はそこまで国民から見放された時期があった。その後、九〇年代に入って人権擁護的な判決をいくつか出しているが、信頼が回復したとは言いがたい。

司法消極主義と、裁判所に対する国民の不信はこうしたところに根を持っている。司法官僚制の問題は、平賀書簡、青法協問題以来、寺西事件まで延々と語られ続けてきた。この視角からすれば、最高裁の人的構成の変化と、裁判官の独立の厳格な保障を実現することが、憲法裁判の活性化、司法消極主義克服の条件となるはずである。

最高裁の人的構成に多元性を確保するには政権交代が必要であろう。裁判所を変えるには、迂遠ではあるが、民主過程を変えなければならない。ただ、最高裁の人的構成において裁判官・弁護士出身者・学識経験者のパリティを復活し、違憲審査権を有する裁判所に憲法学者が一人も在籍していないという異常性を正すことぐらいは、政治家と最高裁の見識があればすぐにでもできることであろう。キャリア裁判官の憲法行政法の見識の欠如が最近よく指摘されるが、それを補う意味でも憲法学者の関与は有意義かもしれない。制度改革を語るのであれば、最高裁裁判官の任命過程を現在より透明化し、多元性を反映しやすい仕組みに変えるべきだという提言もなされてきたはずである。国民審査の実効化も、難しい問題を含むが、検討の対象とされてよいかもしれない。

法曹一元も、最高裁・裁判官のあり方に司法消極主義の原因を見る筋からすれば当然、司法改革の重要な柱となる選択肢である。司法制度改革審議会会長の佐藤幸治も、法曹一元を司法改革の究極の目標として掲げていた[6]。しかし、司法制度改革審議会は、法曹一元を裁判官の給源の多様化と人事の透明性という問題に矮小化してしまった。それすら積極的に評する向きもあるが、それはこれまでの裁判官をめぐる状況がどれだけ異常だったかという証にすぎない。審議会は本質的な問題に目をつぶったように思われる。

法曹一元を放棄して、審議会はあるべき裁判官像の「共通認識」として「その一人ひとりが、法律家としてふさわしい多様で豊かな知識、経験と人間性を備えていることが望ましい」（中間報告）という見解を示した。これは、ロースクールの必要性を弁証するための裁判官像である。専門合理性に徹した裁判官か、国民の中に存在する要求を汲み上げようとする民主的裁判官かという裁判官像論争がかつて戦わされたが、それに比べてこれは何と内容空虚な裁判官像であろうか。憲法の定める、自らの良心に従って独立して職権を行使する裁判官という権力との対抗関係を意識した裁判官像との懸隔も埋めがたいほどのものである。

今後、審議会でも裁判官制度の問題と絡めて違憲審査のあり方が問われることになるのかもしれないが、違憲審査の担い手の問題は、司法制度改革審議会の問題設定では解決されることはないだろう。

三　抽象的審査導入による憲法裁判の活性化？

憲法学界の中では、付随的違憲審査制に司法消極主義の原因を求め、キャリア裁判官の担う司法審査では憲法裁判の活性化はほぼ不可能であるという認識に基づいて、何らかの抽象的審査を導入すべきであるという議論が強まっている(7)。しかし、司法制度改革審議会では、憲法裁判は、そして最高裁のあり方すら改革課題とは考えられていないないし、また佐藤会長が付随的審査制の支持者であることもあって、抽象的審査導入の主張にはリアリティがない。

司法消極主義の原因を付随的審査制に求めたのは伊藤正己である。(8) 英米法学者であり最高裁裁判官を務めた伊藤が、敢えて大陸型の憲法裁判所に現状打開の糸口を求めたことは、学界でも重大なことと受け止められた。伊藤によれば、付随的審査制が積極的な違憲審査権の行使にとって障害となっているのは、和の精神（他の裁判官への遠慮・政治部門への敬譲）、法的安定性重視（既成事実化した違憲法令の追認）、憲法感覚の鈍磨（その原因は、最高裁が民刑事事件の上告審と自己規定し、違憲立法審査権を有する司法機関としての自覚に欠けていること、憲法違反の上告理由がとるに足りないものが多く憲法問題を軽くみる傾向があること、立法過程に内閣法制局等が関与し文面上違憲の法律は事前にチェックされること、緻密な論理構造を好む裁判官には憲法解釈論は論理が粗雑と見えること、にある）、大法廷へ回付せず小法廷で憲法事件を処理してしまおうとする傾向（判断回避か、先例準拠）、顔のない没個性的な裁判をする裁判官は個性的な判断を要求される憲法裁判には向かないといったことによっている。上告審として多忙な「裁判官的思考」をもつ司法裁判官が担う司法審査には以上のような限界があるので、「学者的思考」の裁判官を政治的党派性も若干選任に反映させて憲法裁判所を組織するのがよいというのが伊藤の結論である。(9)

この問題提起以後、読売改憲試案が憲法裁判所構想を打ち出し、学説では最高裁の憲法裁判所機能の強化を図ることを目的とした解釈論レベルの抽象的審査導入論が力を得ていくことになった。最高裁に専門的に憲法事件を扱う憲法審判部を設け、そこに憲法学者の関与を確保しようという見解(10)や、憲法問題を最高裁に移送する具体的規範統制手続を設けようという見解(11)などが代表的な主張である。(12)

果たして、司法消極主義の原因は付随的審査制に求めるべきなのであろうか、また、それを解消するための抽象的審査制導入という処方箋は有効なのであろうか。

四　司法官僚制の改革による付随的違憲審査制の活性化は不可能なのか？

憲法裁判所による抽象的審査の導入には、従来から慎重論が根強く存在している。例えば読売改憲試案に対して、安易に制度改革に頼る発想や、憲法判断の機会の増加が導く迅速な合憲判決の人権保障にとっての脅威、下級審から違憲審査権を奪うことによる違憲審査制のダイナミズムの喪失などの問題が指摘された(13)。また、ドイツの経験から見ても憲法裁判所は、裁判の政治化と政治の裁判化を導くという批判もある(14)。

さらに、「上からの秩序形成」の一環である抽象的審査よりも、個人の提起する具体的事件の解決と結びついた付随的審査制（「下からの秩序形成」）の方が、憲法の採る「法の支配」に適合的であるとする見解(15)や、違憲審査における個人・市民のイニシアティブの重要性を強調する見解(16)も有力に主張されている。

伊藤正己と同じく、比較的最近最高裁判事を退いた者の間でも抽象的審査に関する見解は分かれている。園部逸夫や大野正男は、現行制度を前提として大法廷のさらなる活用を可能とする改善策が、まずとられるべきだという立場であり、憲法裁判所の設置には消極的である(17)。しかし、両者とも現行制度の問題点については、伊藤と認識を共有している。

憲法判断積極主義違憲判断消極主義とも性格づけられた日本の違憲審査の従来の運用を前提にしてなお、更なる違憲審査機会の形式的拡大に合理性があるだろうか。憲法規範の尊重を法的安定性と結びつける静態的な憲法裁判観からすれば、違憲の瑕疵の迅速な除去を可能とする憲法裁判所による違憲審査の方が好ましいように見えるが、それと引き替えに、主権者は憲法裁判所という後見人を付され、決定の自律性を失うことになる。憲法裁判所の権力は強力で、しかし人権保障が進展するという保障はどこにもないのであるから、政府の援軍をさらに一つ増やすだけに終わるのではないかという懸念を拭うことは難しい。また、憲法裁判を個人の人権保障の問題とする付随的審査制は、政治的決定に際して主権者国民（集合的主体）と個人（統治権の客体となる権利主体）の間に現われるズレを調整する仕組みであるが、憲法裁判所と司法審査の間に存在するこの性格の違いは過小評価すべきではないと思われる。

これ以上ここで、抽象的審査制導入の是非、あるいはそうした指向を共有する解釈論的主張の当否の検討に立ち入ることはできない。いずれにしろ、この問題は最高裁のあり方あるいは違憲審査の実効性だけの問題として解いてはならない、民主制のあり方に関わる難しい問題である。

司法制度改革のあり方との関係で、ここで確認しておきたいことは、改革の前提となる現状認識では広範な一致が見られる(18)ということである。最高裁の上告審化、多忙、キャリア裁判官優位の人的構成の弊害、事務総局の司法官僚制といった現状が司法消極主義の現実をもたらしているという認識と、それを是正して憲法裁判に腰を据えてあたれる態勢を構築する必要性があるということ、すなわち、現在の最高裁のあり方に問題があることについては、学界に広く合意が存在しているのである。しかも、最高裁の実態を目の当たりにした複数の最高裁裁判官経験者からそうした指摘がなされていることは、特別な重みを持つはずである。おそらく国民の間にも、司法消極主義に対する不満は広く存在しているだろう。この意味では憲法裁判改革の一定の方向性は、すでに示されているといえる。それにも関わらず、司法制度改革審議会は、こうした広範な合意を無視しているのである。その審議における最高裁改革の不在は審議過程を支配する者が何かを指示しているように思われる。

法曹三者の中で唯一司法官僚制の問題を取り上げた日弁連は、問題を一挙に解決する方策として法曹一元を提起したが、この問題設定は、ロースクール、弁護士増という議論にうまく回収されてしまった観がある。法の支配を理念に掲げ、司法消極主義に対する処方箋として法曹一元を打ち出していた憲法学者を会長とする司法制度改革審議会で、法曹一元に引導が渡され、最高裁改革の展望も示されず、違憲審査の活性化への道筋も何ら明らかにされないまま、憲法理念とは懸け離れたグローバル化のための弁護士人口増と、法学部教育の根底的な変質を招きかねないロースクール構想が決定された。何とも皮肉な結末である。

憲法裁判の問題は、おそらく司法制度改革の枠内では問題とされないのであろう。最高裁という聖域に触れるからでもあるが、憲法裁判に関する現在の沈黙は、憲法改正が射程に入ってきていることと無関係ではないだろう。憲法改正となれば、憲法裁判所が浮上してくる可能性がある。見せかけの改革に与せず、個人の人権の保障にとって有効な違憲審査制の構築へ向けて努力を怠るべきではない。

(1) 戸松秀典・憲法訴訟（有斐閣・二〇〇〇年）は、「圧倒的消極主義」と表現する（四〇四頁）。

(2) 最高裁の「法の支配」の理解について、「すべての人が法を遵守し、法が社会秩序を支えているという法秩序の維持という面が強調されている」という指摘がある（伊藤正己・裁判官と学者の間（有斐閣・一九九三年）一一八頁）。

(3) 戸波江二は、「司法改革は、まず最高裁判所の機構・権限の見直しが必要であると思えてならない」という（「憲法行政法分野からみた司法改革の課題」月刊司法改革一号（一九九九年一〇月）四五頁）。戸松秀典は『憲法訴訟』の最後を最高裁改革に当てている（四四六頁以下）。

(4) 伊藤・前掲書（一〇六頁以下）を直接のきっかけとする。なお、中村睦男「憲法裁判の現状と課題」（法曹時報四七巻二号（一九九五年）三二七頁）を参照。

(5) 伊藤も、最高裁人事について「内閣として積極主義の立場を鮮明にとる法律家を避ける傾向のあること（政権交代のないことから、いっそう最高裁の構成の均質化がすすむことになる）」も司法消極主義の重要な要因としている。しかし「政治的な事情」には立ち入らないという（前掲書一一六頁）。

(6) 佐藤幸治「自由の法秩序」佐藤＝初宿＝大石編・憲法50年の展望（有斐閣・一九九八年）五四頁。同「わが国の違憲審査制の特徴と課題」佐藤＝清水編・園部古稀・憲法裁判と行政訴訟（有斐閣・一九九九年）では、「もっとも望ましい制度」（二六頁）とされる。だが、法曹一元の実現の基本的条件は「長期的には結局のところ法曹養成制度のあり方に帰着してくる」とされてしまう（二七頁）。

（7）戸波江二「司法権・違憲審査制論の50年」樋口＝森＝高見＝辻村編・憲法理論の50年（日本評論社・一九九六年）一一五頁。戸波によれば、違憲審査の活性化のための最大の前提は「人」であり、「憲法理念に通じ、憲法価値の実現に情熱を燃やす法律家が憲法裁判に関与することが不可欠の条件」であり、「そのような『人』が裁判所、とくに最高裁判所（ないし憲法裁判所）に入るために、そしてまた、そのような裁判官が主観的・客観的に憲法問題に取り組みやすくするために、選任・構成・事件・審理・判決等の諸『制度』を整備することが重要となる」という。そして、「日本の最高裁の現状が『人』の面でも『制度』の面でも違憲審査制の理念と機能を体現するものとはなっていないとすれば、現状の停滞を打破するための違憲審査の制度の変更も考慮されるべきであると思われる」と結論づける（同書一二四～五頁）。

（8）伊藤・前掲書一一七頁以下。

（9）伊藤は、抽象的審査制をとっても「きびしい政治的な対立抗争」が裁判に持ち込まれる危惧は「現在においてほとんど消滅したとみてよい」という情勢判断に立つ（同書一三五頁）。また、「最高裁の裁判官の任用を一新し、主として憲法裁判を眼中において選任が行われることとなれば別かもしれないが、通常事件の処理が主たる役割であるところからみて、この方法は適切なものとはいい難い」（伊藤・前掲書一三六頁）という指摘があるが、これは、付随的審査制の下で最高裁の通常事件への関与を減少させ、裁判官の選任方法を変えるという道筋があることを示唆している。

（10）戸波江二「最高裁判所の憲法判例と違憲審査の活性化」法曹時報五一巻五号（一九九九年）一二三〇頁以下、前掲月刊司法改革論文四五頁など。この見解を、佐藤は「最高裁判所の統治機関性を重視しよう」とするものと評する（前掲園部古稀論文一八頁）。

（11）畑尻剛・憲法裁判研究序説（尚学社・一九八八年）、同「具体的規範統制再論」法学新報一〇三巻二・三号（一九九七年）四九五頁参照。

（12）笹田栄司・裁判制度（信山社・一九九七年）一四一頁以下、笹田＝亘理＝菅原編・司法制度の現在と未来（信山社・

二〇〇〇年）二九頁以下も参照。

(13) 奥平康弘・憲法裁判の可能性（岩波書店・一九九五年）序一頁以下、同「インタビュー・憲法からみた日本の司法」世界二〇〇〇年三月号七四頁など。こうした批判に対する応答として、戸波・前掲法曹時報論文を参照。

(14) 芦部信喜「憲法学における憲法裁判論」法協一一三巻八号（一九九六年）一一三五頁。

(15) 佐藤・前掲園部古稀論文一五頁以下。また、同「自由の法秩序」前掲も参照。

(16) 例えば、奥平は、「市民の憲法感覚・権利意識に根ざした個別具体的な係争事件からはじまるところの司法審査という制度は、市民参加という点で、より適合的なのである」（前掲書七頁）という。樋口陽一は、「人権擁護の観点」から付随的審査制の方が適合的だとするが、その理由として「市民自身の側から法廷で少なくとも憲法問題を提起することができる」ことと、抽象的審査が下級審の役割を軽視し「最高裁あるいは特別の裁判所の役割を格段に高めること」を挙げる（司法の消極性と積極性（勁草書房・一九七八年）二一頁）。

(17) 園部逸夫「最高裁判所大法廷と憲法裁判所」（榎原＝阿部＝佐藤＝初宿編・宮田豊古稀・国法学の諸問題（嵯峨野書院・一九九六年）一六〇頁以下、同「私の見た最高裁判所　中」朝日新聞一九九九年六月二五日朝刊。大野正男・弁護士から裁判官へ（岩波書店・二〇〇〇年）九八頁以下参照。因みに、大野は、司法行政における消極主義という項の中で、最高裁の裁判官会議において司法制度改革について意見交換する機会もなかったことを明らかにしている（同書一〇二～三頁）。

(18) 佐藤も、違憲審査の現状に問題ありという共通認識があることを認めている（前掲園部古稀論文一一頁）。

第二章　司法制度改革への批判的視座

4　司法制度改革と弁護士自治

二〇〇三年

はじめに

司法制度改革審議会は、法曹人口の増加を主たる目的の一つとして掲げた。弁護士制度改革は、法曹（弁護士）の量的拡大に備えた品質管理制度の整備として構想されていると思われる。審議会意見書に弁護士懲戒制度の改革が詳細に書き込まれたことに端的にそれが示されている。弁護士会の運営一般に対する第三者関与も謳われ、国民に開かれた司法という旗印の下で、完全な弁護士自治の保障を行ってきた戦後の伝統が否定されようとしている。(1)

また、弁護士人口が増加すれば、それ自体で弁護士と弁護士会のあり方に事実上、大きな変容を強いていくであろう。弁護士法に規定された「基本的人権の擁護」と「社会正義の実現」を弁護士職の理念とし、「在野法曹」もしくは「プロフェッション」という自己規定を自らのアイデンティティの拠り所とする弁護士とは異質な弁護士が大量に生み出され、弁護士職の内部で階層分化が先鋭化し、弁護士の一体感は失われ、弁護士自治の担い手である弁護士会のあり方と力量も、それに連動して大きく変化するものと予想される。

本稿では、弁護士業の市場化とともに、伝統的な「在野法曹」モデルから「プロフェッション」モデルへ、さらには「脱プロフェッション化」へと展開している弁護士像論[2]に着目して、弁護士自治のあり方を検討し、立憲主義の担い手としての弁護士の存在意義と弁護士自治の根拠を再確認してみたい。

一　司法制度改革審議会の弁護士像と弁護士会の位置づけ

1　「国民の社会生活上の医師」

「社会生活における弁護士の役割は、『国民の社会生活上の医師』たる法曹の一員として、『基本的人権を擁護し、社会正義を実現する』（弁護士法第一条第一項）との使命に基づき、法廷の内と外とを問わず、国民にとって『頼もしい権利の護り手』であるとともに『信頼しうる正義の担い手』として、高い質の法的サービスを提供することである。／弁護士の社会的責任（公益性）は、基本的には、当事者主義的訴訟構造の下での精力的な訴訟活動など諸種の職務活動により、『頼もしい権利の護り手』として、職業倫理を保持しつつ依頼者（国民）の正当な権利利益の実現に奉仕することを通じて実践されると考えられる。弁護士は、国民の社会生活や企業の経済活動におけるパートナー、公的部門の担い手などとして、一層身近で、親しみやすく、頼りがいのある存在となるべく、その資質・能力の向上、国民との豊かなコミュニケーションの確保に努めなければならない。弁護士は、社会の広範かつ多様なニーズに一層積極的かつ的確に対応するよう、自ら意識改革に取り組むとともに、その公益的な使命にふさわしい職業倫理を自覚し、自らの行動を規律すべきである。／同時に、弁護士は、『信頼しうる正義の担い手』として、通常の職務活動を超え、『公共性の空間』において正義の実現に責任を負うという社会的責任（公益性）をも自覚すべきである。その具体的内容や実践の態様には様々なものがありうるが、例えば、いわゆる『プロ・ボノ』活動（無償奉仕活動の意であり、例えば、社会的弱者の権利擁護活動などが含まれる。）、国民の法的サービスへのアクセスの保障、公務への就任、後継者養成への関与等により社会に貢献することが期待されている。」（司法制度改革審議会意見書。傍線筆者）

司法制度改革審議会は、弁護士を裁判官、検察官とともに、法曹一元の逆立ちした形態である「司法（法曹）」として一括し、「国民の社会生活上の医師」という弁護士像を打ち出した。(4) 弁護士は、その独自性・在野性を否定され、弁護士法一条の理念から切り離された専門職となる。そうするために、審議会意見書は人権擁護理念を依頼者の権利利益の実現と言い換えなければならなかった。他方、身近なホームドクター（町医者）としての「法曹」を想起させる「国民の社会生活上の医師」という規定は、グローバル化・規制緩和の流れのなかで経済界が司法制度改革に期待した先端的法律問題を処理する企業弁護士とも懸け離れている。意見書の弁護士のイメージ設定は曖昧である。「司法の運営に直接携わるプロフェッションとしての法曹がいわば『国民の社会生活上の医師』として、各人の置かれた具体的な生活状況ないしニーズに即した法的サービスを提供する」（意見書Ⅰ第2の2冒頭）という文章が示すように、「プロフェッション」とビジネスとしての「法的サービス」を無媒介に結ぶヌエ的観念として「国民の社会生活上の医師」は存在する。

それにしても、医師の職業倫理の欠如や、社会的信用の低下、医療過誤事件の多さ、医療現場における患者不在の金儲け主義の蔓延等、地に堕ちたともいえる医師の社会的評価を考えると、改革が生み出す弁護士の予兆として、医師の比喩は実に意味深長である。他人の命を左右しうる職業のもつ重みを忘れた医師、何故いま、弁護士はその医師をモデルとしなければならないのであろうか。

2　弁護士会の下請機関化

審議会は、弁護士懲戒制度の変更、弁護士会の運営への第三者の関与を提起しただけでなく、その改革の実現を弁護士会自身に付託した。(5)自治を否定する改革を自ら実現せよと要求したわけである。これは、弁護士会自治に対する重大な挑戦であった。しかし、日弁連はこれに対抗的なスタンスをとることなく、むしろ審議会の意向を先取りしようとし、それに呼応するように審議会も弁護士会に対する期待を語った。審議会と日弁連執行部との間には共犯的な関係が成立し、弁護士会の独立性は組織防衛を理由に失われた。審議会意見書とその審議過程から見て取れるのは、日弁連の下請機関化である。

自治を与えられた組織が、外に対しては独立性を放棄し、内に対しては権力性を露わにするという、全く転倒した関係性を築くことは間々あることではある。しかし、「プロフェッション」集団としての弁護士会が、国民に対する社会的責任を閑却し、権力の前にこれほど容易に跪く様は、日本の社会においてエリート集団がいかに国民的基盤を持ちえず、権力に対する耐性を持ち得ないかを物語っている。

かくして弁護士会は、在野意識をもたない弁護士を構成員とし、権力との緊張関係を喪失して第三者・国民の関与を受入れ、お仕着せの改革の実施機関となる。それと同時に、大幅増員される弁護士の品質保証機関としての役割を期待されるようになるのである。弁護士会は存続しても、その変質は不可避であり、自発的従属を強いられるなかで弁護士自治は形骸化せざるをえない。(6)今後、弁護士職内部でこれまで以上に階層分化が進行し、内部の利害関係が錯綜していったならば、全国組織としての日弁連の存続は危うくなり、政治的問題について団体としての発言を行うことも難しくなるだろう。弁護士会を見る国民の目は厳しくなり、弁護士会は自由競争の時代に自己の特権にしがみつく単なる既得権益擁護団体と見られかねない。「改革」と「市場」の時代において、弁護士会は、権力の下請機関として生きのびるか、解体かという窮境に追い込まれるかもしれない。そのときに備えて自己のアイデンティティを再構築することができるであろうか。

二　弁護士職の市場化と弁護士自治の解体

1　意見書のアンビヴァレンス

企業の法務需要の増大に応える法曹人口増という量的問題は、弁護士理念の質的転換、即ち人権擁護を理念とする専門職（在野法曹、プロフェッション）から、依頼者の権利利益を実現する法技術者（法サービス業、ビジネス・ロイヤー）への転換と不可分であるが、意見書の弁護士像（社会生活上の医師）は、弁護士職の市場化がもたらす弁護士のあり方を予示するものとしては、微温的である。意見書では、弁護士職の「公益性」は、弁護士法一条の理念を引いて「基本的人権の擁護」と「社会正義の実現」とされるが、その直後には「頼もしい権利の護り手」として依頼者（国民）の権利利益を実現するという依頼者主権の言説に無造作に言い換えられていた。人権擁護と依頼者の利益の実現とが等置され、両者の間に存在する矛盾は無視され、依頼者利益の実現（紛争解決）が即ち公益とされることによって、人権擁護の問題が棚上げにされるという問題を意見書は孕んでいるが、(7)逆に、依頼者主権の立場から言えば、意見書は弁護士の公益性・公共奉仕性という尻尾を引きずるがゆえに、依頼者の自律を阻害し、専門家のパターナリスティックな関与に媒介される権力性を残存させて、依頼者主権・党派的弁護という弁護士職の理念を曖昧にするという難点をもっていることになる。

意見書の弁護士自治の位置づけについても同様である。先にも触れたように、市場化の進行によって肥大化し同質性を失った団体が、日弁連等の担って来た人権擁護活動、悪法に対する批判的見解の表明などを継続できるのかという問題がある一方で、逆に市場化を推進する立場に立てば、法曹人口大幅増による市場化を図りながら弁護士会を存続させるという意見書の選択は、市場化に対する桎梏を残すことを意味し、弁護士会が既得権益擁護に走り、依頼者の利益を阻害するリスクを抱えこむことになる。

このような審議会意見書の弁護士像、弁護士自治観に対して、棚瀬孝雄は、人権擁護（公益性）と市場化に対するアンビヴァレンスを払拭し、市場化の帰結を充分に意識化した上で弁護士制度改革の方向性を国民自身が定めるべきだと主張する。棚瀬は、市場化に対して、在野の理念や「プロフェッション」性を強調するだけでは、政治的圧力に抗して改革の方向性を変えることはできないので、市場化を分析的に考察し、「議論の中心をずらす」という戦略をとらなければならないという認識に立っている。市場化にかなりコミットした議論ではあるが、単なる市場イデオロギーとは異なり、批判理論としての意識をなお持ち得ているので、次にその概略を示したい。

2　弁護士職のサービス市場化

棚瀬は、依頼者主権・党派的弁護を前面に打ち出し、説プロフェッション化によるいわゆるビジネス・モデルを積極的に唱導する立場の学者である[8]。その批判対象は、「国民の必要とする法的サービスを、国民の『自由と人権』の擁護を使命とする弁護士が、その公共奉仕精神で提供していくという語り方」、即ち、弁護士の公共奉仕精神、高度の専門性、職務遂行の独立性、弁護士会の自律性を想定する「プロフェッション・モデル」[9]である。これは、司法制度改革が否定した「法曹の改革は法曹の手で」という自治意識を支える弁護士像であり、市場を普遍とし、弁護士を独占的な規制産業という特殊の側に追いやる司法制度改革に対して、「法の支配」を普遍の位置に置き換えて対抗しようとしたとされる[10]弁護士会の構想の基礎にある弁護士像である。

これに対して、司法制度改革の理念となるべき弁護士像は、棚瀬によれば、審議会意見書の「町弁護士」とも異なり、大企業の法務需要を中心とした事務弁護士である[11]。それは、「法の司祭」ではなく、「依頼者に最善の法的代理をすること」を目的とし、「国民一人一人のその私的関心に導かれた法の援用、そして法にその意欲するものを読み込んでいこうとする法解釈の実践を、……法専門家として支えていくこと」をその役割とする弁護士である（党派的弁護）。これは、私的利益への法の奉仕という理念であり、法を私益へ従属する単なる道具と見なし、法の自律性・普遍性の喪失を導くと同時に、弁護士の公共奉仕精神に否定性の烙印を押す見解である。その前提には、「専門職のパターナリズムを禁欲し、どこまでも依頼者を自律した個人として尊重していこうとする姿勢」[12]（依頼者主権）がある。それゆえ、司法制度改革においては、「自律的な権利主張ができない依頼者、また法の精神を理解しない国民といった観念をもっときっぱり落とした形で国民の法主体性を尊重していく姿勢を明確にしていくことが、新規法曹三〇〇〇人という決定とともに行われなければならない」[13]とされることになる。

専門家のパターナリズム、依頼者に対する権力性を批判して、依頼者を自律的個人と前提し、弁護士の役割を法援用による依頼者への奉仕と捉える以上の構図のなかで、弁護士自治はどうなるのだろうか。

3　弁護士自治の理念と国民の「承認」

棚瀬は、弁護士自治を「規律が生成する場を支配する重要な価値」とし、その一般的根拠を「弁護の自由」と「弁護の権威」に求める。[14]「弁護の自由」とは、弁護活動は法を援用した国家権力との対決という政治性をもつがゆえに、政治的表現と同様に、国家の権力的介入から自由でなければならないということである。この弁護の自由が実効的に保障されるには、弁護の行われる場の確保が要請される。そこで「弁護の権威」が、「専門家／非専門家」を区別して、「弁護の場を規律する能力と適性を持っているのは自分たち職業弁護士だけであるという積極的な主張」を行って専門家の権威を打ち立て、弁護のあり方に対して利害関係をもつ者の政治的要求を排斥し、弁護の場を確保して自律をより強力に根拠づけるために援用されることになる。したがって、一般的には、「弁護の技術を習得し、職業的に弁護を行う者の集団」に、「弁護の場を組織し、規律する広義の弁護活動」について、「一定の権力的干渉を免れた自律」が認められるのだが、弁護士自治の具体的内容に、弁護士の自治要求と社会によるその「承認」という枠組の中で交渉によって決定されるものとされる。棚瀬は、この社会的「承認」の契機を強調して、自治の内容の決定に当たっては「専門家のところに集約された知識と価値を有効に活用していくという国民自体の自己決定」を重視すべきだとする。(15) 市場化から生じてくる問題の解決は、「国民のもつ政治力を信頼して、政策的な判断で行っていくのが筋なのである(16)」というわけである。このような前提の下で、次のような論理で弁護士会の自治は否定されていく。

「確かに、弁護士業務の規制に専門家として弁護士の見識が求められるのは当然であるし、業務の規制に名を借りて弁護士会の体制批判的な活動を国家が抑圧するようなことが行われてはならない。その意味では、弁護の自由、弁護の権威という弁護士自治本来の理念はくり返し確認されなければならないが、同時に、弁護士の業務がどのように行なわれるかはそのまま国民の弁護士へのアクセスにも関係してくるし、必要な競争が行われて質の高いサービスが提供されるようになることに企業も国民も当然関心を持っている。また弁護士会の内部でも、そうした競争を自らの業務基盤の確立に利用し、より積極的に弁護士サービスを国民の中に浸透させていこうとする者も当然でてくるであろう。こうした外からの政治要求と内からの業務革新は、弁護士自治の強い拘束をむしろ桎梏に感じて揺さぶりをかけていく(17)」。「もはや弁護士だけが弁護士の問題を決められるということはあり得ない。なによりも、弁護士の規律は国民自体の関心事である。(18)」

法曹人口大幅増、弁護士業の法サービス業化、依頼者主権・党派的弁護、専門家のパターナリズムに対する自律的個人の決定の擁護に、弁護士自治の「国民」シンボルによる解体を結合した論理は、弁護士会の人権擁護活動の解体と、会務への「国民」の介入を正当化することになる。

弁護士会は、その内部で進行する階層分化・多様化の結果、政治的問題を単一の声で語ることができなくなるが、むしろこれは、「政官財の権力中枢と国民が対立するという図式がばらけて政治意思の表明と政策決定がより多極化し分散していく」日本の政治構造の変化に対応するものとされ、弁護士も、在野一辺倒から、多極的な政治参加のそれぞれのフロントで利益代表の機能を果たしていくような政治戦略を取るべきだとされて、「弁護士会が自治の観点から単一の声に拘ることは、かえってそうした弁護士の創造的な役割の足を引っ張ることにもなりかねない」と批判される⒆。政治的主張は、弁護士会内部のサブ・グループがそれぞれに行うことになるという見通しが語られるが、弁護士会が対抗権力として果たして来た役割を考えると、政治的力関係の変化は不可避である。この議論は、政治的決定の多極化という現実を過大視し、弁護士会の従来の役割を過小評価しているように思われる。

社会的「承認」は、制度的には外部的規律の介入の増加として現れる。ここでは、量的拡大が質的低下を招き弁護士の非行が増加し、弁護士会の身内への甘さに対する批判が強まり、これに応えて弁護士会が規律強化を図ると、弁護士との間に争訟性が高まるため、デュープロセスの要請から弁護士会が対審的な第三者機関性を備えなければならなくなるという介入正当化の論理が提示される⒇。

弁護士という専門職、専門職集団である弁護士会に対する信頼の喪失が棚瀬の議論全体に通底する。確かに専門家の権力性批判には現実的根拠を見出すことができるであろうが、「国民」という主体が無規定に立ち上げられている点には、周到に組み立てられた弁護士・弁護士会批判との落差が大きいだけに違和を感じる。弁護士より、「国民」に名を借りる政治勢力の方が信頼に値するのか、換言すれば、「法」ではなく「国民」を援用し自己の利益を政治的に実現しようとする勢力に与し、対抗勢力としての弁護士の凋落に加担すべきかという問題が存在するのではなかろうか。「国民」も「法」と同様に「援用」の対象であり、そこに安易に客観的実在を見るべきではない。依頼者主権の主権主体は実在の個人（弁護士を使いこなせるだけの主体性を現実に備えているかどうかは別にして）でありうるが、国民主権の主体はそれと同じ意味で実在しているわけではない。「国民」について批判的吟味なしですますわけにはいかないのである。

終わりに——教養専門職としての弁護士の可能性

司法制度改革は、法曹三者の自治の否定という形で始まり、権力意思の中継点へと弁護士会を改変しようとした。他方、依頼者主権に依拠するビジネス・モデルは、弁護士自治の解体を予告している。これに対して弁護士自治の意義を再評価しようとしても、その環境はかなり厳しい[21]。

弁護士自治の根拠を弁護士法一条の理念に求めるといってみても、弁護士活動の実態は、人権や弱者救済と無縁な事件処理がほとんどであり、理念と現実の懸隔は大きい。企業法務の需要も拡大し、ビジネス・ロイヤーと自己規定する弁護士層も増加している。弁護士の階層化と意識の変化の進行とともに、政治的問題について日弁連が一つの声で語るのが困難になっていることも事実である。専門家の権力性が告発の対象となり、弁護士会が単なる業界団体として既得権益を守る閉鎖的な存在と見られるのも故なしとはしない。そこで、国民の声の反映といった民主主義的要求（開かれた弁護士会）が援用され、弁護士不祥事をマスコミが取り上げる機会でも増えれば、懲戒制度への第三者関与の主張など簡単に受けいれられてしまうだろう。弁護士会も風当たりの強さにたじろぎ、自治の重要性を正面切っては主張しにくい。しかし、日弁連の対応のように、外圧をはね返すことを諦め、審議会の意向を先読みし、自治の外観を取り繕って当面の強風をやり過ごす戦術では、自治の空洞化は避けられない。

それでは、弁護士の在野性、プロフェッション性、それを支える弁護士自治を説くことは、今日では「偽善[22]」でしかないのだろうか。市場化の議論に乗って弁護士自治を批判することは簡単である。しかし、人権擁護・社会正義に対する使命感を欠いた弁護士は、強い社会的非難に今日曝されている医師の二の舞を演じる可能性が高いのではなかろうか。

笹倉秀夫によれば、弁護士職の近代的意義は、その「教養専門職」性にあるという。[23] 弁護士は、官僚化に対する防波堤として、自由な人間的意識を確保し、国家に対して個人を擁護する職業である。弁護士が、「防波堤」になれるのは、「財産と教養」（独立し安定した生活と、liberal arts（自由学芸）によって培われ、職能団体の自治に支えられた独立した精神）に依拠して、自由な法的思考を駆使できる主体であるからであり、さらにその専門的知識が官僚に対抗しうるほど高度であるからである。[24] それに加えて、弁護士が依頼者という「人間」から出発するが故に国家的制定法に全面的には依存せず、「人間が織りなす生の秩序」、「制定法を超えたRecht（法・権利・正しさ）の秩序」に定礎して法を考えるという弁護士的思考を、その職業柄身に着けているからである。それは「国家以前的な人間的生から出発する『善き旧きRecht』の観念の伝統を、近代的バージョンである基本的人権、生ける法という形」で受け継ぐものである。[25]

笹倉は、教養専門職を担い手とする自由主義のもつ意義を、そのエリート主義・権威主義が「民主主義原理による人間化」によって相対化されなければならないという留保を付したうえで、再確認している。[26] この契機を抜きにして弁護士のあり方、弁護士自治の意義を語ることはできないだろう。

法曹人口大幅増による市場化を通じて、棚瀬の言うように、弁護士サービスは一定程度向上するかもしれない。少なくとも依頼者主権の想定する自律的な主体の実質を備え、弁護士を使いこなせる大企業にとって使い勝手は向上するのだろう。しかし、それと引き換えに失うものは何であろうか。市場における自由競争のイデオロギーによって対抗権力が次々と弱体化されていく状況のなかで、市場の限界を見定め、安易に民主主義の仮象に訴えず、弁護士・弁護士会の果たして来た役割を正当に評価した上で、弁護士自治を擁護すること、それは決して「偽善」

とはいえないだろう。(27)

（1）司法制度改革における弁護士制度改革の基本的位置づけについて、久保田穣「司法制度改革と立憲主義・民主主義」『憲法問題』一四号（二〇〇三年）二一頁以下。また、戒能通厚「弁護士自治の理念とは」法律時報七〇巻一一号二頁（バリスターモデルからアメリカモデルへの転換の問題性を指摘する）参照。

（2）濱野亮「法化社会における弁護士役割論」（日本弁護士連合会編集委員会編『あたらしい世紀への弁護士像』（有斐閣・一九九七年）一頁）（弁護士像論を、在野法曹、プロフェッション、法サービス、関係志向の四類型に分類）、宮川光治「あすの弁護士」宮川＝那須弘平＝小山稔＝久保利英明編『変革の中の弁護士（上）』（有斐閣・一九九二年）一頁参照。「プロフェッション」という言葉は、公益性＋専門性によって規定される「在野法曹」に近いイメージから、専門性を重視する法サービス（ビジネス）モデルに近いもの（ビジネスプロフェッションモデル。那須弘平「プロフェッション論の再構築――「市場」の中の弁護士像」『あたらしい世紀への弁護士像』前掲二四〇頁、同「弁護士職をめぐる自由と統制」『変革の中の弁護士（上）』前掲一〇七頁）まで、論者ごとに異なるニュアンスで使われる。

（3）「司法（法曹）」という言い回しは、論点整理以来、中間報告でも用いられ、最終意見書では頻度は減っているが、「Ⅲ司法制度を支える法曹の在り方」の箇所で何度か用いられており、法曹一元を否定した司法制度改革の基本的性格を示す言葉の一つである。法曹一元と「司法（法曹）」はともに法曹を一体として構想するが、前者が弁護士としての経験を司法制度の基礎に据えるというベクトルをもつのに対して、後者は官の発想を弁護士にも押し付けるという逆の方向性をもつ。

（4）意見書の具体的提言項目は、1社会的責任（公益性）の実践、2活動領域の拡大、3アクセス拡充、4執務態勢の強化・専門性の強化、5国際化／外国法事務弁護士等との提携・協働、6弁護士会の在り方、7隣接法律専門職種の活用等、8企業法務等の位置付け、である。

（5）前注の「6弁護士の在り方」では、「（1）運営の透明化等」として会務運営へ弁護士以外の者の関与拡大という国民の声を反映させる仕組みの整備が語られるとともに、「弁護士会において、弁護士改革など本意見で述べる諸改革を円滑に具体化し、その適正な運営と発展を確保するため、それに必要な態勢等の整備がなされることを期待する」（傍線筆者）という記述が見られ、「（2）弁護士倫理等に関する弁護士会の態勢の整備」では、「弁護士会は、弁護士への社会のニーズの変化等に対応し、弁護士倫理の徹底・向上を図るため、その自律的権能を厳正に行使するとともに、弁護士倫理の在り方につき、その一層の整備等を行うべきである」（同）とされている。

（6）審議会の弁護士観に対する批判的コメント（中間報告段階）として、次の指摘を参照。「これは基本的人権擁護を使命とする（弁護士法一条）との全弁護士のアイデンティティの根底を覆すものであること、とりわけ弁護士業務の公益性は基本的人権擁護を使命とする職務の特性にあるのに、これと切り離した弁護士の公益義務の強調が弁護士を変質させることの重大性……。／①弁護士の変質の中核には『弁護士自治』の否定・破壊があること、②そのことと平行して弁護士の役割の変質が『基本的人権擁護者』から『法実務の技術的専門家』『ビジネスローヤー』に変わるだけではなく、更には弁護士の公益義務を強調し、社会の隅々まで法の支配＝実定法の支配を及ぼす担い手となる時、弁護士は国家統治機構の補助者、国益の担い手として権力抑圧者の側に立つ者に成り得るものとして方向づけられていることを警戒するものである。」（上野登子「弁護士自治破壊への道筋」『だれのための「司法改革」か』法の科学第三〇特別増刊号一九五頁）おそらく在野法曹と自己規定する弁護士の当然の反応であろう。

（7）意見書のいう「公益性」のもう一つの内容は、「信頼しうる正義の担い手」として「公益性の空間」で通常の職務活動以外に、プロボノ、裁判官任官、ロースクール教授などを行うことだとされる。

（8）これに関わる棚瀬の主要な業績には、次のものがある。『現代社会と弁護士』（日本評論社・一九八七年）、「語りとしての法援用（一）（二完）」民商法雑誌一一一巻四・五号六七七頁、六号八六五頁（一九九五年）（『権利の言説』（勁草書房・二〇〇二年）に収録）、「弁護士倫理の言説分析（一〜四完）」法律時報六八巻一号五二頁、二号四七頁、三号七二頁、四号五五頁（一九九六年）、「脱プロフェッション化と弁護士像の変容」『あたらしい世紀への弁護士像』前掲一九一頁、「法曹一元の構想と現代司法の構築」ジュリスト一一七〇号（二〇〇〇年一月一・一五日合併号）五六頁、「弁護活動の理念と弁護士自治」日本弁護士連合会編『二一世紀弁護士論』（有斐閣・二〇〇〇年）二一六頁、「司法改革の視点――モダン・ポストモダン」日本法社会学会編『司法改革の視点』法社会学五三号（二〇〇〇年）四頁、「法曹人口論の背景的理念」ジュリスト一一九八号（二〇〇一年四月一〇日号）八二頁、『訴訟動員と司法参加』（岩波書店・二〇〇三年）。

（9）棚瀬「弁護活動の理念と弁護士自治」前掲一九二頁以下、同「法曹人口論の背景的理念」前掲八三－八四頁。

（10）棚瀬「司法改革の視点――モダン・ポストモダン」前掲八頁。

（11）同一二－一三頁。

（12）棚瀬「法曹人口論の背景的理念」前掲八四頁。

（13）同八五頁。

（14）棚瀬「弁護活動の理念と弁護士自治」前掲二五三－二五四頁。

（15）同二五四頁以下。

（16）棚瀬「法曹人口論の背景的理念」前掲八七頁。「国民」が在野法曹観を持っており、人権と社会正義の実現主体として弁護士に期待する現実があるとしても、それは「国民」の主体化が十分ではないことの証左だとされる（同所）。また、「法曹人口に関して、国民がどれだけのサービスを必要とするかは国民自身が判断するという理屈にはあらがいがたい真理性があるであろう」（同八二頁）という。

（17）棚瀬「弁護活動の理念と弁護士自治」前掲二五七－二五八頁。

（18）同二五九頁。

（19）同二五六－二五七頁。

（20）同二五七頁。

（21）たとえば、田中成明「岐路に立つ弁護士」『あたらしい世紀への弁護士像』前掲二五七頁以下参照（『転換期の日本法』（岩波書店・二〇〇〇年）二九七頁に収録）。

（22）同二五九頁。

（23）笹倉秀夫『法哲学講義』（東京大学出版会・二〇〇二年）一八章「司法をめぐる合理化と人間化」三一六頁以下を参照。

(24)　同書二二四頁。

(25)　同書二二五―二二六頁。

(26)　このような法曹観に立って、笹倉は、司法における人間化の契機を担保する「自由な精神の人間」を育成するための「education としての法曹養成教育」を法科大学院において行うべきであるとする（同書二二二頁以下）。

(27)　樋口陽一は、今次の司法制度改革が、裁判官のコオル性を維持しつつ弁護士職のコオル性を解体する方向性を持っていると指摘しつつ、コオルとしての法曹の今日における可能性を論じ、対等者のアソシアシオンとして弁護士会が果たしうる役割に一定の期待を抱いているように思われる（樋口陽一「〝コオル（Corps）としての司法〟と立憲主義」（法社会学五三号（二〇〇〇年）四六頁、『憲法　近代知の復権へ』（東京大学出版会・二〇〇二年）一三六頁に収録））。また、弁護士職にとっての人権擁護理念の重要性を強調する小田中聰樹『司法改革の思想と論理』（信山社・二〇〇一年）二六二頁以下、「現代弁護士論の陥穽――戦後最大の岐路に直面して」『あたらしい世紀への弁護士像』前掲二二四頁を参照。

5　刑事裁判への「国民参加」とは何か？

二〇一一年

はじめに

司法制度改革審議会（以下「司法審」）は、「国民自らが統治に重い責任を負い」[1]、「国民主権に基づく統治構造の一翼を担う司法の分野においても、国民が、自律性と責任感を持ちつつ、広くその運用全般について、多様な形で参加すること」[2]を国民に期待した。その期待の下、裁判員制度の創設、検察審査会の議決への拘束力付与[3]、弁護士会の運営や裁判官の任命過程への第三者の関与[4]など司法への「国民参加」が制度化された。本稿は、日弁連の陪審制構想と対比しつつ、裁判の公正の実現度を基準として、刑事裁判への「国民参加」の特殊な形態である裁判員制度の問題性[5]を検討する。

一　国民主権に基づく陪審制構想から「国民的基盤確立」のための裁判員制度へ

日弁連は、司法審において、冤罪を生み出す刑事裁判システムの現状を根底から変革するという強い目的意識をもち、国民の統治主体化という司法審の総論的改革理念を利用して陪審制構想を主張した。(6)「検察官司法」、その前提をなす自白偏重の捜査・取調の構造を変革するための司法の民主化は、日弁連の年来の主張であった。これに、最高裁・法務当局が基本的に刑事裁判に問題はないという現状認識に立って、実効的な国民参加に消極姿勢を採り、キャリア裁判官による裁判の維持を企図して対峙した。よりよい刑事司法に甘んじる現状改良派の支配的な司法審において、「司法の民主化」という強い理念は、いつの間にか裁判官と国民との「協働」、司法の「国民的基盤の確立」という曖昧な理念に取って代わられる。司法審は、最終的に「刑事訴訟手続において、広く一般の国民が、裁判官とともに責任を分担しつつ協働し、裁判内容の決定に主体的、実質的に関与することができる新たな制度」の導入を提言し、「一般の国民が、裁判の過程に参加し、裁判内容に国民の健全な社会常識がより反映されるようになることによって、国民の司法に対する理解・支持が深まり、司法はより強固な国民的基盤を得ることができるようになる(7)」という意義を国民参加に付与した。

国民参加の意義は、司法審の審議の進行に連れて変遷し、また論者によっても力点の置き方が異なる。(8)①国民主権の実現—主権者国民が直接、裁判権を行使して統治主体となる、②司法への「民意」の反映—裁判員は国民代表的役割を果たす、③司法への「社会常識」の反映—素人が常識によって専門家の独善や慣れを正す、④「公共精神の学校」—裁判を通じて国民に統治主体意識を身に着けさせる、(9)⑤司法の「国民的基盤」の確立—参加を通じて国民が司法を理解・信頼するようになり、司法が十全にその機能を果たせるようになる、などである。裁判員制度は、これらの異質で多様な意義を都合よくアレンジして制度設計されているため、原理的一貫性を欠き、如何様にも運用可能な構造をとることになる。

裁判員制度の理念は捉えどころがない。裁判は公正であるという現状認識からすれば当然だが、公正の実現は独自の意義を持つ改革理念として謳われない。「国民主権」と直結させる当初の強い民主化理念（①）は、司法審の段階ですでに放棄され、司法審から制度の具体的設計を委ねられた司法制度改革推進本部の裁判員制度・刑事検討会の「専門家」たちは、公正の実現でも「司法の民主化」でもなく、司法の「国民的基盤」の強化という非常に痩せ細った理念を所与として国民参加を裁判員制度として具体化した。

国民自ら事実認定を行い、その国民参加を梃子に捜査・公判構造の抜本的な変革を図り、刑事裁判の公正を実現しようという日弁連の展望が萎んだところに、裁判員制度は誕生した。裁判員法一条の目的規定（「司法に対する国民の理解の増進とその信頼の向上に資する」）は、日弁連の「司法の民主化」理念との断絶の再確認である。[10]司法と民主主義の距離を理由に、この断絶を肯定的に捉え、「国民的基盤の確立」という言説を支持する向きもある。しかし、裁判員制度は、理念の稀薄さ・曖昧さゆえに、[11]一体何のための制度なのかと発問したくなるほど捕らえどころのないヌエ的な存在になっている。また、司法制度改革は迅速・効率を重視したが、刑事裁判改革の本来の試金石は公正の実現に資するか否かである。国民参加という司法の民主化の試みも、公正の実現にとって積極的意義を持つか否かによって評価すべきである。裁判員制度では、公正が主目的とはされず、そこに不純な目的が付着しており、他方で、民主化理念を稀釈して「国民的基盤の確立」と言い換え司法と民主主義の緊張関係の問題を回避しようとしたため、公正と国民参加の関係がとらえ難くなっている。

司法審は一貫して、刑事裁判にとって外在的な副次効果（国民の統治主体化、公民意識醸成、司法の信頼性向上等）によって国民参加の意義を説明しようとしたが、これは目的と効果を取り違えた逆立ちした議論であり、国民参加の副次効果のために刑事裁判の公正さを犠牲にすることを許す構成である。また、裁判官の「公正さ」と「公正らしさ」の区別のアナロジーでいえば、陪審構想は刑事裁判手続の「公正さ」自体（無罪推定原則の徹底）を実現しようとするが、裁判員制度の国民的基盤論は「社会常識」に適う判決によって司法が国民から「公正らしく」見てもらえることを期待する議論である。「社会常識」は司法本来の判断基準ではなく、それが実際にも公正の実現に障害となる局面が存在する以上、両者の間の隔たりは大きい。

二　日弁連の陪審制構想——公正実現のための主権者国民の参加

陪審制構想と裁判員制度とは、前提とする現状認識と理念を異にしており、具体的制度設計も当然異なる。量刑判断への国民関与の有無と、罪責決定の評決方式の相違に着目して、両者における公正と民主化の関係性を考えてみたい。

陪審員の役割は、否認事件における被告人の有罪無罪の決定である。陪審員は「合理的な疑いを超える」程度にまで捜査・検察当局が有罪を立証しているかを検証する。判断対象はその立証であり、陪審員は捜査・公訴提起が適正になされ、無辜の者を処罰することのないよう無罪推定原則に忠実に、それをチェックする。これは、被告人が犯罪を犯したか否かを国民が直接決定することとは異なる。さらに、評決の全員一致制が、この文脈で訴追側に誰もが納得する高度の立証を要求し、無罪推定原則を徹底するためのハードルとなる。このように陪審制は、被告人を有罪とする捜査・検察当局の権限行使を主権者国民が裁判の公正の観点からチェックする構造を持つ、対国家的な権力抑制装置である。この場合、量刑に国民が関与する必要は必ずしもない(12)。

この陪審制の構造が示すように、高度な立証要求および全員一致の評決と組み合わされて初めて、国民参加は、司法権の発動を国民に直接チェックさせて刑事裁判の公正さを保障する装置となる。陪審制における事実認定への「常識」の反映とは、起訴後有罪率九九％超を背景として裁判官が陥る独善や慣れによる起訴イコール有罪という意識を「常識」によって正すことをいう。生の世間の常識[13]を裁判に反映させてよいわけではない。陪審論議で問題になってきた「常識」は事実認定における曇りのない判断であり、それは公正と言い換えてもよいものであった。いずれにしろ陪審制は、司法権発動に対する国民のチェックによる公正の実現のための制度である[14]。

刑事裁判改革としての国民参加は、あくまで刑事手続の公正の実現・権力チェックを目的とすべきであり、刑事司法の目的とされる「社会の秩序を維持し、国民の安全な生活を確保する[15]」ことを直接の目的とすべきではない。それは、人が人を裁くことの重大性と無辜の者を処罰してしまう可能性を否定できない以上、常識をもった素人あるいは主権者国民というだけでは人を直接裁く資格はやはりなく、裁くには相応の法的熟練が前提となるべきだからである。司法権の行使と国民参加の結合は、国民の関与が国家権力の行使に向けられている限りでは、裁判の公正や適正手続の保障にとってプラスに作用する可能性があり、その限りで正統性をもつ。

三　裁判員制度における国民参加——公正との距離

裁判員制度では、裁判員（六人）と裁判官（三人）からなる構成体が、刑事重罪事件について否認事件だけではなく自白事件も含めて、有罪無罪及び量刑を多数決で決定する。

1　量刑判断への国民参加——正統性のない権力行使

裁判員制度では裁判員は裁判官とともに量刑判断を行う。そして、否認事件は三分の一程度なので裁判員の三分の二は実質的に量刑しか行わない。量刑は、国民（裁判員）が国民（被告人）に対峙して刑罰を決定する行為である。これは、陪審の事実認定が捜査・検察当局と対峙し、権力チェックの意味を持つのと本質的に異なり、国民に対する権力行使の契機をもつ国民参加といえる。量刑に関与することによって、裁判員自身も犯罪者を直に裁く経験として刑事裁判を了解することになりがちである。自白事件を含めたうえで量刑にまで国民が関与する裁判員制度の構造が、このような帰結をもたらす。

人が人を裁くときには、裁く側に何らかの正統性が要求される。裁判官が法の解釈適用者として専門的知見を有しているのと異なり、裁判員は素人ないし市民という資格しか有していない。専門家や権力に対するチェックであれば、その資格は意味を持つが、裁判官とともに行うのであるとしても、無作為抽出で選ばれた六人の国民がそれ自身のうちに他の国民を裁く正統性を有するわけではない。[16]専門的知見もなく、選挙で選ばれているわけでもない。主権者国民といってみても、不可分の主権は個々の国民が個別に行使できるような権力ではない。その国民が法を知らず、常識や市民感覚に依拠して量刑を行うことは、主体の正統性と基準の妥当性において二重に問題である。そもそも量刑判断は、犯した行為との均衡だけでなく、一般予防、特別予防という刑事政策的観点も考慮してなされるので、裁判官にとってすら難しい判断である。明確な基準がないため、客観性や公平の見地から「量刑相場」に裁判官は依拠してきた。量刑は専門的知見を前提に量刑の専門家が行うべきものだといった指摘もなされる。[17]いずれにしろ量刑は、国民の常識によって短時間の評議で決定すべき性質のものではない。量刑を常識に委ねれば、刑罰が単純に応報や復讐、あるいは社会からの犯罪者の隔離の文脈でとらえられ、犯罪者の更生の問題は後景に退き、その分、厳罰化へ向かう可能性が高くなるだろう。[18]

2　死刑への国民関与[19]――国民の過大な負担

裁定者としての自己の根拠の不確かな中で裁判員は、場合によっては死刑の判断を迫られることになる。裁判員制度の下で判決が出た死刑求刑事件は七件、うち無罪が一件、無期懲役一件、五件の死刑の中には少年に対するものが含まれる[20]。国際的には死刑廃止が確固とした流れとなっている中で、日本では死刑制度への疑念は稀薄化している。被害者に国家が寄り添うポーズを見せ、国民は生の感情に「市民感覚」、「良識」、「被害者遺族への思い」といった装いを与えられて被告人に死刑を宣告するよう背中を押されている。その国際的な特異性について自覚もない状況である。九〇年代初頭までの死刑廃止の機運は忘れ去られ、裁判員制度が死刑へ国民を関与させ、被害者参加が制度化されて、死刑へのためらいは薄れ、国民の間にはむしろ慣れが生じてきている。裁判員制度の下で、永山基準や少年法の理念など死刑抑制的な法理は、命は命をもって償えといった類の「世間の常識」的な応報観念によって相対化されている[21]。死刑求刑に対する一件の無罪判決については、裁判長主導によるもので裁判員制度ゆえの無罪ではないという指摘もある[22]。

他方で、裁判後の裁判員へのインタヴューで、死刑の判断を下すことへの戸惑いを告白する者も多い。裁判員裁判初の死刑判決では裁判長が被告人に控訴を勧めた[23]が、この不可避な行為は裁判員の苦悩の深さを示しているのかもしれない。実際に死刑求刑事件の裁判員になった国民には過大な負荷が生じている。死刑制度の是非に関する国民的論議を経ずに導入された裁判員制度は、運悪く死刑求刑事件の裁判員となった国民の当惑と苦しみにもかかわらず、国民の量刑関与を通じて死刑制度へ「民主的」正統性を調達し、死刑制度の延命策として機能している。裁判員に課される強力な守秘義務は、その経験の社会的な共有を否定し、死刑制度の是非をめぐる論議を封じるためにあるかのようである。人を殺すことへの加担を国民に強制して死刑に民主的正統性を備給しようとする国家の試みの不条理が、なぜこれほどまで問題とされないのか不思議である。

3　多数決制——無罪推定原則からの離反

裁判員制度では、裁判官が一人も賛成しない場合には裁判員のみによる罪責の決定はできないが、基本的に九人の構成体で四人が無罪（有罪とするには疑いが残る）と考えても有罪となる多数決制を採用する。それでも検察の立証は「合理的疑いを超える」のであろうか。陪審制構想の全員一致制は事実認定に対するハードルを高く設定して無罪推定原則を徹底させ、国民参加と公正とを結合して権力を抑制する仕組みであるが、裁判員制度ではそのハードルを下げる分、無罪推定原則が緩和されることになる。裁判員制度では国民参加と公正の連関は、多数決という国民の負担軽減策、換言すれば、事件の迅速処理の要請によって断ち切られる。全員一致制は評議の長期化を嫌って回避され、刑事司法システムに負荷をかけずに効率的に犯罪者を処罰するのに適合的な多数決制が採用される。無罪推定原則に基づく被告人の公正な処遇よりも「主権者国民」の便宜に名を借りた事件の迅速処理の要請の方が優先されるのである。

4　協働——責任の曖昧な帰属

裁判員制度における裁判員と裁判官の人数比は、制度設計時の大問題であった。六対三の人数比は、従前の判決構成体である裁判官三人合議制に六人の素人を加えただけのものである。裁判官からすれば、三人合議制で十分なところに余計な素人が闖入してきたという意識であろうか。裁判官は二人の裁判員を説得できれば多数派を形成できる。他方、専門家三人のうちの少なくとも一人を納得させなければ、六人の素人の意見がまとまっていても、その判断は採用されない。この人数比は、専門的な知見と熟練における裁判官と素人と間の格差からすれば、前者に有利だと思われる。素人の常識を裁判へ反映させるよりも、裁判官による国民の教育の場にふさわしい構成である。裁判官のみの構成体への上訴が認められる点でも国民の関与は限定的であり、「協働」の理念は裁判官主導として現実化する可能性が高い。統治主体化のイメージを背後に重ねながら国民参加は語られたけれども、国民は、実質においては啓蒙の対象であり、下手をすると、民意・常識の反映を口実として裁判官に責任転嫁先として利用されるおそれもある。裁判官と国民とが相互に責任を転嫁し合うと、裁判に対する責任を正面から引き受ける主体がいなくなる。「協働」の行き着く先は、裁判官主導か、最悪の場合には無責任体制である可能性もある。お互いの長所がかみ合えば「協働」の相乗効果も期待できようが、それが保障される制度的な裏づけは見いだしがたい。

裁判員制度の構造（国民が裁判官と協働して、素人としての立場から社会常識を判断基準として、基本的に単純多数決で、有罪無罪の決定および量刑判断をともに行い、被告人の処遇を直接決定する）には、刑事裁判における公正を確保するための特別な契機は含まれていない。むしろ、国民自身による国民（被告人）の処断の正統性の問題、無罪推定原則の不徹底、常識による法的合理性の相対化、国民の量刑関与を通じた厳罰化の危険、死刑問題、責任の所在の不明確化といった多くの重大な問題が伏在している。逆に、裁判員制度の効用は、国民の負担軽減を名目とした裁判の迅速化、効率化の場面で最も発揮されている[24]。裁判員制度の下では、国民参加は公正を害する危険と隣り合わせである。裁判員制度は公正を考慮しない司法の似非民主化の企てといえる。

おわりに

日弁連の側から司法制度改革に関わった宮本康昭は、裁判員制度は国民参加の矮小化された形態であると総括する一方で、日弁連が司法制度改革にコミットし妥協の産物として裁判員制度が生み出されたことをやむを得ないと述べている[25]。さらに、裁判員制度を強く批判してきた小田中聰樹らに対して職業裁判官による裁判に戻ればよいのかと反問し、[26] 裁判員制度を梃子に刑事裁判の質向上を図ろうとする立場に与している。しかし、根底的な批判を抜きにした戦術的対応は賢明とは言えまい。

検察官による証拠捏造が行われた村木局長郵便不正事件や、志布志事件が示すように、自白偏重の捜査・検察当局のあり方は、司法制度改革後にも依然、日本の刑事司法の体質として存続している。司法審では先送りされた取調の全面可視化は、今回ようやく実現の緒に就いた。公正の観点から見れば、司法制度改革によって刑事裁判のあり方は変革も「改善」もされていなかった。むしろ本質的な改革課題を回避し、司法改革を装った国民の意識改革の政治的方便として導入されたのが裁判員制度ではなかったのか。だからこそ、意見書の公表から一〇年、いまだ刑事司法のあり方が自白偏重という旧態依然の問題設定の中で問われるのである。裁判員制度には、国民参加による公正の実現以外の不純物（国民の統治主体化や、厳罰化・処遇の効率化のための国民利用等）があまりにも付着していて、刑事裁判の基本的仕組みとしての適格性を欠いている。この制度を利用して刑事裁判の質の向上が図れるとは思えない。

討議民主制の立場からも、公共性の空間の一翼を担う制度として裁判員制度を正当化する議論がある。[27] 司法審自身が「公共性の空間」の柱の一つとして司法を位置づけていた。しかし、刑事裁判は政治的討議の場と質的に異なる。刑事裁判の議論は、犯罪という社会現象に対して、事実への法規範の適用の枠内で個人の刑事責任を問題とする非常に限定されたものである。個人の自由意思・自己責任という個人主義的論理が支配するので、犯罪の発生する根拠を社会のあり方に求める社会学的発想や、法令上の制約を越え法改正も射程に入れた政策論議を許す政治的想像力などは刑事裁判の領分に属するものではない。刑事裁判の場では、討議民主制論者が期待する公共的問題に関する闊達で創造的な議論が展開されるわけではない。むしろ、そうしたものを拒絶して厳密な法合理性によって自己完結することで刑事裁判は成立できるのであろう。裁判員制度の討議民主制的正当化は、刑事裁判を公共性の空間とし公共精神涵養の手段視することで、むしろそこに歪みを生じさせ、他方で、公共性の空間における言説を法的責任追及の言説に矮小化する可能性がある。刑事裁判のあり方と、民主政治のあり方とは切り離して考察すべきである。

国民主権だから司法権も国民が直接行使できるといった無媒介な主権論は、法の支配が貫徹すべき司法の領域には特に場違いであり、権力の至高性を連想させる主権者国民という主体を招喚するがゆえに立憲主義・自由主義と強い緊張関係に立つ。国民主権論で司法への国民参加を基礎づけることは適切でない。司法への国民参加を正当化するとすれば、それは、適正手続の保障のために、裁判官とは異なる別個の視点をもった国民による捜査・検察当局の立証に対するチェック、場合によっては裁判官というチェック者のチェックとして、権力抑制の仕組みを多元化する企てとしてである。国民は、至高の権力を持つ主権者として関与するわけでも、「世間の常識」の担い手としてでもなく、自由で公正な社会のコモンセンスの担い手として権力の行使を監視すべく法廷に臨むのである。

裁判員制度は来年見直しの年に当る。すでに検討は始まっているが、制度の運用について肯定的な評価が検討会の場では支配的なようである(28)。しかし、目的もよく分からず裁判に動員され、悲惨な犯罪事実に向き合わされ、被害者・遺族の面前で被告人の運命を決するという難しい決断を迫られる国民の重圧、それに付随する様々な重い負担は重大な問題である。審理期間の短縮だけのために国民負担に配慮するのではなく、もっと重大な重圧から国民を解放すべきである。今度は不純物を取り除いて、刑事裁判の公正という本筋に沿って、国民参加でなければ実現できないことを特定し、国民参加のあり方をそのものとして議論すべきである。また、国民参加ですべてが解決するかのような幻想は捨てて、刑事裁判の質の向上につながる方策を広い視野で考えるべきであろう。

(1) 司法制度改革審議会意見書（二〇〇一年・首相官邸ＨＰに掲載。以下「意見書」）「Ｉ今般の司法制度改革の基本理

念と方向　第１　21世紀の我が国社会の姿」。

（２）意見書「Ⅳ国民的基盤の確立」。

（３）今関「検察審査会による強制起訴――『統治主体』としての『国民』」法律時報八三巻四号（二〇一一年）一頁参照。

（４）今関「司法制度改革と弁護士自治」『憲法と自治』憲法理論叢書11（敬文堂・二〇〇三年）一二七頁参照。なお、筆者の司法制度改革についての評価は、「司法制度改革における『法の支配』と『国民の司法参加』」現代思想二〇〇八年一〇月号七五頁、「参加型司法」『憲法改正問題』法律時報増刊（日本評論社・二〇〇五年）一八〇頁を参照。

（５）小坂井敏晶『人が人を裁くということ』（岩波新書・二〇一一年）が裁判員制度の問題を独自の視点から論じており、参考になる。

（６）日弁連と最高裁、法務省の陪審制に対する当初の見解について、司法審第三〇回、法曹三者の意見聴取を参照（議事録は首相官邸ＨＰに掲載）。なお、日弁連が司法審向けにアレンジした主張として、日弁連「陪審制度の実現へ向けての提言」二〇〇〇年三月一七日（「陪審制度は、国民が、司法の領域において統治権を直接行使する制度であり、参加する個人に、一人ひとりが民主主義を支える重要な一員であることを認識させ、公共意識を醸成する。陪審制度こそは、国民に『統治客体意識から統治主体意識へ』の変化を促す司法制度であ（る）」）も参照（日弁連ＨＰに掲載）。

（７）意見書「Ⅳ第１　国民的基盤の確立（国民の司法参加）１刑事訴訟手続への新たな参加制度の導入」。

（８）裁判員制度導入の意義に関する議論の整理として、ダニエル・Ｈ・フット『名もない顔もない司法』（ＮＴＴ出版・二〇〇七年）二六一頁以下参照。

（９）国民は統治主体であると同時に、教育の客体である。両者の矛盾は矛盾のまま放置される。

（10）「国民的基盤の確立」論を支持し、裁判員制度を擁護する見解として、土井真一「日本国憲法と国民の司法参加――法の支配の担い手に関する覚書」岩波講座『憲法』第四巻「変容する統治システム」（二〇〇七年）二七二頁以下、二七五頁以下、柳瀬昇『裁判員制度の立法学』（日本評論社・二〇〇九年）二七九頁以下参照。

（11）宍戸常寿「国民の司法参加の理念と裁判員制度――憲法学の観点から」後藤昭編『東アジアにおける市民の刑事司法参加』（国際書院・二〇一一年）一四七頁―八頁。司法の広報が問題ならば、国民に負担をかす裁判員制度を創設する必要性はないと指摘する。

(12) 量刑への関与も検察官の求刑へのチェックだとも考えられる。しかし、検察の求刑は拘束力を持つわけではなく、量刑は被告人の処遇を直接決定する行為である。

(13) 犯罪者への強い処罰感情、被害者への同情、裁判官は被告人の権利を守りすぎて刑罰が軽いといったことが世間の常識とされることである。刑が軽すぎるのが不公正という応報感情に基づく公正観に立てば、量刑にこそ国民は関与すべきことになる。これは、否認事件だけでなくすべての刑事重罪事件へ国民関与を要求する裁判員制度になじむ公正観であり、手続的正義の意味での公正とは異なる。

(14) チェック機能を重視する見解として、平川宗信『刑法の基礎』(有斐閣・二〇〇八年) 二三七頁、成澤孝人「裁判員制度と憲法理論」(法の科学四一号 (二〇一〇年) 七六頁)。成澤は「人身の自由の十全な保障」のみを目的として市民の司法参加を認めるべきだとする。蟻川恒正は「統治の批評者」という位相を設定する (高橋和之＝佐藤幸治＝棟居快行＝蟻川「〔座談会〕憲法六〇年——現状と展望」ジュリスト一三三四号 (二〇〇七年) 一三頁以下、蟻川「体系と差異」(佐藤幸治憲法学との対話) 法律時報八二巻五号 (二〇〇九年) 三八頁)。

(15) 意見書「Ⅱ第2　刑事司法制度の改革」。

(16) 市民資格は同胞市民による判断として裁判員による量刑を正当化するかもしれない。しかし、同胞は、同じ生活と価値観を共有し、お互いを仲間として尊重し合う者同士の関係である。今日、国民がかかる意識をお互いに持っているとは思えない。善良な市民と自己規定する裁判員は、凶悪犯とされた被告人を理解不能で異質な他者とみるのではないか。最高裁による「裁判員等経験者に対するアンケート」の回答を見ると、裁判官、検察官、弁護士の順に説明等のわかりにくさの比率が上がる。否認事件だと、それぞれ〇・六%、四・五%、二六・二%となる。これは弁護士の力量だけに起因するのではなく、被告人に対する裁判員の意識の反映でもあるのではないか。そうであれば、裁判にバイアスをもたらす懸念がある (調査結果報告書 (平成二一年度) 二〇頁 (二〇一一年三月)、最高裁HPに掲載)。

(17) 五十嵐二葉「裁判員裁判の死刑判決」法と民主主義四五四号 (二〇一〇年) 六四頁。

(18) 国民参加の帰結が厳罰化か寛刑かについては見解が分かれる。アメリカでは陪審の方が死刑適用に抑制的だという調査結果があるが、それには著しい厳罰化状況と、裁判官公選制の下で再選を意識した裁判官の民意への過剰適応も関係しているという。この前提がない日本ではキャリア裁判官は死刑適用に慎重であった。この点について、本庄武「裁判員の量刑参加」一橋論叢一二九巻一号（二〇〇三年）二四頁以下。同「裁判員制度開始を目前に控えた量刑研究の状況」犯罪社会学研究三三号（二〇〇八年）一九八頁も参照。

(19) 裁判員制度の下で死刑判決がまだ出されていない段階のものであるが、特集「裁判員時代における死刑問題」法律時報八二巻七号（二〇一〇年）四頁の諸論稿参照。

(20) 施行二年目における数字（二〇一一年三月末まで）。その後、死刑判決は三件出ており（横浜、静岡、千葉各地裁）、二〇一一年六月三〇日千葉地裁判決では被害者は一人であった（朝日新聞七月一日朝刊）。

(21) 二〇一〇年一一月二五日仙台地裁判決では、記者会見で裁判員の一人は、少年でも「人の命を奪ったという重い罪には、大人と同じ刑で判断すべきだと思い、そう心がけた」と述べた（朝日新聞二〇一〇年一一月二六日朝刊）。

(22) 五十嵐・前掲論文六六頁。

(23) 朝日新聞二〇一〇年一一月一七日朝刊。弁護人が控訴したが、その後控訴は取り下げられ、死刑が確定した（同二〇一一年六月一八日朝刊）。

(24) 司法審の刑事司法改革の目的は、裁判の迅速化と社会秩序維持・国民の生活の安全確保である（意見書「Ⅱ第2 刑事司法制度の改革」）から、その目的設定を認めれば、裁判員制度はある意味で有効な手段といえるのかもしれない。しかし、審理日数の限定、連続開廷、公判整理手続前置等により、防禦権の行使は以前より困難となっている。

(25) 宮本康昭「裁判員制度立法過程の検討序説──裁判員制度の必要性はどう論議されたか」戒能＝原田＝広渡編・渡辺洋三先生追悼論集『日本社会と法律学──歴史・現状・展望』（日本評論社・二〇〇九年）六一五頁。

(26) 同書六一六－七頁。同じ渡辺洋三追悼論集の中で小田中聰樹は、裁判員制度の本質をなお批判している（「『市民』的治安政策と裁判員制度の本質について」五四一頁）。

(27) 柳瀬・前掲書。

(28) 「裁判員制度に関する検討会」議事録（法務省ＨＰに掲載）参照。

6　検察審査会による強制起訴
——「統治主体」としての「国民」

二〇一一年

一　民主主義の現状

小沢一郎議員の「政治とカネ」をめぐる一連の事件は、検察による二度の不起訴処分と検察審査会（以下、検審）の二度の起訴相当議決を受けて指定弁護士が政治資金規正法違反（虚偽記載）容疑で強制起訴し、民主党による党員資格停止処分で「けじめ」がつけられた（二月二二日）。当初の検察の「ストーリー」では、これはゼネコンからの「裏金」を隠蔽する帳簿上の操作であり、その点がメディアでも喧伝され、政治的「巨悪」に検察が迫る事件のはずであったが、指定弁護士からは「裏金」の問題は取り上げないという立証方針が示された（三月二日）。政治資金規正法違反では、他にも、鳩山前首相（母親からの資金援助・不起訴）、前原外相（在日外国人からの献金・外相辞任）と民主党政権の中枢が打撃を被っている。

この事件は、総選挙、参院選、民主党代表選という政権の帰趨に関わる重要な機会に寄り添って展開した。政権交代後の政治は、沖縄米軍基地問題で鳩山首相が沖縄の民意を裏切って以降、与野党の不毛な政争と与党内部の内紛に明け暮れ、参院選から生じた「ねじれ国会」状況のもとで政治としての体をなさない状況に陥っているが、小沢問題はその火種の一つであった。

政治改革は、小選挙区の導入により二大政党的状況を作り、選挙を通じて民意を直接国政に反映させ、首相もまた総選挙によって事実上国民が直接選び、その民意の支持を受けた首相の強力なリーダーシップのもとに機動的・効率的な政治を実現するはずであった。しかし、現在の政治は民意を無視した権力闘争であり、それを支配しているのは空疎な責任追及の言説だけである。解散総選挙、政権奪取だけが政治課題とされ、純粋な権力闘争が政治的退嬰主義を招いている。民意の実効的支配という民主主義シンボルを掲げて一九九〇年代に政治の世界で行われた「改革」は挫折し、まさにその克服しようとした現実が眼の当りにある。

ところで、司法制度改革は、政治改革を含む「『この国のかたち』の再構築」を目指した一九九〇年代諸改革を「法の支配」の理念の下に有機的に結び合わせようとする、改革の「最後のかなめ」であるが、国民の「統治主体化、「国民参加」という言説を通じて民主主義を司法の領域に持ち込んだ。検審も司法への国民参加の制度として改革の俎上に載せられ、検審の議決へ法的拘束力を付与する提言を受けて強制起訴手続が制度化された。政治における民主主義は機能麻痺状態であるが、司法の「民主化」の試みは成功するのか。

小沢氏を起訴に持ち込んだ検審の議決は、市民パワーの勝利、素人の常識・素朴な正義感・市民感覚に基づく健全な判断等として積極的な評価もなされている。他方で、検察や小沢氏サイドからは強い批判がなされ、検審の制度自体が問題視されている。この問題は刑事司法システム全体のあり方（「検察官司法」・「精密司法」か、「公判中心主義」か）にも直結し（新屋達之「本格始動した改正検察審査会」法時二〇一〇年一〇月号一頁参照）、延いては、日本の民主主義のあり方にもかかわる深刻な問題を提起している。

二　検察審査会の権力性と正統性

検審は検察官の権限行使を監視する制度であるが、起訴・処罰ベクトルの制度である。検察官が不当に不起訴とした者は起訴できるが、不当起訴を不起訴にはできない。さらに、議決に法的拘束力が付与されて、無作為抽出で選ばれた国民（審査員）自身が起訴権限自体を行使できるようになり、「国民の参加」＝「統治主体」化という改革理念を文字通り実現する制度となった。裁判員制度には国民の関与が被告人の人権保障につながる契機もあるが、検審は不当起訴から被疑者を守る契機はない。検察の公訴提起権の行使の適正を不当不起訴抑止の観点から監視し、法を遵守しない犯罪者には必ず制裁を科すという意味で「法の支配」に資する（語弊はあるが必罰主義の方向性で、社会における「刑事法の支配」を貫徹する）制度である。この検審の改革は、人権保障よりも司法の「民主化」を重視し（たとえば、取調べの録画に対して司法制度改革審議会意見書は慎重な立場をとった）、専門職の専門合理性を独善として排し、「法の支配」を掲げて社会の法化を目指した司法制度改革の本質を典型的に体現するものであったといえる。

嫌疑が十分にあるにもかかわらず政治的・党派的理由から政治家や公務員の罪を見逃す検察の不起訴処分に対するチェック機関として検審の肯定的イメージを描くことができる。起訴権限を独占して起訴便宜主義の下に広い裁量を有する検察の権限行使の適正を監視する必要性は高い。しかし、実効的監視の強化という対検察権力の文脈だけで検審の議決への法的拘束力の付与を考えてはならない。2度目の起訴相当議決の法的拘束力によって、検審は対検察の監視機関から、被疑者の起訴を直接決定する権力機関に変質するからである。検察が不起訴とした被疑者の「訴追されない利益」を直接侵害する機能を検審自身が手に入れる。起訴後の有罪率九九％超を誇る「検察官司法」において起訴不起訴は有罪無罪と同視され、起訴されれば社会的には犯罪者視され、職や政治生命を奪われ致命的不利益を個人は受ける。被疑者個人に対して検審は絶対的権力として立ち現れる。

そうであれば、検審自体が権力として、その制度の正統性および決定手続の透明性・公正さ、決定内容の妥当性を問われざるを得ない。また、検審に対する人権保障が問題となる。東京第五検察審査会は、「政治資金規正法の趣旨・目的・世情等に照らして、本件事案については被疑者を起訴して公開の場（裁判所）で真実の事実関係と責任の所在を明らかにすべきである。これこそが善良な市民としての感覚である。」（一回目の議決）、「検察審査会の制度は、有罪の可能性があるのに、検察官だけの判断で有罪になる高度の見込みがないと思って起訴しないのは不当であり、国民は裁判所によってほんとうに無罪なのかそれとも有罪なのかを判断してもらう権利があるという考えに基づくものである。そして、嫌疑不十分として検察官が起訴を躊躇した場合に、いわば国民の責任において、公正な刑事裁判の法廷で黒白をつけようとする制度であると考えられる。」（二回目の議決）と自己の正統性を基礎づけようと試みた。

これに対して、小沢氏は、検察官による起訴と検審の強制起訴との起訴基準の違いを指摘し、検察が2度不起訴にし強い無罪の推定が働くにもかかわらず、検審と指定弁護士が有罪の確信のないまま行った強制起訴が党の処分の根拠とされる不当性を主張し、二回目の議決での被疑事実でない事実の付加、起訴相当議決の根拠とされた供述調書について取調べの録音の存在で表面化した任意性の問題、審査員の選任手続への疑義（平均年齢の若さ、一回目と二回目の平均年齢の一致）、審査補助員の就任時期や議決前の検察官の関与の有無が不明であるなど議決に至る審査過程の恣意性、密室性も批判した（民主党の倫理委員会に提出された「私の主張」（二月二二日付））。

世論調査では、小沢氏の主張は支持を得られないようである（小沢氏の主張に納得できない七二％（朝日新聞二月二二日朝刊）、強制起訴により議員辞職または離党すべきだ七六％（日経二月二七日朝刊））。しかし、「国民」（検審委員）が「有罪の可能性がある」者の有罪無罪を裁判所に判断させる「権利」を有すという言明の意味も判然としない。

検審法は「民意」の反映を謳い、検審の民主的正統性を示唆する。しかし、通常の用法では民意は選挙等を通じて表明される「国民の多数派の意思」（あるいは一般意思）を指し、個々の国民あるいは部分集合の意思がそれ自体で民意を僭称することはできない。無作為抽出の一一人の意思は、選挙に基づくものではないし、内容的に国民全体の民意の縮図となっている保証もないので、検審の民主的正統性を語るのは難しい。生活意識、価値観を共有する同胞による判断という正当化も考えられるが、「善良な市民」と犯罪者という意識が支配していれば、これは意味をなさない。

検審法の「民意」は、「一般国民の良識」などと言い換えられてきたが、「良識」を持った「一般国民」であれば、それだけの資格で検察官に代わって人を起訴してよいとは言えないだろう。良識や常識は、時として法の敵対者である。検審は「一般国民」（素人）の参加制度として、当然のことながら専門職という資格に由来する正統性を持たない。強制起訴を行う検審の正統性は曖昧である。

三　「統治主体」としての「国民」と法

問題は、それにもかかわらず、検審の民主的正統性の外装（「民意の反映」、「国民参加」）を利用して、主権者国民の判断であるから、既存の法（例えば、高度の有罪の見込みを要求する検察官の起訴基準）を無視して「一般国民の良識」（素人の健全な常識、市民感覚等）に基づいて人を起訴してよいのだという論理が主張されることである。民意・参加・国民主権といったカテゴリーを曖昧な形で司法の世界に持ち込むと、似非民主主義によって法的合理性が突き崩されてしまう。国民主権・民主主義によって社会の構成原理を一元化し、法固有の論理を否定するのは危険である。まして、民主主義の内実が、捉えどころのない「一般国民の良識」の支配であるとすれば、なおさらである。民主主義とは何かを問い直すとともに、民主的正統性だけでなく、法的合理性、専門合理性など多元的な正統性原理を認めたうえで、民主的多数決で決すべき局面と、法曹の専門合理性を維持すべき局面、素人の常識が有効に機能する局面の切り分けが必要である。さもないと、民主主義シンボルと結びついた素人の独善が支配することになる。

政治と法の区別も重要である。起訴基準を低下させて政治家の政治責任を、刑事裁判を利用して追及しようとすると、政治責任と刑事責任の境界が曖昧になる。それは、刑事責任を問われることの重大性を相対化するとともに、結果的に検察の権力発動に対する法的ハードルを低下させる機能を果たすだろう。他方、刑事責任回避の強迫観念が政治のダイナミズムを奪うことになりかねない。政治責任は選挙や政治活動を通じて追及し、刑事責任は厳密な法の適用の問題として政治責任と切り離して裁判で独自に問うべきであろう。

強制起訴手続の公開性、透明性、公正さの欠如に対する批判も、検審が権力化すれば当然先鋭化する。手続の慎重さへ一定の配慮はあるものの、検察官が収集し証拠価値の吟味も経ていない資料に基づいて、しかも検察官への信頼を前提に（検察官のつくったものは「絶対に正しいという考えが頭にあった」という検察審査員経験者の発言（朝日新聞二〇一〇年一〇月四日朝刊））、被疑者側の言い分を聴くこともせず、匿名の素人が審査を行って起訴相当議決をすれば批判を受けないわけはない。検審の検察監視機能に対する懐疑も湧いてこよう。権力化にふさわしい、被疑者の人権への配慮が必要になっている。

最後に、政治利用に対する検審の脆弱性について。強制起訴の立証方針から消えた、確たる裏づけのない「裏金」の授受という検察のストーリーが、この事件の推移を支配していた。検察は嫌疑不十分で不起訴としても、これがあれば、検審が関与し起訴相当議決、強制起訴に持ち込んでくれると踏んだのであろう。無理なストーリーで無理な起訴を検察自らが行い批判に曝されることを回避でき、うまくいけば、検審の「民主性」によって起訴の正当性が強化されるかもしれない。検察は、自らは不起訴とし、市民団体の申立てを待って検審にバトンを委ね、その黒子として政権交代前後の政治状況を左右しようとしたのではないか。こんな推論でも少なくとも検察のストーリーと同じくらいには信憑性があるのではないか。そうであれば、検察の手のひらで検審も民主主義も踊っていたに過ぎないことになる。

いずれにしろ、検審は匿名の告発者が検察不起訴の場合に政治家の政治生命を断つことを目的として政治的に利用することの可能な制度である。検審が緩やかな起訴基準で強制起訴を行っていけば、否応なく政治闘争の渦中に検審は巻き込まれることになろう。政治家が対象だから検審の強制起訴は広く認められるべきだという論理は、一見もっともだが、政治責任を刑事責任に矮小化し、司法を政治に巻き込み、匿名の告発者、匿名の検察委員に民主主義の行方をゆだねることになりかねない。西武百貨店渋谷店のサブカル展が数通の匿名メールによって中止になった事件（朝日新聞二〇一一年二月一一日夕刊）と同質の問題がある。

検審の審査員は、「善良な市民」というよりも、政治的権力者をも追い落とし、甲山事件のように無辜の者に犯罪者の烙印を押しその一生を台無しにしてしまうかもしれない端倪すべからざる権力を持った存在である。審査員には主権者国民の一員に過ぎないという自覚をもち、政治利用による民主主義の歪曲の危険を意識しつつ、無辜の者を刑事裁判の場に引きずり出すことのないよう細心の注意を払って、法的に適正、かつ、政治的に賢明な判断をすることが求められている。

政治の世界では民意が考慮されず、民意とは本来一線を画すべき司法の世界でそれが矮小化された形で尊重される、この逆立ちした民主主義には、民衆の運動が政権を倒したチュニジアに始まる民主化の動きのような精彩はない。

第1部第二章解題

司法制度改革は、「国民の期待に応える司法制度」、「司法制度を支える法曹のあり方」、「司法の国民的基盤の確立」を改革の三本柱とした。この観点に基づいて、具体的には、弁護士制度改革、裁判員制度導入、検察審査会改革などが提唱された。第二章はこうした司法制度改革を整備する個々の改革について批判的に検討する。

最高裁判所は、法令の憲法適合性を審査する違憲立法審査権を付与されているが、実際に法令を違憲とすることは極めて稀である。学説ではこれを批判し、憲法裁判の活性化のために、最高裁判所に代えて憲法裁判所を創設することや、最高裁判所内部に憲法裁判部を設置することなどが提唱された。しかし司法制度改革は、法を私人間の関係を規制するものと捉えたため、個人の人権保障のための憲法裁判構想を改革の埒外に置いた。**3論文**ではこの問題が分析される。むしろ改革で志向されたのは、規制緩和にともない増大する私人間や企業間の紛争を迅速に解決する裁判所であった。なお著者は、憲法裁判が不活性であることの一因は、最高裁判官の任命過程が不透明であることにあると指摘している（参照、「最高裁裁判官の任命慣行の問題点」ジュリスト一四〇〇号）。

4論文は弁護士像の変質を分析する。弁護士は戦後、人権擁護や社会正義のために国家権力に対峙する役割が期待された。弁護士会に自治が保障されたのはこの一環である。しかし司法制度改革が描き出したのは、顧客のニーズの実現を目的とする弁護士像であった。さらに改革の一環として法科大学院が導入されると、弁護士人口が飛躍的に増大することになり、弁護士の一体性も失われていった。実際に、人権保障を担う弁護士像は希薄化し、ビジネスロイヤーと自己規定する弁護士も登場している。その結果として、過払金訴訟で食いつなぐ法律事務所のなかには、誇大広告を掲載し消費者庁から措置命令を受けた事務所も出てきている。現在では、政治問題や社会問題について、弁護士会が一体となって国家権力に対峙していくことは困難となっている。

5論文は裁判員制度について分析する。もともと刑事裁判は職業裁判官のみによって行われていたが、検察の起訴した被告の九九％が有罪とされる検察官司法との批判が加えられ、被告人の公正な裁判を受ける権利の確保が課題となっていた。司法制度改革では、刑事裁判の一審において、三人の職業裁判官と六人の一般人が協働して事実認定と量刑判断を行う裁判員制度が導入された。しかしこの目的は、公正な刑事裁判を実現することではなく、一般人が司法のあり方について理解を深めることにあった。裁判員たる一般人は被告人の量刑決定という権力を行使するが、職業裁判官のような法的専門性を有していないため、被告人の公正な刑事裁判を受ける権利を侵害する可能性が高い。最高裁大法廷は二〇一一年に、国民の司法参加と公正な刑事裁判が調和することを根拠に、全員一致で裁判員制度に合憲判断を下した。しかし、裁判員制度が導入されてからは、死刑判決が安易に下され、求刑より重い判決が下されるようになるなど、厳罰化の傾向が顕著となっている。公正な刑事裁判を軽視し、一般人を刑事裁判に参加させる制度には多くの問題が山積している。

6論文は検察審査会について分析する。検察審査会は、検察の恣意的な不起訴処分を防ぐため、無作為に選出された国民が検察の不起訴処分の妥当性を審査し、法的拘束力のない決議により勧告を行う制度であった。しかし司法制度改革は検察審査会に強制起訴手続を導入した。検察審査会は、二回の起訴相当決議がなされた場合には、起訴議決を行うことができるようになった。この場合、裁判所の指定した弁護士が検察官の代わりに公訴を提起し公判を担当する。強制起訴は、法的専門性の乏しい一般人に対して、検察の独占する起訴権限を直接行使することを可能にする制度である。しかし、聴聞手続や証拠収集などの適正手続が保障されないなかで、感情や世論に基づいて起訴を行うことは、冤罪を生む原因ともなっている。

〔森口千弘〕

第三章　司法制度改革と憲法学

7　「法の支配」と憲法学

二〇〇一年

はじめに

一一月二〇日に司法制度改革審議会は中間報告を公表した。その要約の冒頭では、司法制度改革は、「政治改革・行政改革・地方分権推進・規制緩和等の経済構造改革等の一連の諸改革を『法の支配』の下に有機的に結び合わせるための『最後のかなめ』である」とされた。こと程左様に「法の支配」は、改革のイデオロギーとして持て囃されている。政治が混迷し、司法に「改革」の焦点が移動したこととも相まって、「法の支配」は「普通の国」に取って代わって支配的イデオロギーの一つといった地位を獲得しているように思われる。本稿では、行政改革、司法改革のイデオロギー的な支柱を築いた佐藤幸治京都大学教授（文中敬称略）の独自の「法の支配」論を検討の俎上に載せ、今日の諸「改革」において、近代立憲主義の土台をなすともいえる「法の支配」というカテゴリーが、どのように変容を受け、どのような目的に奉仕させられているのか、また、なぜ司法改革においてどの陣営からも一様にシンボルとして扱われ得るのか、といった視角から「法の支配」論の構造と問題性を明らかにしてみたい。さらにまた、そのことを通じて憲法学者の現実政治へのコミットメントの作法を考えてみたい。

まず、「人格的自律権」をキーコンセプトとする佐藤憲法学における「法の支配」論の体系的な位置づけを整理し、次にその議論の政治場面における適用例と見なすことができる「中間報告」における「法の支配」論の機能的意味を明らかにする。そのうえで、両者の間に存在する一致とズレの意味を検討したい。佐藤憲法学が、司法制度改革審議会中間報告あるいは論点整理や行革会議最終報告といった政治的文書に現れる「法の支配」論へと転化する過程は、様々な思潮を「改革」イデオロギーへと回収していく過程と照応しているように思われる。

一　佐藤憲法学における「法の支配」

1　「人格的自律権」と「法の支配」――司法審査・人権から政治部門へ

佐藤憲法学の主要な対象は、初期においては司法審査とプライバシー・知る権利が中心であった。司法審査論は、『現代国家と司法権』（一九八八年・有斐閣）として結実し、人権論は、人権主体・人間像論と人格的自律権としての自己決定権論といった人権基礎理論へと展開してきている。

前者で打ち出されている「法原理部門としての裁判所」とは、「具体的紛争の当事者がそれぞれ自己の権利・義務をめぐって理をつくして真剣に争うことを前提に、公平な裁判所がそれに依拠して行う法原理的決定に当事者が拘束されるという構造」であり、司法権の観念の独自性は「公平な第三者（裁判官）が、関係当事者の立証と推論に基づく弁論とに依拠して決定するという、純理性のとくに強く求められる特殊な参加と決定過程たるところにある」[1]とされる。さらに、この構造は近代立憲主義と深くかかわっており、「国民はその代表者の選挙を通じて立法過程に参与する一方、そのような法の下での国民各自の具体的な権利・義務関係のあり方はそれぞれ自ら決定していくという自己決定の原則、および国民各自の具体的権利・義務関係について、自己が適正に代表されていない過程によって拘束的に決定されることは不公正であるという観念（デュープロセスの思想）、と結びついている」とされる。具体的事件性の観念はこの司法の観念と原則を担保するもので、「裁判所に特有の先例拘束性の原則……は、裁判所が現実の具体的紛争を基盤にしてその解決に必要な限度において判断するということを前提にしているもので、裁判所がむやみと抽象的な紛争にふみこむことは当該原則の基盤を掘り崩すことにな」り、「この原則の動揺は、結局は裁判所の法形成機能、したがって、公共政策の形成機能を弱めることになる」[2]という。「法原理部門としての裁判所」論は、佐藤憲法学の精華と評価してよいだろう。そこで、この理論を基準として後の佐藤憲法学の展開を位置づけるという方法で、最近の佐藤憲法学がキーワードとして打ち出した「法の支配」の位相を探ってみることとする。

佐藤憲法学において「法の支配」が本格的な検討の俎上に上るのは、『講座憲法学』論文「権力分立／法治主義」（一九九四年）[3]であろう。事件性を中核とする司法権の本質論・憲法訴訟論、人格的自律に基づく自己決定論・人権基礎理論といった理論的営為から、政治部門（民主的統治機構）へと考察の対象を移動するとば口となるのが、この論文である。「人格的自律権」を基礎においた自己の憲法学の立場から、「憲法典」、「法の支配」、「権力分立」、「国民主権」という基礎カテゴリーの吟味を通じて統治システムの全体像を描き出そうとする「意欲的」な業績である。ここで提起されている基本的問いは、実質的法治国家を越えた「法の支配」の意義は何かである（一八頁）[4]。これを自己のキーコンセプトである「人格的自律権」と関わらせつつ、上記基礎カテゴリーの相関が論じられる。

人格的自律権と主権、憲法典　「憲法制定権力の主体たる国民が『人格的自律権』の観念の導入を図る憲法典を実際に定立した場合」には、「憲法典を実際に定立した世代の国民、現在の国民、さらに将来の国民を包摂する

『国民』として、各人の自律的生を可能ならしめる〝物語〟を共有し、憲法典はその〝物語〟を成分の形で示したもの……、相互に自律的生を大事にしようとする最も深い自律的意思の表現」となる。「主権すなわち憲法制定権力の主体たる国民は、憲法という国政に関する基本的ルールを定立することによって自らを制度化し、定立後はそのルールの持続的承認、意味の確立・拡充、必要があればルールの改正という行為を通じて活動する」（「憲法制定権力者たる国民の自己制限」）（三〇頁）。

国民「憲法の変動にかかわりなく同一なる国家の国民や専ら統治の正当性の根拠とされる観念的統一体たる国民と違って、実際に憲法を制定し、表現の自由や参政権等の行使を通じて国政にかかわり、場合によっては憲法改正に関与する存在である」[5]（三〇頁）。

人格的自律と法の支配、権力分立「個人の『人格的自律権』の尊重は、個人が人の恣意的な支配の対象とはされないという要請を伴う。この要請は、『人格的自律権』の実現を可能にする『適正な法』の『適正な適用執行』、つまり『法の支配』を求める。この『法に支配』を実現するための制度的仕組みが権力分立制である。具体的には、①正しい法律の制定とその忠実な執行にかかわる立法府と執行府のそれぞれおよび両者のあり方、ならびに、②個人の権利・自由が脅かされる具体的紛争において『法』の正しい解釈を通じて実効的な救済を与える仕事にかかわる司法府のあり方、が課題となる」[6]（三一頁）。①では、国会の「国権の最高機関」性の確認＝階層的権力分立観・無限定的行政控除説批判＝限定的控除説、内閣の高度の政治性が述べられ、さらに憲法改正国民投票の未整備は「異常なこと」（三八頁）だと指摘される。②に関しては、裁判所の法原理機関性が再確認され、「憲法解釈論的に司法権の意義を明らかにし、司法権が生き生きと活動しうる場を確保すること」が「大事なこと」であるとされるが、具体的には、行政事件訴訟法二七条の内閣総理大臣の異議の制度が「まことに異様なもの」と批判されるにとどまっている（四〇―四一頁）。

結論　「個人が実存的に参加する具体的な訴訟の場を通じて憲法を含む『法』の具体的な展開が図られる……個人の自由に関する法が具体的事件における諸判決を通じて展開されるということの意味を再吟味する必要がある」（三二頁）とされ、「法の支配」は、「個人が実存的に参加する具体的訴訟において実効的救済を与えるということを通じて形成される『法』への信頼を内実としている」（四三頁）というかたちで結ばれる。

以上が、おそらく政治に正面からコミットする以前の佐藤憲法学の統治構造論の概要である。この体系においては、「国民」は憲法制定権者であり、憲法の変動と無関係に存在する国家の国民ではない。その国民が選び取った「憲法典」は「各人の自律的生を可能ならしめる〝物語〟」を将来に向けて成文の形で示したものである[7]。人の恣意的な支配からの自由であり、適正な法の適正な適用執行を要請する「法の支配」は、権力分立によって、即ち憲法制定権力→国会→内閣→行政各部という経路と、法原理機関としての裁判所による具体的訴訟の解決という経路を通じて実現される。後者の重要性の指摘がこの論文の眼目とされるが、国民主権、国会の「国権の最高機関」性から逆に内閣の高度の政治性が正当化されている点[8]に注意しなければならない。内閣機能強化に連なる議論はこの時点ですでに存在している。

この枠組みは、現在の佐藤の「法の支配」論の原型といえるだろう。ただ「この国のかたち」という言い回しは存在していない。

2　「法の支配」と「この国のかたち」――「自由の法秩序」

佐藤は、一九九六年から正式に行革会議に関与し、一九九九年夏から司法制度改革審議会会長となっている。行革会議で政治との本格的接触を始めて以降の佐藤が、おそらく行革会議における自己の立場を弁証し、司法制度改革審議会委員へ手を挙げたともいえる文書が、「自由の法秩序」（一九九八年[9]）である。「『法の支配』の再生に向けての具体的方策」(二四頁)として、行革会議の成果に具体的に言及し、さらに司法制度改革の具体的道筋を展開するという「書斎派」というにはあまりにアクチュアルな論文であるが、これまでの佐藤の理論の集大成的な議論が、「法の支配」を理念とする「政治のフォーラム」と「法原理のフォーラム」からなる法体系として展開される。「法の支配」は明確に「秩序形成」の問題とされ、裁判も紛争解決の場ではなく「下からの秩序形成」の場とされる(一八頁)。そして上からの秩序形成を行う「政治のフォーラム」と、司法による下からの秩序形成(法原理のフォーラム)との間の相互作用から生じる法システムを「法の支配」論として語るのが、この論文の特色であろう。「法の支配」は、秩序形成観の問題として、「超越論的な上からの法秩序形成観」である形式的法治国家・実質的法治国家と、「司法の場において具体的事実関係に基づいて経験主義的に形成される法に対する信頼性」に依拠する点で区別され、その重要性が再確認されている(二一一―二一三頁)。

「政治のフォーラム」は「法の支配」を究極的に支えるものとされる(五八頁)。「法の支配」の理念に基づく「政治のフォーラム」は「国民・国会・内閣という『政治』が行政機関をコントロールするという『かたち』」(三六頁)をとるべきであるとされる。行政改革が目指した内閣機能の強化と首相の指導性による行政各部・官僚に対する政治の主導性の復権が、「階層的権力分立」、「法の忠実な執行の保障」の重要性、法律を「行政各部に誠実に執行させる」内閣という観念を媒介として「法の支配」によって正当化される。[10] 結局、「法の支配」が、強い内閣による「国政の運営に関する総合戦略・総合政策的発想に基づく総合調整力」(三〇頁)の発揮、「国家が国家として機能するために」不可欠な「行政権に内在する高度の統治作用」[11](三三頁)を正当化する。行革が目指した統治の機動性、戦略性、効率性を「法の支配」によって正当化するアクロバティックな力技には了解しがたいところがあるためか、最新の講演記録では「政治のフォーラム」の活性化は「この国のかたち」に直結され、「法の支配」は「法原理のフォーラム」だけにかかわる理念とされ、[12]「法の支配」から「この国のかたち」へのシフトが図られている。そして「生き生きとした〝政治のフォーラム〟が現前するには、国民の統治客体意識から統治主体意識への転換」が必要だとされる（六二頁）。

「法原理のフォーラム」論は「法の支配」と接合しやすく、理論的には、事件性を核とする法原理機関としての司法という年来の主張を再確認するものである。〝理〟の支配するフォーラムである「法原理のフォーラム」の「政治のフォーラム」に対する優位性が強調される。しかし、司法制度改革の構想が詳細に示される点が「自由の法秩序」の際立った特徴である。「付随的違憲審査制の長所を活かしながら、憲法問題により本格的に取り組むことのできる体制を整える方向」として「究極的には、法曹人口の大幅な増員によるいわゆる法曹一元制の実現」が語られ（五四頁以下）、法曹教育のあり方に関する試論が述べられ（五七—八頁）、また行政訴訟改革も不可避だ（三九頁）とされている。

さて、「自由の法秩序」の結論はこうである。司法改革の「努力を怠るならば、行政改革は結局のところ失敗し、日本の社会は従来の行政的規制社会へと回帰することになろう。それは、日本がグローバル化への対応力を失い、国民の無力感の漂う退嬰的な停滞社会への突入を意味することになろう」（六六頁）。

「自由の法秩序」において「法の支配」論との関連で初めて「この国のかたち」という言葉が、「われわれが敗戦の廃墟の中で『この国のかたち』（司馬遼太郎）の再構築という課題を担わせた『法の支配』という観念・言葉の出発点に立ち返ってもう一度考えてみてはどうか、という思い」[13]で「再考」を書いたという文脈で使用された。「『この国のかたち』の再構築という課題を担わせた『法の支配』」は、自律的個人が選び取る「物語」、憲法典と同一化された物語としての「法の支配」と同じものであろうか。Constitution の訳語が「この国のかたち」であるなら同じだということになるだろう。それは憲法理念の現実化というにすぎない。しかし、「この国のかたち」は、佐藤も引用する行革会議最終報告において、「われわれ日本国民がもつ伝統的特性の良き面を想起し、日本国憲法のよって立つ精神によって、それを洗練し、『この国のかたち』を再構架すること」といった形で登場し、憲法にナショナルなものを張り付けようとする指向を有しており、単なる憲法理念の現実化とは異なる部分をもつものである[14]。また、最新の講演記録にある「憲法は、われわれがどのような社会に生きるかについての大きな物語を背景に妥当しているはずのもの[15]」という記述は、憲法制定権力者の意思とは別に、「大きな物語」という憲法典の妥当根拠を設定するものである。ここで「大きな物語」が何を指すのかははっきりしないが、「この国のかたち」や「大きな物語」は憲法とは異質なもの、憲法より上位の価値を佐藤憲法学の中に持ち込む窓口の役割を果たしている。これらの観念は、成文憲法典の価値を相対化する点で立憲主義に悖るものではなかろうか。

政治にコミットして以降の佐藤憲法学の変容は、「法の支配」から「この国のかたち」へという形で表せる。「法の支配」によって内閣の高度の統治作用を正当化する議論がすでに有していた立憲主義にとっての危うさは、これによって増幅される。「法の支配」、「この国のかたち」という理念自体の是非は一先ず措くとして、「法の支配」プラス「この国のかたち」という今日の佐藤憲法学が、現実政治に投影されて、具体的にはどのような事柄を正当化しているのかを、「中間報告」を素材に見ておきたい。

二　司法制度改革における「法の支配」と「この国のかたち」

中間報告で「法の支配」は、いかなるコンテクストの中で、いかなるイデオロギー的負荷を課されているのかを確認しておきたい。以下、「法の支配」の用例を引こう（傍線筆者）。

①「近代の幕開け以来、一三〇年にわたってこの国が背負い続けてきた課題、すなわち、法の精神、法の支配がこの国の血肉と化し、『この国のかたち』となるために、一体何をなさなければならないのか、そして憲法制定か

ら五〇年経た今、個人の尊重（憲法一三条）と国民主権（同前文、第一条）が真の意味において実現されるために何が必要とされているのか、これら根本的課題を我々国民一人ひとりが改めて直視し、それに取り組むことなく、二一世紀社会の展望を開くことが困難であることが痛感されているからにほかならない。」（三―四頁）「『この国のかたち』と法の支配」という見出しの下で、明治以来の課題としての法の支配の血肉化と、憲法制定以来の課題としての個人の尊重と国民主権の実現が、並列的に示される。「法の支配」は、憲法の実現とは異なる憲法以前の課題とされ、明治国家と現在の憲法体制とを連続的なものとして結ぶ環としての役割を担わされる（これが「大きな物語」に当たるのだろうか）。以前は、「法の支配」は敗戦後に選び取られた国民の課題だとされていたはずであるが、「この国のかたち」と結合した結果、かかる帰結が導かれる。憲法が変われば国家の同一性も変わるのではなく、憲法が変わっても「同じ国家の国民」といった国民・国家観が前提となっている。「この国のかたち」は、憲法典を離れた国家というものを措定する点で、立憲主義を解体する方向性を持っている。

②「これら一連の諸改革を憲法のよって立つ基本理念のひとつである『法の支配』の下に有機的に結び合わせるために、司法制度改革が不可欠である」（五頁）。これは、司法制度改革が憲法理念による改革なのだという表明に見えるが、憲法それ自体ではなく「法の支配」が司法改革の指導理念とされることを意味する。憲法理念は「法の支配」に一面化される。①と②とがあいまって、憲法が上からは「この国のかたち」、「大きなナラティブ」に押さえつけられ、下からは「法の支配」によって蝕まれるという形で、立憲主義は挟撃される。

③「法の下においてはいかなる者も平等、対等であるという法の支配の理念は、すべての国民を平等・対等の地位に置き、公平な第三者が適正な手続を経て公正かつ透明な法的ルール、原理に基づいて判断を下すという司法のあり方において最も顕著に現れていると言える。それは、ただ一人の声であっても、真摯に語られる正義の言葉には、真剣に耳が傾けられなければならない、そして、そのことは、我々国民一人ひとりにとって、かけがえのない

人生を懸命に生きる一個の人間としての尊厳と誇りに関わる問題であるという、憲法の最も基礎的原理である個人の尊重原理に直接つらなるものである」（六頁）。「法の支配」と「個人の尊重」原理の連関を謳いあげる格調の高い文章だが、法の支配のダイシー的観念においては、平等というのは市民と行政の対等性であった。権力との対抗関係抜きに法の支配を考えることはできない。法の支配は、その意味を摩り替えられ、国家の権力性を消去するために利用される。

④「国民の権利、自由の主張は、単なる私的利益に係るものとだけ受け止められるべきではない。裁判過程において適正な権利、自由の主張がなされ、違法行為の是正や権利救済が図られることは、それ自体が公共的価値の実現という側面を有する。また、公正な手続の下で適正かつ迅速な刑罰権の実現を通じて、ルール違反者に対して的確な対処がなされるということが、自由かつ公正な社会を維持していく上で不可欠であることは、論をまたない。そうであるとすれば、司法部門は、政治部門と並んで、まさに『公共性の空間』を支える柱として位置付けられるべきものである」（六頁）。この叙述は、「法原理部門としての裁判所」という佐藤憲法学の原点に背く部分を有している。まず、「適正な権利主張」とは何であろうか。「自己の権利をめぐって理をつくして真剣に争う」というのが元々の表現である。ここでは「単なる私的利益」の主張が貶められているが、私的利益の主張であるからこそ当事者は「真剣に」争うというのが佐藤の裁判観の核心的部分ではなかったのではないか。他方、司法の公共性（下からの秩序形成の重要性）という発想は「法の支配」論で力説されたところであるが、ここで言われている公共性には積極的な秩序形成のイメージはない。権利救済・秩序維持自体が公共的価値の実現であることは当たり前で、「下からの秩序形成」というイメージは、それ以上の政策形成的な役割を司法に期待するもののように聞こえたが、非常に古典的な司法像にとどまっている。その意味では、事件性の要件を重視する私権保障型の司法審査観とは整合している。このねじれ（当事者の側に主張の適正さ・公共性を課し、裁判所には権利救済と秩序維持という最小

限の公共性しか認めない）は、国民を統治主体として自己責任を強制し、あるいは弁護士にも公共性を強調するが、他方、官僚司法という批判が現に強くあるにもかかわらず裁判所制度改革は最小限に押さえこもうとする司法改革全体を規定する発想に由来するものである。「政治部門が心臓と動脈に当たるとすれば、司法部門は静脈に当たる」（六頁）という「上からの秩序形成」と「下からの秩序形成」の身体的メタファーは、司法の非常に受動的消極的な役割を裏書きしているように思える。

⑤具体策との関係では、「法の支配」は、「法の支配の精神を浸透させていく木鐸」、「国民の社会生活上の医師」である法曹の多数を占める弁護士の「公共的役割」の自覚を促す際に使われたり（九頁）、「『法の支配』を全国あまねく実現する前提となる弁護士人口の地域的偏在の解消」（一二頁）という形で弁護士人口増の根拠とされ、さらに、「法の支配の理念のもと、……弁護士の活動領域の拡大を進める見地から、弁護士法第三〇条による兼職等の制限についてはこれを自由化する方向で」（二五頁）見直すとして規制緩和の正当化として用いられる。

⑥「国民的基盤の確立」に関して、「国民主権の下で、あるべき法の支配ないし司法権の独立の意義を沈思しつつ、司法が国民の信頼と支持を十分得るかたちで運営されているかどうかを改めて問い直し、その国民的基盤を一層強化する方策を検討する必要がある」（一一頁）。ここでは「法の支配」は「司法権の独立」と同視され、国民の司法参加を抑制する根拠とされる。また、「国家への過度の依存体質から脱却し、公共的事柄に対する能動的姿勢を強めていくことが求められる国民が、裁判の過程に参加（関与）し、裁判内容に国民の健全な社会常識がより反映されるようになることによって、国民の司法に対する理解・支持が深まり、司法はより強固な国民的基盤（民主的正統性）を得ることができる」（六二頁）という件があるが、「法原理部門」の「純理性」と「社会常識」とは矛盾しないのだろうか。

⑦法曹一元を潰す際にも、「法の支配の理念」が一枚噛んでいる。「法曹一元という言葉の多義性」と、「法の支

配の理念を共有する法曹が厚い層をなして存在し、相互の信頼と一体感を基礎としつつ、国家社会の様々な分野でそれぞれ固有の役割を自覚しながら幅広く活躍することが、司法を支える基盤となる」（論点整理）という「基本的考え方」に立脚して「各種様々な方策を構築すべきことに異論はな」い（二六頁）ということを根拠に、法曹一元は葬り去られた。

⑧逆に、「二一世紀へ向けて、『この国のかたち』の再構築を図る中で、行政・立法に対する司法のチェック機能を充実する方策について検討する課題が残されていることを付言しておきたい」（一一頁）という形で行政訴訟、違憲審査のあり方は「この国のかたち」の文脈で処理されるべきものとされ、非常に留保的な歯切れが悪い扱いを受けているが、それらは最も典型的な「法の支配」の問題として、然るべく扱われるべきであった。

以上、簡単なコメントをつけながら、中間報告における「法の支配」の現実的帰結を確認した。[16] そこには、政治にコミットし変態を遂げた佐藤憲法学の「かたち」が現れている。

おわりに

佐藤憲法学にとって「法の支配」論とは何であったのか。それに関わって若干の指摘をして締めくくりとしたい。

(1)　「立憲主義へのアフェクション」[17] を公言し、人権・司法の問題を扱っている限りでは、「法原理部門としての裁判所」という、近代立憲主義の原則に基づく司法の本質の解明という優れた業績を佐藤は生み出しえた。統治機構に佐藤が目をむけ「法の支配」論が登場したときから、変化が生じ始める。佐藤は、統治機構論に取り組むや否や行政権・内閣機能の強化を「法の支配」によって正当化しようとした。その前後に政治の世界にコミットしていく。ところで、行政権の問題は通常、民主主義の問題として扱われる問題で、佐藤もその様に正面から扱うべきであったと思われる。「抑制」と「拒否の意味合いを持っている」[18]法の支配によって、共同性と権力行使に直接関わる政治の問題の解決を試みること自体に無理がある。にもかかわらず、なぜ「法の支配」に依拠したのか。佐藤憲法学は元々「立憲主義へのアフェクション」と国家存立への配慮（九条論）とを共存させていた。司法権論の時代には前者優位の均衡を保てたが、湾岸戦争、阪神大震災、オウム事件などをきっかけにそれが九〇年代に入って崩れだしたのであろう。そこで、抽象人格的な国家の強化に向かい、その均衡の変化を乗り切るために、意図的かどうかは別として、佐藤は「法の支配」を精神安定剤として必要としたのではなかろうか。「法の支配」という安定剤も使い過ぎれば効き目も弱まり、さらに強い安定剤を求めて「この国のかたち」に縋りついたように思える。佐藤の躓きの石は、このあたりにある。それはともかく、「法の支配」論は、佐藤憲法学のメタモルフォーズの過程の一時期を正当化する過渡的な「実践的理論」だと考えられる。

(2)　新たな「この国のかたち」という観念は、さらに掴みどころがない。憲法典の担う価値そのものと、憲法典とは別の自然な所与としての日本というナショナルな存在との間を揺れている。その揺らぎがこの観念を批判しにくくしている。「この国のかたち」というナラティブが無規定な「国民」という観念と共鳴してナショナルな主体を立ち上げるという構造が存在する。[19]それは、司法という紛争解決の場、本来、私益と私益、私益と公益の対立の場を「公共性の空間」として捉える見方における公の強調とも響き合い、「個人の尊重」という原点をナショナルな公共性の前に跪かせる装置となっている。

(3)　「法の支配」を理念とする「政治のフォーラム」と「法原理のフォーラム」という議論について、三つの事を指摘しておきたい。まず、「政治のフォーラム」においてて民意にはどのような位置づけが与えられるのであろうか。統治主体としての国民という言葉が乱発されているが、肝腎の政治過程における国民の位置づけは何もない。

ろうか。

民主主義の意味をもっと真剣に受け止めるべきではないだろうか。次に、「法原理のフォーラム」における「下からの法秩序形成」がどれほどのものであるのか不明である。実際にはイメージよりも消極的なものかもしれない(先述)。最後に、「上からの法秩序形成」と「下からの法秩序形成」はどのような関係に立つのかはっきりしていない。両者の属性の相異は理解できないわけではないが、両者の接合はいかなるメカニズムを通じてなされるのだろうか。

(4)　七〇年代の佐藤の文章は「法の支配」論とは異なる立憲主義を語っていた。それをいくつか紹介しておきたい。「こうした情況できまって登場してくるのが、私生活中心主義批判・拝金思想の排撃である。統治の非能率さにいらだち、急激な価値観の変動に方向感覚を失い、混沌と見えるものに嫌悪し恐怖するものにとって、左右いずれを問わず清潔かつ明確なスローガンをかかげ、有効統治を約束する運動は大きな魅力となるに違いない。現に西ドイツやイタリアにおいて全体主義化への芽生えが指摘され、わが国でもかかる動きがある種の〝輝き〟をもちつつあることを示すいくつかの微表がある。立憲主義は果たしてこうした動きに抗して生きのびられるであろうか。[20]」立憲主義下の政治は「ある偉大な政治家がその高い声望によりつつある遠大な構想の下におし進める政治なのでなく、政治テクニシャンが各種の利益や価値の現実主義的な調整をはかりつつ進めて行く政治なのである。そこでは目的と手段、実体的合理性と手続的合理性との複雑な関係に対する鋭敏な配慮が要請される。したがって立憲主義下の政治は本来的に一般国民にはわかりにくい性格を持っている。[21]」さらに佐藤は、「『自己の好むままに生きる』ことの意義を積極的に評価し、その際『忌むべきは金銭欲でも、禁欲的な権力欲に比べたら、人類にとってまだしも恐るるに足りない』と覚悟する立場[22]」を好意的に援用しつつ、立憲主義哲学は「公的幸福はあくまでも任意性を基盤とすべきである」としていた。

(5)　最後に、佐藤憲法学と奥平憲法学の外見的類似性を指摘しておきたい。両者とも、自律・自立を人間像の基礎に置き、ゲワースの人権論に言及し、人権の動態的理解を示し、知る権利に造詣が深く、デュープロセスの有する権利性を強調し、付随的違憲審査制を擁護し、ナラティブという手法を利用し、法の支配に着目する等である。問題は、なぜ具体的問題に対する両者の結論が異なるのかである。両者の外見的類似と不一致の検討から、これからの憲法学のあり方を探るヒントを得ることができるかもしれない。

（1）佐藤幸治『憲法』（青林書院・一九八一年）二一〇頁。

（2）同書二一一頁。

（3）「権力分立／法治主義」樋口陽一編『講座憲法学』第五巻一二頁（日本評論社・一九九四年）。これに基づく講演の記録として、「法の支配の意義を再考する」法学教室一八二号（一九九五年一一月。以下「再考」）六頁。これと講座憲法学論文とは若干ニュアンスを異にしている。それは、両者の間に阪神大震災とオウム事件が存在しているためであろう。佐藤にとって「さる奇っ怪な宗教団体」の事件は「政治社会には唯一の究極的で絶対的な権威ないし権力がなければならず、それは結局のところ抽象人格的な国家であるという『主権』観念の重要性を改めて示すもの」（一六頁）であり、また「阪神大震災の際、夜空を赤くそめて燃えるにまかせる状況をテレビでみ、後に死者五〇〇〇人を超えたとの報に接し、『法の支配』や政治権力のあり方について様々なことを考えさせられました」（一七頁）という。因みに、佐藤『現代国家と司法権』の索引には「法の支配」という項目はなく、「法の支配は抑制を表わし、拒否の意味合いを持っている」（五四一頁）という記述が見られる。ここには法の支配が「秩序形成」の問題であるという視点は見られない。

（4）「再考」によれば、「経済の国際化と貿易摩擦、日本経済の行き詰まり、規制緩和の主張等々は……管理型法の過剰、『実質的法治国家』論の問題性に反省を迫っている」（一三頁）。

（5）「再考」では、「『法の支配』は自動的に作動するのでなく、まず何よりも主権者たる国民自身の意思と行動にかかっている」（一九頁）とされる。

（6）「再考」では、公権力に対する告知聴聞を受ける権利の保障と、権利・自由の侵害に際して公平な独立の裁判所から法の正しい解釈適用を通じて実効的な救済を受けられることの二つが「『法の支配』の原点」とされる（二〇頁）。

（7）「物語」について、「憲法起草者たちが何をどのように考えて憲法典を定立したのかが絶えず問題とされつつ国の憲法規範的世界に関する〝物語〟が形成され・再形成され、そのような背景において個別条項の解釈論的意味が明らかにされる」（二八頁）という説明がある。「法の支配」が「物語」の地位を獲得するのは、「再考」における「憲法施行当初『憲法を理解し、そのあり方を決定する場合の、不可欠の鍵』といわれた「『法の支配』の諸理念」「『法の支配』の精神」にこだわって考えてみたい。……『法の支配』という言葉が輝きを失い、『法治国家』と互換的に使われるようになった過程において何が生じたのか、何か失われたものがなかったか、を問うてみたいという気持を抑えきれない」（七頁）という言明によってである。

（8）「再考」では、「立法府に正しい法を定立させ、執行府にその法を適切に執行させる……ためには、適度に強くかつ有責的な政治権力」の創出が必要だとされる（一九頁）。

（9）佐藤幸治・初宿正典・大石眞編『憲法五十年の展望 Ⅱ』二頁（有斐閣・一九九八年）。なお、英独の秩序形成観を対比しつつ法の支配を論じ、佐藤に影響を与えている論文として、土井真一「法の支配と司法権――自由と自律的秩序形成のトポス」同書七九頁を参照。「自由の法秩序」の講演バージョンとして「個人の尊重と『この国のかたち』」（法学教室二四二号（二〇〇〇年一一月号）五六頁。以下「この国のかたち」）がある。

（10）「およそ行政権を『国法の執行』と定義しつつ、そこに政治・統治の作用を含めるのは難しく、安易に含めることは『法の支配』にもとる」（「自由の法秩序」一八頁）というのが「法の支配」と高度の統治作用との関係であろうか。

（11）「かかる統治作用は、実は、いわゆる明治の元勲たちが担っていた。そして彼等が舞台から去るにつれて、高度の統治作用は衰弱し、局部的権力である軍部が猛威をふるうに至った」（「自由の法秩序」三三頁）という。明治へのノスタルジー。

（12）「『この国のかたち』を再構築する具体的方策として、……一つは、『政治』の復権ないし〝政治のフォーラム〟の活性化であり、もう一つは、『法の支配』の血肉化ないし〝法原理のフォーラム〟の活性化です」（「この国のかたち」六六頁）。「自由の法秩序」では「『法の支配』の再生に向けての具体的方策」（二四頁）とされていた。

（13）「自由の法秩序」八頁。
（14）因みに、土井は、「日本国憲法の下で《この国のかたち》として語られうる法の支配の物語を紡ぎだ」し、「このような法の支配の物語と司法権の絆を取り戻すことで、司法権が自らを物語るためのトポスが開かれる可能性を探求する」という課題設定を行っている（土井前掲論文八一頁）。佐藤の以前のスタンスはこれと同じであろう。
（15）「この国のかたち」六三頁。
（16）「法の支配」が「この国のかたち」と共鳴し合って作出している「公共性の空間」の歪みを正確に測定することは、尺度の歪みに気づかないまま具体的改革案について誤った判断を下してしまわないために必要なことだと思われる。
（17）佐藤『憲法』前掲二頁。ただし、この時点ですでに、九条に関して、「戦力」は持てないが、「侵害を排除するという自衛権の行使としての、最小限の武力行使は認められるから、そのための手段を持つことは可能ということになる」という「武力」の保持を認める政府の自衛力論を正当化する議論を展開していた。佐藤の最近の九条論として『国家と人間』（放送大学教育振興会・一九九七年）一七六頁以下（「国際協和と平和の追求」）が参照されるべきである。国家の影はますます深まっている。
（18）佐藤幸治『現代国家と司法権』（有斐閣・一九八八年）五四一頁。
（19）中間報告では「国民」は多用されるが、その規定はのっぺらぼうである。集合的主体としての主権者、私的権利主張を行う個人、規制緩和を望む企業、日本国民というナショナルな主体、陪審を担う市民、参審の担い手である専門家等、これらすべてを包括する。「国民」は、むしろ様々な次元を越境する観念として、佐藤憲法学の「自律的個人」に、公共性をまとわせたり、「この国のかたち」と呼応してナショナルな主体の装いを付与する装置として機能している。「自律的個人」の方は、枕詞に過ぎないか、「自己責任」を正当化する文脈で意味を持つにすぎない。
（20）「立憲制の危機」中央公論一九七四年六月号六八頁。
（21）同論文六九頁。
（22）同論文六五頁。

第三章　司法制度改革と憲法学

8 「行政」概念の再検討

二〇〇五年

本稿は、行政権または内閣・内閣総理大臣の権限をめぐる最近の議論の意味を考察するものである。[1] 行政概念に関わる近年の業績を整理し、若干の分析を試みてみたい。[2] これらは内閣機能強化・首相のリーダーシップの確立を目指す現実政治の動きと事実上連動する形で、政治のイニシアティブを憲法論に正面から組み込もうとしている。まず、控除説と積極説の対立という行政の概念についての伝統的議論との関係において、その議論の意味を検討し、次いで、今般の議論が、控除説的なるものを否定する、その独自の文脈について考察する。

一　控除説

清宮四郎[3]は、「行政とは、近代における伝統的な権力分立主義の下に、立法および司法に対して成立した観念である。立法は、国民を拘束する成分の一般的・抽象的法規範を定立する作用であるのに対し、司法および行政は、ともに、立法によって定立された法規範を、個別的・具体的事件に適用し、執行する作用である。……ひとしく執行といっても司法の内容は比較的簡明であるのに対し、行政の内容は複雑多岐であって、必ずしも明確でないため、行政の概念規定については、……いまだ定説が見られない。今日もっとも広く行われているのは、行政とは、立法でも司法でもない一切の国家作用であるとか、国家作用とか立法と司法とを除いた部分の総称であるとか定義する説である」とし、控除説について、「もともと統一的な作用として君主に専属していた国家作用のうちから、政治的理由によって立法および司法が分離されたあとに残された作用を行政という点において、歴史的・沿革的に生じた自然の結果を示すという強み」とともに、「国家作用を残すところなく捉える点において、いちおう、理論的要求を満足させる」ものであるという評価を与えていた。

また、内閣については、「行政権の主体であり、実質的意味の行政権を行なう権限」を有し、「内閣の責任に属する行政権は、全面的に国会のコントロールに服し、完全には独立でありえない」という前提のうえで、「行政権を行なうことを本来の使命とし、行政権の中枢機関であり、最高機関であり、かつ、責任者である」内閣は、「最高の行政機関」として「国務の総理」（行政事務を統括し、行政各部を指揮監督すること）を行うこととされる。

控除説は、国権の最高機関である国会が政治的決定権を有すること、法律（立法）とは一般的抽象的法規範（の定立）であり、行政は法律の執行作用として議会・法律へ従属することを前提として、そのうえで国家作用から立法と司法を控除した残余すべてが行政であるとするものである。六五条の「行政権」は、このようなものとして捉えられ、七三条は例示規定とされる。それゆえ、内閣の憲法上の権能は法律の執行に尽きることになり、あらゆるその活動に法律の拘束が及ぶことになる。議会・法律への行政・内閣の包括的従属性を保障するこの理論の下では、内閣のイニシアティブの出てくる余地はない。この点について、阪本昌成は、控除説の「不動部分は、『行政』とは、理論上、立法作用に従属するもの、または、法律の下に置かれるものである、という暗黙の了解である」[4]と正当に指摘している。現在批判の対象とされているのは、このような構造を持った控除説であることをまず確認しておく必要がある。

従来、控除説に対する対抗学説は、行政法学における田中二郎の積極説[5]であった。田中の議論は、「行政は種々雑多な作用を包含し、全体としての内的統一性を認めることができないことを承認するのであろうか。若し、そうだとすれば、そういう行政を基礎として、どうして行政法という統一的な法の部門を構成することができるであろうか」という問題意識から出発し、「近代国家における行政とは、法の下に法の規制を受けながら、現実に国家目的の積極的実現をめざして行なわれる全体として統一性をもった継続的な形成的国家活動である」と行政を定義するものであった。それは、行政国家において行政活動が拡大、拡散する中で、第一次的には、行政および行政法学のアイデンティティーを再確認しようとする試みであったといえよう。そこには「行政は、必ずしも法文の文字に掲げられた目的にのみ拘束されることなく、この国家の窮極的な正当性をもった目的を現実具体的に実現する国家活動に外ならない」、あるいは「行政活動が複雑多岐となり専門技術化して来るにつれ、行政の自由な判断に委ねざるを得ない場合が少なからず生ずる」という叙述がなされているように、行政のイニシアティブを積極的に承認し、行政を法律の拘束から解放しようとする試みという一面も有するが、議員内閣制のあり方の変更要求を含まないという意味で、あくまで行政法のレベルにとどまる議論であったといえる。

憲法論としての控除説と行政法論としての積極説の対立は、同じ議論の土俵にのるものではなかったこともあり、行政の観念と法治主義との緊張関係の萌芽は垣間見られなくもないが、さしたる展開を生むことはなかった。

二　「行政」に関する新たな言説

今日、控除説批判の言説は複数の有力な憲法学者によって主張、支持されている。それは、行政（執政）の担い手としての内閣（または首相）のイニシアティブを憲法理論の中に正面から持ち込もうとする点で控除説の前提を全面的に否定するものである。まず、各論者の議論の特徴を、(A)控除説ないしその前提とするシステムに対する批判、(B)新たな権力分立のあり方、(C)政治のイニシアティブを憲法規定に読み込む憲法解釈論の三点に留意して簡単に整理してみたい。

1　高橋和之(6)

(A)「日本の近代化は、国家主導で行なわれた。このため、自由放任の近代社会は経験していない。国家は、日本を急速に近代化し、列強諸国に追いつくために、たえず社会に介入したのであり、その中心的役割を担ったのが、天皇制官僚（行政権の担い手）だったのである。このため、日本は、議会が行政権をコントロールするという経験を経ないまま、現代型の行政国家へとなだれ込んでしまった。日本国憲法は、国会を国権の最高機関とし、議会優位の統治構造を設定した。しかし、政治の現実は、行政優位を要請する。この憲法の要請と現実の要請をどのように調和させ、内閣の国政上の地位をいかに把握するかが、憲法学の重要な課題となる。」

高橋の問題意識は、官僚支配を脱却し政治の民主化を図るためには、「政治の現実」を踏まえると、内閣中心構想にならざるを得ないということにある。控除説的理解において政治の中心とされる議会の統治能力は正面から否定され(7)、現代国家においては、国家の手に委ねられた「弱者の保護と経済の調和的運行」の役割を実効的に果たしうるのは「行政権の担い手」以外にないとされる。この役割の遂行には「常時、経済の動きに注意を払い、必要な資料、統計をそろえ、指標を読み、的確に判断し、迅速に必要な措置を取る能力」が必要だが、「議会や裁判所は、その組織・行動原理上、このような能力を十分持ち合わせていない」からである。今日の政治においては「状況変化に迅速・的確に対応した行動をとる」ことが最重要視されるべきであって、この任務の主体としては内閣がふさわしいとされるのである。

(B)　内閣が首尾よくこの任務を果たすためには、「内閣を官僚機構から切り離して政治の領域に取り戻し、『国民→国会→内閣』により構成される政治の領域において、内閣の強化と民主化を実現する必要がある。そのためには、なかでも内閣の中心となる首相がリーダーシップを発揮しうる体制の確立が重要であり、それが実現しえたとき、『官』主導の政治から『政』主導の政治への転換が成功するであろう」とされる。この構想においては、「首相のリーダーシップの下における内閣の重要政策の企画・立案と総合調整」が重視される。他方、「議会（とくに野党）の役割は、自ら行政権をコントロールするというより、国民に情報を提供し、争点を提起して、国民が行政権をコントロールするのに協働すること」となるとされるが、「しかし、国民の情報源を議会に頼るだけでは十分でない。今日より重要なのは、情報公開制度の確立である」とされ、議会は決定権能から疎外されると同時に、国民への情報提供機能においても情報公開制度よりも劣る存在とされてしまう。この国民代表機関に対する低い評価とは裏腹に、「国民が行政権をコントロールする」については、そのコントロールの実効性は所与とされる。したがって、権力分立のあり方を図式的に示せば、国民の実効的コントロールの下に、首相がリーダーシップを発揮し、内閣が企画・立案・総合調整を行い、官僚機構がそれを執行し、国会は国民に情報提供をする媒体の一つとなるというものである。

(C)　以上のシステムに対応して、次のような条文解釈が示される。内閣の国会に対する責任の範囲を画定する六六条三項にいう形式的意味の「行政権」、すなわち、民主的コントロールの対象となる内閣の権限は、六五条にいう実質的意味の「行政権」（法律の執行）、内閣固有の権限として憲法が付与する権限（七三条列挙事項）、および他の機関との関係における権限（法律案提出権など）の三つからなる。「国務の総理」については、「議案を国会に提出し、一般国務および外交関係について国会に報告し、行政各部を指揮監督すること（七二条参照）や、国の財政状況について国会や国民に報告すること（九一条）はいうに及ばず、さらに、重要政策の企画立案・総合調整（内閣法二条参照）も含めて解することも可能であろう」とされる。高橋は、実質的意味の行政権は「法律の執行」（六五条）とするが、いわゆる執政的機能が他の憲法規定によって憲法上内閣に付与されるとする構成をとるので、「行政」に執政を含めて理解する議論と結果において、つまり執政を憲法上の概念とし憲法規範化する点では同一となる。[8]

2　佐藤幸治[9]

(A)「日本の社会が高度経済成長の最中にあるときには顕在化しなかった課題、即ち、異なる価値観や政策目的間の対立や矛盾を基本的な国政方針の下で的確かつ積極的に調整していくという課題がいよいよ大きくわれわれに迫ってきている」という現状認識から出発して、統治能力の向上が課題として設定される。現在の行政各部中心の行政（体制）観・分担管理原則は、①政治・行政における総合戦略性や機動性の欠如と、②政治・行政責任の所在の曖昧化とともに、③行政各部の過重負担という問題を抱えており、社会経済的困難への対処ができず、危機管理体制も貧弱なままであり、冷戦後の安全保障・国際社会の平和維持への積極的なかかわりの必要性にも応えることができていない。これが現状の問題点である。

(B)「これに対処するには、一方では、行政の守備範囲をより限定的かつ明確化する……とともに、他方では、まず何よりも、行政の統括者にして高度の統治作用を果たすべき内閣の立場を明らかにし、主権者たる国民が内閣にもっと責任を取らせることができるような体制を作る必要がある」とし、高橋の構図に従い、国民＝国会対内閣＝行政機関（官僚）ではなく、国民＝国会＝内閣対行政機関（官僚）という対立図式を立ち上げて首相のリーダーシップの確立を図ろうとする。

(C)　この文脈において、「国務を総理する」(七三条一号)が、予算・外交・防衛等々の国政全般に及ぶ「国政の運営に関する総合戦略・総合政策的発想に基づく総合調整力」の発揮という「高度の統治作用・政治作用」を内包するものとされ、これが「行政権」の内実をなすことを正面から認めるべきだとされる。六五条の行政権の中核を、七三条一号の「法律を誠実に執行し、国務を総理すること」に見て、「法律の誠実な執行」に加えて、「行政権」の定義のなかに「国務の総理」を直接的に組み込む。その点において高橋とは異なっているが、法律の執行以上の役割を内閣の機能の中に憲法論として読みこむ点で、両者は機能的に異なるところはない。

3　松井茂記⑽

(A)　控除説が通説化した結果、「行政権」の本質に関する考察がなされず、しかも「行政権が内閣総理大臣ではなく内閣に付与されてきたことから、内閣総理大臣は『首長』とされてはいるがその指導的な役割は否定され、政治責任を負わない強力な官僚制のせいで内閣による行政の政治的統制は十分に果たせなかった。」したがって行政改革は、「日本の政治が置かれている閉塞状況を打破し、現在社会に求められるような強い指導力と決断力をもった指導者を確保するために必要な改革である」と評価される。他方、従来の政治は、「選挙によって多様な見解が、国会に反映されたとしても、政府の政策決定は国会での討論ではなく、与党あるいは連立与党の選挙後の話し合いで決まり、……国民には、政府が実現しようとする基本政策に対する判断を下す機会は与えられず、野党にも政府の基本政策に代わる代替的な政策を提示することは求められず、ただ批判するだけの政治でも許されてきた」として、媒介民主主義が批判される。これは、高橋の国民内閣制の前提となる認識と同一である。

(B)　これに対して、「現代の国際社会を見ると、ますます重要な政策的課題について迅速かつ大胆に決断を迫られ、その実効的な実施が求められている……。そのような重要な政策課題については、議会に国民の多様な意見の違いを忠実に反映させて、議会の中でその集約をはかるという従来型の議会制民主主義では、十分に対応が困難であるように思われてならない。それは、……意見の集約は何らかのはっきりした指導性なしには達成しがたいからであり、コンセンサスができるまで時間をかけて合意形成をめざすという方式では、ますます課題解決に遅れ、国内においても国際社会においても効果的な対応ができない」とされ、「迅速かつ大胆」な「決断」と「実効的な実施」を可能とする「指導性」の必要が説かれ、「従来型の議会制民主主義」が否定される。

(C)　かかる問題意識は、六五条「行政権」解釈に次のように投影される。すなわち、六五条解釈の問題は、「国会や裁判所によって行使することが憲法上許されない『行政権』とは何かを確定すること」であり、「憲法六五条で内閣に行政権が付与されている以上、内閣の活動の仕方については、内閣が決定すべきであって、国会が法律で定めることはできないもののように思われる」として、松井は内閣について、法律の拘束から自由な領域を憲法によって基礎づけるのである。ただ、「行政権」はなお「執行権」=「法律の執行」であるとされる。もちろん「執行権」は単なる「法律の執行」というわけではなく、「法律によって実現すべき政策を国民に提示し、その判断を仰いだ上で、国民の信を受けた場合にその実現へ向けて国会に働きかけるという意味での高度の統治作用」を含むものとされる。この「高度の統治作用」は、かつての君主制国家で君主が持っていたような「執政権ないし統治権」とは異なるとされる。

松井の議論の特徴は、「執政権」という言葉を用いずに「行政権」=「執行権」=「法律の執行」という用語法を維持しながら、他の二権の干与を排除する内閣の自律性を憲法に読み込むと同時に、「高度の統治作用」をやはり「国民」と結合することによって内閣の権限とする点にある。他方、松井は、行政権観念にかかわる新しい学説の波は、「『市民』を出発点とする新しい政治プロセスのあり方を模索するための出発点に過ぎない」と評価し、新たな言説の指し示す統治システムを肯定的に捉えている。

4　阪本昌成(11)

阪本は、松井とは異なり、正面から「執政」という言葉を用いて「行政」観念のイデオロギー批判を行う。「執政」とは、「政治過程を統治の過程に移行させるために、全体としての行政機関を統括し、行政機関が法律を誠実に執行しているかどうか監督する作用」、「実定法による一般的・抽象的な規律になじまない活動、あるいは、法定立の性格を有しない統治政策の立案・見直し等」と定義される。また、「防衛外交や国家の基本方針のごとき、政策決定領域を指す執政権限」といった表現に阪本の「執政」の具体的イメージを見ることができる。

(A)　阪本は、「内閣とその下に置かれている行政機関の活動を、一括して『行政』と称する傾向」のイデオロギー性を指摘し、「内閣＝行政＝法律の執行」という図式は、現代国家における内閣の位置づけを誤らせるばかりでなく、官僚団の地位を覆い隠すものだとする。内閣の再定位の必要と官僚政治批判が、やはり行政概念見直しの前提である。

(B)　かかる傾向に対して、内閣＝執政、国家行政組織＝行政というシェーマが対置される。内閣は「行政権を担当する機関のうちの最高機関であり、行政権の中心的・一般的な統括機関である」(「執政機関」)とされ、その機関が担う「執政権限」は、「法律の規律の下でなされる作用」である狭義の「行政」とは異なり、「法律から自由に形成される作用」とされる。執政権限の具体的内容は、「(ア)国政の大綱・施政方針の決定、(イ)行政運営体制の確立(人事および組織を含む)、(ウ)公共目的の設定と優先順位の決定、(エ)行政各部の督励と指揮監督、(オ)法律案の策定、予算、政令等の決定、(カ)行政各部の政策や企画の承認、(キ)行政各部の総合調整、(ク)国事行為に対する助言と承認、(ケ)国家レヴェルの危機管理等々を自ら決定し、各行政機関に実行せしめたり、見直しを求めたりする」ことである。阪本は、内閣の執政権限と議会との関係については、それが「法律から自由に形成される作用」であるという以外は明示的には語っていない。

(C) 内閣の「執政権限」の根拠は、憲法六五条の「行政権」に直接求められる。

三　新たな言説の含意

行政観念の見直しを説く四人の憲法学者の議論にほぼ共通するのは、統治の効率化をはかり、政治の答責性を確保するために、政官関係を逆転させる必要があるが、議会は政治的決定の担い手としての機能を果たしえないので、内閣ないし首相に政治的イニシアティブを与え、かつ、高度の統治作用（執政）について内閣・首相に憲法的自立性を付与すべきであるという主張である。これは、議会制民主主義のコンセプトを大きく反転させるものである。

1　政治の答責性の回復

官僚支配が行政の停滞を生んでいること、しかし、議会には統治能力が欠如していること、グローバリゼーションへの対応と危機管理の必要から今日における国家においては迅速な政治決定が要求されること、価値観の多元化した社会においては政策調整にリーダーシップが必要なこと、民主主義の実効化のためには政官関係の逆転が必要なこと、つまり、内閣・首相に明確な政治責任を取らせるためには、控除説的な茫漠とした行政観念ではなく、明確な権限を内閣に付与しなければならないこと。これらを憲法論として展開し、議会から自立した内閣の権限を憲法上の権限として承認する点に、この議論の特徴がある。好意的に解釈すれば、国民に対する政治責任の実現のために、内閣に明確な権限を憲法上付与すべきだという主張ということになる。

2　政官関係の逆転と議会制民主主義

かかる主張には官僚支配に対する批判として一定の意味があるであろう。しかし、政官関係の逆転が、直ちに議会と内閣・首相との関係の変更に結び付けられる必然性はない。政官関係逆転という主張を梃子に、一気に内閣・首相と議会の関係をも憲法論上逆転させせようとする点に、この議論の過剰を見ることができる。統治能力を欠いた議会に代わる内閣・首相による統治の効率性・迅速性が強調され、それに対して、同様に議会に代わる「国民」のコントロール、主権者たる国民が内閣・首相に責任を取らせる体制の確立が主張される。「統治の効率」と「国民」を援用して政治的決定過程から議会、または議会が担う審議の価値が、一方では非効率的な手続として、他方で、民意を歪めるものとして排除されるのである。野党によるコントロールの強化が主張されるものの、議会は基本的には政治的決定過程から疎外され、情報公開制度とならぶ単なる情報提供機関の地位に追いやられる。

このような議論に対しては、民意形成における議会の役割や権力分立の意義を、より真剣に考えるべきではないかという批判が当然になされることになる[12]。

3　内閣機能強化の立憲主義的正当化

行政観念の見直しは、内閣機能強化、首相のリーダーシップの確立といった議論と不可分に展開されている。国民内閣制論や首相公選論は、民主制のレベルで制度論的に内閣機能強化を正当化するものである。これに対して、行政観念の見直しは、憲法上、内閣に自立性を付与することによって内閣機能強化を正当化するための憲法論であり、いわば立憲主義的な内閣機能強化論であるといえる。

「かつての議会政治改革論は選挙における与野党の政権・政策競争の改善に焦点を当て、政治家個人中心の政治ではなく政党中心の政治を実現しようとしたわけであるが、その後の事態はこの政党に問題があるということをますます明らかにした。議会政治が究極のところ政権政党による統治を想定し、内閣が統治の任に当たるという基本構造が歪められ、それに官僚制の独自の権力構造が交錯し、統治の主体と責任とが無限に拡散している状況がますますはっきりしたのである。政権政党が自らの責任においてこうした構造を克服するどころかそれと共棲し、その温存にさえ関心を向けるような状況は、議会政治の病巣が極めて深刻であることを映し出している。[13]」（佐々木毅）

この佐々木の見解に典型的に示されるように、議会政治の徹底的な否定が国民内閣制的な議論の内実である。政治改革において利益誘導型の選挙から政策中心の選挙へと、国会内での政治的取引によって民意が歪められることを回避するために国会を民意集約過程から外し、政党中心の政治、二大政党制を前提とした選挙を通じた政策および首班の国民による直接的決定という構想が目指されたが、今や、政党内部の派閥の影響力によって民意および政治が歪められているという理由で与党が民意集約過程から外されてしまい、民意の集約点は内閣、首相に局限されていく。行政観念見直し論は、多かれ少なかれこのような内閣機能強化論と親和的である。すなわち、この局限された民意の集約点を、行政に関する憲法規定の解釈の体裁を取って立憲主義的に正当化する役割を担うのである。

4　統治の効率性と権力のコントロール

行政観念の見直し論は、統治の効率性を価値とする憲法論である。その価値を実現するために、立法と司法から自由な内閣の活動領域を創出する。ここに控除説的考え方が排除される根拠がある。人権保障と権力分立が憲法論の課題だという立場からすれば、権力のコントロールこそ憲法学の課題となるべきものであるが、この議論にはコントロールの視点は稀薄である。この点で憲法論としては特異である。執政観念に言及した最初期の文献において、憲法的コントロールの重要性についてはすでに指摘がなされていた。[14]

行政の観念をめぐる近年の憲法論は、内閣の法的拘束からの解放の物語である。議院内閣制の修正によって国会から自立し、国民と結びつくことによって内閣は新たな正当性を付与される。内閣機能の強化によって、人権はよりよく保障されることになるのか。より実効的な抑制と均衡のシステムがうち建てられるのか。民主主義自体も、その質を高めることになるのであろうか。この議論の眼目である政治の答責性は回復されることになるのか。グローバリゼーションの下で統治の効率性と迅速性の確保が国益にかなうという必要性によって内閣の執政的機能を憲法上追認するのだというのであれば、憲法規範によって現実の政治権力を一定の枠の中に閉じ込める立憲主義という法的擬制の持つ意味を、あるいは控除説の抗事実性を、再度確認することも無意味ではあるまい(15)。

5　国民のコントロールのイデオロギー性

この議論において、確かに国民の民主的コントロールは語られている。国民のコントロールの虚偽性については、改めて指摘するまでもないかもしれない。政治のイニシアティブを政治の領域、アクションの問題へと位置づけ、法的コントロールの問題から一旦切り離した上で、小選挙区制によって人為的に民意を集約し、それによって内閣・首相に対してサンクションを与え、政治を政治的に国民が直接コントロールするという国民内閣制の構想は、権力に対するコントロールとして現実性を持つのであろうか。国民の支配も、程度の問題はあれ、いずれにしろ擬制にすぎない。国民の政治的意思が、実効的に国政のあり方を支配すると考えるとすれば、それは幻想であろう。

また、行政権の迅速かつ効率的な発動要求と、「市民」を出発点とする新しい政治（松井）とは、どのような機制で結び付き得るのか。迅速さゆえに、時間をかけてコンセンサスを追求する方式が否定されるとすれば、市民の政治へのかかわりは白紙委任的にならざるをえない。迅速かつ効率的な政治を正当化するために、「市民」は引き合いに出されるだけに終わるというのは、見易い道理である。

国民による直接的な政治のコントロール、市民を出発点とする新たな政治という言葉によって正当化されるのは、政治家の寡頭制的支配である。

6　政治的決定主体としての首相・内閣の適格性

官僚制批判と議会制民主主義批判、それらがマジックワードとしての「国民（市民）」のコントロールによって裏打ちされ、首相と内閣を形成する政治家だけが政治的決定主体としての正統性を独占することになる。このようにして確保される政治の答責性が、それに伴う犠牲にもかかわらず、確保されるに値するものであるのか。この点は吟味されてしかるべきであろう。

価値観の多元化という状況認識（佐藤）と、「市民」を出発点とする政治という構想（松井）から容易に連想されるのは、討議民主主義である。これは、効率的統治のために政治の民主的受け皿を極度に限定する方向性とは、正反対のものである。なぜ討議民主制ではないのか、なぜ統治の効率性が憲法レベルで最重要視されるべきなのであろうか。

また、政策の当否は、民主的正統性の観点から一元的に決定されるべきものではない。決定の迅速性が常に価値を持つわけでもない。政策の目的合理性や、内容の公正さも政策評価には不可欠であろう。政策の評価軸は多元的であるから、統治の効率性・迅速性は上がっても、統治の合理性が担保されるわけではない。したがって、政治家と官僚とどちらが統治能力を持っているか、内閣と国会でどちらが政治的決定主体として適格であるかという問題に、アプリオリな解答が存在するわけではない。解答は評価軸に依存する。統治の効率・迅速と、民主的正統性が評価軸とされて初めて、行政観念の見直し論は意味を持つにすぎない。

四　おわりに

行政に関する控除説は、法の支配・法治主義というイデオロギーと結合して、機能的には、行政はすべて議会制定法の下におかれるべきだという法治行政の貫徹を保障する意義を持った。それは、日本国憲法の解釈においては、内閣の地位・職権の固有性を最小化し、国権の最高機関としての国会の地位を保障するものであった。今日の行政観念の見直しは、内閣・首相の答責性の確保を名目として控除説を否定する。それとともに憲法論レベルで、内閣の職権の自律性を承認し、それをコントロールする主体として「国民」、「市民」という政治的主体を憲法論の中に呼び出すことによって、従来の議会制民主主義を否定ないし大幅に修正しようという方向性を持つものである。

日本における議会制民主主義が問題を抱えており、政治的無責任状態にあるとしても、政治のレベルにおける議会からの内閣の解放を主張し、政治的合理性を民主主義的正統性に一元化して、「国民」によるコントロールの現実性を想定する憲法論は、得られるもの以上に、失うものが多いように思われる。多数派民主主義にのって、内閣機能強化の現在の政治の流れに棹差すことは、現在の憲法学の課題であるのであろうか。

(1) 本稿は、公法学会当日の報告に加筆補正を行ったものである。

(2) 行政の概念に関わる最近の業績には、以下のものがある。赤坂正浩「強いリーダーをわれわれの手で!?――内閣機能の強化と首相公選論」法教二七七号（二〇〇三年）四七頁、高橋和之「統治機構の視座転換」ジュリスト一二二二号（二〇〇二年）一〇八頁、松井茂記「『行政権』と内閣総理大臣の権限および地位――政治プロセスのあり方を考え直す」『二十一世紀の法と政治』大阪大学法学部創立五十周年記念論文集（有斐閣・二〇〇二年）一頁、毛利透「行政概念についての若干の考察」ジュリスト一二二二号（二〇〇二年）一三二頁、石川健治「政府と行政」法教二四五号（二〇〇一年）七四頁、大沢秀介「行政改革と公共的空間」紙谷雅子編著『日本国憲法を読み直す』（日本経済新聞社・二〇〇〇年）一〇六頁、石川健治「議会制の背後仮説」法教二二五号（一九九九年）六七頁、佐藤幸治「日本国憲法と行政権」『日本国憲法と「法の支配」』（有斐閣・二〇〇二年）二〇九頁（初出一九九九年）、棟居快行「日本国憲法と行政概念」北法五〇巻四号（一九九九年）九九七頁、阪本昌成「議院内閣制における執政・行政・業務」佐藤幸治・初宿正典・大石眞編『憲法五十年の展望Ⅰ　統合と均衡』（有斐閣・一九九八年）二〇四頁、高橋和之「立法・行政・司法の観念の再検討」ジュリスト一一三三号（一九九八年）四〇頁、石川健治「執政・市民・自治――現代統治理論にとっての『金枝篇』とは」法時六九巻六号（一九九七年）二二頁（および、それに続く長谷部、水島、蟻川との討論）など。

　この問題を扱った嚆矢として、宮井清暢「『行政権』と『執政権』のあいだ――憲法学における『行政権』の捉え方についての覚書（１）（２）」愛知学院大学論叢法学研究三四巻三・四号一三三頁、三五巻一・二号（一九九二年）、「『統治（Regierung）』の概念について」北野弘久教授還暦記念論文集『納税者の権利』（勁草書房・一九九一年）九七頁がある。宮井論文において、この問題に関する基本的な問題点はすでに指摘されていた。

　なお、行政法学者によるものとして、塩野宏「行政概念論議に関する一考察」『法治主義の諸相』（有斐閣・二〇〇一年）三頁（初出二〇〇〇年）、中川丈久「行政活動の憲法上の位置づけ」神戸法学年報一四号一二五頁（一九九八年）がある。

　本来であれば、各論者の独自の理論体系全体のなかで、執政権論ないし内閣機能強化論の帯有する意味を明らかにすべきであるかもしれないが、ここでは憲法学のオピニオンリーダーたちが時代の雰囲気に呼応して展開している理論が、憲法学にとっていかなる意味を持つのかに焦点を合わせ、彼らの理論を一括して検討する。

（３）清宮四郎『憲法Ⅰ』第三版（有斐閣・一九七九年）三〇〇頁以下参照。なお、岡田報告では清宮は戦後の憲法理論の「原像」と位置づけられていた。

（４）阪本・前掲論文二四〇頁。また、石川健治は、「絶対君主が総攬した包括的な国家作用」を、「執政という自由で創造的な『政治』の作用から『法』の論理――司法・立法――のフィルターを介して、経営管理的なルーティーン・ワークとしての『行政』」へと「蒸留」する理論装置が控除説の正体だとし、「その、一見無内容な、概念ともいえぬ概念規定の背後に、『法』国家＝法治国家を目指す近代公法学の巨大なプロジェクトが控えていることを、見逃してはならない」（前掲二〇〇二年論文七六頁）という。棟居快行も、控除説に「一定の体制を批判し、リベラリズムや民主主義を強調しようとする一つの棘」という評価を与えている（前掲論文一〇〇二頁）。

（5）田中二郎『行政法総論』（有斐閣・一九五七年）、特に二二一頁以下参照。

（6）高橋和之他『憲法Ⅱ』第三版（有斐閣・二〇〇一年）一五一頁以下による。また、注（2）に掲記した高橋の諸論文も参照。

（7）高橋は、従来の日本の「官僚政治」の克服の担い手は、内閣・首相ではなく議会とされたが、「国会は、多人数により構成される合議体として国民の対立的な意思を反映し、異なる意見の間の討論を通じて全国民の利益を導出していく役割を負った組織であり、その組織・行動原理からして、たえず変化する状況に迅速に対応するには適していない。ところが、現代政治に要求されるのは、まさに外界の状況変化に迅速・的確に対応した行動をとることであり、その期待に良く応えうるのは内閣をおいてほかにはない」（同書一五三頁）という。

（8）赤坂・前掲論文五〇頁

（9）佐藤・前掲論文参照。

（10）松井・前掲論文参照。

（11）阪本・前掲論文二〇四頁以下、および『憲法理論Ⅰ』補訂第三版（成文堂・二〇〇〇年）三五七頁以下による。

（12）大沢・前掲論文一二四頁以下。

（13）大石眞・久保文明・佐々木毅・山口二郎『首相公選を考える——その可能性と問題点』（中公新書・二〇〇二年）八―九頁。

（14）宮井・前掲二論文参照。

（15）高橋の「政治の領域」における「アクション・コントロール」図式（前掲二〇〇二年論文参照）は、憲法の中に政治を生のまま持ち込む理論装置である。「内閣」のアクションの憲法的正当化は、立憲主義の変質をもたらさずにはおかないだろう。行政固有領域の構造を前提としなければ、政治のコントロールを構想することはできないということを越えて、「政治のイニシアティブ」を確立しなければグローバリゼーション、危機に対処することはできないという政治的認識と結びついていれば尚更である。

第1部第三章解題

本章は、一九九〇年代から二〇〇〇年代初頭にかけて活発になった行政改革及び司法制度改革と、それに対する憲法学者の対応を問うものである。一九九六年、第二次橋本内閣において行政改革会議が設置された。これに憲法学者として参加したのが佐藤幸治京都大学教授（当時）であった。佐藤はその後、司法制度改革にも携わり、一九九九年七月に内閣に設置された司法制度改革審議会の会長となった。佐藤のみならず、多くの憲法学者もこうした政治の動向に追随していった。

司法制度改革審議会は二〇〇一年六月一二日に最終報告書として「意見書」を提出した。この意見書によれば「法の精神、法の支配がこの国の血肉と化し、『この国のかたち』となるために、一体何をなさなければならないのか」を調査し改革を目指すことが司法制度改革の根本的課題と設定されていた。同審議会による提言を基礎として、知的財産高等裁判所の設置、法科大学院制度の設立、法テラスの設立、裁判員制度の導入など多くの改革が実現した。もっとも司法制度改革の意義については今日多くの問題が指摘されている。**7論文**は同審議会の「意見書」が提出される前の二〇〇一年一月に発表されたものであり、その時点において公表されていた同審議会の二〇〇〇年一〇月二〇日付「中間報告」を素材にしている。

佐藤は長年にわたり京都大学教授を務め、二〇〇一年に定年退官し、同大学名誉教授となったのち、近畿大学に着任、二〇〇四年には近畿大学法科大学院長を務めた。二〇一二年には学士院会員に選出されている。佐藤の研究対象は憲法全般に及ぶが、憲法第一三条の解釈において提唱された人格的利益説のほか、『現代国家と司法権』（有斐閣、一九八八年）に代表される司法権論で知られている。湾岸戦争、阪神・淡路大震災、オウム真理教事件などが起こった一九九〇年代を境にして、佐藤は政治の動向に追随し、内閣機能強化や「法の支配」論を展開した。もっとも近年は政治状況に反応して積極的に「立憲主義」の歴史と今日的意義を論じている。

8論文は行政改革と憲法学説との関係について分析する。行政改革会議の一九九七年一二月三日付の最終報告を基礎に一九九九年に中央省庁改革関連法が成立し、二〇〇一年に施行された。これにより閣議における首相の発議権の確認（内閣法第四条）、首相を補佐する内閣官房の強化（内閣法）、他省庁の上に立ち内閣官房を助ける任務を持つ内閣府の設置（内閣府設置法）、内閣府の下にある経済財政諮問会議等の設置（内閣府設置法第一八条）など、内閣とりわけ首相の権限が強化された。加えて、一九九〇年代半ばから進んだ選挙制度改革、なかでも小選挙区比例代表並立制と政党助成制度の導入によって、政党の候補者公認権と政治資金配分権の重みが増した。こうした一連の改革の結果が二〇〇一年に成立した小泉内閣に代表される政治である。この政治を特徴づけるのは首相への権力の一元化である。なお、芹沢斉ほか編『新基本法コンメンタール憲法』（日本評論社、二〇一一年）には、著者が内閣に関する憲法規定である第七〇条から第七二条について解説した論稿が収められている。

こうした政治の動向に引き寄せられるかのように、憲法学者も憲法第六五条における「行政権」の解釈論を展開した。行政権は国家権力から立法権と司法権を除いたものであるという控除説が伝統的な通説であった。この消極的な定義に対して、行政権をより積極的に定義し、その担い手である内閣の機能を強化しようとする憲法学説が現れたのである。その代表的な論者として、前述の佐藤幸治のほかに、高橋和之東京大学教授（当時）、松井茂記大阪大学教授（当時）、阪本昌成九州大学教授（当時）が挙げられる。とりわけ高橋は、議院内閣制を直接民主政的に運用し、政治の中心を国会ではなく内閣に置く国民内閣制を提唱した。また執政権説も唱えられた。この執政権説は、国家の進路を定め、それに基づいて政治を主導する作用は内閣に帰属するとし、内閣が法律に拘束されずに活動しうる領域を積極的に認めようとした。その点で、行政権は法律に依拠しなければ行動することができないとしてきた伝統的な控除説とは対照的である。もっとも、首相の専断的行動を目の当たりにしてか、近年は行政概念をめぐる議論は沈静化している。

〔春山習〕

第2部

フランス第五共和制と憲法院

9　第五共和制の基本的枠組み

一九九三年

一　議会中心主義の解体

「半大統領制」と「法治国家の成立」

現在のフランスの政治制度を規定しているのは、一九五八年憲法、いわゆるドゴール憲法である。この憲法の制定には、フランスが当時抱えていた植民地問題（とりわけアルジェリア独立問題）と、その劇的な展開のなかで曝け出された第三、第四共和制における政治的停滞への反省とが決定的な役割を果たした。理論的にいえば、第三、第四共和制の議会中心主義を解体する試みとして第五共和制憲法を理解することができる。「法律は一般意思の表明である」という議会中心主義を支えたイデオロギーが、一方で「執行権の強化」という理念に取って代わられ、他方で違憲審査制の実質化によって否定されるのである。それまで政治の表舞台に立ってきた議会は、大統領にその権威と権限を奪われ、同時に憲法院の監視のもとに置かれることになる。

一九五八年憲法の定める政治制度は、半大統領制（régime semi-présidentiel）と呼ばれる。大統領権限が強化され、さらに大統領の直接公選制採用（一九六二年憲法改正）によって、その強大な権限が民主的正統性を獲得した。他方、議会は「合理化された議院制」（parlementarisme rationalisé）のもとで、権限を縮小され、政府のイニシアチブを追認する「登記所」の地位に押しこめられる。しかし、フランスの制度は、議院内閣制の基本的なメルクマールである政府の対議会責任を否定していないため、アメリカ型の大統領制とは異なっている。この点で、フランスの制度は半大統領制と呼ばれるのである。大統領制とも議院内閣制とも異なる独特な関係が政府と議会の間に形成され、それが政治勢力の配置によって、大統領制的にも運用されうるし、議院内閣制的な運用にも親しむ点が半大統領制の特色をなしている。

また、フランスの憲法史のなかで第五共和制のもつ、もう一つの革新性は、法律の違憲審査制が実効性をもって機能していることである。伝統的にフランスでは、「法律は一般意思の表明である」という理念と、アンシャン・レジーム以来の裁判官に対する不信から法律の違憲審査は原則として否定されてきた。しかし、第五共和制憲法は、「執行権強化＝議会権限縮小」の文脈のなかで、憲法の定める枠を議会が踏み越えないように監視する機関として憲法院という違憲審査機関を設けた。こうした目的で設置された憲法院は、のちに、制憲者の意図を離れて、執行権の領域を議会が侵蝕しないように監視する機関から、一七八九年の「人および市民の権利の宣言」等への法律規定の適合性を審査する人権保障機関へと自らの手で転身する（一九七一年結社の自由判決）。この判決を契機とする憲法院の違憲審査権の行使の積み重ねから、フランスにおける「法治国家」の成立が語られるようになり、男を女に変える以外のことはすべてできるというような議会の万能に対して、人権によって議会を制約するという考え方がフランスでも一般化していく。民主主義と立憲主義（自由主義）を対立概念としてとらえるならば、民主主義から立憲主義へという流れを、一九七〇年代以降のフランスにみることができる。ただし、この違憲審査制も、アメリカや日本流の司法審査制ではなく、またドイツ的な憲法裁判でもないというフランス的独自性をやはりもっている。

執行権強化と違憲立法審査権の承認という議会中心主義の解体として第五共和制の政治制度をとらえるという以上の大把みな把握を前提に、「半大統領制」と「法治国家の成立」というふたつの軸にそって、具体的な個々の制度を整理していきたい。

二　半大統領制――大統領制と議院内閣制の間

1　ドゴール憲法

アルジェリア独立問題をきっかけとする未曽有の危機は、第四共和制の議会政治の無能力を曝け出した。この危機を乗り切るための切札として登場したのが、ドゴールであった。ドゴールは、この問題を解決するために発揮したリーダーシップを背景に、伝統的なフランスの政治制度の枠組み――議会中心主義――を破り、強力な執行権の確立をめざす新たな憲法構想によって第五共和制憲法の基本的な枠組みの形成に大きな影響を与えた。現行憲法がドゴールの身の丈に合わせて裁断された憲法といわれる所以である。

ドゴールは何を改革しようとしたのだろうか。

第三、第四共和制においては、小政党が分立し、議会に安定した多数派が存在しなかった。そのために、議会に堅固な基盤を持てない内閣は短命で、確固たる政治的リーダーシップを確立することが非常に困難であった。第三共和制の六五年ほどの間に一〇七の内閣が作られ、戦間期の二〇年だけで四六、第四共和制の一二年で二五の内閣が存在したという。こうした一年の存立もおぼつかない状況では、内閣は、あえて困難な課題に立ち向かおうという意欲を持てるはずもなく、政治家たちの関心はもっぱら自らの保身に向けられ、政治はその場しのぎのものとなった。長期的な展望に立つ一貫性をもった政策の展開を内閣に期待することはできなかった。重要な政治的課題は解決をみず、先送りされるばかりであった（政治的退嬰主義immobilisme）。

ドゴールは、こうした政党や政治家の利害によって政治が私物化され、停滞する原因を、政党の存在と、議会に対する執行府の過度の従属に求めた。一八七七年のマクマオン事件（王党派の大統領マクマオンは、共和派が選挙で勝利し議会多数派をしめたとき、当初は共和派内閣を組織したものの、のちに議会の信任が失われていないにもかかわらず、その内閣を辞職させ、王党派の内閣を組織し、議会を解散して国民に信を問うた。しかし、解散総選挙でまたしても共和派が勝利したために、王党派内閣を辞職させざるをえなくなった。この事件で、解散権は共和制に対する王党派の武器と見なされ、不信の目をもってみられるようになった）以来、大統領は議会解散権を行使することができなくなり、議会に圧力をかける手段を失ったため、執行府は議会に対して無力となり、従属的な関係に立たされていた。内閣は議会の「使用人」にすぎず、固有のリーダーシップを持てなかった。執行権の強化、とりわけ大統領権限の強化と、権力分立の徹底（立法権と執行権の厳格な分離）の要請が出てくるゆえんはここにある。ドゴールの政治制度に関する構想は有名なバイユーにおける演説（一九四六年六月一六日）で示されたが、それは政党間の利害対立から超然として、すなわち議会から距離をとって国民の統合と国家の独立を確保する国家元首（大統領）を中心とするものであった。

第五共和制憲法の起草は、このような憲法構想を持つドゴールの内閣に授権されたが、国会は次の五原則を守るように要求した（一九五八年六月三日の法律）。①普通選挙のみが権力の源泉である。立法権および執行権は普通選挙または普通選挙によって選出された機関から生じる。②執行権と立法権は確実に分離されなければならない。③政府は国会に対して責任を負わなければ政府と国会は各々その責任のもとに、その権限を全面的に引き受ける。③政府は国会に対して責任を負わなければならない。④司法権は独立し、一九四六年憲法前文およびこの前文が言及する人権宣言の定める基本的自由の尊重を確保しなければならない。⑤憲法典は、共和国と、提携する諸民族との関係を組織することを可能ならしめるものでなければならない。

権力の正統性根拠としての普通選挙という観念、すなわち民主主義や、権力分立の観念、あるいは司法権の独立の原則を否定しようとする者はいないだろうが、政府の対議会責任という議院内閣制的なもの（③）を採用するか否かについては、対立が生じてもおかしくはなかった。アメリカ的な大統領制を構想することも、ドゴール的な考え方の一つの選択肢ではありえたのである。だが、議会の政治家たちは、大統領制の排斥を自明なものと考えた。この段階ではドゴール自身も、大統領制までは構想していなかったというから、フランスの議会制の伝統の軛は強力だったのであろう。ドゴールの強力な執行権の構想は、ドゴール自身においても、また議会との関係においても、フランスの伝統を構成する議院内閣制の呪縛から自由ではありえなかった。

このように、第五共和制の政治制度は、伝統と、それを改革しようとする新たな構想との軋轢のなかで、大統領制と議院内閣制の中間形態として作り上げられていくのである。

2　大統領・首相・議会多数派——制度の規定要因

フランス独自の中間形態は、アメリカ的な大統領制でもないし、イギリス的な議院内閣制でもない。アメリカでは政府の首長であり、実質的な権限を持つ大統領は議会に対して責任を負わないし（議会は不信任案など提出できない）、大統領のほうも議会解散権を持たず、大統領と議会は完全に分離されて、それぞれ執行と立法作用を担当する。他方、議院内閣制をとるイギリスでは、国家元首である君主は政治的には名目的な存在で（首相の実質的任免権を持たない。首相は議会の指名で決まる）、実権を掌握するのは首相であり、その首相が議会に対して責任を負い、それに対応して議会解散権を有している（一元的議院内閣制）。フランスでは、アメリカとの関係でみると、大統領が議会解散権を持ち、大統領に任命される首相＝政府が議会に対して責任を負う点で異なっており、イギリスとの関係では、国家元首であり無答責の大統領が実質的な政治的権限（首相任命権など）を持ち、首相が議会だけでなく大統領にも責任を負っている（二元的議院内閣制）点で異なっている。実権を持つ大統領と、議会に責任を負う首相との共存がフランスの制度の特徴である。

ドゴールのめざす執行権の強化は、大統領権限の強化（大統領固有の権限）と議会の弱体化、権限縮小（合理化された議院制）というふたつの方向で追求された。議会に依存、従属しない強力で機動的な執行府を作り出すことが目的であった。しかし、政府の対議会責任という議院内閣制の基本的な枠組みが否定されなかったために、執行権は、無答責の強い大統領と、対議会責任を負う首相とに分有されることになった。これが執行府の二頭制である。これはフランスの制度の特色をなすと同時に、曖昧さの根源でもある。大統領と国民議会という二つの公選の機関の間に挟まれた首相職がどう機能するかによって制度の相貌は変化する。執行府の実権を大統領が握れば大統領制的となり、首相が握れば議院内閣制的なものとなる。そして、どちらが実権を握るかを決定するのは議会多数派の有り様である。

議会内に安定した多数派が存在し、それと大統領が同一の政治勢力に属する場合には、大統領の指導力が十全に発揮され大統領制的な運用がなされる。実際、第五共和制のもとでは、比較的安定した議会多数派が存在し、それが大統領を支えてきたので、制度の曖昧さは顕在化せず、第五共和制は大統領制的なものとして運営されてきた。しかし、安定した議会多数派は存在するが、それと大統領が異なる党派的基盤に立つ場合は、大統領の政治的影響力の行使は非常に制約され、議会多数派から選ばれた首相が政治的リーダーシップを確立し、議院内閣制的な運用となる。一九八六年から八八年までの保革共存政権（cohabitation）の時期が、これにあたる。ミッテラン大統領は社会党出身であり、他方、シラク首相は保守連合を基盤とした。両者の対立は、第五共和制の政治制度のはらむ矛盾を象徴的に示すものであった。また、保革共存政権は、強力な大統領権限を指標とする第五共和制の通説的な理解を変える重大な出来事だった。

政党配置の第三の可能性は、安定した議会多数派が存在しない場合であるが、第五共和制のもとでは、第三、第四共和制と異なり、二回投票による大統領公選、小選挙区二回投票制という選挙制度のおかげもあって政治勢力の二極分化が進んでおり、こうした状況は出現していない。当初想定されていた小党分立状況（合理化された議院制はそうした状況に対する処方箋であった）は後退している。ただ、一九八八年ミッテラン再選後の解散総選挙以降、社会党がロカール内閣を組織したが、社会党は国民議会で比較第一党にすぎず、政策ごとに提携相手をかえるといった政局運営がなされた。こうした状況では、議会の役割が相対的に上昇する。これまで共和国連合とフランス民主連合の保守ブロックと社会党中心の左翼ブロックの二大勢力による政権交代（大統領選挙＝全面的な政権交代と総選挙時＝小さな政権交代＝保革共存）が基本的な枠組みとなってきつつあったが、最近では、極右勢力や環境保護派が支持率を高め、社会党が勢力を弱めてきているので、政界再編の動きが活発化している。

3　共和国大統領

共和国大統領は、執行権強化をはかる第五共和制憲法の要石である。その地位は、憲法の尊重を監視し、仲裁（arbitrage）によって公権力の適正な運営と国家の継続性を確保する者として、また対外的には、国の独立と領土の一体性、条約の尊重の保障者として憲法上規定されている（第五条）。「仲裁者」としての大統領という観念は曖昧であり、議院内閣制の名目的な存在としても理解することができるが、現実にはそれにとどまらない積極的な統治の主体として大統領は振舞ってきた（「大統領中心主義」）。

〔選出方法〕　当初は、両院議員、県会議員、海外領土議会議員、市町村会等の代表者による間接選挙によって選出されることとなっていた。選挙人のなかに地方名士が占める割合が多いため、直接公選の国民議会と対立する契機を持ってはいるが、選出基盤が国民議会より狭く、民主的正統性の点で直接公選の国民議会より劣っていた。それは大統領の弱点の一つを構成した。

一九六二年の憲法改正で大統領直接公選が採用される。大統領は有効投票の絶対多数で選出されるが、第一回投票で絶対多数が得られないときには二週間後に上位二人の間で決選投票が行なわれる（上位の者はこの期間に辞退することができる。辞退者がある場合には下位の者が繰り上がる）二回投票制がとられた。第一回投票は左右それぞれの陣営の統一候補を決定する投票であり、第二回投票は左右の一騎打ちとなる。このシステムは、左右両翼がひとつのポストを争う点で、また第一回投票と第二回投票の間における政党間の協力を可能とする点でも、政治勢力の二極化を推進する。たとえば、一九八一年大統領選挙の第二回投票では、シラク（ＲＰＲ）はジスカールデスタン（ＵＤＦ）を支持し、マルシェ（共産党）はミッテラン（社会党）を支持し（内心ではそれを望んでいなかったであろうが）、左右両翼で政治勢力が結集した。フランスの政治地図は二大政党制的な方向に書き換えられてきたが、この選挙制度もその一因となっている（表1参照）。

一九六二年改正によって、大統領は選出基盤を拡大して民主的正統性を強化し、国民議会と同等の正統性を獲得することとなった。大統領直接公選によって憲法の構造が変化し、第五共和制の政治制度の大統領制的解釈（大統領権限の強化）の可能性が拡大し、大統領中心主義的な運用が定着してゆくことになる。

〔立候補の制限〕　被選挙権は二三歳から与えられるが、誰でもが大統領選挙に立候補できるわけではない。国会、県会、パリ議会、海外領土議会の議員、市町村長から五〇〇人以上の署名（しかも三〇の県または海外領土にまたがるものでなければならない。一つの県の署名は十分の一に制限される）を集め、憲法院に提出しなければばな

表1　歴代大統領と大統領選挙

①歴代大統領

1959年1月8日～1966年1月8日	シャルル・ドゴール
1966年1月8日～1969年4月28日	シャルル・ドゴール〈国民投票での改革案の否決を理由に辞職〉
1969年6月19日～1974年4月2日	ジョルジュ・ポンピドゥー（死去）
1974年5月24日～1981年5月21日	ヴァレリー・ジスカールデスタン
1981年5月21日～1988年5月20日	フランソワ・ミッテラン〈86年から保革共存政権（シラク首相）〉
1988年5月21日～	フランソワ・ミッテラン（再選）〈93年3月、第二の保革共存政権（バラデュール首相）〉

②大統領選挙

● 1965年12月5日、19日

第1回（投票率84.75%）	
ドゴール	44.65%
ミッテラン	31.72%
ルカニュエ	15.57%
	（他3名）
第2回（84.32%）	
ドゴール	55.20%
ミッテラン	44.80%

● 1974年5月5日、19日

第1回（84.23%）	
ミッテラン	43.25%
ジスカールデスタン	32.60%
シャバン＝デルマス	15.11%
ロワイエ	3.17%
ラギエ	2.33%
	（他7名）
第2回（87.33%）	
ジスカールデスタン	50.81%
ミッテラン	49.19%

● 1988年4月27日、5月8日

第1回（81.38%）	
ミッテラン（PS）	34.10%
シラク（RPR）	19.94%
バール（UDF）	16.55%
ルペン（FN）	14.39%
ラジョワニ（PC）	6.76%
ヴェシュテル（緑）	3.78%
ジュカン（PC改革派）	2.10%
ラギエ（トロツキスト）	1.99%
ブーセル	0.38%
第2回（84.06%）	
ミッテラン	54.02%
シラク	45.98%

● 1969年6月1日、15日

第1回（77.59%）	
ポンピドゥー	44.47%
ポエル	23.31%
デュクロ	21.27%
ドフェール	5.01%
ロカール	3.61%
	（他2名）
第2回（68.85%）	
ポンピドゥー	58.21%
ポエル	41.79%

● 1981年4月26日、5月10日

第1回（81.09%）	
ジスカールデスタン	28.32%
ミッテラン	25.85%
シラク	18.00%
マルシェ	15.35%
ラロンド	3.88%
ラギエ	2.30%
	（他4名）
第2回（85.85%）	
ミッテラン	51.76%
ジスカールデスタン	48.24%

らない。いわゆる泡沫候補を排除するための仕組みである。

［任期］　七年。再選制限はない。以前から、名目的な元首ではないので七年の任期は長すぎるという批判があり、改革も試みられたが成功しなかった（一九七三年ポンピドゥーによる五年への任期短縮の試み）。最近では、保革共存政権を避けるために国民議会議員の任期五年にあわせて任期を短縮すべきだとする改革案や、任期七年のまま再選を禁じるべきだとする改革案も主張されて

いる。たしかに、二期一四年の間、強力な権限を持つ大統領が一国を指導することは、国民のなかに飽きを生みだす。直接公選のもとで、はじめて再選を果たしたミッテランは、現在不人気に悩んでいる。

［責任］　法的には大統領は、大反逆罪で訴追される場合を除いて無答責である（第六八条）。しかし、政治的には、憲法一一条の国民投票にさいして、ドゴールが国民の前にその政治責任をかけた例（一九六二年、六九年）がある。一九六九年には国民投票で提案が否決され、それを自らに対する不信任と理解してドゴールは実際に辞任した。このような形で大統領が国民に対して政治責任を負うことは、ある意味で自明とされている。

［権限］　フランスの大統領の権限は強大であるとよくいわれる。その権限は、首相または他の大臣の副署を必要とせず、大統領がひとりで行使できる固有の権限と、副署を必要とする権限との二種に分かれる（第一九条）。第五共和制の新しさは、大統領固有の権限を認め、大統領権限を実質化したことにある。また通常、議院内閣制のもとでは、大統領は名目的な存在で、副署を行なう首相が実質的な決定を行なうのであるが、第五共和制（の大統領制的解釈）においては、直接公選で強い民主的正統性を獲得した大統領が実権を握り、首相の副署は形式的なものにすぎない。副署を必要とする行為も大統領が自ら決定し、それを首相に押しつけることができるのであり、この点でも大統領権限は実質化している。

(1)　大統領固有の権限（副署なしに行使できる権限）

①大統領は首相を任命する（第八条）。首相は、日本のように国会の議決で指名されるわけではない。大統領は、何らの法的拘束を受けることなく首相を任命できる。これは、政府が議会の信任のもとに存在するという議院内閣制の論理への訣別を表わしている。首相率いる政府は大統領に、その存在を負うのである。ただし、議会多数派が大統領と対立する勢力によって占められた場合には、大統領は議会多数派から首相を選ばざるをえないという事実

上の政治的拘束を受けることになる（コアビタシオンの場合）。議会多数派を、大統領を支持する勢力が占めるか、それと対立する勢力が占めるかにしたがって、大統領の首相任命権の意味も異なってくる。また、罷免の自由度も左右される。

②大統領は、首相および両院議長に諮問したのちに（この意見に従う義務はない）、国民議会の解散を宣言することができる（第一二条）。ただし、解散総選挙後一年間は新たな解散手続きをとることができない。これだけが解散権に課された制限で、第三、四共和制において存在した制約（元老院の承認など）はいっさいなく、大統領は議会解散の決定にあたって全面的な自由を有する。執行府の議院解散権は議院内閣制の指標であるが、議会に責任を負う首相ではなく、無答責の大統領が実権としてそれを持つ点がフランスの特徴である。大統領は政府の解散決定に名目的に署名するのではない。

第五共和制のもとで、解散総選挙は一九六二年（大統領公選制の国民投票案に対する問責動議の成立をうけて）、一九六八年（五月革命の混乱にさいして民意を問うために）、一九八一年（大統領選におけるミッテランの勝利後に、社会党が国民議会の多数派を獲得するために）、一九八八年（ミッテラン再選の後、保革共存政権を清算するために）の四回行なわれている。

③非常事態権限（第一六条）。共和国の制度、国家の独立、領土の一体性、国際的取決の執行が重大かつ直接的な脅威にさらされ、かつ憲法上の公権力の適正な運営が中断されるときに、これらの非常事態によって必要とされる措置をとる権限である。第一六条は、非常事態の認定とそれに対処するに必要な措置に関する実体的な制約を規定しておらず（「もっとも短い期間内に、憲法上の公権力にその任務を遂行する手段を確保する意思に基づいていなければならない」という主観的な制約は規定されているが）、恣意的な運用も許容してしまう危うさを含んでいる。手続的には、大統領は、権限の発動に先立って首相、両院議長、憲法院に諮問しなければならず（答申は拘束力を

持たない）、また、とられた措置を国民に対して教書によって通告しなければならないという制約を受けるが、これらは大統領の非常事態権限の発動を左右し得るほどの制約ではない。大統領は自らの判断で第一六条に訴えることができるのである。

このように大統領の非常事態権限に基づく措置は、立法、行政、司法のすべての分野に及ぶ可能性があり、とりわけ人権侵害の危険の高いものであるから、それをコントロールする必要性は高い。憲法は、憲法院への諮問と、国会のコントロール（国会は当然に開会し、国民議会を非常事態権限行使の間、解散することはできない）を規定するが、それが実効性を持つかは疑問である。こうした重大な問題を含んでいることもあり、第一六条の権限は、一度だけドゴールによって行使された（一九六一年四月、アルジェの将軍の反乱にさいして）だけで、それ以後発動されていない。この非常事態権限があまりに強大なために、ドゴール以後それを使いこなせるものがいないのである。

④国民投票付託権（第一一条）。公権力の組織に関する法律案、フランス共同体の協定の承認を内容とする法律案、憲法に違反しないが制度の運営に影響を及ぼす条約の批准を目的とする法律について、会期中の政府の提案または両院の一致した提案に基づくことを条件に、大統領は国民投票に付することができる。ドゴールは、しばしばこの手続きに訴え、議会の頭越しに国民と結びつき、自らの政策を正当化した。一九六二年までは直接公選でなく、民主的正統性の点で大統領は国民議会よりも低い地位にあったため、国民投票が議会に対する大統領の権威を強化する手段として利用されたのである。さらには、大統領を直接公選とする憲法改正（一九六二年改正）さえ第一一条に基づいて行なわれた（正規の憲法改正手続きは第八九条に規定されている）。これに対しては違憲という批判が強かった。

⑤その他、大統領は、国会に教書（message）を送ることができ（第一八条）、憲法院の構成員九人のうち三人を

任命し、憲法院議長を指名することができる。また、憲法院に法律、条約の合憲性審査を求める提訴権を有する（第六一条二項、第五四条）。また、デクレでは大統領の核戦力使用決定権が認められている。

（2）　副署の必要な権限

大統領は、その固有の権限の他に、議院内閣制のもとで伝統的に大統領が保有した以下のような権限を憲法上認められている。首相、大臣の副署は、大統領が無答責なため、その行為の責任を首相、大臣が副署することによって引き受けるというものである。それとともに実質的な決定権も首相、大臣が手にするのが、議院内閣制の論理である。しかし、第五共和制の大統領中心主義のもとでは、副署の必要な大統領の行為も儀礼的名目的なものではなく、大統領の実質的な決定権を導くと解された。そこに新しさがある。

・大臣会議（閣議 Conseil des ministres）の主宰（第九条）

水曜日午前定例で開催。大統領が議題を決定し、議長を務める。これを通じて大統領は政府に影響力を行使する。首相が議会に信任を問う許可を与えること、高級公務員の任命、首相が発議した法律案の審議、法律の票決の緊急性の宣言、両院が対立した場合に国民議会に法案の票決を求める決定、大統領への国民投票の提案、議員提出法案に対する不受理の申立てを行なう権利、非常時に戒厳を宣言する権限など重要な権限を有している。

・国会の採択した法律の審署。法律の再審議要求権（第一〇条）

・デクレ、オルドナンスの署名（第一三条一項）

・文官、武官の任命権（第一三条二、三項）

・信任状の授受（第一四条）

・軍隊の長として、国防高等評議会、国防高等委員会を主催（第一五条）

・司法官職高等評議会の主宰（第六五条）
・恩赦権（第一七条）
・条約の交渉と批准（第五二条）

4　二頭制――コアビタシオン

第五共和制憲法の規定のうえでは、執行権は大統領と首相とによって分かちもたれている。これを二頭制（bicéphalisme, dyarchie）という。そのため、両者がどのような関係に立つのかが大きな問題となる可能性が存在した。しかし、ドゴールのカリスマ、ドゴール後は大統領を支える議会多数派の存在のおかげで、第五共和制憲法の運用は大統領中心主義的に展開し、二頭制の問題は意識はされていたが、現実的な問題として顕在化することはなかった。これが顕在化するのは一九八六年である。この年、任期満了に伴う国民議会選挙が行なわれ、総選挙の結果をミッテラン大統領を支えた社会党が保守連合に破れ、大統領と議会多数派との対立という状況が生まれた。ミッテラン大統領に対する不信任と捉え大統領は辞任すべきであるといった議論や、敵対する大統領のもとで首相を引き受けるべきではないといった議論も出たが、ミッテラン大統領は保守連合のシラク（ＲＰＲ＝ゴーリスト）を首相に指名した。ここにコアビタシオン（同棲cohabitation）といわれる保革共存政権が誕生し、大統領中心主義によって蔽い隠されていた二頭制の問題が現実となった。

憲法は政府の章にわずか三カ条しか割いていない（憲法第三章）。政府は、議会に対して責任を負いつつ、「国政を決定、指導」し、「行政および軍事力を司る」（第二〇条）。首相は政府の活動を指揮し、国防について責任を負い、法律の執行を保障し、一三条の留保のもとに行政立法の制定権と文・武官の任命権を有する（第二一条一項）。「国政の決定、指導」は政府に帰属するという規定がありながら、一九八六年までは、大統領が大臣会議の主宰、首相の任免などを通じてリーダーシップをとり、事実上国政の決定を行なってきた。党派的対立から離れて超然と「統治する大統領」というドゴール的大統領像は、ドゴール亡き後も一九八六年まで絶大な影響力をもってきたのである。

しかし、コアビタシオンのもとでは、大統領に敵対する議会多数派に支持された首相に対して、大統領は有効な対抗手段を持たないことが明らかになった。ミッテラン大統領は外交と国防は大統領に留保された領域であるとして、シラク首相を牽制したが、内政については権限を放棄し、保守連合内閣に委ねざるを得なかった。ミッテランは折りにふれ、自らの存在感を示そうと試みたが、それはシラク内閣の政策の変更をもたらし得るものではなかった。たとえば、ミッテランは国有企業の民営化、労働時間、選挙区割りに関するオルドナンスに対して署名を拒否し（第一三条一項参照）、内政に関しても一定の影響力を行使しようとしたが、シラクはオルドナンスを法律の形式に変え、シラク内閣を支持する議会でオルドナンスと同一の内容を持つ法律を成立させることができたから、ミッテランの抵抗も若干の時間稼ぎの意味しか持ち得なかった。

こうしたエピソードは、議会多数派に支えられない大統領の弱さを曝け出した。ドゴール的大統領中心主義が、第五共和制の唯一絶対の解釈ではなく、むしろ大統領を支持する勢力が議会多数派を占めているという特殊な政治状況に依存したものであることが明らかになった。議会多数派と大統領が対立する場合には、議会多数派に支えられた首相に政治の実権は移行し、首相は大統領の信任を必要としない一元的議院内閣制的な運用が生じるのである。

一九八八年の大統領選挙でミッテランが大統領として再選され、それに伴って解散総選挙が行なわれた。総選挙の結果社会党は比較第一党ではあったけれども、過半数を制することができなかったため、政府を支える安定した多数派が議会に存在しないという状況が生じた（表2②参照）。首相に任命されたロカールは、市民社会に開かれ

表2　国民議会選挙の結果

①国民議会選挙結果

(%)

	1958年	1962年	1967年	1968年	1973年	1978年	1981年	1986年
投票率	77.18	68.69	81.12	79.96	81.31	83.25	70.86	78.48
共産党	18.89	21.87	22.51	20.02	21.41	20.61	16.13	9.7
非共産左翼	26.36	21.87	21.11	20.50	24.43	29.58	39.52	34.3
（社会党ないしその前身のみ）	−	−	(18.9)	(16.5)	(20.8)	(24.9)	(37.8)	(31.9)
（左翼合計）	45.22	43.75	43.62	40.52	45.84	50.20	55.64	44.0
中道右派	31.05	19.39	17.35	12.41	16.67	23.89	21.66	42.1
ゴーリスト	20.64	36.03	38.45	46.44	36.98	22.84	21.24	
極右	2.57	0.76	0.56	0.08	0.52	0.75	0.29	10.1
（右翼合計）	54.26	56.18	56.36	58.94	54.16	47.47	43.19	54.7
エコロジスト	−	−	−	−	−	2.04	1.07	1.2

（注）1. 数字は得票率。単位%。
2. 1986年は比例代表制で、それ以外は小選挙区2回投票制で行なわれた。
3. フランスの政治が左右の拮抗状態のなかにあること、共産党の没落、社会党の成長、ゴーリストの衰退、中道の回復、1986年以降の極右国民戦線の伸長などに注目してほしい。

② 1988年解散総選挙（投票率65.74%）

	得票率 (%)	当選者数 (人)
極左	0.36	−
共産党（PC）	11.32	27
社会党（PS)(+左派急進運動他）	37.52	276
フランス民主連合（UDF）	18.49	130
共和国連合（RPR）	19.18	128
右翼諸派	2.85	13
国民戦線（FN）	9.65	1
極右	0.13	−
エコロジスト	0.35	−
レジオナリスト	0.07	−

（注）ポリネシアの2議席を欠くため、当選者数の合計は575である。

③ 1993年任期満了による総選挙（投票率68.93%）

	得票率 (%)	当選者数 (人)
極左	1.77	−
共産党	9.18	24
社会党（+左派急進運動他）	20.27	67
エコロジー世代	3.62	−
緑の党	4.01	−
レジオナリスト	0.45	−
諸派	3.76	−
UDF	19.08	207
RPR	20.39	242
右翼諸派	4.71	37
FN	12.41	−
極右	0.27	−

④主要政党の議席数の変化

	1958年11月	1962年11月	1967年3月	1968年6月	1973年3月	1978年3月	1981年6月	1986年3月	1988年6月	1993年3月
共産党	10	41	73	34	73	86	44	35	27	24
社会党（+左派急進運動）	88	106	121	57	102	115	283	216	275	67
中道右派	182	91	85	94	119	123	61	131	131	207
ゴーリスト	207	233	200	293	183	154	83	155	130	242
国民戦線								35	1	
右翼諸派										37

（注）1. 中道右派の数字は、1978年からはUDFのものだが、それ以前についてはいくつかの勢力の議席数の合算。
2. ゴーリストについては、1958〜1967年UNR（新共和国連合）、1977年までUDR（共和国擁護連合）、それ以降RPR（共和国連合）となる。
3. 1993年の右翼諸派は、いまだ会派への帰属が決まっていないための暫定的な数字。

（出所）①A. Lancelot, *Les élections sons la Ve République*, 〈Que sais-je?〉 PUF, 2e éd. 1988に基づいて作成。
②「ル・モンド」紙1988年6月8日、14日付による。
③「ル・モンド」紙1993年3月24日、30日付による。
④「ル・モンド」紙1993年3月30日付による。

た政府を掲げて中道勢力の取込みをはかったが成功せず、法案ごとに、ある時には共産党の協力を得、他の場合には中道勢力の協力を得るという形で議会の多数派形成に腐心しなければならなかった。こうした議会に安定した多数派が存在しない状況で、議会の審議機能が活性化し、議会の復権が進行していくことになる。大統領中心主義の対極に位置する状況が進行している。

なお、一九九三年三月の任期満了に伴う総選挙の結果、社会党が歴史的大敗を喫し、保守が大勝利して、第二のコアビタシオンが始まった（表2③参照）。

三　合理化された議院制

1　国民議会

執行権強化は、大統領権限の強化だけではなく、議会を弱体化する方向でも追求された。それが「合理化された議院制」（parlementarisme rationalisé）と呼ばれるものである。それをみる前に、国会の制度を概観しておこう。国会は、国民議会（Assemblée nationale）と元老院（Sénat）からなっており、国民議会は以下のように構成されている。

［定員］　五七七名。

［任期］　五年。

［選挙権］　一八歳から（一九七四年に二一歳から低下）。ただし、選挙人名簿に登録しなければ投票できない。非登録者は三五〇万人（一〇％）ほどと見積もられている。

［被選挙権］　二三歳から。

［兼職禁止］　政府構成員と国会議員とを兼職することは憲法で禁止されている（第二三条）。そのため、補充者（suppléant）制度という独特な仕組みが存在している。大臣に選ばれたものは国会の議席を失い、その補充者が代わって議席を得る制度で、補充者は選挙にさいしてあらかじめ指定され、議員候補者名の傍らに小活字で示される。兼職禁止は、議会内における党派的争いから政府構成員を引き離し、執行権の独立性を確保することを目的とするものである。

他方、国会議員と地方議員の兼職は認められており、これは慣行化している。この慣行によって、議員を通じて国と地方が直結され、フランスの中央集権の強さが維持されている。一九八一年には国民議会議員の八二％が地方議員を兼職していたというし、一九七八、八一、八六、八八年の選挙で選出された議員のほぼ半分は市町村長だったという。

地方分権の伸長とともに、この兼職の問題性が強く意識されるようになり、一九八五年一二月三〇日の法律は兼職できる公選職を二つに制限した（国民議会、レジオン議会、県会、市町村会、欧州議会のうちの二つ）。一九八八年、国民議会議員五七七名は八一二の地方公選職を占有していたが、そのうち一四一が放棄された。たとえばジスカールデスタンはレジオン議会と欧州議会の議席を保持し、国民議会議員を放棄した（国民議会議員を放棄したのは例外的）。

［議員の構成］　出身層では教育職（二八％）、弁護士、医師などの専門職（二〇・二％）、公務員（一七・五％）などが多くを占める（数字は一九八八年時点）。女性議員の割合は、一九八一年五・七〇％（四九一人中二八人）、八六年と八八年五・七二％（五七七人中三三人）となっている。

［選挙制度］　小選挙区・単記二回投票制。第一回投票において有効投票の過半数、かつ選挙人数の四分の一以上の票を獲得したものがいない場合に、八日後に第二回投票が行なわれ、その相対多数で当選者が決定される。第二

回投票に臨めるのは第一回投票で選挙人数の一二・五％を獲得したもののみである。この制度は、議会多数派の形成を容易にするが、小政党を排除し、大政党に有利に働く。政治勢力の二極化、あるいは二大ブロック化を推進する。

この選挙制度のもとで勝ち抜くには、政党間の協力が不可欠である。左右両陣営内での協力がうまくいかないと、当選はおぼつかない。一九五八年選挙で共産党は第一回投票で一九％得票したが、左翼は分裂していて選挙協力がうまくいかず、結局一〇議席しか獲得できなかった。しかし一九六二年には、協力が成功し、二二％の得票率で四一議席獲得している例がある。

しかし、この制度は両極を排除する効果をもつ。穏健な勢力でなければ、第二回投票で勝利できないので穏健派が有利になり、共産党や国民戦線といった左右の両極端は排除される。社会党支持者は、第二回投票で共産党候補へ投票するよりも棄権を選択する傾向があるが、共産党支持者は社会党候補に投票するから、この制度は社会党に有利に作用するのである。このように政策の選択幅で求心力が働き、両極を排除する二大ブロック化が進んでいくのである。

二回投票多数代表制は、得票率と占有議席の逆転を導く可能性をもっており、民意を議会に正確に反映しないという問題点を抱えている。たとえば、一九六八年の選挙では保守は四四％の得票にとどまったが、七三％の議席を獲得した。他方、左翼は三六・五％得票しながら一九％の議席しか得られなかった。一九八一年には、左翼が五六％の得票で六七％の議席を得、保守は四三％で三〇％の議席しかとれなかった。第一回投票での得票率と議席占有率とが逆転する場合もある（得票率－議席占有率。一九六七年／保守三八％－五〇％、左翼四三・五％－四〇％。一九七三年／保守四一％－五六％、左翼四七％－三九％。一九七八年／保守四六・五％－五六％、左翼四八・五％－四〇％）。第一回投票と第二回投票の間における政党間の協力や、選挙区割りがこうした結果をもたらす。議会内に安定した多数派が形成され、政府が安定するという利点はあるが、民意の反映という点では問題がある。

一九八五年、社会党政権によって選挙法が改正され、比例代表制が採用された。しかし、コアビタシオン期に保守政権が再度選挙法を改正したため、現在では小選挙区二回投票制に戻っている。したがって、一九八六年総選挙だけが比例代表制で行なわれた。比例代表制は、ミッテランの選挙公約の実現でもあるが、社会党の選挙での決定的な敗北を回避するための方策でもあった。とりわけ、この選挙で極右の国民戦線が、三五議席（投票率は九・九二％）を獲得し国民議会に進出したことで、比例代表制は強い批判の的になった。ルペン率いる国民戦線の議会進出は保守勢力のなかに波紋を投げ掛け、強硬な移民政策をシラク政府にとらせたりもした。一九八八年の小選挙区二回投票制では、国民戦線は、一九八六年とほぼ同じ得票をしながらわずか一議席を手にしただけであった。この事実は、この選挙制度の小政党排除効果を如実に物語っている。

これまで、任期満了に伴って一九六七、七三、七八、八六年、解散を受けて一九六二、六八、八一、八八年に国民議会選挙は行なわれている（結果については、表2参照）。

2　元老院

元老院は小さな市町村の利益代表から構成され、地域代表的性格が強く、保守性（保守勢力が過剰に代表され、左翼勢力が過少に代表される。左翼系議員は二五％にすぎない）が指摘されている。都市住民、若者が正当に代表されず、元老院と民意との間にはずれが生じており、制度の正統性まで問題視されるにいたっている。

法律案は国民議会と元老院が同一の文言で採択しなければ成立しない。両者に対立がある場合には、両院合同委員会で調整が行なわれ、そこでも成案が得られないときには、政府の要求に基づいて国民議会が最終的な議決を行なう（第四五条）。このように国民議会の優越が定められているため、元老院は法律の成立を完全に阻止する権能は持たないが、一九八一年の政権交代後、両院の多数派が一致しない状況で、社会党政権の打ち出す改革立法（国有化法、プレス改革法など）が元老院の抵抗も一因となって、成立の遅延を余儀なくされたことが示すように、元老院の立法への影響力を無視することはできない。

さらに、元老院は憲法改正に関しては拒否権をもっている。憲法改正案は「両議院によって同一の文言で票決されなければならない」ず（第八九条）、それに対する例外手続きは存在しないからである。実際、憲法院に関する一九九〇年の憲法改正案は、競合する機関である憲法院の権限強化を嫌った元老院の反対にあって挫折した（後述）。また、元老院に関する組織法律についても、元老院と国民議会とは対等である。

［定員］　三二一。

［任期］　九年。三年ごとに三分の一を改選。

［被選挙権］　三五歳から。

［選挙制度］　国民議会議員、県会議員、市町村会の代表が選挙人会を構成する。市町村会代表が九五％を占める。内訳は、市町村会議員またはその代表一三万〜一三万六〇〇〇人、県会議員四〇〇〇人、レジオン議会議員二〇〇〇人、国民議会議員五七七人、海外居留フランス人高等評議会選出メンバー一五〇人。これは人口の〇・二五％にすぎない。小さな市町村の代表の比重の大きさは、住民一〇〇人以下の市町村が一〇〇人に一人の割で選挙人を持つのに対して一〇〇〇人以上では三三三人に一人、二万から五万では五七一人に一人、五万から一〇万では七六九人に一人、一〇万以上の規模では八〇〇人に一人の割でしか選挙人を持てないという数字に端的に表わされている（全国平均は四三〇人に一人）。

県単位で選挙は行なわれる。五名以上を選出する県（一五）では比例代表、他の県では多数代表二回投票制で選出される。海外居留フランス人の代表一二名は、海外居留フランス人高等評議会のメンバーによって選出される。

［議員の構成］　八〇％が市町村会議員を兼ね、そのうち六〇％が市町村長である。九七％が男性で、六〇歳を超えるものが半分以上を占めるという。

3　合理化された議院制

国会の役割は、立法と、政府に対するコントロールである。議会中心主義に対する反省に基づいて執行権の安定、強化をはかる第五共和制憲法は、この国会の機能に対してさまざまな制約を課している。

まず、法律で定めることができる事項が限定され、法律観の転換が行なわれたことを指摘しなければならない。従来は内容的制約はなく、法律とは両院が票決した法律行為であって、議会が法律として票決すればどのような事項でも法律だった（法律の形式的観念）。他方、行政立法は法律を適用するためのものであると考えられており、法律と行政立法との間には序列が存在していた。第五共和制憲法第三四条は、この従来の考え方を否定し、法律の実質的観念を採用するとともに、法律と行政立法の序列を否定した。

法律は、原則として以下の事項だけを定めることができる（第三四条一、二、三項）。

・公民権。公の自由（基本的人権libertés publiques）の基本的保障。国防のため市民に課される義務。
・国籍、身分、能力。夫婦財産制、相続、恵与。
・重罪と軽罪の決定、およびそれに適用される刑罰。刑事訴訟手続き。大赦。あらたな裁判機関の創設、司法官の身分。
・租税の基礎、税率、徴収の態様。通貨発行制度。
・国会、地方議会の選挙制度。

・公施設法人の種類の創設。
・国の文官、武官に与えられる基本的保障。
・企業の国有化、民営化。
・国防の一般組織の基本原則。
・地方公共団体の自由な行政、その権限およびその財源に関する基本原則。
・教育の基本原則。
・所有制度、物権および民事商事の債務の基本原則。
・労働法、労働組合権、社会保障の基本原則。

また、予算法律というカテゴリーは国の歳入と歳出を定め（同五項）、プログラム法律は国の経済的社会的活動の目標を定める（同六項）。

これら以外の事項は行政立法の性格を持つ（第三七条一項）。すなわち、第三七条一項の行政立法は既存の法律の適用として定立されるのではなく、独自に執行府が定立するものであり、いわゆる独立命令である。そして、第三七条一項に違反して法律が本来定めることのできない行政立法事項を定めた場合に、それはただちに違憲とされるわけではないが、政府はいつでもデクレによってその法律を変更することができる（憲法施行前のものについてはコンセイユ・デタの意見を聴いたのちに、また施行後に制定された法律については憲法院の判断をまって）。また、法律の票決以前であれば、政府は法律案に対して不受理を申立てることができる（第四一条）。

さらに、法律事項であっても、政府は国会の委任を受けて、オルドナンスの形式で立法権限を行使することができる（第三八条）。オルドナンスによって、政府は授権期間の間、国会の許可の枠内で既存の法律を修正、廃止し、あるいは新たな措置を取ることができる。オルドナンスは追認の法律が成立するまでは行政行為だが、成立後は法律の価値を持つ。授権期間中は、国会が委任した事項についての議員提出法案、修正案は政府による不受理の中立ての対象となる（第四一条）。オルドナンスの手続きは、国会の委任に基づくとはいえ、国会の立法権限に対する制約を構成するものである。

立法手続きのうえでもさまざまな制約が国会に課され、政府の特権が保障されている。

議事日程の設定も政府主導で行なわれ、政府は政府提出法案（projets de loi）を、優先的に、かつ政府の定める順番にしたがって審議させることができる（第四八条）。

議員提出の法案（propositions）、修正案に対しては、歳入の減少または歳出の増加の結果を生じさせるときには受理されないという重大な制約が課されている（第四〇条）。受理、不受理は議院または予算委員会が決定する。この制約をあまりに厳格に適用すれば、死刑廃止法案も、死刑執行より囚人を監獄に留めておくほうが経費がかかることを理由に、提出できないということにもなりかねない。

政府提出法案について、最初に付託された議院では、委員会審議の結果にかかわらず、本会議の審議は、必ず政府原案についてなされなければならない（第四二条）。また、委員会審議で提出されなかった修正案を本会議で提出することに政府は反対することができる。このように討議においても、政府の優位が保障されている。

一括投票（vote bloqué）の手続きも、政府の意思を国会に押しつけるための手段である。これは、審議中の法案の全部または一部について、政府が提案または認容した修正案だけ考慮して、単一の票決によって議決する方法である（第四四条三項）。政府原案が審議過程で歪められるのを防止することを目的とする。個々の修正案について個別に票決することなく、法案全体について採否の二者択一を迫る点で、議員の修正権、決定の自由を制限する効果を持つ。

また、政府は法案の票決について、国民議会に対して責任をかけることができる（第四九条三項）。この場合、続く二四時間以内に不信任案が提出されて、それが国民議会議員の過半数の賛成によって可決されなければ、当該法案が採択されたものと見なされる。この手続きによって、政府は、政府への信任＝法案への賛成という擬制を行ない、国民議会議員に対して政府を倒すか、法律を採択するかの選択を迫り、議員の絶対過半数（二八九）が政府を倒すことに同意しない場合に、法案の採択を獲得することができる。第四九条三項は、与党内に対立が存在する場合、あるいは与党が議会内に安定多数を有していない場合に、与党の結果を強いるために、あるいは議会の過半数の議員の賛成が得られない法案の採択を可能とするために、使用される。政府にとっては便利で強力な手段であるが、議会の審議機能と決定権を奪う点で問題のある手続きである。「合理化された議院制」の発想を典型的に表現するものであるが、批判が多い。

国会のもうひとつの役割である政府監督機能に対しても制約が課されている。国会に対する政府の責任が問題になるのは、信任問題（第四九条一項）、問責動議（同二項）および第四九条三項（前述）の場合である。

信任問題は、国民議会改選後に最初に示す政府の施政方針、または適宜なされる一般政策の表明について、首相が責任をかけて国民議会の承認を求める手続きである。採択で有効投票の過半数が反対すれば不信任が成立し、政府は辞職しなければならない。しかし、施政方針、一般政策の表明について責任をかけることが義務付けられているわけではないので、首相は信任が確実な場合にしか信任問題を提起しない。これも、与党の結束を確認する手段である。

問責動議の提出と採決には、この手続きが第三、第四共和制のもとで政府の不安定をもたらした反省から、強い制約が課されている。まず、国民議会議員の一〇分の一の署名がなければ問責動議は受理されない。また、不意打ちを避けるために、動議提出から四八時間を経なければ採択することができない。さらに、政府は議会の信任を得ているという推定が働くため欠席、棄権は政府への信任と見なされる。したがって、国民議会議員の過半数が賛成票を投じなければ、問責動議は成立しない。一九六二年、憲法改正のために憲法第一一条による国民投票（第八九条でなく）が利用されたことにかかわってポンピドゥ内閣が倒されたのが唯一の成立例である。

政府に対する国会のコントロールは、口頭質問（第四八条二項）、対政府質問、対大臣質問（一九八九年に導入。答弁することを受け入れた大臣が、事前準備なしに議員の質問に答えるもの）、文書質問、あるいは調査、監査委員会などを通じて行なわれる。

合理化された議院制と大統領中心主義のもとで低い地位に甘んじてきた議会も、政党状況の変化とともに復権を果たしつつある。一九八一年の政権交代は、社会党に現実的な政治を取らせ、結果として左右の政治勢力の歩み寄りをもたらし、左右対立の構図に変化をもたらした。また、一九八六年から一九八八年にかけてのコアビタシオンの経験は、大統領中心主義の論理の自明性を否定した。一九八八年の総選挙後には、安定多数を獲得した政党の存在しない状況が生じた。社会党政権は、法案ごとに多数派形成の努力をしなければならず、交渉と妥協を余儀なくされた。こうした流れのなかで、審議の場としての国会の復権が語られるようになってきている。たしかに、安定多数の存在しないこうした状況で「合理化された議院制」は政府に有効な手段を提供しているが（たとえば第四九条三項）、そのすべてが定着してきたわけではない。たとえば、第三四条と第三七条の法律事項と行政立法事項の区別は絶対的なものとは見なされず、実際には法律の重要性が減じたわけでもないし、法律に根拠を持たない行政立法が一般化したわけでもないのである。

四　「法治国家」の成立——憲法院

1　第五共和制における違憲審査の展開

フランスは、伝統的に違憲審査制に敵対的である。人権保障は法律によってなされるべきものと考えられた。民主的正統性を欠く裁判官が、民主的な手続きにしたがって成立した法律を違憲無効とすることによって人権が保障されるなどとは考えられなかった。破毀院、コンセイユ・デタという最高裁判所も法律の違憲審査権を持っていない。第五共和制憲法も、憲法院という制度を創設したが、人権保障のためにそうしたのではない。憲法院は「合理化された議院制」の枠組みのなかに位置付けられるもので、議会が第三四条に定められた領域から逸脱して行政立法の領域に立ち入らないように監視する機関にすぎなかった。憲法の起草者たちは、憲法前文を合憲性審査の準拠規範から排除していた。前文は、「フランス人民は一九四六年憲法前文で確認され補完された一七八九年宣言によって定められた、人権および国民主権の原則への愛着を厳粛に宣明する」と定め、簡単にではあるが、人権に言及している。これを排除したことは憲法院に人権保障を期待しなかったことを意味する。実際、当初、憲法院は「合理化された議院制」を担保する「執行府の擁護者」として、期待された役割を果たしてゆく。

こうした状況を変えたのが一九七一年の憲法院の「結社の自由」判決である。この判決で、憲法院は憲法前文の憲法規範性を承認し、憲法起草者の排除した前文に基づく法律の合憲性審査の権限を自らの手で創造した。これが、憲法院の発展の第一歩であった。

これと並んで、今日の憲法院の重要な地位を築き上げる決定な契機となったのは、一九七四年の憲法改正である。それまで大統領、首相、国民議会議長、元老院議長の四者しか通常法律についての憲法院への提訴権を持たなかったが、この改正で、六〇人以上の国民議会議員と六〇人以上の元老院議員にも提訴権が付与された。これは、支持基盤を同じくする大統領、首相、議会多数派の前に、抵抗する術を持たなかった野党議員が憲法院への提訴権という武器を手にしたことを意味する。国会審議で敗れざるをえない野党は、憲法違反を理由に憲法院に提訴し、あわよくば多数派の採択した法律を葬りさることができる。野党は、他に有効な手段がないため、頻繁にこれを利用し、提訴件数は飛躍的に増大した。憲法院は、与野党の政治的対立を法的に調停する機関として、以後判決を重ねていくことになる。

憲法院の活動は活発化したが、当初から存在した、政治性（党派性）をもっているという憲法院に対する嫌疑は容易に解消しなかった。この解消には、一九八一年の政権交代時に憲法院が示したバランス感覚が大きな役割を果たした。実際に審査が行なわれるまでは、憲法院は、左翼政権に対して党派的に振舞い、改革立法を正面から違憲とするのではないかと考えられていた。しかし、現実には、左翼政権の打ち出す改革立法（国有化、地方分権化、メディア改革等）の違憲審査を行なうに際して、改革の基幹には触れず、技術的手続き的な部分を違憲とすることで、保守に華を持たせつつ、実質的には改革の実現を許すという戦術を憲法院はとった。これによって、憲法院に向けられてきた政治性の批判は弱まり、むしろ憲法院は政権交代に伴う行き過ぎを憲法の観点から正し、円滑に政権交代が行なわれるように保障する機関として注目を浴びたのである。

この時から憲法院は、左右どちらの政治勢力にも、同一の内容の憲法規範を適用する憲法裁判所として、フランスの政治制度のなかに定着していくことになる。一九八六年の「小さな政権交代」のときにも、国有化法に適用したのと同一の規範を用いて、保守政権の民営化法の違憲審査を行なうなど、首尾一貫性を示した。

以上のような経緯で、フランスで初めて、法律の違憲審査制度が実効性をもって機能するようになったのである。この状況を理論的に正当化しようとするのが「法治国家」論である。その主張するところは次のようなものである。第五共和制以前に、行政行為の法律適合性はコンセイユ・デタによって保障されてきたが、法律の憲法適合性が問われることはなかった。しかし、憲法院の活動を通じて、人権保障を基本的内容とする憲法が実効的な裁判規範となり、憲法と法律の間に序列関係が成立した。議会は、議会主権の時代に無制約な立法権を有したが、いまや人権による制約に服せしめられる。議会中心主義が終焉し、行政行為が法律に服さねばならないのと同様に、法律もまた憲法への適合性を要求される。ここに真の法の支配、立憲主義が確立し、「法治国家（Etat de droit）」が成立する。それはフランスの人権保障の歴史のなかの一つの画期をなす。まさに、この「法治国家」を支えている重要な機関が憲法院なのである、と。

人権価値の称揚と結びついて、憲法院への肯定的な評価は非常に広く流布しているが、懐疑的な評価も根強く存在している。憲法院への過度の期待は、裁判官支配につながり、民主主義の理念の否定につながる。あるいは憲法院に依存する民主主義は、「後見つきの民主主義」であって市民の自律性の基礎を掘り崩し、自己統治理念の否定に至る、と。違憲審査制が高く評価される現在、こうした批判にもいま一度目を向けてみる必要があるかもしれない。

2 憲法院

違憲審査ということで概括して、第五共和制における人権の裁判的保障の流れを見たが、フランスの憲法院は独特な制度である。

［構成］ 大統領、国民議会議長、元老院議長がそれぞれ三名ずつ任命する九名の評定官。院長は大統領が任命。大統領経験者は法律上当然のメンバーである。

［任期］ 九年。三年ごとに三分の一が交替。大統領経験者は終身。

［権限］

・組織法律、議院規則の義務的な合憲性審査（第六一条一項）。
・中立てに基づく通常法律の任意的な合憲性審査（第六一条二項）。
・中立てに基づく条約の任意的合憲性審査（第五四条）。
・法律事項と行政立法事項の判定（第三七条二項、四一条二項）。
・大統領選挙、国会議員選挙、国民投票に関する争訟の裁決（第五八、五九、六〇条）。
・非常事態権限の行使に関する諮問（第一六条）。
・大統領の職務障害事由の認定（第七条四項）。
・国会議員の私的職務との兼職禁止に関する裁決。

第六一条二項の権限について

［事前審査制］　法律の違憲審査が可能なのは、法律が議会で可決された後、大統領がそれに審署する以前である。いったん審署された法律の審査を行なうことはできない。これがフランスの違憲審査制の最大の特色である。フランスでは事前審査制は法律の違憲性を適用前に除去する点で優れているという評価を受けているが、人権保障の観点から抽象的な文面審査だけで十分であるかは問題となろう。

国民投票によって成立した法律に対する違憲審査の可能性は憲法院みずから否定した。憲法院の違憲審査権よりも国民主権が優越するということである。

［提訴権者］　大統領、首相、国民議会議長、元老院議長、六〇人以上の国会議員（一九七四年改正）、六〇人以上の元老院議員（同）に限定される。一般市民は憲法院に対する提訴権を持たない。一九八九年、人権宣言二〇〇

周年の年にミッテランが行なった提案を具体化して、人権保障、「法治国家」の徹底のために、一九九〇年、違憲の抗弁を通じて一般市民にも提訴権を拡大する憲法改正が企てられたが、一般の賛成があったにもかかわらず、元老院の反対で挫折を余儀なくされた。

［審査］　憲法院は、提訴から一ヵ月以内に裁決しなければならない。政府が緊急の申立てをする場合には八日以内に短縮される。判決は、原則として七人以上の出席のもとで多数決でとられ、可否同数の場合は院長が裁定する。

［準拠規範（憲法ブロック）］　一九五八年憲法、一七八九年人権宣言、一九四六年憲法前文、共和国の諸法律によって承認された諸原則。最後のカテゴリーは、第三共和制の諸法律のなかに表われる、共和制の基礎を構成するような原則である。明文の規定で列挙されているわけではなく、何がこのカテゴリーに属するか明確な基準があるわけではない。曖昧な観念であるため、最近では憲法院がこれに依拠することは少なくなっている。結社の自由、教育の自由、大学の自治、行政裁判所の独立などがこれに含まれる。

［判決の効果］　違憲とされた規定は審署されず、施行されない。判決に対していかなる不服申し立てもすることができない。判決は終局的で、公権力、およびすべての行政機関、裁判機関を拘束するという強い効力を持つ。

国民投票や大統領直接公選といった直接民主主義（それは執行権と国民が議会の頭越しに結びつくプレビシット的民主主義でもある）、それと不可分に結びつく指導性をもった執行権という理念（効率的な統治）、そして人権理念の称揚に呼応する違憲審査制の活性化（自由主義）。第五共和制の政治生活は、議会制民主主義の限界を乗り越えるための、こうした理念の実験場だった。いま、こうした第五共和制の「新しい」傾向に埋もれてきた議会の復権の兆しも見えなくはない。国民と執行府、議会、そして裁判所の相互関係を、現代国家においてどのように構想していくべきなのか、それを考えるうえでフランスの政治制度から学ぶべきことは多いように思われる。

第二章　憲法院の史的展開

10　フランスにおける〝違憲審査制〟の問題点
――政権交代と憲法院

一九八五年

はじめに

憲法院は、具体的争訟の存在を前提としない抽象的な、法律の合憲性コントロールを行なう機関であり、その関与が法律の審署の前であることを最大の特色とするフランス独自の制度である。五八年憲法によって設けられた当初は合理化された議会制を担保する制度としてたいした役割を期待されていたわけではなかったが、(1)今日では、六二年に導入された大統領公選制と並んで、フランスの政治制度の運行を規定する重要な因子と位置づけられるまでに成長した。(2)〝執行府の擁護者〟から〝人権保障のための裁判機関〟へ、(3)さらには〝政権交代の保障者〟へと憲法院が性格を変化させてくる過程で論議された事柄を若干整理してフランス流の違憲審査制のかかえる問題点を、八一年五月以後の動きの評価へ集約する形で明らかにすることを本稿の叙述の対象とする。(4)問題は公権力システム内で憲法院の占める地位と機能といったことになるが、はじめに、必要なかぎりで、また最近の変化を伝えるために、憲法院の構成、機構、手続に簡単にふれておきたい(5)。

一　最近の憲法院の動向

構成員は、共和国大統領、国民議会議長、元老院議長が各々三名ずつ、原則として九年任期で任命し、三年ごとに三分の一が改任される。院長は構成員のなかから共和国大統領が任命する。すでにミッテラン政権下で構成員の変動があった。八三年二月二一日、Daniel Mayer（七三歳、元国民議会議員、大臣経験有、司法官職高等評議会構成員、国際人権連盟（la Fédération internationale des Droits de l'Homme）を主宰、共和国大統領任命）、Léon Jozeau-Marigné（七三歳、元老院法律委員会委員長、元老院議長任命）、Pierre Marcilhacy（七三歳、元元老院議員、一九五八年憲法諮問委員会構成員、弁護士、国民議会議長任命）が新たな構成員となり、Mayer が院長に任命された。院長が、内務大臣出身の Frey から人権連盟会長に変わったことは憲法院の変化を象徴的に示すものだと指摘される(6)。この他に、A. Peretti の逝去に伴い、八三年四月二四日に Paul Legatte（六六歳、コンセイユ・デタ評定官、国民議会議長任命）が、L. Gros の逝去に伴い、八四年一〇月九日に Maurice-René Simonnet（六五歳、元国民議会議員、元老院議長任命）がそれぞれ任命された(7)。これで構成員の平均年齢は概算で七三歳となった。従来、任命方法、人選の政治性が制度自体の政治性として問題とされ、老人支配の批判もなされたが、今回の人選は法律専門家が選ばれており、妥当なものと評価されているようである。この点に関連して、職業裁判官によって憲法院の独立が真に保障されるかと問い、リヴェロは、憲法裁判にとって法律学や法実務と同様に政治経験が必要であるから、非法律家が憲法院で優位を占めていることがまさに逆説的に法治国家への転換を可能ならしめたのだと主張し、老齢ということに関しても、それが憲法院の独立を保障するのだとそれを擁護する(8)、こうした肯定的見解があることを指摘しておきたい。

共和国大統領経験者は法律上当然の構成員となるが、国民議会議員に当選し憲法院構成員の兼職禁止規定に抵触したため、ジスカール・デスタンは八四年一〇月二日に議員を選択する旨憲法院院長に伝えた。彼は、共和国の制度に関わる場合には審理に参加すると発言していたが、実際には審理にくわわったことはなかったようである。

社会党政権は、これまで三名（Mayer, Marcilhacy, Legatte）の指名に関与した。八六年二月にもう一度構成員の交代があるから、さらに大統領任命の一名の指名に関わることになる（Legatte は留任）。したがって、八六年の国民議会選挙がどのような結果をもたらすかわからないが、それ以後も憲法院には確実にこの四人がとどまることになる。

憲法院の内部行政は、憲法院院長の提案に基づいて共和国大統領のデクレによって任命される事務総長がとりしきる。歴代この職はコンセイユ・デタ出身者（J. Boitread, 五九―六二年在籍、P. de Lamothe-Dreuzy, 六二―八三年）がしめてきたが、初めて司法系統出身者（B. Poullain, 七五年から憲法院の法務部長を勤めた）が任命された（八三年四月二五日）――コンセイユ・デタからの独立の意思表示？――。この変更をうけてか、老齢給付に関わる措置を定める法律を合憲とした判決以降、判決文の形式が若干変わった[9]。

出訴は、法律が国会で表決されてから共和国大統領がそれに審署するまでの間に[10]、出訴状を憲法院に提出することによって行なわれる。特別の書式は定められていない。出訴がなされれば、出訴状に記載された条項および事由だけでなく、法律全体が審査対象となる[11]（職権で違憲事由をとりあげた場合につき、後述）。手続の公開、「対審構造」化のために出訴状の公表が強く望まれていた。八三年七月一九日の判決[12]（海外領土であるニューカレドニアとの租税協定の承認に関する法律を合憲とした）から出訴状は官報（éd. Lois et décrets）の Informations parlementaires の項に、判決とは別に登載されるようになった[13]。〔出訴権者の拡大については後述〕

政権交代後、社会党政権の改革の重要性[14]に比例して、濫訴の傾向も指摘されるほど出訴数が増大し、解決すべき問題の重みが増すにつれて、憲法院の存在自体が大きくクローズアップされてくるなかで、以上述べてきた変化は、かつて裁判機関性について嫌疑を受けたこの制度が、糾問的なものから手続を公開、対審化することで裁判機関としての正統性をわがものとして、その権威を補強せざるをえなくなっていることの一つの現われだと考えられる。[15]

二　法律とレグルマン——執行府の擁護者?

現在、憲法院は国民の八〇%に好意的に迎えられているという。[16] 如何にしてそれがフランスの政治社会にこれほどまで定着しえたのかを次に振り返ってみたい。法律の合憲性審査に対してフランス人は伝統的に不信を抱いてきた。〔憲法院の権限は多岐にわたるが、本稿で扱うのは憲法六一条二項の規定する法律の合憲性コントロールに限られる。それが主要なものではある。〕

憲法六二条二項による通常法律の合憲性審査の中立は、五九年から七四年一〇月まで九（判決九）、七四年一〇月以降八一年五月までは六七（判決四七）[17]、八一年五月から八四年一月まで五二（判決三六）[18]である。それ以後、八四年一〇月一〇・一一日のプレス企業法判決まで一〇の判決が下されており、したがって八一年五月から八四年一〇月までに四六判決が下されていることになる（うち二二が違憲判決（全面違憲一、他は部分違憲、ただし国有化法判決では不可分性の理論が適用され法律全体の審署ができなかった））。七四年一〇月は出訴権者が国会議員へと拡大された日付である。八一年五月、第五共和制下で初の政権交代。憲法院は、判決の数で比較すると、最初の一五年間で行なったほぼ五倍を、半分たらずの期間で成し遂げ、さらにそのジスカール・デスタン在任中に遂行したと等しいものをミッテラン政権下では約半分の時間で達成した。これだけでも憲法院の地位がいかに変化したかを物語るには十分だろう。量的変化は同時に機能変化をもたらした。

執行権強化をその論理とする第五共和制憲法は、三四条において法律所管事項を限定列挙し、三七条でそれ以外のすべての事項を命令の所管とした。立法過程におけるこの根本的転換を制度的に担保し、立法府が法律事項の柵を踏み越えるのをサンクションする番犬が当初の憲法院だった。この任務を果たすために、法案審議の段階（四一条：議員提出法案、修正案に対する不受理の抗弁）、表決から審署までの間（六一条）、さらに審署後（三七条二項：命令事項を定める法律のデクレによる改正）に憲法院は関与するが、これらの手続が開始されるには、政府もしくは六一条の出訴権者の関与が必要である。ところで、三四条、三七条は、安定した多数派が存在せず政府と国民議会とが対立する場面を想定した規定である。そうした場面でなければ、ことさら制度的に議会を追認機関化して権限を縮小する必要はない。ところが、第五共和制の下では安定した多数派が創出された。その結果、そのかぎりで三四条、三七条の存在意義は薄弱なものとなったといえる。政府にとって、コンセイユ・デタの審査に服するというコストのかかる行政立法に訴えるより、その統制を免れる法律という形式をとる方が便宜であるし、その方が正統性の点でもまさっている。したがって、不都合のない限り、政府は法律が命令事項を規定していても憲法院に訴えないし、逆に積極的に命令事項を法律で定めようとするようになる。また、両院議長が自らの手になる法律に異議を唱える格別の理由もないから、憲法院のサンクションは機能しないこととなる。こうして法律事項と命令事項との境界が流動化し、消滅へとむかう。この過程で、所管事項の配分が問題とされた場合には、初期をのぞけば、法律事項を拡大する方向で憲法院自身は判決をかさねてきた。〝執行府の擁護者[19]〟は法律の守護者となった。ただし、法律所管事項の拡大が必ずしも議会の機能の強化を意味するわけではなく、政府の役割が相変らず立法過程で大きいことにかわりがあるわけではない[20]点は指摘されるべきである。

最近、法律事項と命令事項とを実質的基準で区別することを放擲し、立法者が命令領域にたちいったとしてもそれ自体では違憲とならないとして、六一条二項でそれを争うことを禁じる判決が下された[21]。政府が四一条、三七条二項の手続を行使して対抗しないかぎり、法律の条項が命令事項を含んでいてもそれは合憲性の推定を受けるという解釈を示して、憲法院は政府および議会多数派の作成した法律を安易に違憲とすることを避け、政府に対抗する手段としてのみ合憲性コントロールを活用する野党の企てを阻止した。この点は注目されてよい。憲法院は瑣末なリーガリズムに陥ることなく、政府与党に好意的で、しかも法律事項を拡大するプラグマティックな解釈を採用した[22]。

法律とレグルマンとの関係の規制に関していえば、憲法院は法律所管事項を拡大し、それは当初の期待から逸脱する結果となった。ただ、法律はその領域を広げたが、その分、憲法からの制約を被ることになった。

三　法治国家の成立?——第五共和制の立法システム

憲法起草者の構想において排除されていた憲法前文に基づく合憲性の審査権限を七一年の〝結社の自由〟判決によって自らの手で創造した憲法院は、法律に対して人権を保障する機関への第一歩をあゆみだすことになる。七三年には一七八九年の人権宣言に憲法規範性を付与し、憲法ブロックをすでに拡大していたが、六〇名の国民議会議員と六〇名の元老院議員に対して、六一条二項の通常法律について、出訴権を拡大する七四年の改正がなければ、今日の憲法院はありえなかったろう[23]。元老院議長を除く共和国大統領、首相、国民議会議長の三者は支持基盤を同じくするから、自ら作成し国会を通過させた法律の合憲性を問題としてわざわざ憲法院に出訴することなどほとんど考えられなかった。したがって七四年以前には、出訴可能性は極端に限られたのである（九件のうち首相六、元老院議長三――このうち人権にかかわるのは二――)。出訴権者の拡大によって、それ以後、出訴件数がふえ、量的に憲法院の関与の機会が多くなったことも重要ではあるが(七四年から八四年に八〇件)、むしろ注目すべきは、野党議員に出訴権が与えられたことの意味である。改正の結果、第五共和制のシステムのなかで憲法院の占める地位は質的に全く転換してしまった。すなわち、議会多数派と野党との間に生じる対立を調停するための機関に変身した。政治勢力は二極化しているから野党議員は国会の審議で敗れざるをえないが、そこでの失地を憲法院へ訴え出ることで回復する可能性を手に入れる(国会審議の第二ラウンドとしての憲法院)。「法的」調停者として与野党の関係を媒介することによって一定の政治的均衡を生みだすこと、統合機能を担うことを憲法院は政治システムから要求される。ところで、政府が議会多数派に支えられ、圧倒的に政府提出法案の多い状況では、国会で表決された法律を攻撃することは政府攻撃に直結する。七四年改革で制度的に是認されたのは、憲法院を通じて野党が政府を攻撃する可能性であった。国会に対抗する執行府の武器として構想されていたものが、"ブーメランのように"[24]執行府にたちむかってきた。

七一年と七四年の事件を契機とする進展はもっぱら人権保障の局面だけで関心の対象となってきたが、出訴権者が限定されており、政治性を帯有せざるをえない出訴をまってはじめて開始される事前の統制である点を考慮にいれると、憲法院は、単なる人権保障のための合憲性審査機関というよりも、与野党の対立を調停し統合するという文脈においてでなければ人権保障を行ないえない制度と把握されるべきである[25]。この点はさて措き、出訴数の増大をうけて憲法ブロックを拡大しつつ、法律の合憲性コントロールは政治制度のなかで重要性を高めていく。この過程で、自由・基本的権利の裁判的保障が実現されて憲法典が裁判規範化することによって、一方で、憲法を頂点とする諸法領域の再編がなされ[26]、他方、憲法学自体が政治制度の運行を記述する学から憲法解釈を中心とするいわゆる法律学へと変化してきた[27]と指摘される[28]。だが、影響力の増大と地位向上によって、それだけ憲法院の正統性は問われることとなる。

はじめそれは憲法院が政治的機関か、裁判的機関かという形で争われた[29]。構成員の任命方法、資質、独立性、出訴手続、審理方法、判決の効力等をめぐって裁判機関性が問われたが、この機関自身の慎重な態度と実績が評価され、次第に裁判機関説が通説化してこのレヴェルでは一応の結着をみたように思われる。この議論の暗黙の前提には裁判機関であれば法律の合憲性コントロールの行使が許容されるという命題が存在していたように思える。しかしながら、何故裁判機関であると正統性を推定されるのか、民主制の下でそれは自明ではない[30]。

通説的理論の延長上に、法律の合憲性コントロールが確立したことで憲法規範が実効性をもってサンクションされて、フランスにおいても真の法治国家が成立し、よって、「法律は一般意思の表明である」という神話を支柱とする絶対主義（議会主権）が終焉したのだというリヴェロの主張[31]が位置づけられる。このような立場に対しては、十人たらずの人間が国民代表過程を通じて形成された議会の意思をなぜ挫折させうるのかと問うことができるが、この批判には、今日では立法過程で政府（たとえ首長が公選でも基本的に官僚機構に支えられた存在である）が重要な役割を果たしているから法律＝一般意思の神話は成立しないと指摘したうえで、市民の基本的自由を強化するものすべてが民主制にとって有用なのだと[32]、とりあえず応えることができる。そして原理のレヴェルでは、この解答が「唯一可能なもの[33]」である。しかしながら、現実のなかでかかる論理が貫徹するには、違憲審査の準拠規範を構成する「市民の基本的自由」の内包が憲法裁判官の恣意的な解釈に左右されないほど明確で、その背後に裁判官の意思が身を隠すにたるだけのものであることが必要である。そうでなければ〝裁判官統治〟の批判から避難する場が失われてしまう。政治的に無答責な憲法院の意思は、憲法規範を媒介とすることなく、制度的には国民代表とされているものの意思と正面から向きあうことになる。

憲法院の負い目は《憲法的価値を有する原則および規範》、憲法ブロック——憲法院が典拠とする規範の集合

――の内容の不明確さであった。[34] ただし、同時にそれはダイナミックなコントロールの源泉でもあった。憲法ブロックは、一七八九年人権宣言および一九四六年憲法前文、《共和国の諸法律によって承認された基本原則》、現行憲法の手続規定と若干の実体規定（二、三、四、六六条等）、若干の組織法律（特に予算法律に関する）を含む。これを駆使して憲法院は合憲性を審査する。人権保障に関してこれまでの活動をふりかえれば、憲法院はイイ線いってるというのが一般的評価である。そうではあるが、《共和国の諸法律によって承認された基本原則》の内実は不透明であるから、裁判官はほしいままにその内容を決定できるのではないか、自由と所有権を中核とする人権宣言といわゆる社会権を規定し国有化条項を含む四六年憲法前文とをいかなる基準で調整するのか、裁判官のサジ加減ひとつで合憲違憲の結果が左右されてしまうのではないかといった懸念は拭い難い。だから、憲法院の関与が個人の自由の保障にとって有意的であったか否かを問うまでもなく、「憲法院が、いつにても使用可と公式に発表している想像の産物たる規範もしくは曖昧な枠組をその望むがままに解釈して法律を無効にしようと欲する場合には、いかなる法律ももはやそれを逸れるものではない」[35] という事態（憲法院の立法権簒奪可能性）自体が民主制に全面的に対立するのだと、一定の機能不全に民主制が陥っていることを承認したうえでなお、ドゥ・ラシャリエールが批判したとしても、それには一理ある。かかる理解を踏まえて、憲法裁判に頼らず、民主的過程の改善を選択することもひとつの見識である。

法文の不明確さを争点として展開される論議の本質は、憲法裁判官の法創造の権力性の問題、その現象をどう把握し、理論的にいかに処理するか、にある。ほんとうは法文の曖昧さなど二義的なことがらである。この問題にもっとも尖鋭な形でアプローチしたのはトロペールである。ところで、憲法裁判の正統性を憲法規範の明確度の関数と捉え、曖昧さを排除すれば正統性は高まるとか、[36] 適不適（opportunité）に立ち入らせず法的コントロールの枠内に憲法院をとどめ置き、法治国家原理と民主主義原理とを調停するには、十分な明確性をもつ自由と基本的権利に関する憲章を作成する必要があるとか主張されるが[37]、それは根本的な解決にはならない。自由の憲章を起草することが政治過程を通じて可能であるか疑問である。憲法院の正統性を安定化させるに十分明確な価値序列の構築を望むならば、おそらくそれは実現困難であろうし、仮に憲章が作成されたなら、こんどは政治的妥協の産物として両価的たらざるをえない。憲法ブロックの曖昧さは文言の不確かさにではなく、その基礎にある価値体系のアンビヴァランスに由来する。ここに憲法院のような制度の存在根拠がある。民主過程による政治的解決が可能なら、この制度は不用である。したがって、両価性は憲法院の本質的属性である。

「憲法条文を解釈する際に引照する社会の構成原理（principes sociaux）について社会体の合意が存在しなければ」、憲法院は裁判機関として存続しえないにもかかわらず[38]、かつ、今日「人権」保障は価値の選択・序列化を離れてはなされえないにもかかわらず、この制度は価値分裂の内在する社会のなかに放りこまれ、法的機関に留まりつつ「人権」を保障することを要請される。この境位において、憲法裁判官は憲法典および付属の文書を解釈して、そこに含まれる一定の価値序列を認定ないし発見するかたちで、テクストの正統性にもたれかかろうとする。基本的には、そこに正統性を見出す以外に、法的にはできない。だから仮象として、テクストの不明確性という現象が批判の俎上にのせられる。

しかし、解釈が意欲の問題、すなわち実践であるという、ごく一般に受けいれられている命題を考慮すれば、テクストが明確であるか否かに無関係に、憲法裁判官による憲法テクストの解釈は、表向きはテクストの意味を明らかにする行為であるが、その実質においては明らかに、実践的法創造活動であり、しかもそれをサンクションする上位機関をもたないが故に、憲法裁判官が憲法の意味はこれだと述べたものはそのまま憲法規範として通用する。解釈を通じて憲法裁判官が行なうのは、隠密に憲法制定権力を行使して自己の権限を基礎づける規範も含めて憲法規範を創造し、自己の価値観を憲法規範に化体させて強行することである。ただし、法創造の自由は、法的装いをととのえ説得力を身につけなければならないという制約と、憲法裁判官が他の公権力機関とともにシステムをなすところから生じる、意思形成過程における事実上の拘束に服する。トロペールの主張の概要[39]は以上のようなものであるが、この見方からすれば、憲法院の合憲性コントロールの進展によって現出したのは、民主的正統性から切断された裁判官の恣意の支配である。それは、リヴェロやファボルーのとる法治国家の成立という見方の対極に位するもっとも洗練された理論である（ただ、リヴェロ等は必ずしも認識の問題として語っているのではなく、また解釈の実践性を考慮していないという点で、前提自体がちがい、トロペールとは議論のレヴェルを異にする）。憲法裁判官は現に規範に拘束されているかという問を、もっぱら記述的方法で解いたこの推論の当否をここで問うことはできないが、憲法訴訟の正統性を考察するうえで素通りを許さぬ重要性をもつことは確かである。

ところでまた、こうした憲法院の正統性の瑕疵を補うために、違憲判決が下された場合、共和国大統領に一一条の国民投票へ訴えるべきことを促して法律の命運を最終的に国民の意思表示に委ねるべきだと提案する者がいる。[40]国民主権の活性化が市民の基本的権利・自由の保障と両立しないのか、それは真摯に問うてみなければならない問題ではある。しかし、主権と自由との蜜月が終焉した時代にあえて主権の活性化を説くには相応の覚悟と理論的装備とが要求されるだろう。

決定を合意に転化させる過程として、国民代表過程（議会、執行府）を信頼しきれるわけでもなく、かといって憲法裁判にも依存しきれない、国民投票にも一抹の不安が残る、けれどもまあとりあえず、憲法裁判は結構うまくやっているからいいではないか、というのが結局、今日の段階であるように思う。フランスではこの情況は、決定権の偏在しないシステム、諸権力の対抗から生まれる均衡状態として、法治国家誕生論が主流をなすことが示すように、比較的肯定的に語られる。[41]このシステムをよく叙述している件を長文ではあるが引用しておく。ただし、この論者は憲法院を裁判機関ではなく、立法権の一翼と把握する点に注意（ここではこの相違はそれほど重要ではないが）。

「いかなる機関も主権的でも全能でもないこのシステムは、憲法第三条に宣明され、いかなる機関、個人の集団も主権的権力を行使しないことを欲する国民主権の消極的原則（principe négatif）に完全に合致する。主権は国民《ナシオン》に、そして国民《ナシオン》のみに帰属する。／かくて執行権は、自律的行政立法権の行使については裁判官により、派生的それについては立法者によって抑制される。かくて国会は、憲法第六一条の規定する手続により抑制される。かくて憲法院は職権で審理を開始しえない。かくて出訴権者は自らは、法律を違憲と宣しえない。いかなる機関も、したがって、独立に自己の意思を強行することはできず、主権者ではない。／しかしながら、憲法第三条において主権の帰属主体とされる国民《プープル》は、直接国民投票によって主権を行使できる。これによって、憲法院が国民投票を通じて国民《プープル》が直接採択した法律の合憲性を審査する権限を、それが《国民主権の直接の表明》であることを理由に拒否したことが説明される。実際、国民《プープル》は直接国民主権を行使する。国民《プープル》は自己の規範定立権限の行使を抑制される必要がない。〔しかしながら、国民《プープル》自身は国民投票の発議権を有しないことを注意（註8）〕憲法院は、従ってこの法律を審査しない。／翻って、通常法律或いは組織法律の採択について、憲法典は立法権を分割する。そのようにして憲法院は、国会と異なる仕方で規範定立権限を付与される。／五八年憲法は、従って、総体としての国民《プープル》を除けば、誰にも主権が帰属しないシステムを組織している。かかる原則に照して、七四年一〇月の憲法改正法案第二条――表決された法律が憲法院によって《公の自由を侵害すると思料される》すべての場合に憲法院が自動的に審査すると規定する――は非難されてしかるべきだった。／実際、この手続が導入されれば、憲法院は立法権を独占するに至ったであろう。[42]」

以上みたように、法治国家の成立、人権保障の進展の議論に支えられながら、真の裁判機関ではないという批判は実質的には鎮静しているが、より本質的に、憲法裁判と民主制のレヴェルで憲法院の正統性の問題は曖昧さのなかに放置されている。それだけフランスでも法律の合憲性審査が定着したことを、これは意味するのだが、現実に如何なる法治国家が形成されつつあるのか、その質が問題である。憲法院が、憲法ブロックの内的編成をどう構造化しているのか、またいかに機能しているのか、次に若干検討して本稿のむすびとする。

四　政権交代後の憲法院

第五共和制下初の左翼政権誕生という政治的変動後の〝改革〟の時に、憲法院がいかなる対応をみせるか、その政治性が場合によっては露出する可能性があっただけに、それはこの制度の試金石だった。また、合憲性審査の性格と可能性を知るための貴重な資料が提供された。

この期間（一九八四年一〇月一一日まで）、元老院議長の若干の出訴を除けば、すべて野党議員の出訴に基づき――ちなみに共産党は四三人しか国民議会議員を有せず出訴権を持たない(43)――四六判決が下され、二二の違憲判断がなされた（四割八分の違憲率、一九七四―八一年は約三割）。

地方分権化の改革（本国内での中央集権との闘いと、ニューカレドニア問題に象徴される植民地支配の残務処理である海外領土との関係の調整）をのぞくと――その重要性は相当大きいが便宜上――、人権関係で興味をひく判決には次のようなものがある。まず、ラジオ、テレビ放送の国家的独占の若干の緩和をめざす改革に関する諸判決（Décisions 82―129 DC 30/31 oct. 1981; 82―141 DC 27 juill. 1982; 84―176 DC 25 juill. 1984; 84―173 DC 26 juill. 1984）では、コミュニケーションの自由の憲法的保障が承認され、〝憲法的価値を有する目的〟（公序の維持、自由で多元的な思想の流通等）とこの自由とを調整することは立法者の権限に属する旨判示された。そして放送局の広告収入禁止について、コミュニケーションの自由および企業活動の自由は絶対的でも一般的でもなく法律の規制の枠内でしか存在しえないとして合憲と判断した。この四つはいずれも違憲判決だが、違憲部分は改革の基本的方向にかかわるものではなかった。労働法制改革に関してAuroux法のひとつが違憲とされた（Décision 82―144 DC 22 oct. 1982）。正当なストライキ権の行使が惹起した損害の賠償を訴訟で争うことを禁じる民事免責規定が平等原則違反をとわれた。ただし、訴訟提起自体の禁止が否定されたのであり、特別の訴訟制度を設けることはできる。個人の自由（liberté individuelle）、住居の不可侵について、一定の行政職員に脱税の捜索を行なうのを許可する規定が、許可条件の不明確さと憲法第六六条違反を理由に違憲だと主張された事案で、憲法院は租税徴収の必要性（人権宣言第一三条）に憲法的価値を認め（脱税抑止の正当性の承認）、六六条の要請（個人の自由の保障を司法権に委ねる）との間で調停をなし、本件の場合司法権のコントロールの下で行政庁の調査が行なわれているとはいえないと違憲を宣した（Décision 84―164 DC 29 déc. 1984）(44)。大学教授の独立を《共和国の諸法律によって承認された基本原則》と認定し、大学の運営機関を非教育職員も含む単一の選挙人団で選出することが、その独立を侵害するとされた事例もある（Décision 83―165 DC 20 janv. 1984）(45)。

特に問題となるのは、市町村議会選挙の候補者リストに割当制を定める法律を違憲とした判決である（Décision 82―146 DC 18 nov. 1982）(46)。候補者リストは同一の性に属する人を七五％以上含んではならないと定め、性を特定してはいないが実質において、女性に二五％の割当を行なう措置が、憲法第三条、人権宣言第六条を根拠に、選挙という政治過程の根幹に関係するので選挙人あるいは被選挙人をカテゴリーに区分することは許されないという理由で違憲と判示された。割当制を設けるべきか否かが、全く憲法問題を生ぜず、政治的な解答しか受け取りえない事柄であるかは難しい問題だが(47)、国会においてほぼ全員一致で――たとえ渋々であったとしても(48)――採択された措置を、出訴の対象とされていないのに憲法院が、たまたま同一の法律の他の条項について申立があったことを契機に職権でとりあげ、違憲だとすることは、判決理由が簡潔に過ぎ説得力を欠くだけに、問題があるように思われる。

知りえたもっとも最近の判決は、プレス企業法判決である（Décision 84–181 DC des 10 et 11 oct. 1984）[49]。この法律はプレス企業の財政のガラス張りを確保する規制と、プレスの多元性を保全するための措置とからなる。判決はその一部を違憲とし、他の若干の条項に厳格な合憲限定解釈を施した[50]。憲法院は思想の自由市場の現代的変容への立法者の対処について判断を求められたが、思想・意見の自由な伝達（人権宣言第一一条）は他の権利・自由、国民主権の保障にかかわる基礎だから、その行使を実効的ならしめるためか、もしくは他の憲法的価値を有する原則と調停するためでなければ、それに対する立法者の関与は正当化されないが、「一般・政治情報紙の多元性確保はそれ自体憲法的価値を有する目的であり、……思想・意見の自由な伝達は公衆が十分な数の、多様な傾向・性格をもつ出版物を手にできなければ実効的たりえない」と判示して、この政策を原則的に承認した。しかし、それを実施するための手段のレヴェルで厳格な審査を行なった。この法律によると、普及率が一五％の上限を超えるとサンクションをうけるのだが、それに対して買収、コントロール掌握以外の原因もしくは新しい日刊紙の創刊によってこの超過が生じてしまった場合にサンクションの対象としないことという絞りがかけられ、他方、法律公布時すでに一五％をこえているものに対する規制が違憲とされ、さらに、本法の設ける独立行政委員会の決定の不履行をサンクションする手続が事前許可制と同等の効果を発生させるとして違憲とされた。

さて、一九八一年以前と比べて、形式的な事由を援用し、安易に平等原則[51]に訴えるなど出訴の仕方が雑で、それに対応して違憲判断も瑣末な点や手続問題を対象とするものが多く、額面通り違憲判決の増加を受けとるわけにはいかないと指摘される[52]。また、問題判決もあるものの、憲法院は政府・与党の政策の基本的部分については承認を与えていると考えてよいように思われる。したがって、ファボルーが主張するように[53]、合憲性コントロールのフィルターを通過することで、政府は、多少便宜的な不都合をうけるが、それ以上に法律には強い正統性が付与され、いったん合憲のお墨つきがもらえれば以後異議申立を免れるから、そうしてみると憲法院は、まさに〝政権交代の保障者〟だといえる。このことを国有化法判決でみてみよう。

国有化法判決の意義のひとつは、憲法院の影響力の大きさを可視的にした点にある。ダブルアクションの審査（contrôle à double détente）や、明白な過誤の理論による裁量統制の可能性の留保で、審査の潜在的可能性をほのめかし、法案作成、国会審議の段階から政府の自制を勝ちとり、判決段階では合憲限定解釈で法律の射程を縮小させ、違憲判決をだしたときはその法律の処理の仕方についてのアフターケアまで行なう。さらに必要なら二度目の審査も可能である。こうした影響力は地方分権化に関して特に顕著だった(54)。

もう一点は、一七八九年人権宣言（所有権、企業活動の自由）と一九四六年憲法前文（国有化）、現行憲法三四条（立法裁量）との関係に考察をくわえ、合憲性ブロックの内的編成を初めて自覚的に構造化したことにある。三四条は企業の国有化、所有制度の基本原則を法律事項としているから、国有化の必要性の判断は立法者の裁量に属するが、それでも憲法的価値を有する原則および規範に違背することは許されない。ところで、一九四六年前文の《我々の時代に特に必要な政治的、経済的および社会的諸原則》は一七八九年の補完物にすぎない。したがって、所有権は憲法上保障される基本的権利であるにかわりない。人権宣言四条のコロラリーである企業活動の自由（liberté d'entreprendre）もまた憲法的価値をもつ。故に、国有化の必要性に関する立法者の判断は所有権と企業活動の自由によって限界を画される（一九四六年前文は、したがってなんら法的価値を認められない）。しかし、国有化法の実現する財産および企業の移転が、私的所有と企業活動の自由の領域を一七八九年人権宣言の条項を無視するまでに侵害するに至っているとは立証されない。よって、明白な過誤も存在せず、必要性の判断は合憲である。これが憲法院の論理だが、この原則的判示の部分における国有化法合憲論をどう評価するか、そしてまた、平等原則および補償に関する違憲判断とそれとの関係をどう把握するか、これが大きな問題である。所有権を重視し、企業活動の自由というカテゴリーまで創出して補償方式を違憲とした結果を不満とするか[55]、所有権と国有化をうまく調和させ、むしろ所有権が守られたと評価するか。それとも、所有権の重要性をとき、企業活動の自由という道具立てをもちだしつつも、実質的に、若干の成立の遅れと補償費用の増加はあったにしろ[56]、国有化法が合憲とされたことを重くみるか。「国有化法判決は、主要な部分で自己の論証が排斥された人々の絶賛をはくし、非常に広範にその正当性を認められた人々を不機嫌にさせた[57]。」この結果からすれば、憲法院はうまくやったといえるのではなかろうか。

(1) 深瀬忠一「フランス憲法審査院――その性格と実績」ジュリ二四四号（一九六二年）三四頁以下参照。
(2) たとえば、*Revue française de science politique, La Constitution de la cinquième république*, vol. 34, n° 4-5, 1984. の Bilan juridique の章に収められている J.-L. Quermonne, D. Maus, L. Philip, L. Favoreu の諸論文等（後掲）参照。
(3) この過程については、中村睦男「フランス憲法院の憲法裁判機関への進展」北法二七巻三・四号（一九七七年）二六一頁、同「フランス憲法院の機能と役割」法セ三二九号（一九八二年）九二頁、武居一正「フランス憲法院の性格」法と政治（関西学院大）三三巻二号（一九八二年）二三五頁、北川善英「フランス憲法院と人権保障」長谷川正安編『現代人権論』法律文化社（一九八二年）一七五頁、坂本茂樹「フランス憲法院における違憲審査制の機能変化について」法律論叢五四巻五号（一九八二年）三九頁、特に樋口陽一『現代民主主義の憲法思想』創文社（一九七七年）第三章および『比較憲法（改訂版）』青林書院新社（一九八四年）第二篇第一章第三節参照。和田英夫『大陸型違憲審査制』有斐閣（一九七九年）もある。最近では藤田晴子「フランス憲法院の特徴」『公法の課題――田中二郎先生追悼論文集』有斐閣（一九八五年）四三七頁。また、野村敬造教授による判決の評釈（金沢法学一八巻一・二号、一九巻一・二号、二〇巻一・二号、二二巻一・二号、二三巻一・二号、二四巻一号等）を参照。
(4) 本稿では問題状況の大雑把な概観を摘示できればよい。たちいった判例の検討は別稿に譲る。
(5) 以下に述べる憲法院に関する情報の典拠は、基本的には Pierre Avril et Jean Gicquel, *Chronique constitutionnelle*

française, 1976-1982, *d'un septennat à l'autre*, P. U. F., 1983（CCFと略記）、八二年八月一六日以降については Id., Chronique constituionnelle française, *Pouvoirs*, n° 24 〜 n° 34である。紙幅の都合上、必要な場合を除き、個々の出所は省略させていただく。

（6）P. Avril et J. Gicquel, op. cit., *Pouvoirs* n° 26, pp. 168-9.

（7）残りの構成員は、七七年任命 A. Ségalat, 八〇年任命 G. Vedel, R. Lecourt, L. Joxe.

（8）Jean Rivero, *Le Conseil Constitutionnel et Les libertés*, Economica, 1984, p. 2 et pp. 120-1.

（9）Décision 83-156 DC du 28 mai 1983, *A. J. D. A.*, 1983, p. 617. 訴の受理の部分と憲法院の判断の部分が独立し、「報告担当官の意見を聞いた」という部分で oui のかわりに entendu が用いられ口語調になった。また、vu les pièces produites et jointes au dossier と明示され、意見書等が判決に際し参照されたことが明らかにされ、判決文中にはじめて出訴状の内容が引用符つきで引用された。

（10）とりあえず出訴の意思だけ伝え、後に正式に理由を付した出訴状を提出するという《準出訴 quasi-saisine》の慣行が成立しているから、出訴権者を出し抜いて審署が行なわれることはない。Michel Charasse, Saisir le Conseil constitutionnel——la pratique du groupe socialiste de l'Assemblée nationale（1974-1979）, *Pouvoirs*, n° 13, 1980, pp. 89-90.

（11）出訴と判決の関係につき、Cf. J.-P. Lebreton, Les particularités de la juridiction constitutionnelle, *R. D. P.*, pp. 424-41.

（12）Décision 83-160 DC 19 juillet 1983, *A. J. D. A.*, 1984, n° 1, p.28. なお、註(9)参照。

（13）公開、対審構造化の点で、国有化法判決において、報告担当官の氏名（ヴデル）が公表され、数多く提出された意見書等が法廷における対審的審理の代替物となったことも指摘さるべきである。この意見書、出訴状等につき、cf., L. Favoreu *Nationalisations et constitution*, Economica, 1982.

（14）公の自由の領域での変化の簡潔な概観として、J. Rivero, Libertés publiques 1981-1983 : essai de bilan, *A. J. D. A.*, 1983, pp. 635-9.

(15) Loic Philip, Bilan et effets de la saisine du Conseil constitutionnel, *R. F. S. P.*, 1984, p. 995 ; Id., Le développement du controle de constitutionnalité, et l'accroissement des pouvoirs du juge constitutionnel, *R. D. P.*, 1983, p. 402 et suiv.
(16) 一九八三年九月、SOFRES の行なった《フランス人と制度》という世論調査の結果。SOFRES, *Opinion publique* 1984, Gallimard, 1984, p. 103 et suiv., cité dans Didier Maus, La constitution jugée par sa pratique, *R. F. S. P.*, 1984, p. 908.
(17) この数字はとりあえず、L. Philip, Bilan et effets ……, op. cit., *R. F. S. P.*, 1984, p. 1001. によった。
(18) この数字は、L. Favoreu, Le Conseil constitutionnel et l'alternance, *R. F. S. P.*, 1984, pp. 1026-9 によった。
(19) Jean-Boulouis, Le défenseur de l'Exécutif, *Pouvoirs*, n° 13, 1980, p. 27.
(20) Jean-Louis Pezant, Loi/Règlement. La construction d'un nouvel équilibre, *R. F. S. P.*, 1984, pp. 952-3.
(21) Décision 82-143 dc du 30 juillet 1982.
(22) L. Favoreu, Le droit constitutionnel jurisprudentiel en 1981-1982, *R. D. P.*, 1983, pp. 350-6 ; P. Avril et J. Gicquel, *CCF, op. cit.*, pp. 276-7.
(23) Cf., L. Philip, Bilan et effets…, op. cit. 一九七四年改正を政権交代にそなえたジスカール・デスタンの先行投資とみる見解もある (J. P. Lebreton, op. cit., p. 420.)。また、V., René de Lacharrière, Opinion dissidente, *Pouvoirs*, n° 13, 1980, p. 143 et suiv.
(24) P. Avril et J. Gicquel, *CCF, op. cit.*, p. 104.
(25) Cf., Gilbert Knaub, Le Conseil constitutionnel et la régulation des rapports entre les organes de l'État, *R. D. P.*, 1983, pp. 1149-68.
(26) Cf., L. Favoreu, L'apport du Conseil constitutionnel au droit public, *Pouvoirs*, n° 13, 1980, pp. 17-26 ; Id., L'influence de la jurisprudence du conseil constitutionnel sur les diverses branches du droit, in *Itinéraires. Etudes en l'honneur de Léo Hamon*, Economica, 1982, pp. 235-44. ただし、憲法院の判決は絶対的既判力をもつが、違反についてサンクションが伴わないので (たとえば、コンセイユ・デタ、破毀院の判決に対して憲法院のコントロールは及ばない。また、一旦審署

された法律は、原則として後に違憲の抗弁によって争えない〔cf., Jean-Yves Cherot, L'exception d'inconstitutionnalité devant le Conseil Constitutionnel—Réflexions sur le système de contrôle préventif de constitutionnalité des lois, *A. J. D. A.*, 1982, n° 2, pp. 59-71.〕、統一された法秩序が存在するわけではない。人権に関して重層的構造が存在することについて、Pierre Pactet, Quelques réflexions sur les principes relatifs aux libertés et aux droits sous la cinquième République, in *Droit et libertés à la fin du XXe Siècle. influence des données économiques et technologiques. Études offertes à Claude-Albert Colliard*, Pédone, 1984, pp. 575-88.

（27）P. ex., François Luchaire, De la méthode en droit consitutionnel, *R. D. P.*, 1980, pp. 275-329 ; Alain Bockel, Le pouvoir discrétionnaire du législateur, in *Itinéraires, op. cit., pp.* 43-59（立法者の裁量的判断を審査する際の審査基準を類型化する試み）

（28）樋口陽一「憲法学の『法律学化』をめぐって――第五共和制におけるフランス憲法学の新傾向」国家学会雑誌九五巻三＝四号（一九八二年）一〇五頁以下参照。

（29）Jean-Christophe Balat, *La nature juridique du contrôle de constitutionnalité des lois dans le cadre de l'article 61 de la constitution de 1958*, P. U. F., 1983, 1ère partie et 2e partie, chap. I; F. Luchaire, *Le Conseil constitutionnel*, Economica, 1980, pp. 30-56. および註（2）掲記の諸論文を参照。

（30）この問題に、正統性をどう強化すべきかという視点から概括的考察をほどこしたものとして、L. Favoreu, Actualité et légitimité du contrôle juridictionnel des lois en europe occidentale, *R. D. P.*, 1984, p. 1178 et suiv.

（31）J. Rivero, Fin d'un absolutisme, *Pouvoirs*, n° 13, pp. 5-15.

（32）Id., Rapport de synthèse, in *Cours constitutionnelles européennes et droit fondamentaux*, Economica, 1982, pp. 525-6.

（33）樋口陽一「『国民主権』と『裁判』の関係についての覚書」『刑事裁判の理論――鴨良弼先生古稀祝賀論集』日本評論社（一九七九年）二三頁。

（34）P. ex., Daniël Loschak, Le Conseil constitutionnel, protecteur des libertés, *Pouvoirs*, n° 13, 1980, pp. 35-47 ; J.-P. Lebreton, op. cit., en particulier p. 452 et suiv., pp. 461-2. 成文規定に根拠をもたない憲法原則の創出。たとえば、公役

務の継続性の原則（Décision 79-105 DC du 25 juillet 1979, L. Favoreu et L. Philip, *Les grandes décisions du Conseil constitutionnel*, 3e éd., Sirey, 1984 (*GD*), nº 34, スト権規制の正当化）、国民生活の継続性原則（Décision 79-111 DC du 30 décembre 1979, *GD*, nº 35, 徴税に関する手続違背の追認）。

(35) R. de Lacharrière, op. cit., *Pouvoirs,* nº 13, 1980, p. 139. cf., Id., *La Ve, quelle République?* P. U .F., 1983, pp. 83-9.

(36) L. Favoreu, Actualité et légitimité..., op. cit., *R.D.P.*, 1984, pp. 1187-90.

(37) J.-Ch. Balat, *op. cit.*, p. 82.

(38) J.-P, Lebreton, op. cit., p. 485.

(39) Michel Troper, Le problème de l'interprétation et la théorie de la supra-légalité constitutionnelle, in *Recueil d'études en hommage à Charles Eisenmann*, Cujas, 1975, pp. 133-51 ; Id., La Constitution et ses représentations sous la Ve République, *Pouvoirs,* nº 4, 1978, pp. 61-72 ; Id., Fonction juridictionnelle ou pouvoir judiciaire? *Pouvoirs,* nº 16, 1981, pp. 5-15 ; Id., Kelsen. La théorie de l'interprétation et le structure de l'ordre juridique, *Revue internationale de philosophie*, 1981, fasc. 4, pp. 518-29 ; Id., Nécessité fait loi, réflexions sur la coutume constitutionnelle, in *Service public et libertés. Mélanges offers au professeur Robert-Édoward Charlier*, Ed. de l'université et de l'enseignement moderne, 1981, pp. 309-323. なお、樋口陽一「『憲法学』の対象としての『憲法』——最近のフランスの場合を素材として」『法学協会百周年記念論文集』第二巻有斐閣（一九八三年）二二七頁、同「『判例による憲法変遷』という考え方について——その論理的前提についての検討」外尾・広中・樋口編著『人権と司法』勁草書房（一九八四年）九九頁、および註(28)掲記の論文、その他同教授の憲法変遷を論じた諸論文などを参照。ただし、樋口教授の場合、「『裁判官は実定法上、自分に先立って存在している規範に従うべきとされているか』という問もまた『科学的』に成立するはずであり、そのような見地から、裁判官……が従うべきとされている規範、ないし少なくとも条文、の存在を認識できるのではないか」（『人権と司法』一一三頁、傍点原文）と述べ、トロペールと見解を異にする。

(40) L. Philip, Le développement du contrôle..., op. cit., *R. D. P.*, 1983, pp. 417-8 ; Id., Bilan et effets..., op. cit., *R. F. S. P.*, 1984, pp. 1000-1 ; Id., Des intentions des constituants de 1946 à la pratique constitutionnelle de la Ve République ou de

la constitué en droit constitutionnel français, *R. D. P.*, 1984, p. 1253.

（41） P. ex., D. Maus, op. cit., *R. F. S. P.*, pp. 908-9. もちろん、自由主義は権力の内在的正統性を定める基準をなんらもたず、ただ対抗権力の増加を望むだけのものだと批判する者もいる（R. de Lacharrière, op. cit., *Pouvoirs*, n° 13, 1980, pp. 149-50.）。

（42） J.-Ch, Balat, *op. cit.*, p. 80.

（43） L. Philip, Bilan et effets..., op. cit., p. 994.

（44） *A. J. D. A.*, 1984, n° 2, p. 98, note, L. Philip.

（45） *A. J. D. A.*, 1984, n° 3, p. 161, note, J. Boulouis ; L. Favoreu, Libertés locales et libertés universitaires. Les décisions du Conseil constitutionnel du 20 janvier 1984, *R. D. P.*, 1984, p. 702 et suiv.

（46） *A. J. D. A.*, 1983, n° 2, p. 128.

（47） D. Loschak, Les hommes politiques, les《sages》(?)...et les femmes (à propos de la décision du Conseil constitutionnel du 18 novembre 1982, *Droit social*, 1983, n° 2, p. 131 et p. 135.

（48） Ibid., p. 131.

（49） *A. J. D. A.*, 1984, n° 12, p. 684, note, J.-J. Bienvenu ; Jean-Claude Massclet, La loi sur les entreprises de presse, *A. J. D. A.*, 1984, n° 12, pp. 644-65.

（50） この方法一般について、cf., J.-P. Lebreton, op. cit., p. 474 et suiv.

（51） 平等原則の有効性について、L. Favoreu, Le droit constitutionnel jurisprudentiel..., op. cit., *R. D. P.*, 1983, p. 391 et suiv. また、社会党は、たいていの場合、自由の侵害を主張して申立を行なったが、新しい野党は平等原則違反を多用し、社会主義者が自由を、自由主義者が平等を擁護するという「逆説的」事実について、L., Philip, Bilan et effets..., op. cit, p. 996, etc.,

（52） Ibid., p. 995-6.

（53） L. Favoreu, Le Conseil constitutionnel et l'alternance, *R. F. S. P.*, pp. 1002-29, en particulier p. 1014 et suiv. ; L.

Favoreu et L. Philip, *GD*, n° 38, etc.

(54) L. Favoreu, et Philip, *GD*, n° 39.

(55) Robert Savy, La constitution des juges, *D.*, 1983, chronique XIX, pp. 105–10. Cf. Jean-Louis Mestre, Le Conseil constitutionnel, la liberté d'entreprendre et la propriété, D., 1984, Chronique 1, p. 1–8（サヴィに対する批判）。

(56) D. Maus, op. cit., p. 907.（1月たらずのおくれと数十億フランのわずかな出費）

(57) J. Rivero, Ni lu, Ni compris, in Id., *Le Conseil constitutionnel et les libertés, op. cit.*, p. 109.

第二章　憲法院の史的展開

11　挫折した憲法院改革

——フランスにおける法治国家（Etat de droit）論

一九九二年

はじめに

フランソワ・ミッテランは、一九八九年七月一日、革命記念日の大統領恒例インタヴューにおいて憲法院に対する提訴権を市民にも付与する憲法改正を提案した。[1] 現行システムでは大統領、首相、両院議長、六〇名以上の国民議会議員もしくは六〇名以上の元老院議員だけしか提訴をなし得ず、法律の合憲性審査を市民が憲法院に求めることはできない。

第五共和制において、ド・ゴールもなしえなかった共和国大統領再選をはたし、フランス革命・人権宣言二百周年記念行事を自ら主催したミッテランは得意の絶頂にあった。その彼が、革命二百周年の一九八九年に、フランス国民に対する贈り物として、人権保障の実効化を目的とする提案を行ったのである。その象徴的意味合いは大きい。政治的効果を狙ったこのパフォーマンスは、当然、政治の世界に波紋を呼び起こしたが、憲法学者は「法治国家」の進展として評価し、国民の七割も改革に賛意を表していた。[2] しかし、それにもかかわらず、改革は結局実現するにいたらなかった。翌年の春、憲法改正案が提出され、国会において審議されたが、憲法改正のために必要な国民議会と元老院の意見の一致が見られなかったのである。本稿においては、ミッテラン発言直後の時期（一九八九年七、八月）と、法案提出から国会審議終了までに展開された憲法院とその改革に関する議論を概観することによって、この挫折した憲法院改革の持つ意味を考えてみたい。

一　改革案の概要

まず、少し詳細に改革案の規定するシステムを説明しておきたい。[3]

ミッテラン発言を受けて作成された改革案は、一九九〇年三月二八日の閣議で承認され、国会の春の会期において審議されることになった。改革案は憲法改正を規定する憲法的法律とそれを具体化する組織法律から構成されている。そこにおいて示された改革の基本線は、ミッテラン発言に先立つ一九八九年三月三日、憲法院創設三〇周年に際してル・モンドが憲法院院長バダンテールに行ったインタヴュー[4]においてすでに示されていたものであった。

バダンテールは、憲法院の三〇年にわたる活動を肯定的に総括し、法律の合憲性に関する特殊フランス的な事前審査の制度を法律の適用以前に違憲性を除くことができる点ではすぐれていると評価する。そのうえで、しかし憲法院の審査を受けなかった法律が適用の過程において違憲性を帯びた場合に、それを排除する機構がないために違憲状態が放置される危険性を持つ点で、明らかにフランスのシステムは欠陥を有していると指摘する。法治国家においてこれは許されざる事態である。たしかに、違憲の抗弁を認めた場合にその手続が濫用されて裁判の遅延や機能麻痺が生じるかもしれないが、それは提起されている憲法問題の重大性をコンセイユ・デタ、破毀院に判断させ、憲法院へ移送される抗弁の数を限定したり、あるいは憲法院自体の審理期間を短くすれば、それで解決できることである。「なぜ市民に、憲法院の審査を受けなかった法律に対して、訴訟の過程で違憲の抗弁を提起する可能性を承認しないのか。」とバダンテールは自問してみせる。そしてそれに対して自ら次のように答える。「一九七四年、つまり憲法院創設一五周年において憲法院に提訴する可能性が国会議員に——実際は野党に——与えられ、法治国家が幸運にも強化された。一五年後の今日、市民が法律によって基本的な権利を侵害されたと考える場合に、裁判所によるフィルターをかけたうえで、憲法院に市民みずから訴え出る可能性が承認されてもしかるべき時が来たように思われる。わたくしは、改革が実現すれば民主主義の進歩がもたらされるであろうと考える。」

ここに、今回の改革のすべてが述べられているといっても過言ではない。このインタヴューは、バダンテールが改革に果たした役割の大きさを如実に物語っている。法治国家論による改革の正当化、違憲の抗弁の対象となる法律の範囲、裁判所の違憲審査へのかかわり方など、すべてここで言及されたとおりに改革は進められていくのである。

先に述べたように国会に提出された法案は憲法的法律と組織法律の二つに分かれている。そこで提示されたシステムをまず見ておきたい。憲法的法律案は、次のように改革の基本原則を表明している。

（一）　憲法六一条に、「憲法典によってすべての人に承認された基本的権利（droits fondamentaux）に関する法律の規定は、裁判所に係属中の訴訟に際して抗弁によって憲法院の審理に服せしめることができる。」という一項（第五項）を付加する。

これは、市民が「基本的権利」の侵害を理由に裁判所で違憲の抗弁を提起し、法律の合憲性について憲法院の審査を求めることができるようにするという改革の核心を明らかにするものである。

（二）　六二条第一項を「六一条第一項もしくは第二項に基づいて違憲と宣言された規定は審署されず、適用もされない。／六一条第五項に基づいて違憲と宣言された規定は適用を止め、破毀裁判官の面前における場合も含め係属中の手続にもはや適用されない。」と書き改め、違憲の抗弁に基づいて違憲とされた法律が判決時点から効力を失うことを確認する。違憲判決の遡及効を否定し、法的安定性に対する配慮を示す規定である。

（三）　六三条に「本組織法律はまた、六一条第五項および六二条第二項の適用態様、特に、憲法院がコンセイユ・デタ、破毀院もしくはどちらの系統にも属さない他のすべての裁判所の移送を受理する条件を定める。」の一項を加え、この改正に伴う具体的な手続の定めを組織法律に委任する。

他方、組織法律は、主として濫訴防止の方策を定めることを目的としている。違憲の抗弁は、予審段階も含めて裁判のあらゆる段階で提出できるが、それを自動的に憲法院に移送していては憲法院の活動が訴訟数の増大によって麻痺させられてしまう。他方、行政裁判所や司法裁判所に法律の憲法適合性を審査させることはフランスの憲法的伝統に反する。そこで、濫訴防止という技術的な要請と、法律の合憲性を裁判所に審査させるべきではないという伝統への配慮から、違憲の抗弁に対して二重のフィルターが組織される。すなわち、違憲の抗弁は、濫訴による憲法院の機能麻痺を回避するために、一審もしくは控訴審レヴェルの第一のフィルターを経て、且つ、コンセイユ・デタまたは破毀院の審査（第二のフィルター）を経た後にはじめて憲法院へ移送されるというシステムである。下級審には一切合憲性の判断権を与えないが、行政、司法両系統の最高裁判所には、一定程度において憲法判断への関与を認め、裁判所に対する不信という伝統と技術的要請とを調和させようとするものである。

一審もしくは控訴審で違憲の抗弁が提起された場合には、裁判所は、(ア)抗弁の対象となった規定が、手続の有効性を条件付けるものか、訴追の基礎を構成するか、もしくは係争の解決に不可欠であるか、(イ)当該規定につき過去において憲法院が判決主文、判決理由において明示的に判断を下していないか、(ウ)手続の遅延だけを目的とする、明らかに理由のないと思われる憲法問題を提起するものではないか、の三点を判断し、コンセイユ・デタまたは破毀院への移送の是非を決定する。(ウ)については、憲法判断ともいえるが、実質的な判断はむしろ期待されていない。この三点のなかで重要なのは、(イ)である。すなわち、法律の規定について過去において憲法院が判断を下していれば、それについて再度、事後的な審査の対象とされることはないということである。なお、裁判の円滑な運行を妨げないため、移送の拒否それ自体は不服申立ての対象とならない。

コンセイユ・デタ、破毀院は、下級審からの移送を受けて、あるいは直接にコンセイユ・デタ、破毀院で提起された、違憲の抗弁の「重大性（caractère sérieux）」を審査する。この審査の目的は、憲法院への提訴に関する判例の首尾一貫性を担保し、濫訴を防止することにある。この「重大性」の審査は、実際どのような審査になるのか定かではないが、下級審の「明らかに理由がない」か否かの判断とは異なり、法律の実質的な合憲性の判断に立ち入らざるをえないだろう。この点は、後の国会審議でも問題となるように、伝統からの逸脱であるが、法案は最高裁判所であるから、それも許されると考えているようである。

組織法律は、さらに憲法院による違憲の抗弁の審理について、大統領、首相、両院議長への通知（意見書の提出を可能とし、また違憲判決が出たときの対応を考える時間的余裕を与えるための制度）、審理の対審性の保障、三ヵ月の審理期間、理由付記義務、判決の対世効などを規定する。

次に、なぜ違憲の抗弁を導入する必要があるのか、また、なぜ他の形態ではなく、法案の定めるこの形態をとるのかということについて、法案自体がどのように論証しているのかをみてみたい。

憲法的法律の提案理由は、「法治国家なしには自由な国民も国民主権も存在しない。これが、国民議会を構成したフランス国民の代表者が、一七八九年八月二六日に、人および市民の権利宣言において、厳粛に宣言した基本的なメッセージである。権利宣言の目的のひとつは、『市民の要求が、それによって単純で議論の余地なき原則に基づくことになるがゆえに、常に憲法典の維持と万人の幸福に向かうようになる』ことである。／一七八九年の理想の普遍性とその国際的影響力によって、フランスは法治国家の擁護、深化、拡張の努力を絶えず求められてきた。」

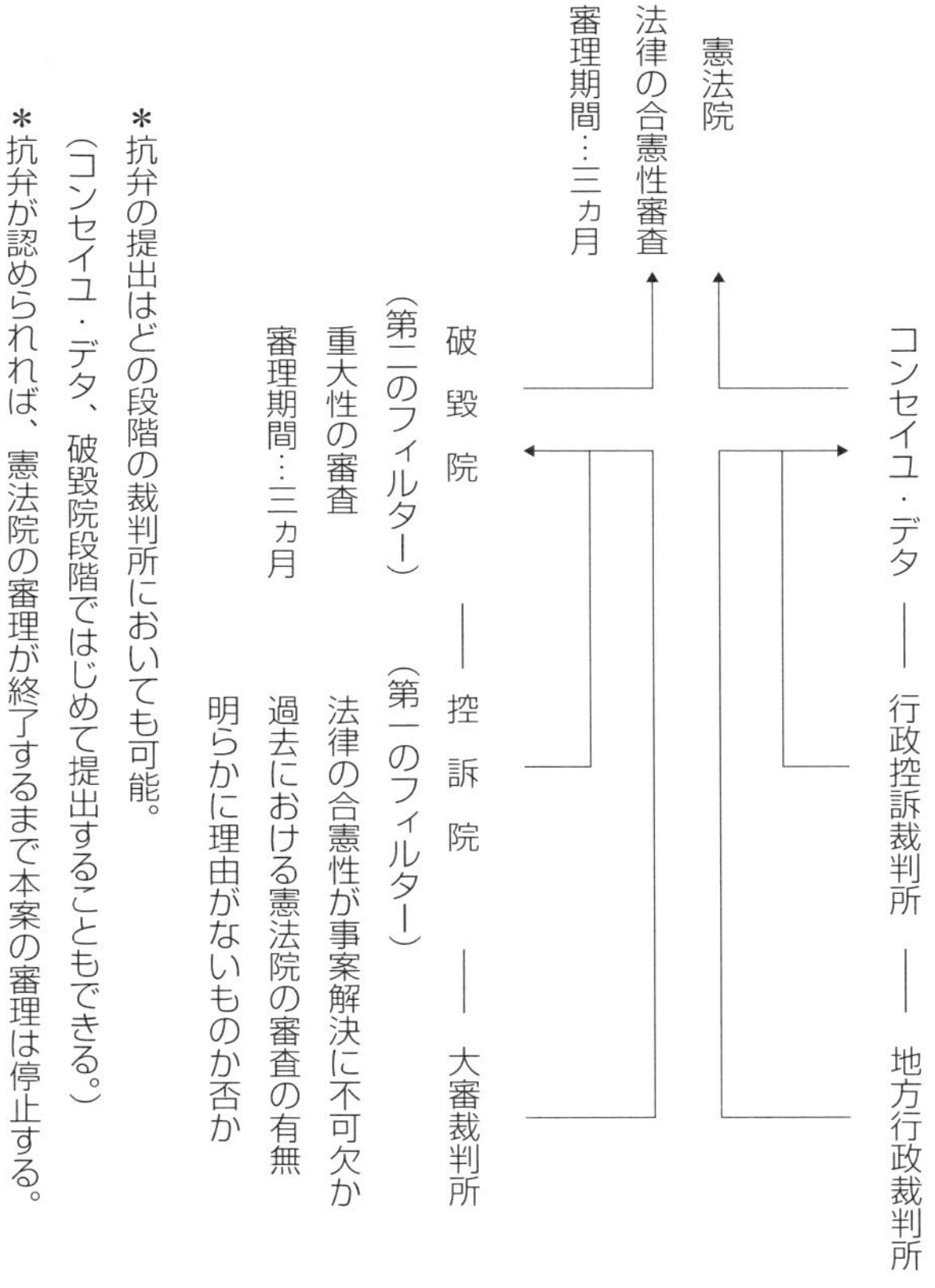

＊抗弁の提出はどの段階の裁判所においても可能。
（コンセイユ・デタ、破毀院段階ではじめて提出することもできる。）
＊抗弁が認められれば、憲法院の審理が終了するまで本案の審理は停止する。

法案による違憲の抗弁の流れ

と始まる。「法治国家」論が、この改革のキー・ワードである。提案理由は、次のように、フランスにおける現状の問題点を認識し、「法治国家」の完成、人権保障の徹底という形で違憲の抗弁の導入を弁証している。

四六年憲法前文は一七八九年に宣言された権利・自由、共和国の諸法律によって承認された基本原則を再確認すると同時に、「今日特に必要な」政治的社会的経済的権利を宣言した。五八年憲法は、フランスの公法の歴史において初めて法律の真の合憲性審査制を設け、憲法院を設置した。その後、憲法院は憲法前文を準拠規範に取り込むことによって、一七八九年人権宣言、一九四六年憲法前文に裁判規範性を認めた。一九七四年の憲法改正が六〇人以上の国民議会議員もしくは元老院議員に提訴権を拡大することによって、憲法院の審査に服する法律は増加した。政府、国会は法律の憲法適合性に対してより慎重な配慮をしなければならなくなった。こうして、ここ数十年の間に法治国家はたしかに進展した。

しかしながら、人権保障法制は未だ十分とはいえない。現行の合憲性審査制度には改善の余地がある。大統領、首相、両院議長、六〇名以上の国民議会議員もしくは元老院議員しか提訴権をもっていないし（提訴権の限定性）、審署以前にしか合憲性が審査されず、一度審署されてしまえば以後法律の合憲性を問うことはできない（事前審査の抱える問題）。つまり、法律の合憲性に疑いがあっても、なんらかの理由で政治機関によって提訴がなされなかったり、あるいは審署され適用された段階で法律の違憲性が生じてきた場合に、その違憲性を現行システムでは正すことができない。

他の西欧諸国においては見られないこの欠陥を是正するために、違憲の抗弁を導入するのである。

要するに、ＥＣ統合を前にして、ヨーロッパの他国並みの法治国家となるためには、現行制度の二つの欠陥を克服しなければならない。すなわち、提訴権の政治機関による独占を否定して、市民へそれを開放することと、事前審査の限界をカバーするために法律の審署後にもその違憲性を審査する可能性を開いておくことである。

ところで、この必要性の論証からは、通常裁判所が法律の合憲性について判断する、いわゆるアメリカ型の司法審査制度を導く事も可能なはずである。[三] 憲法院による独占的な合憲性審査が、必然的に出てくるわけではない。しかし、前者は、当然の事のように、選択肢から排除される。司法が違憲審査権を持つべきではないというフランスの伝統が暗黙の前提とされ、それは今回の改革においても問題とはされていない点に注意しなければならない。この点を素通りして、法案の提案理由は、技術的な配慮へと話を進めていく。

裁判手続を過度に煩瑣にせず、訴訟を遅延させない。濫訴による憲法院の機能の閉塞状況の発生を回避する。法律関係の安定性を阻害しない。この三点を挙げて、人権保障の徹底＝法治国家の要請とそれらへの配慮とを調整した結果として、このシステムが考案されたのだというのが法案の論理である。違憲の抗弁という方法、基本的権利侵害のみを提訴理由とすること、下級審と最高裁判所（コンセイユ・デタ、破毀院）の二重のフィルターの配置、違憲判決の遡及効の否定、これらがこの調整の具体的帰結である。

以上、法案のシステムと提案理由の示す改革の根拠を述べたが、ここで若干の整理をしておきたい。先に指摘したように、改革は個人の提訴権の承認と事後審査の導入（事前審査と事後審査の併置）という二つの事柄を実現するものである。それぞれはどのような意味を持つのだろうか。

1　個人の提訴権の承認

個人の提訴権が認められていないためにフランスにおいては「法治国家」が実現していない、あるいは人権保障が十分には行われていないのだという評価が下される典型的な場面は、政治的な事由によって、本来違憲とされるべき法律が憲法院の審査を免れる場合である。たとえば、改革が挫折した直後のものであるが、一九九〇年七月一三日の法律が、よく例として挙げられる。この法律は、あらゆる人種差別的、反ユダヤ主義的あるいは排外的（xénophobe）行為を禁じる事を目的とするものである。国民戦線に代表される極右勢力の興隆に対する対抗手段として作られたものであるが、人道に対する罪の存在を否定するものを処罰するなど表現の自由の観点から見ると違憲の疑いが濃いものであった(6)。しかし、この法律は憲法院への提訴を免れた。どの政治勢力も、この法律の違憲性を唱えれば極右勢力に加担しているという印象を世論に与え、人種差別反対を標榜する諸団体から批判を受けることは必至であり、それを回避したかったのである。規制の標的とされた当の国民戦線は、提訴に必要な六〇人以上の議員を擁していないため、法律の違憲性を主張して憲法院へ提訴することができなかった。このように、政治機関の提訴は、政治的理由に左右されるものであって、小数者保護のための人権保障という理念と必ずしも整合するものではない(7)。

個人の提訴権の承認は、単に提訴権者の量的な拡大（政治的機関プラス一般市民）を意味するのではなく、憲法院という制度の質的な転換と機能変化をもたらす。政治機関ではなく、人権を侵害された個人が憲法院の審査の端緒となり得ることによって、抽象的な憲法秩序の保障から主観的な権利保障の制度へと憲法院の性格は転換し、そして同時に、現行システムにおいて基本的に憲法院が果たしている機能（与野党間の調停、すなわち憲法という規準に基づく政治的利害対立の解決という非常に政治的な機能）とは異質な機能である人権保障機能が憲法院に付与される。憲法院は、こうして政治の桎梏から解放されるのである。

さらに、個人の提訴権の承認は、憲法院の人権保障機能の強化をめざすものであるが、政治状況の変化に対する憲法院の制度としての生き残りを賭た戦略であるともいえる。

憲法院は国会審議における敗者のリターンマッチの場であるといわれるように、野党が与党を攻撃する場として利用されてきた。政権交代時における憲法院の判決の増大がそれを物語っている。第五共和制憲法において、議会多数派と大統領の多数派が一致した場合、野党と与党の力の不均衡は非常に大きい。しかも、左右の対立が鮮明で、国会での駆引が難しければ、野党は政治から疎外されてしまう。憲法院はこの権力の不均衡を代償する役割を果たしてきた。しかし、政権交代、コアビタシオンを経て左右の対立が不鮮明になり（政策選択の幅の狭隘化）、一九八八年の大統領選後の解散総選挙における中道勢力（ＵＤＣ）の自立と、その中道を取り込もうという社会党の「開放（ouverture）」政策がとられた結果、政治地図が書き換えられた。中道指向は、国会の運営にも影響を及ぼした。国会審議が実質化し、与野党の取引と妥協が行われ、コンセンサスが重視されるようになった。このことは、憲法院の政治的調停者としての重要性を相対的に低下させたように思われる。なぜならば、国会の場で与野党が一致をみれば、あるいは歩み寄ることができれば、憲法院による法律の違憲審査は実施されない仕組みになっているからである。こうした政治的文脈のなかで憲法院改革が、実質的にみれば、憲法院院長から提案されたことは、やはりなんらかの意味を持つだろうと思われる。つまり、政治的調停者の役割に代わる役割——人権の保障者——を、憲法院は制度としての生き残りの戦略として必要としていたのである。

このように、人権を侵害された個人の憲法院への提訴権を承認することは、もちろん、提案理由に示されたように人権をよりよく保障するという目的を持つものではあるが、政治的対立の調停者という憲法院の機能を転換することによって、憲法院という制度の生き残りを図る戦略としても出てきているという局面を看過してはならないと思われる。

2　事後審査の導入

法律の合憲性について、第五共和制憲法は事前審査の制度を採用している。[8] しかし、これまで述べたように、憲法院を個人の人権を保障する機関とし、そのために個人の提訴権を承認するのならば、必然的に事後審査の導入が必要となる。事前審査制はフランスの憲法裁判制度を他国には例をみない独特の制度たらしめている特徴であるから、この点の変更はフランスの政治制度の根幹に触れる重大な意味を持ち得るはずであった。しかし、結論を先にいえば、改革は実現されなかったけれども、たとえ改革が実現していたとしても、改革案自体が事前審査の拡大としての事後審査という発想にしかたっていないために、改革は制度の根本的な変革を導くことはできなかったと評価してよいように思われる。

フランスの憲法裁判制度が事前審査という形態をとったのは、いわゆる合理化された議会主義の帰結である。法律事項と命令事項の関係を逆転し、憲法三四条で法律事項を列挙して、それのみに国会の立法権限を限定し、命令を一般的な規則制定権と位置付けた第五共和制憲法は、国会が三四条に定められた境界を越えないように監視する機関、すなわち「執行府の番犬」として憲法院を構想したのである。したがって、当初、提訴権者は大統領、首相、国民議会議長、元老院議長に限定されたし、法律が公布される以前に憲法院を関与させ、国会の執行権簒奪（命令事項への介入）を効率的に排除する事前審査制が定められたのである。事後審査でなく事前審査であるのは、まず、この執行権強化の文脈で理解されるべきである。人権保障における事前審査制の利点（違憲な法律を適用前に排除することができること、あるいは事後的な違憲判決による法的混乱を避けることができ、法的安定性に資すること）が主張されたり、「一般意思の表明」としての法律の権威を保つために審署後の審査を認めないのだといった事前審査の正当化もなされるが、そもそも第五共和制憲法は、「一般意思の表明としての法律」という神話を否定するために憲法院を作ったのであり、当初はその権限に人権保障はふくまれていなかった（人権規定に言及する憲法前文は憲法院の審査の準拠規範とはされなかった）のである。このことをまず確認しておかなければならないだろう。

憲法院が、人権保障に関わるのは一九七一年の結社の自由判決からである。憲法の最終的な解釈権者である憲法院が、自らの権限を拡大することによって、人権保障機関へと転身を遂げたのがこの判決である。しかし、事前審査制と人権保障機関性とが親和性を持ちうるかは疑問である。フランスでは、憲法院の人権保障機関への機能変化後も、事後審査を認めたときの濫訴の可能性と裁判官支配の危険性が指摘され、法的安定性への配慮が強調されて、事前審査制は擁護されてきた。今回の改革もこうした考え方に深く影響されている。先に指摘したように、改革案では、憲法院の審査を一度でも受けたことのある法律規定が再度憲法院の審査に服することを認めてはいない。行政裁判所、司法裁判所が違憲の抗弁を篩に掛ける際に、過去における憲法院の審査の有無を考慮するからである。したがって、今回たとえ改革が実現されたとしても、それは憲法院の審査を経ていない法律に一度は憲法院の審査を受けさせる、しかも一度しか受けさせないというだけの意義を持つにすぎなかった。事後審査制といっても、機能的には、事前審査をすべての法律に義務づける事と同じことで、無限に事前審査制に近い事後審査制といってよいものでしかなかった。その制度では、確かに個人は審署後の法律の違憲性を裁判所で争う可能性を手にするが、その個人は客観的な秩序の維持のために合憲性審査を開始させるための一つの契機に過ぎない。個人は人権という主観的権利の主体としては現われていないというべきである。言い換えれば、事後審査といっても、今回の改革においては基本的に、客観的な憲法秩序の保障を目的とする事前審査の発想から逃れていないのである。つまり、侵害された個人の人権の救済を直接の目的とはしていない。したがって、人権保障が改革の目的として掲げられているが、改革の成立させる事後審査制は、主観的権利保障に名を借りた客観的な秩序保障の制度である(9)。法治国家の成立と人権保障の進展とが同一視され、客観的な秩序の保障即ち個人の人権の保障と観念されているけれども、実はそうではない。上位規範と下位規範の整合性は制度的によりよく担保されるかもしれないけれども、この改革によって個人の人権侵害が十全に救済されるとは限らないのである。

改革が実現しても、相変わらずフランスでは、憲法裁判の場面で、個人が主役として登場することにはならない。個人は、一般意思の表明としての法律の前には、しかも憲法院の審査のお墨付きを得た法律の前には、それに服すべき客体としてしか現われない。個人が法律による具体的人権侵害の救済を憲法院に求めることができるのは、その法律が事前審査も事後審査も受けた事がない場合に限られる。事前審査もしくは事後審査を経た法律規定（憲法院で合憲とされた法律）の違憲性を争う術は存在しない。

なぜ事後審査の導入はこのような限定的な形をとったのだろうか。法律＝一般意思というイデオロギーの残滓であろうか。

個人の提訴権と結合した事後審査制の導入は、これまで指摘したように限定的なものではあったが、それでもやはり、憲法院の歴史にとって画期的な意味を持つはずのものであった。政治の論理から解放され、個人権の保障という論理で動く機関へと転身するひとつの契機を憲法院が手にすることができたかもしれないからである。憲法院は、制権者の意思を再度出し抜き、定められた軌道を逸脱していったかもしれない。

二　政治的意味

改革が秘めた可能性と、その限界を指摘したが、そのような重要性をもった改革に対して政治階級がどのような反応を示したのかを次に簡単にみてみたい(10)。

政治の世界において論議が活発に行われたのは、ミッテランが一九八九年七月一四日に改革構想を打出した直後と一九九〇年の国会の春の会期に法案が提示され、国会の審議が行われた期間である。

一九八九年の夏の段階では、ミッテランの提案が曖昧な部分を含んでおり(11)、その政治的な意図――フランス大革命・人権宣言二百周年の年に人権理念を利用して国民向けの政治的アピールを行うと同時に、野党に対して人権理念の否定者となるか、それともミッテランの改革の賛成者になるかの二者択一を迫る政治的な罠を仕掛けるという意図――が明々白々であったために、政治的な反応しか引き起こさなかった。(12) また、ミッテランを支える社会党が国民議会においても、元老院においても憲法改正に必要な多数を持っていない状況では、この改革の実現可能性は低いと見積もらざるをえなかった。ル・モンドの記者はミッテラン発言の直後に、極右から共産党まで、改革案について軽蔑を表明したと伝え、(13) さらには、ミッテランの憲法院改正の提案は、いくつかの選挙における記録的な棄権率(14)によって示されるような政治の深刻な危機に対する対応としては不適切であり、ミッテランの「想像力の決定的な欠如」を表すものであるとも評している。(15)

政敵がそう理解したとおりに、政治的人気取りの一貫として憲法院改革の提案が行われたのだということを裏付けるように、ミッテラン自身は、この改革が挫折したときに特別の反応を示さなかった。改革の提案からちょうど一年目、一九九〇年七月一四日の恒例インタヴューで、憲法改正案は挫折したばかりであったのに、ミッテランはそのことに一言も言及しなかった。(16) このことが物語るように、ミッテランにとってみれば、一九八九年七月一四日、フランス大革命二百周年、人権宣言二百周年、まさにこの時に、「人権保障の強化」を目的とする改革の提案を行うことがむしろ重要であり、その改革の実現にはたいした関心を持たなかったのだと理解してかまわないように思われる。

しかし、基本的人権の保障という理念の快い響きのなかで、人権を侵害された市民に「裁判所」による救済の道を開く憲法改正を主張されれば、だれもその重要性を否定することはできない。政治家たちはミッテランの提案を無視してばかりはいられない。事実、ミッテランに政治的ポイントを稼がせることを望まず、改革を挫折させなければならないと当然に決意した野党の側は、この提案がなされた直後から、「人権」という普遍的理念を否定したという汚名を着せられることなく、いかにこの改革の実現を阻止すべきか、その方策を見出すべく腐心しなければならなかったのである。

ミッテランの政略とそれに対する野党の政治的な対応という、改革のこの不幸な政治的端緒が一九九〇年の国会における審議にまで影を落とし、結果的に改革案の挫折を導く一因となったように思われる。

一九九〇年四月五日から国民議会で委員会審議が開始され、論戦が本格化する。当初は、ミッテラン、ジスカール・デスタン、シラクの政治的リーダーシップ争いの様相を呈したが、読会を重ねるごとに、対立は国民議会と元老院との制度的な対抗関係に変化し、最終的には元老院が国民議会の修正案を第二読会で受け入れず、元老院第一読会の案をそのまま維持したために、憲法改正に必要な両院の一致した文案での表決が得られず、改革は挫折してしまうのである。この間、提訴権拡大以外の憲法院改革案も提示され、政治の世界において憲法院が現在どうイメージされているのかを窺い知ることもできる。

政治的リーダーシップ争いという観点からみたときに重要なのは、ジスカール・デスタンの態度変更である。当初ジスカールは、改革に賛成を表明したが、ミッテランとの対抗と、保守陣営内部でのシラクとの主導権争いという二重の課題に対する解答として改革絶対反対の立場を打ち出した。(17) 大統領選挙の際の公約で憲法院への提訴権の拡大を公約していたために、シラクがミッテラン提案に明確に反対の立場を打ち出すことができず、共和国連合（ＲＰＲ）内には改革に条件付で賛成するものと反対派との間で分裂が生じていた。ジスカールは、こうした共和国連合内部の亀裂を利用して保守の盟主として立つべく、ミッテランに対して明確な反対を突きつけたのである。

憲法院の活動の活性化をもたらすきっかけとなった一九七四年の国会議員への提訴権拡大のイニシアティブをとったのはジスカールであった。そのジスカールが、今回の改革では反対に回った。その理由として、表向きは、外国人が共和国の法律の違憲無効を主張できるようになるのはショッキングであること（共和国連合のパスクワも、この点を批判する）、憲法院が司法裁判所になるなら評定官の任命方法を変更すべきであること、提訴事由とされる「基本的権利（droits fondamentaux）」侵害の観念が明確に定義されておらず、憲法院の判断の余地が広いことを挙げた。この理由自体、「ショッキング」な部分を含んでいるが、それはさて措き、ジスカールの政治的意図は明白であった。

しかし、ジスカールの母体であるフランス民主連合（ＵＤＦ）も、一枚岩であったわけではない。ＵＤＦ内でのジスカールとの主導権争いを意識したものでもあろうが、レオタールら若手は、自らの掲げたリベラルの旗印に忠実に、個人の権利拡大に通じるミッテラン提案に賛意を表したのである。たとえば、マドゥランは、今回の改革が、まさにリベラルな改革である以上、リベラルとしてそれに賛成せざるをえない、改革の実現はミッテランの政治的勝利なのではなく、政治に対する法の勝利なのだと論じた[18]。

他方、共産党、国民戦線、中道派（ＵＤＣ）は、それぞれ独自の対応を示した[19]。共産党は、そもそも憲法院という制度自体に敵対的であるから、この改革にも当然に反対した。極右の国民戦線は、合憲性審査の整備よりも国民投票制度の発展を望んだ。中道派は、改革案に賛成しながらも、保守勢力のなかで突出した立場を表明することを嫌い、慎重な姿勢を崩さなかった。

こうした政治勢力の配置のなかで、社会党は自らの戴く大統領の提案に賛成する以外なかったが、憲法改正実現のために、共産党に助力を求めることはできず、しかもＵＤＦの反対の意思が固いうえ、中道派がためらいを示している（中道派を取り込めればそれで国民議会での法案の可決には十分だったが、単独で保守の統一を乱す行動を中道派はとれなかった）以上、ＲＰＲとの間で妥協の道を探るしかなかった。また、この妥協は、ＲＰＲの影響力が強い元老院でも、法案成立に不可欠であったのである。困難であるとはいえ、ジスカールとシラクの対抗関係を突き、明確に反対を表明したジスカールのリーダーシップを嫌う勢力を改革賛成の側に引き付ける余地はないわけではなかった。

結局、こうした政治勢力の配置のなかで、賛成三〇六反対二四六で法案は国民議会を通過し[20]、審議の場は元老院に移ることになった。しかし、当初五月下旬に予定されていた元老院審議は六月半ばに延期された。その時点ですでに、春の会期における改革の終局的な表決は事実上不可能になったといわれている[21]。元老院は、審議の過程においても、国民議会の可決した法案に大幅な修正を加えた。その目的は、改革を葬るというよりも元老院の復権をはかることであった[22]。修正の基本的な内容は次のようなものである[23]。

一　オルドナンスについて、大統領の審署の義務付け
一　憲法院院長の互選（大統領の指名ではなく）
一　憲法院院長の決裁権の復活（国民議会は廃止を決めた）
一　大統領経験者を法律上当然の評定官とする規定の復活
一　憲法院の評定官の兼職禁止の厳格化
一　公の自由の保障に関する法律に組織法律としての性格を付与する
一　すべての組織法律について両院の一致した表決を要求し、国民議会の優越を認めない
一　一九七四年憲法改正以降成立した法律については違憲の抗弁を認めない

このなかには兼職禁止の厳格化など積極的な意味を持つ修正も含まれていたが、オルドナンスの審署の義務付け、院長互選は大統領の権限縮小をねらいとするものであり、公の自由に関する法律の組織法律化、組織法律の表決手続の改革は国民議会に対する元老院の挑戦状であった。また、最後の修正は、今回の改革の射程を大幅に限定するものであり、個人の権利保障という発想とは異なる方向へ改革を変質させるものであった。これらは相俟っ

て、従来の政治機関の提訴に基づく憲法院の合憲性審査システムを維持しようとするものである。この元老院案のままでは改革が成立しても、違憲の抗弁の対象となる法律は、一九七四年以前に成立した法律だけである。すなわち、一九七四年以後の法律が、国会議員へ提訴権を拡大した憲法改正によって、以後系統的に憲法院の合憲性審査に服する可能性があったという理由で違憲の抗弁の対象から外され、さらに念を押すように、人権に関係する法律を組織法律とすることによって、それを義務的に憲法院の審査に付し、改革後に組織法律として成立する人権立法に対して個人が違憲の抗弁を提起する必要性を全面的に否定するのである。

このように元老院は、個人の提訴権を承認する憲法改正の機会を捉えて、極度に個人の提訴権を限定し、これまでの政治機関による提訴権の独占を支持しつつ、元老院の地位強化を試みようとした。国民議会は、元老院のこの意図にはっきりとノンで答えた。それに対して、元老院も第二読会において、国民議会の修正に対して元老院の第一読会案を維持することによってノンで応対した。[24] それによって、改革の試みは事実上挫折したのである。最終的には、左右の政治的対立よりも、元老院と国民議会の制度的な対抗関係が改革案の命運を左右した。

政治の世界における改革の顚末を簡単に跡づけた。挫折の決定的要因は国民議会と元老院の対立にあるが、総じて政治階級は法律に対する自らの支配力が、個人の提訴権の承認によって揺らぐことに強い懸念を感じていた。それも大きな規定要因であっただろう。[25] 次に、これまで憲法院の正統性を裏づけるために主張されてきた「法治国家(Etat de droit)」論との関係において提訴権拡大の憲法改革の提案とその挫折がどのような意味を持ち得るものであったのかを検討してみたい。

三　法治国家（Etat de droit）論

法治国家論はフランスにおいて、憲法院による法律の合憲性審査の進展とともに、そしてそれを正当化する理論として、力を獲得してきたイデオロギーである[26]。法治国家の成立は、一つの絶対主義、即ち議会主権体制の終焉として位置付けられてきた[27]。憲法院の判例の集積によって、憲法典が、あるいは人権宣言が実効性を持った規範となり、政治に対する法の優位が確立され、法の支配がフランスにおいて成立した（あるいは、しつつある）のだと説く。

一九七四年の憲法改正（国会議員への憲法院提訴権拡大。実質的には、与党政府を攻撃する手段を野党に付与する改革）以降、憲法院判決が集積され、とりわけ一九八一年の政権交代と一九八六年から八八年にわたるコアビタシオン（保革共存政権）の時の経験を経て、憲法院は政治的対立を法的な対立に変換する触媒の役割を果たしてきた。こうした状況の下で、法治国家論は力を獲得し[28]、左右両翼によって肯定的なシンボルとして「法治国家」が援用されるようになった[29]。今日のフランスにおいて、法治国家とは、憲法院が憲法典の実効的なサンクション機関となることによって、法律に対する憲法典（人権宣言）の優位が打ちたてられた状態（立憲主義）という意味で使われているといってよい。

一九八一年の政権交代の後、左翼政権の改革立法（国有化法）を阻止しようとする野党の試みに対して、社会党代議士（アンドレ・レーニエル）が浴びせた「あなたは法的に間違っている。なぜならば、政治的に少数派だからだ」という言葉は非常に有名だが、この言葉によって表現された思想（議会多数派の意思＝法、それをチェックする憲法院という存在自体の否定）が陳腐化するほどに、今日、「法治国家」論はフランスにおいて受容されてしまっている。今回の改革に際しても、「(あらゆる法治国家と民主制の構成要素の一つである)法律の合憲性審査の価値と正統性の問題をだれも提起しない」、こうしたことは二〇年前であれば考えられないことであったとリヴェロは感慨深げに述べている[30]。選挙で多数を制したものが、万能の権力をもって政治を行っていくべきであり、そこに法的制約は存在しないとする強烈な民主主義観は、もはや流行遅れになった。議会制定法(法律)は、憲法院判決が度々述べているように、もはや「憲法を尊重するのでなければ一般意思の表明とはいえない」。人権宣言を中核とする憲法が規範性を回復し、法律の上位規範として君臨する。しかも、憲法院という実効的なサンクション機関をともなって議会に対する制約要因として機能する。

法治国家は、憲法の裁判規範化、そして法秩序の整備、政治生活の法化として現われる。つまり、憲法院のとりわけ人権判例の集積によって憲法規範の裁判規範化が進められ、憲法典は政治制度の在り方(権力分立)を定める基本文書であるという考え方でなく、権力を制限する人権のカタログであるという考え方が強まる。そして、憲法院がサンクションする憲法規範を基準とした法体系の整備が行なわれ、憲法典を頂点とする法秩序の階層化が進行する。また、政治生活も法化され、立法過程、政治過程全般が法的な議論によって支配されるようになる。たとえばコアビタシオンの下で、異なる政治勢力を代表する大統領と首相の対立を解決する基準は憲法以外になく、政治的な争いは法律論(憲法解釈論)として戦われた(政治的言説の法化)。ロカールが、首相就任直後に、憲法規範を尊重した行政を行なうように通達を出し、行政過程における、あるいは法案立案における法治国家の要請の重要性を喚起した(一九八八年五月二五日通達)のも、このような流れの中に位置付けられる。法治国家とはこうした現象の総体である。

研究対象における変化は憲法学の方法にも反映し、憲法学の規範科学(解釈論)化ということがいわれるようになった。従来フランスの憲法学の政治学的傾向として評価されてきた、政治制度を考察対象とする政治学(政治社会学）すなわち憲法学という考え方は後景に退き、憲法学の主要な任務は憲法の個々の規定の妥当な解釈の追求に移行する。したがって、憲法院判例の研究に重要性が付与されることになる。

以上のように、「法治国家論」とは、憲法院の活動の活性化、憲法規範の裁判規範化、人権保障の進展、法秩序の変化、政治過程の変容、憲法概念の変化、憲法学の変容、民主主義観の変化等々を含むフランスの政治システムの変化を包括的に表すイデオロギーである。[31] 上述のように、この法治国家論が、提訴権改革の正当化のために利用された。すなわち、法治国家の最終的な完成形態として憲法院への個人の提訴権が導きだされた。そこにどのような問題が含まれるのか若干の考察を行ってしめくくりとしたい。

たしかに、これまでの憲法院の不十分さ（政治的機関が提訴権を独占していることによって惹起される問題、審署後の違憲性審査の欠如）は、今回の改革が実現されれば一定程度は改善されたであろう。その意味で、それを法治国家の進展ということで正当化することも許されるかもしれない。しかし、従来から、法治国家論による法律の合憲性審査の正当化には、準拠規範の曖昧さに由来する批判（すなわち、いかなる人権がこの審査によって守られているのか、一七八九年の人権宣言に列挙された古典的自由権なのか、一九四六年憲法前文に挙示された社会的権利なのか、また、両者の調整を行なう基準はなにか、といった議論）[32]、同じ事であるが、法秩序の頂点を構成する憲法規範の中身を決定するのは憲法院自身であり、法治国家といってもそれは憲法院支配（裁判官支配）の別名ではないかといった批判がなされてきた。[33] また、法治国家（合憲性コントロール）は政治の活力を奪うとして、正面から政治の復権を説く議論も提出されている。[34] 法治国家論がこうした問題提起に十分に答えないまま、今回の改革を法治国家の完成という言説で粉飾することは許されないだろう。

しかし、これまで、こうした批判に対して理論的な解答がなされてきたようには思われない。むしろ、憲法院が判決において示した政治的な平衡感覚がこうした批判の現実性を奪い、法治国家論の持つ曖昧さを覆い隠してきたように思われる。法治国家論は、憲法院の叡知に凭れかかり、民主主義と法治国家、人権の間に存在する矛盾に目を向けずにすましている。法治国家とは民主主義の進歩であり、人権保障の進展であるのだと。それは素朴な立憲民主主義論である。

法案が人権保障を目的としながら、前述したように裁判官による憲法秩序の客観的保障を眼目とするシステムしか構想できず、結局挫折してしまったのは、こうした法治国家論の持つ曖昧さに原因の一部があるのではないだろうか。

政治国家論と民主主義を媒介しようとする試みはないことはない。たとえば、今回の改革についても、「代表者を媒介にして一般意思の表明たる法律の artisan と見做される市民に、市民の名において語る代表者によって表決された法律の憲法典への適合性を検証する権利を、なぜ与えないのだろうか。民主主義の論理が違憲の抗弁を要求するように思われる(35)」という形で、憲法院への市民の提訴権を民主主義から引き出す議論も主張されている。提訴権を主権行使の一形態と把握する見方である。しかし、この議論は、国民の主権者としての権利行使と、人権を侵害された市民個々人の権利要求とを同一視する点で誤っていると思われる。

より一般的に、議会主権に対して国民主権を復位させる装置として憲法院を位置付ける見解(36)が存在している。治者と被治者の自同性の名の下に国民の主権を簒奪してきた国民代表に対して、市民の権利（人権）を援用することによって国民代表の国民への服従を保障する手段として憲法院を把握する見方である。憲法院は国民の代弁者としての機能を付与される。

この考え方に対しても、民主主義を統治原理としながら、なぜ公選の国民代表議会の意思より裁判的統制の方が優位するのか、という疑問を向けることができようし(37)（それが国民（制憲者）の意思だというならそれまでかもしれないが)、また、これは単に国民の意思を援用することによって憲法院の意思を正当化する役割を果たすにすぎないのではないかといった非難を浴びせることもできるだろう。しかしこれは、以前から問題とされてきたことである。

そうした問題はさて措き、この「立憲民主主義(démocratie constitutionnelle)」[38]、「法的民主主義(démocratie juridique)」[39]という法治国家論の延長としての民主主義の変容論は、一般意思の多元的形成という考え方に到達する[40]。政府と国会と憲法院の競合関係の中で一般意思の形成が行われる体制(régime d'énonciation concurrentiel de la volonté générale)の成立が語られる。この体制は、憲法院の判決に最終的な決定権を認める(「憲法院の判決が下されれば、論争は終わる」(ファヴォルー))のではなく、「人権の超越性を認め」、「権利の絶えざる創造に恒常的に開かれた空間を生み出す」憲法院を不可欠の構成要素とする、法的共同体(学者、法曹等々からなる)と政治的諸制度間の対話の過程であるとされる[41]。

トロペールも、「実定法の科学(science juridique positive)という立場から、通常の民主主義観に依拠して憲法院の正統性を否定するのではなく、「憲法院の存在と両立する民主制観とはどのようなものなのか」と問い[42]、D・ルソーと類似する多元主義モデルを提示している[43]。「一般意思としての法律は複数の部分的な機関によって作られる。それらが表明するそれぞれの意思が一般意思の形成に寄与する。一般意思の表明が複数の機関に委ねられるのは、それら機関が異なった仕方で一般意思の表明に寄与し、異なった拘束に服するという理由からである。すなわち、国会は合目的性において判断し、政治的拘束に服する。憲法裁判官が合目的性を判断するのは稀であり、たいていの場合は法的推論によって判断し、この推論に由来する拘束を被る。憲法裁判官が一般意思の表明に寄与するのは判例の構築を通じてである[44]。」こうして、憲法院は、一般意思(法律)の共同立法者(co-législateur)と把握され、一般意思の多元的な決定が語られる。

不思議なことに、フランスでは違憲審査制が、代議制に対して「直接民主主義」的な理念を回復する制度として、あるいは一般意思の形成の問題として語られる。[45] 憲法院による合憲性審査は、一般意思の形成の枠のなかに捉えられ、一般意思に対する外的な制約とは考えられていない。言い換えれば、合憲性審査の基準とされる人権は、一般意思に対しては保障されないということである。むしろ一般意思の形成への参与を前提とする一般意思による人権保障という枠組みが基本的にはとられているのである。そういう考え方からすれば、今回の市民への憲法院提訴権付与が、個人の人権の、すなわち主権的権利の保障ではなく、裁判官による憲法秩序の保障というニュアンスの強いものとなったのは当然であったように思われる。

多元主義的な考え方は、権力の配置を工夫することによって自由の空間を生み出そうという思考である。権力の配置によって自由を保障しようという発想はフランスの伝統である。価値としての人権をシステム全体に押しつける発想とは異なる。一七八九年の人権宣言の論理によれば、一般意思＝法律による人権保障が最良の人権保障システムとして考案されたのであって、人権は法律を外圧的に制約する理念と考えられていたわけではない。[46] 基本的人権を公権力の侵害の埒外に置くという発想ではなく、公権力をいかに組織すれば自由が侵害される危険を回避することができるかという発想から、一般意思の表明としての法律を中核とする統治機構が構想されているのである。したがって、ここでは、一般意思に対する人権宣言の規範性、その裁判機関による保障という考えは否定されている。一七八九年においては、「立法者は、憲法に列挙された権利が尊重されるために一般意思を表明しなければならない[47]」と考えられていた。換言すれば、一般意思が表明されれば人権は保障されるのであって、一般意思がそもそも人権を侵害するということは想定されていない。一般意思をどう構成するかということこそが問題なのである。[48]

フランスは、司法に対する不信感と民主主義に対する信頼から、永らく違憲審査制を否定してきた国である。そのフランスが憲法院による法律の合憲性審査の提訴権を市民に拡大しようと試みたが、政治的、制度的、イデオロギー的な諸要因のなかで挫折した。この改革と、その挫折は、法治国家論の隆盛という新しい息吹と、そのなかになお潜んでいるフランス的な特殊性を示したように思われる。

（1）「基本的権利を侵害されたと考えるとき、すべてのフランス人が憲法院に提訴を行えるようにする憲法改正」。Le Monde du 16/17 juillet 1989.

（2）SOFRESによって一九九〇年四月九、一〇日に実施された世論調査。四月一八日にフィガロに掲載。七一％が改正に賛成。一一％が反対。右（七六％）と左（七八％）の支持者の間に大きな態度の差はない。以上、一九九〇年四月一九日のル・モンドによる。また、Service d'Information et de Diffusion du Premier ministre の世論調査（一九八九年七月末実施）によれば、改革に賛成するものは三分の二、八一％は自由にとって非常な重要な改革だと考え、七一％は人権が侵害された場合に憲法院への提訴権を利用してみたいと答えているという（Bernard du Granrut,《Faut-il accorder aux citoyens le droit de saisir le Conseil constitutionnel ?》, RDP, 2-1990, p. 317）。

（3）改革案の概要と基本的な評価を知るためには、François Luchaire,《Le contrôle de la loi promulguée sur renvoi des juridictions: Une réforme constitutionnelle différée》, RDP, 6-1990, pp. 1625-1649 ; Jacques Robert,《La protection des droits fondamentaux et le juge constitutionnel français. Bilan et réformes》, RDP, 5-1990, pp.1268-1285 ; Didier Maus, La pratique constitutionnelle française, PUF, 1991, p.110-116. Revue française de droit constitutionnel (RFDC), n°4, 1990（違憲の抗弁の特集号。六一四頁以降にファボルーによる今次改革に関する文献の一覧が掲載されている）. 改革案が提示される前に、提訴権の拡大のあり方を検討したものとして、Bernard du Granrut,《Faut-il accorder aux citoyens le droit de saisir le Conseil constitutionnel ?》, RDP, 2-1990, pp.309-325 ; Francis Delpérée (sous la direction de), Le recours des particuliers devant le juge constitutionnel, Economica/Bruylant, 1991.（Pierre Bon,《Les recours enivisagés》, pp.101-121. F. Luchaire, 《L'exception d'inconstitutionnalité》, pp. 143-152. Thierry S. Renoux, 《Le recours des particuliers devant le Conseil constitutionnel》, pp. 74-99.) ; Gérard Conac et Didier Maus (sous la direction de), L'exception d'inconstitutionnalité, (Les Cahiers constitutionnels de Paris I), Editions STH, 1990. (F. Luchaire, 《Traditions francaises et perspectives》, p. 83. D. Maus, 《Les forces politiques face à l'exception》, p.91. B. Genevois, 《Les solutions possibles》, p. 97.)

（4）Le Monde du 3 mars 1989.

（5）規範の段階構造から通常裁判所の違憲審査権を導けるはずであるという指摘について、Thierry S. Renoux, 《L'apport du Conseil constitutionnel á l'application de la théorie de la séparation des pouvoirs en France》, Dalloz, 1991, chron., p. 169.

（6）Loi nº 90-615 du 13 juillet 1990.

（7）Olivier Duhamel, 《Déni de justice constitutionnel》, Le Monde du 15/16 juillet 1990 ; Alain Rollat, 《La preuve par l'absurde》, Le Monde du 27 juillet 1990. 人権侵害の疑いのある法律の他の例について、たとえば、Jean Glavany, Vers la nouvelle République, ou comment moderniser la constitution, Grasset, 1991, p. 135 et suiv.

（8）しかし、憲法院が事後審査を行う場合はこれまでにも存在した。ただし、すでに審署された法律を修正、補完し、あるいはその適用領域に影響を及ぼす新法が作られ、その新法が憲法院に提訴された場合に、新法の違憲性を審査する過程で旧法にも憲法院の審査が及ぶ場合があるということである。Conseil constitutionnel, 85-187 DC du 25 janvier 1985 ; 89-256 DC du 25 juillet 1989. Cf., Louis Favoreu et Loïc philip, Les grandes décisions du Conseil constitutionnel, 5éd. 1989, Sirey, Nº39, pp. 622-626 ; François Luchaire, 《Traditions françaises et perspectives》, in Gérard Conac et Didier Maus (sous la dir. de), L'exception d'inconstitutionnalité, op. cit., pp. 84-86 ; Jacques Ferstenbert, 《Le contrôle, par le Conseil constitutionnel, de la régularité constitutionnnelle des lois promulguées》, RDP, 2-1991, pp. 339-391.

（9）Alessandro Pizzorusso, 《Un point de vue comparatiste sur la réforme de la justice constitutionnelle française》, RFDC, nº4, 1990, p.668. ; Th. S. Renoux, 《L'exception, telle est la question》, ibid., pp.651-657.

(10) 本節での記述は、基本的にル・モンドの記事に依拠している。

(11) その結果、この提案をアメリカ型の司法審査制の導入をめざすものだと理解し、司法審査制はフランスの伝統に反するという批判も野党の側から（ＲＰＲのトゥーボン）なされた。Le Monde du 16/17 juillet 1989.

(12) ただし、提案に賛成したうえで、憲法院を裁判機関として市民の提訴を審理するにふさわしい組織とするために、その評定官の任命方法を変更すべきだという「建設的な」意見も野党から出されている。アメリカに準えて両院の議員の三分の二もしくは五分の三による承認を評定官任命の要件とし、あるいは院長の任命権を大統領から奪い、院長を評定官の互選とすることなどがＲＰＲのバラデュールから提案された。Le Monde du 19 juillet 1989.

(13) Le Monde du 16/17 juillet 1989.

(14) たとえば、一九八八年の大統領選挙では、第一回投票一八・六二％、第二回投票一五・二六％という棄権率だが、その後選挙が続いたこともあり、解散総選挙では、三四・二六％、県議会選挙第一回投票では、記録的な五〇・八七％、ニューカレドニアの独立に関する国民投票では六三％もの棄権を出している。翌年のヨーロッパ議会選挙でも五一・一九％が棄権した。

(15) Le Monde du 18 juillet 1989.

(16) Le Monde du 16 juillet 1990.

(17) Thierry Bréhier,《La politique contre les citoyens》, Le Monde du 13 avril 1990.

(18) Alain Madelin,《La victoire du droit sur le politique》, Le Monde du 21 avril 1990.

(19) Cf. D. Maus,《Les forces politiques face à l'exception》, in G. Conac et D. Maus (sous la dir. de), L'exception d'inconstitutionnalité, op. cit., p.91 et suiv.

(20) 投票の内訳……投票総数五七五、賛成―社会党二七二、ＵＤＦ四（レオタール、マドゥランなど）、ＵＤＣ一六（バールを筆頭に）、無所属一四。反対―ＲＰＲ一二八、ＵＤＦ八四、ＵＤＣ四、共産党二六、無所属四。ＵＤＣの二一人、ＵＤＦの二人は棄権。

(21) Le Monde du 13/14 mai 1990.

(22) Catherine Castano,《L'exception d'inconstitutionnalité : la contrainte du droit, la force du politique》, Revue française de droit constitutionnel (RFDC), n°4, 1990, p.643 et suiv.

(23) Cf. F. Luchaire,《Le contrôle de la loi promulguée sur renvoi des juridictions》, op. cit., p. 1646 et suiv. ; J. Robert, op. cit., 1281 et suiv. ; D. Maus, La pratique constitutionnelle française, op. cit., p. 113 et suiv.

(24) 国民議会は、第二読会において国会議員の提訴に必要な人数を六〇人から一五人に変更する修正を行った。これによって、すべての国会会派が提訴権を持つことになるはずだった。しかし、元老院はこれも排斥した。

(25) D. Maus,《Les forces politiques face à l'exception》, op. cit., p.94. また、ファボルーは、司法官出身の国会議員が通常の裁判所とは異なる憲法院の権限強化を必ずしも望まなかったというコルポラチストな要因を、改革の挫折の原因の一つに挙げている。L. Favoreu,《L'élargissement de la saisine du Conseil constitutionnel aux juridictions administratives et judiciaires》, RFDC, n°4, 1990, p.612.

(26) たとえば、新しいところで、L. Favoreu, La politique saisie par le droit : alternances, cohabitation et conseil constitutionnel, ECONOMICA, 1988 ; Laurent Cohen-Tanugi, La métamorphose de la démocratie, Ed. Odile Jacob, 1989, といった著作を「法治国家論」の典型的なものとして念頭に置いている。また、人権宣言二百周年に際して、法治国家の進展という視角から憲法院について好意的な総括を行ったものとして、Benoît Jeanneau,《"Juridicisation" et actualisation de la déclaration des droits de 1789》, RDP, 3-1989, pp.635-663 ; Henri Oberdorff,《A propos de l'actualité juridique de la déclaration de 1789》, RDP, 3-1989, pp. 665-684. さらに、判例の予測可能性の証明という形で憲法院の活動を擁護する Bruno Genevois,《La jurisprudence du Conseil constitutionnel est-elle imprévisible?》, Pouvoirs, n°59, 1991, pp. 129-142. なども法治国家論にのったものである。

(27) 絶対主義の終焉という表現は、Jean Rivero,《Fin d'un absolutisme》, Pouvoirs, n°13, 1980, P. 5. に由来している。

(28) 憲法院にとって八〇年代が持つ意味を数字的に表わすものとして、L. Favoreu,《Le droit constitutionnel jurisprudentiel》, RDP, 2-1989, p.407 et suiv. これによれば、憲法院の判決総数の六割、判決理由（considérants）の総数のほぼ九割が八〇年から八九年の間に分布するという。また、一九八〇年に憲法院評定官に任命され、その任期を終えたばかりのヴデルが、自らがリーダーシップを発揮した憲法院の八〇年代を簡潔に回顧したものとして、《Neuf ans au Conseil constitutionnnel》, Entretien avec Georges Vedel, Le Debat, n°55, 1989, p.48 et suiv.

(29) Michel Miaille, 《Le retour de l'Etat de Droit》, in Dominique Colat (sous la direction de), L'Etat de Droit, PUF, 1987, p. 222 et suiv.

(30) J. Rivero, 《Conclusions》, in F. Delpérée, Le recours des particuliers devant le juge constitutionnel, op. cit., p. 213.

(31) Cf., L. Favoreu, 《Le droit constitutionnnel, droit de la Constitution et constitution du droit》, RFDC, n°1, 1990, pp. 71-89.

(32) Cf., Guillaume Drago, 《La conciliation entre principes constitutionnels》, Dalloz, 1991, chron., pp. 265-269.

(33) D. Rousseau, 《De l'Etat de Droit à l'Etat politique?》, in D. Colat (sous la dir. de), L'Etat de Droit, op. cit., en particulier pp. 183-197.

(34) Michel Guénaire, 《La Constitution ou la fin de la politique》, Le Débat, n°64, 1991, pp. 149-157.

(35) J. Rivero, 《Conclusions》, op. cit., p. 214. D・ルソーも同様の指摘を行っている（D. Rousseau, 《La Constitution ou la politique autrement》, Le Débat, n°64, 1991, p. 185）.

(36) D. Rousseau, Droit du contentieux constitutionnnel, Montchrestien, 1990. p. 368 et suiv.; Id., 《Une résurrection : La notion de constitution》, RDP, 1-1990, p. 8 et suiv.; Id., 《La Constitution ou la politique autrement》, op. cit., p. 184 et suiv.

(37) 議会の判断より憲法院の判断を優位させる一つの根拠として、合憲性コントロールを不可欠な要素とする「多元性と、世論のコントロールを確保する手続の遵守、そして独立性を基礎とする均衡の追求」、そうした絶えず創造されるべき過程として法治国家を規定し、手続・形式面における裁判的コントロールの特性（政治権力からの独立性、一般的規範への依拠、対審手続、理由付記義務など）に救いを求める見解は存在する（Léo Hamon, 《L'Etat de droit et son essence》, RFDC, n°4, 1990, p. 712.）。

(38) D. Rousseau, Droit du contentieux constitutionnel, op. cit., p. 365.

（39）Id.,《Une résurrection : La notion de constitution》, op. cit., p. 22.
（40）Id., Droit du contentieux constitutionnel, op. cit., p. 385 et suiv.
（41）Ibid., p. 387. Cf., Id.,《Une résurrection: La notion de constitution》, op. cit., p. 21.
（42）M. Troper,《Justice constitutionnelle et démocratie》, RFDC, n°1, 1989, pp. 31-48. 別稿では、民主制と合憲性審査の関係について、「裁判官の権力が存在し、それが政治的であることを承認したうえで、現代代表民主制において（立法者から裁判官への）この権力の移動が、いかなる根本的な必然性に対応するものであるのかを理解しなければならない。」という問いを発している（Id.,《Le droit, la raison et la politique》, Le Débat, n°64, 1991, p. 192.）.
（43）ただし、トロペールとD・ルソーの法治国家概念は異なっている。トロペールは、外在的な規範に国家が服する体制としての法治国家と、法という手段による国家の統治という意味での法治国家（国家の諸機関は抽象的一般的規範である法律の適用としてしか行動すべきでない＝規範の階層性を承認する体制）とに分けて、法治国家観念の批判的検討を行っている。前者は、憲法（人権宣言等）についての解釈者（憲法院）の解釈権の広さを考慮すると、法に為政者が服する体制ではなく、結局、人（解釈者）に為政者が服する体制としてしか成立しないこと、つまりこの意味における法治国家は不可能であることを論証する。他方、後者（階層化された規範のシステムとしての法治国家）については、これは政治的自由の観念（法律の内容とは無関係に、法律にのみ従うことで予見可能性が保障される事から生じる自由。法的安全性と同じ）に基礎を置くが、国家が法に服することを何ら意味するものではなく、自由（とりわけ、個人の自律としての自由）の保障とも無縁であると指摘する。合憲性審査に関しては、「それは自由を保障するかもしれないが、法治国家がめざす政治的自由を保障するのではない。なぜならば、なんらかの命令に従いながらも市民が法律にしか従わない事を合憲性審査は保障することができないからである。したがって、それは法治国家の要素とは見做されない。単に自由と基本的権利の尊重を確保する別個の手段であるというに過ぎない」という評価を下している（M. Troper,《Le concept d'Etat de droit》, Droits, n°15, 1992, pp. 51-63）。
（44）M. Troper,《Justice constitutionnelle et démocratie》, op. cit., pp. 46-47.
（45）Christiane Restier-Melleray,《Opinion publique et démocratie. Les débats parlementaires et la réforme de la

saisine du Conseil constitutionnel》, RDP, 4-1991, p. 1069.

（46）Guillaume Bacot,《La déclaration de 1789 et la constitution de 1958》, RDP, 3-1989, pp. 685-737.

（47）Ibid., p. 711.

（48）現在では、「一般意思を表明するためには立法者は権利を尊重しなければならない」（ibid.）ということになっており、一般意思による人権侵害が想定されている。一七八九年とまったく異なる関係が一般意思と人権との間に打ちたてられている。したがって、裁判機関による合憲性審査を一七八九年の人権宣言の論理的帰結として引き出す見解が法治国家論者の間で主張されているが、一見もっともなこの見解は、認識の問題としては誤っているとバコは批判している。

第二章　憲法院の史的展開

12　九〇年代のフランス憲法院

一九九七年

はじめに

憲法院にとっての九〇年代は、市民へ提訴権を開放しようとする制度改革の挫折から始まった。八〇年代に「法治国家」論が活況を呈し、憲法院の活動が政権交代の頻発と連動して学説によってもてはやされていたのとは、若干異なる状況に九〇年代の憲法院は置かれているように思われる。本稿は、九〇年代にはいってフランス憲法院の制度及び機能、正統性に関して何らかの変化が生じているといえるのか、変化があるとすればどのようなものかを明らかにしようとするものである(1)。

九〇年代の憲法院をとりまく環境の特徴を列挙すれば、以下のようなものとなる。

①政治状況　九〇年時点の大統領は一九八八年に再選を果たしたミッテランである。九三年に国民議会の任期満了による総選挙で社会党が敗れ、第二の保革共存政権が成立した。九五年、ジョスパンとシラクの間で大統領選が

戦われ、シラクが念願の共和国大統領に就任した。直後の解散総選挙で社会党は記録的大敗を喫する。政治勢力の分布では、九五年大統領選挙で国民戦線党首ルペンが過去最高の得票率を得たように、極右勢力が移民問題と治安、失業問題を結びつけて国民の支持を獲得して右と左の間でキャスティングボードを握り、これまでにも増して影響力を強めていることが注目される。これと関連して移民規制問題が政治の中心課題となり、規制強化の法改正が九三年と九六年に伝統的保守の側から提案され、大きな政治的社会的な問題となった。「ナショナル」なものに対するノスタルジーが国民の意識の中に蔓延し始め、政党の政治戦略に無視できない影を落としている。他方で、ヨーロッパ統合というトランスナショナルなものへの指向が不可逆的な流れとして存在し、九二年にはマーストリヒト条約が批准されている。政治支配層は統合のステップを着々と進めようとしているが、それが漠たる不安感を国民の中に醸成しており、ヨーロッパとナショナルなものとの緊張関係の中に現在のフランスの政治は置かれている。

②制度改革の流れ　第五共和制は四〇周年を迎える。四〇年の間に、第五共和制憲法は、大統領中心主義的な「ドゴール憲法」から議院内閣制的な運用へと重心を移動させ、七四年の憲法改正（憲法院への提訴権の議会少数派への拡大）による制度的均衡の根本的な変更を経て、八〇年代後半のコアビタシオン（保革共存）を経験するというように、当初は予想されなかった軌道の上を歩んできており、制度設計の根本的な見直しも必要とされる時期に至ってきている。これまでも改革は度々検討の俎上に載せられてきたが、九〇年代に入り、憲法・政治制度の全面的な見直しを目的としてミッテランが、いわゆるヴデル委員会を発足させたのを契機として憲法改正が頻繁に行われるようになった。八〇年代の法治国家論とは違い、九〇年代の憲法改正の動きの中では国民投票事項の拡大や、憲法院判決の憲法改正手続による否定など民主主義が政治のシンボルとして復活してきているように思われる。

一　憲法院の人的構成

九五年二月の定例の任命後における憲法院評定官は、八九年任命のフォール（元大臣）、カバンヌ（破毀院付弁護士）、ロベール（憲法学者）、九二年任命のアバディ（元県知事）、リュドロフ[2]（アルザス州会議長）、ルノワール（コンセイユ・デタ評定官、憲法院初の女性評定官）、および新たに任命された次の三名である。

ミッテラン大統領の任命するロラン・デュマ（Roland Dumas）。七二才で、有能な弁護士の経歴を持つ外務大臣経験者。憲法院のあり方に大きな影響を及ぼしたバダンテールの後を受けて院長に指名された。ミッテランは、憲法院の人事について自らの側近を任命する傾向にある。元老院議長モノリー（RPR）は、七七才で、憲法院評定官の最年長となるエチエンヌ・ダイイ（Etienne Dailly）を任命した。ダイイは実業畑出身で、一九五九年から元老院議員を務め、六八年から元老院副議長の地位にあった人物である。憲法院の中に、いわば元老院の利益代表が送り込まれたわけである。しかも、ダイイは憲法院に対して非常に敵対的な態度をとり、「裁判官統治」と厳しく憲法院を非難してきた。ルモンドは、この任命を「もっとも問題ある人選」と評した[3]。国民議会議長セガン（RPR）も憲法院を快く思っていない人物を憲法院に送り込んだ。アメレル（Michel Ameller）（六九才、国民議会名誉事務総長（八五年から九二年まで事務総長）、法学博士で元パリ第二大学客員教授）である。ルモンドによれば、「議会の特権の擁護者」で、過去に憲法院を「裁量的に指名され、人民の代表者に密かに憲法的な教訓を与える賢者たち」と評したことがあるという。

九五年の人事の結果、任命権者の政治党派別の憲法院評定官の構成比（左対右）は六対三から五対四へと変わり微妙な均衡状態になった[4]。保革は逆転していないが、ダイイ、アメレルの二人は、単に憲法院評定官の平均年齢を上昇させ（八九年六八歳、九二年六五歳、九五年六九歳）老人支配の非難を惹起する原因となるというだけではなく、これまで主としてバダンテール院長の下に憲法院が築いてきた地位を掘り崩すような働きをするのではないかという懸念を感じさせるに十分な存在感を持っている。但し、ダイイは九六年一二月に逝去した。九七年一月三日、後任にゲナ（Yves Guèna ゴーリスト、元老院副議長、七四才）[5]が任命された。ゲナは、ダイイと同様に憲法院に不信の目を向けてきた人物である。元老院副議長の再度の任命によって、元老院の利益代表を憲法院内に確保しようという元老院議長の戦略が明確に確認されたことになる。元老院が憲法院をライバル視してきたことはよく知られており、憲法院の提訴権者拡大のための憲法改正を潰した張本人はダイイであり元老院であるが、意図的な今回の任命は元老院の憲法院との距離の取り方の変化を物語っているように思われる。保守が大勢を占める国民議会の議長の今回の人選とも相まって、今後、議会と憲法院との関係、ひいては憲法院のあり方自体が変化して行く可能性があるかもしれない[6]。

人事に関しては、評定官の兼職禁止を強化する改革が行われ、あらゆる公選職（任期満了までは特例として継続可）が禁止の対象となり、新たな顧問就任、一定の場合についての弁護士業務の禁止などが定められた（一九九五年一月一九日の組織法律）。また、憲法院評定官の任命方法に関して、現在は任命権者（大統領、国民議会議長、元老院議長）に完全に人選を委ねているが、そこに議会のチェックを導入するための憲法改正案が九四年にＵＤＦの議員らによって提案されたが（両院による五分の三の多数による承認）、成立には至らなかった。

二　手続の改革

憲法院の審理手続の概要はあまり知られていなかったが、九五年に事務総長になったシュラメク[7]が比較的詳細な紹介を行っている(8)。それによれば提訴から判決までの流れは次のようになる。

憲法院は国会の法案審議段階から、提訴を予想して国会の審議内容、世論動向等の資料収集を始める。国会審議終了後、主として野党側から非公式に提訴が示唆され、その提訴意思が確認されると、憲法院事務総局は政府事務総局と連絡をとり大統領の審署手続を中断させ、正式の提訴状を受領した後、大統領、首相、両院議長へその旨通知する。他方、院長は報告担当者を指名する（場合によっては提訴前から指名）。報告担当者は、事務総局による資料収集・調査（その対象は、国会議事録、新聞、憲法院の先例、コンセイユ・デタおよび破毀院判例、ヨーロッパ人権裁判所等の判例、外国の憲法裁判所の判例）をもとに判決案の作成にとりかかる。この過程で政府事務総局と非公式な会合がもたれ、そこで報告担当者は政府事務総局代表者、各政党の代表者から国会審議からは得られない情報などを収集するとともに、法的論点を整理していく。

憲法院の審理は基本的に書面によって行われる。提訴状に対しては、政府事務総局が意見書を憲法院に提出する。この意見書に対して提訴者側は反論書を提出して再度法律の違憲性を主張する事になる。評定官は意見書、反論書を考慮して判決案を作成していくが(9)、これ以外にも提訴者の一部、各省から諮問を受けた学者、利害関係を有する団体などの意見書を参照する場合もある。憲法院を媒介とする提訴者と政府の間の書面の交換の制度化は、口頭弁論の欠如を補い対審性を確保しようとする憲法院の姿勢の現れである。

作成された判決案は合議に先立って評定官に配布され、合議の場では報告担当者の報告（法律の趣旨、提訴者による違憲事由、職権による違憲事由の有無の検討など）を受けて憲法院としての判断が形成され、最終的にはそれにしたがって憲法院事務総長が判決文を作成する。判決後、事務総長は関係国家機関と提訴者に判決の説明を行い、一九九四年からはプレスに対する説明も制度化された。これは憲法院の手続の公開性、透明性に対する配慮から出たものである。

対審性の確保、公開性・透明性の保障という手続の適正さへの配慮（裁判機関化の推進）はバダンテール院長の下で積極的に推し進められた。バダンテールは九四年一一月三日に行われた七四年憲法改正二〇周年の記念式典における演説[10]で現行の提訴状公開に加えて政府事務総局の意見書および提訴者の反論書の官報登載を提案し、さらには公開の弁論の導入を説いた（これについては組織法律改正が必要）。これは、議会と対立する憲法院という構図ではなく、提訴者対政府の対立を第三者として裁く憲法院という構想（公開性、対審性強化による憲法院の真の裁判機関化）に基づく主張である。このうち政府事務総局意見書の官報登載は九四年一二月二〇日判決から早速実施された。

九五年任命のデュマ院長の下でもこの方向性はさらに追求されている。判決末尾に裁判官の氏名が記載されるようになり（九五年六月八日判決から）、選挙訴訟においてではあるが当事者が弁論の機会を要求できるようになった。法律の合憲性審査についての口頭弁論の導入は、なお課題として残されているが、短期間に提訴が集中し、しかも一ヵ月の審理期間しかない現行のシステムでは、裁判の対審化には自ずと限界があるだろう。

三　制度改革の試み

冒頭指摘したように、憲法院の九〇年代は違憲の抗弁の導入による市民への提訴権拡大の挫折によって始まった。これについては検討したことがあるので[11]、ここでは改革が元老院の反対（その中心人物はダイイ）で挫折したことと、個人の人権の保障を前面に打ち出した提案であったが本質的にアメリカ型の司法審査が改革の理念とされていたわけではないことだけ指摘しておきたい。これを皮切りに憲法改正諮問委員会（ヴデル委員会）の動きとも相まって、憲法院の改革が比較的盛んに論議されていくことになる。

1　憲法改正諮問委員会報告書における憲法院

ミッテランは憲法院に関係する検討課題として、九〇年と同一の提訴権拡大、および国民投票の対象の拡大（公の自由の基本的な保障）と、その法案の憲法適合性の憲法院による事前審査を示唆した。[12] 九三年二月一五日に公表された委員会報告書は、[13] 憲法院を基本的に国民投票の拡大と連動する形で位置づけ、憲法改正による判決の破棄可能性を正統性の究極の根拠とする違憲審査制という理念を明確に打ち出している。

まず、憲法院が「より大きな存在感をもった市民」の章で扱われることが特徴的である。この章では「国政の重要事項に関するより積極的な役割と、法による保護へのより直接的なアクセスを市民に与える手段」が「国民主権の表現態様」の一環として検討される。これが示すように、憲法院による違憲審査は国民主権との関わりで基本的に位置づけられる。

①市民への提訴権拡大　ヴデル委員会も基本的に九〇年改正と同一内容を再度提案した。

②国民投票法案の事前審査　人権保障の進展と市民参加の強化を目的として、現行一一条を改正し「公の自由の基本的な保障」に関する法律案を国民投票の対象に含めると同時に、この手続による法律案に対する憲法院の事前審査が提案される。事前審査は、憲法改正が一一条の国民投票の対象とならないことを担保し、また混乱や高揚した国民感情によって冷静な判断が下せない状況で国民投票が行われ、基本的な制度や人権が覆される危険を回避するために行われる。また、政府提案、両院の一致した提案による国民投票に加えて、議会少数派の発案による国民投票が提案される。これは国会議員の五分の一が先ず憲法院に法案を付託し、憲法院がその合憲性の審査を行った後に選挙人の署名集めを組織し、選挙人の一〇分の一の署名が得られた場合に国会に法案を付託して、国会が四ヵ月以内に採択しない場合には憲法院が国民投票にそれを付すことを決定する制度である。このように憲法院は、国民主権の発現形態である国民投票の「過剰」を事前にチェックするための機関として民主主義過程のなかに組み込

まれる。

③憲法改正手続の緩和　現行の改正手続は、両議院のどちらかが反対の場合には改正が実現しないという問題をはらんでいる。そこで委員会は、両院で見解が一致しないが一院が五分の三の多数で可決した場合には、大統領が国民投票にかけることを決定することができるという制度に改めることを提案した。手続の軟化は前述の一一条による憲法改正国民投票の禁止の代償でもあるが、この提案を正当化するために、(a)これまで八九条による憲法改正が事実上不可能であった、(b)憲法改正について両院は対等な権利を持つが、それは各議院が他の議院に対して拒否権を持つことではない、(c)国民代表機関の間に不一致が存在する場合に、国民が裁定者となることは民主主義国家の哲学と憲法の観念に合致しているということに加えて、(d)憲法院の違憲判決の意味が当該事項の規定は法律の形式ではなく憲法改正の形式をとれという事であり、しかもこの言明がまやかしでないなら、憲法改正手段は「合理的に」（実際に）行使できるものでなければならないという理由が挙げられる。ここに現れている憲法院観は、八〇年代の法治国家論のそれとは趣を異にする。

④新しい人権の明文による承認　私生活の保護と人格の尊厳が六六条に付加される。さらに、表現の自由と情報の多元性を民主主義の基本的条件であると捉え、自由なコミュニケーションの保障の尊重を監視する独立機関の設置が提案される。これは、これまでの憲法院の判例を憲法明文で承認し、人権保障の強化と準拠規範の明確化を図るものである。

憲法院に関連する以上の提案のうち、提訴権拡大は九三年五月六日の第一読会で一蹴され[14]、一一条の国民投票の対象の拡大だけが憲法院の関与のない形で実現することになる。

2　ダイイの憲法院改革構想

ついでながらここで、憲法院入りしたダイイの改革案を見ておきたい。彼は九三年移民抑制法の審議時と憲法院入りの直前に憲法院の改革に言及している。九三年には四六年憲法前文、即ち恣意性の非難の強い「我々の時代に特に必要な原則」と「共和国の諸法律によって認められた基本原則」を憲法ブロックから排除し、準拠規範のレヴェルで憲法院の手を縛ろうとする提案を行った(15)。それは憲法院の積極的な違憲審査の行使に対する元老院の拒否反応を端的に表現するものであった。九五年に元老院の利益擁護を主たる目的として提出した包括的な改憲案(16)のなかでは、憲法院に関連して大統領職経験者の終身評定官制度の廃止、国民投票法案（憲法一一条による）の事前の合憲性審査、オルドナンスの審署前の事前審査（大統領の署名拒否を認めないため）、移民法制・外国人法制の法律事項化を提起するに止まった。ここでは憲法ブロックの縮小といった憲法院に対する戦闘的な敵対性は消えていた。

終わりに――制度に対する挑戦

前述のように憲法改正による判決破棄可能性を憲法院の正統性の根拠とする民主主義的な正統性理解(17)が強調されてきているが、判決破棄可能性が観念的な想定に止まらずに憲法改正手続の条件を緩和する憲法改正案が提案され、さらに現実にフランスでは憲法院判決を正面から否定する憲法改正が九三年に企てられ実現している(18)。首相、内務大臣によって移民抑制法違憲判決が格好の裁判官統治として批判され、移民問題のフレームアップの一手段として憲法改正が利用されたというのが、この出来事の政治的な意味である。しかし、法的には、憲法院判決と憲法制定権力（国民主権）の関係の問題として、「あらゆる観点から見て制度が正常に機能した(19)」（ヴデル）ものとして説明される。法律事項と憲法事項との振り分けを行う転轍機（権限配分機関）としての憲法院という従来から唱えられてきた憲法院の理解、また事前審査制であることから立法過程の最終段階として憲法院を把握する立場からすれば、ヴデルのかかる評価も当然のものということになろうか。

しかし、八〇年代の憲法院をリードした、例えばバダンテールの人権保障を中核に据え提訴権拡大、対審化・裁判機関化をめざした憲法裁判観と、これはニュアンスを異にするものである。憲法院の正統性は、政治機関か裁判機関かという議論に始まり、人権保障、政権交代保障機能を強調する法治国家論によって弁証されてきた。確かに根強い民主主義への信頼と裁判官に対する不信から憲法院の活動を「裁判官統治」として批判する立場も憲法院の誕生以来絶えることなく存在してきたが、今や憲法院判決を否定する憲法改正が現実のものとなった。日本的な違憲審査制観からすれば、これは重大な制度に対する挑戦であろう。民主制と憲法院・憲法裁判の関係は、フランスで新たな局面を迎えているように思われる。[20]

（1）九〇年代の憲法院の一般的動向に関して、矢口俊昭「フランスにおける憲法裁判の現況」ジュリスト一〇三七号五九頁、「ジャック・ロベール氏に聞く」同一一八頁、辻村みよ子「憲法学の『法律学化』と憲法院の課題——政治と法・人権をめぐるフランスの理論展開」ジュリスト一〇八九号七〇頁等がある。

（2）リュドロフは一九九六年三月に逝去した。後任にはパリ政治学院院長の政治学者アラン・ランスロ Alain Lancelot が元老院議長モノリーによって任命された。ランスロは、後記の憲法改正諮問委員会の委員だった。

（3）八六年にシラクが司法大臣にするのを拒否した人物であり、私企業の顧問をするために自分の議員資格を利用することをためらわなかった人物が人権尊重のための機関に入ることは問題だと、強い調子でこの人選を批判している。*Le Monde*, 24 fevrier 1995.

（4）フォール、アバディ、デュマ（以上ミッテラン任命）、ロベール（ファビウス任命）、ルノワール（エマニュエリ任命）

の五名が左翼任命で、カバンヌ、リュドロフ（以上ポエル任命）、ダイイ（モノリー任命）、アメレル（セガン任命）の四名が保守任命である。

（5）RPRの規則によれば選挙定年を迎えており、選挙には出馬できない年齢である。因みにゲナは、八一年総選挙でデュマに敗れたことがあるという。D. Rousseau, Chronique de jurisprudence constitutionnelle 1995-1996, *RDP*, 1-1997, p.15, note.

（6）「国会の権限の二人の擁護者」の存在が判決に影響を及ぼしたと思われる例について、cf., D.Rousseau, op. cit., p.28 et suiv.

（7）シュラメクは、九七年解散総選挙で成立したジョスパン内閣の官房長官に任命された。大統領保守、首相左翼の新たなコアビタシオンの難しい状況を取りしきっていくことになる。

（8）Oliver Schrameck, Les aspects procéduraux des saisines, in *Vingt ans de saisine parlementaire du Conseil constitutionnel*, Economica, 1995, pp.81-9. 事務総局の概要について、cf., Id., Le secrétariat général du Conseil constitutionnel, *RFDA*, 1994, pp. 1210-3.

（9）提訴状や政府の意見書の内容が、そのまま憲法院による法律の限定解釈の内容になることもあるという。D. Rousseau, op. cit., p.28.

（10）*Vingt ans de saisine parlementaire du Conseil constitutionnel*, pp.165-8.

（11）今関「挫折した憲法院改革」（高柳古稀『現代憲法の諸相』専修大学出版局所収）。

（12）ミッテランの憲法改正案の提示は一九九二年一一月三〇日。一二月二日付のデクレで憲法改正諮問委員会は設置された。

（13）報告書は、Comité consultatif pour la révision de la Constitution, *Propositions pour une révision de la Constitution*, Documentation Française, 1993として公刊されている。この報告書、それに続く憲法改正についての詳細な検討として、勝山教子「フランソワ・ミッテランの改憲構想と一九九三年七月二七日憲法改正（一）（二・完）」同志社法学四五巻三号六二頁、四五巻四号一頁、辻村みよ子「ミッテラン時代の改憲構想——フランスの改憲動向をめぐって」日仏法学一九号二四頁がある。

（14）提訴権拡大の改革の失敗についてミッテランは、七四年憲法改正が市民への提訴権の拡大に対する障害となっているという評価を下している。国会議員が七四年に手に入れた提訴権という特権を独占して、手放そうとしないのだというのである。*Vingt ans de saisine parlementaire du Conseil constitutionnel*, pp.169-70.

（15）今関「憲法院と一九九三年移民抑制法」浦田賢治編『立憲主義と民主主義』三省堂（近刊予定）所収を参照。また、九五年三月にも同趣旨の憲法ブロック制限案が国民議会議員ポルシェによって提出されている。これは、当初の制度の趣旨からは逸脱していったため憲法院の手続は、現在それが果たしている役割に適合的ではなくなっているという認識に基づいて、現在のあり方にふさわしい制度・手続の改革を提案しようとするものである。具体的には、準拠規範の恣意的な自己創造を防ぐために憲法ブロックから四六年憲法前文を除くほか、法律の条約適合性審査、司法官・法曹からの任用、終身メンバーの廃止が提案される。*JO*, Assemblée nationale, Documents, N° 1982, 1995.

（16）*JO*, Sénat, Documents, N° 223, 1994-1995.

（17）樋口陽一「違憲審査をする裁判官の正統性と法解釈観」ジュリスト一〇三七号一三三頁以下参照。

（18）これに関する詳細は、今関前掲論文（注15）を参照。九二年のマーストリヒト条約批准をめぐっても憲法改正が論議の対象となったが、邦語文献もすでにあることもあり、ここでは扱わない。また、生命倫理法に関する合憲判決（九四年七月二七日）を不満として憲法改正案（「各人間存在は、生命の開始からその自然の終了まで、自己の生命に対する権利を有する。」という条項を憲法前文に規定するという内容）も提案されたことがある。

（19）七四年憲法改正に関する Table ronde における発言（*Vingt ans de saisine parlementaire du Conseil constitutionnel*, *op. cit.*, pp.105-6）。

（20）現状の紹介に終始し、新たな理論動向については触れられなかった。後日を期したい。

第二章　憲法院の史的展開

13　フランス憲法院への事後審査制導入
――「優先的憲法問題 question prioritaire de constitutionnalité」

二〇一〇年

はじめに

二〇〇八年七月二三日の憲法改正によってフランス憲法院は、その顕著な特徴である事前審査制に加えて、事後審査制度を持つこととなった。憲法は組織法律にその具体的制度設計を委ね、二〇〇九年四月に政府が組織法律案を提示してから国会において審議がなされてきたが(1)、国民議会と元老院の修正を経て一一月二四日に国民議会の第二読会で最終的に組織法律が採択され、翌二五日に首相により憲法院に審査が付託され、一二月三日に合憲判断(2)が下されて、組織法律のレベルでは制度の基本が定まった。そこで、その内容を紹介し、今次改革の持つ意義と射程について若干の検討を行なっておきたい(3)。

憲法院は、この五〇年間に政治的機関から裁判機関へ、「執行権の番犬」から人権保障・法治国家の旗印へと大胆な変貌を遂げてきたが(4)、今次の改革は、その延長上にあると同時に、今日の憲法院のあり方をも大きく変える可能性を有する。フランスの違憲審査システムは、法律の採択から審署の間という立法過程の最終段階において、政治的機関の提訴により、当然に事件とは無関係に行なわれる抽象的事前審査であったが[5]、今後はそれに加えて、法律の施行後に生じた事件の裁判において、現に権利・自由を侵害され救済を求める個人の提訴により開始され、通常裁判所も関与する裁判過程の中で展開する「優先的憲法問題」という形式的には抽象的な事後審査が創設され、事前審査と事後審査が並存するシステムとなる。両者は全く性格を異にするため、新システムは、憲法院のあり方自体だけでなく、憲法院と通常裁判所との関係、延いてはヨーロッパ人権裁判所との関係を大きく変える契機を内包している。

一　組織法律の定める事後審査制度の概要

二〇〇八年七月の憲法改正によって、憲法院に関しては次の規定が設けられた[6]。

六一条の一「裁判所に係属している訴訟に際して、法律の規定が憲法の保障する権利・自由を侵害しているとの主張がなされた場合には、憲法院は、コンセイユ・デタまたは破毀院からの移送に基づいて当該問題について審査を求められることがある。コンセイユ・デタと破毀院は、移送の当否を一定の期間内に判断する。／組織法律が本条の適用条件を定める[7]。」

この規定を受けて政府は「憲法改正の趣旨に則って国民に広く制度の利用可能性を開きつつも、時間稼ぎ目的での濫用は防止するという基本的な配慮[8]」によってたつ組織法律案を議会に提出し、国会での修正を経て最終的に採択された組織法律の詳細は次のようなものである[9]。

①　名称

今回導入された違憲審査の仕組みは、政府提出法案においては question de constitutionnalité（憲法問題手続）とされていたが、国民議会の審議において question prioritaire de constitutionnalité（優先的憲法問題手続）と変更された。「優先的」という文言の付加は、憲法問題手続と条約適合性審査とが訴訟当事者によって同時に主張された場合に、憲法問題の審査が優先されることを明らかにするためである[10]。優先順位の設定は、国内法における憲法の最高法規性を再確認するためである[11]。ただし実際問題としては、条約違反と憲法違反のどちらを主張するかの選択は訴訟当事者の判断にゆだねられており、憲法問題手続は使い勝手で劣るのでほとんど利用されないのではないかという見通しも語られている（後述）。

②　審査対象法律

憲法の規定では、「憲法の保障する権利・自由を侵害する」と主張される法律規定が広く憲法院による事後審査の対象とされる。そのうえで、組織法律が定める選別要件によって違憲の申立ては絞りにかけられる。

③　憲法問題の提起

憲法問題は、基本的にすべての事件でどの審級においても提起できる[12]。憲法問題の提起は、書面で理由を付して行なう。市民への権利付与が目的なので、下級審であれ、コンセイユ・デタ／破毀院であれ、裁判所の職権による憲法問題の提起は認められない。提訴権拡大という文脈で言えば、一九七四年に六〇人以上の各議院議員への拡大以来であるが、今回は市民に提訴権が拡大されたにとどまり、裁判所には拡大されなかったことになる。市民が提訴権を持つということは、政治的機関以外が憲法院の違憲審査権の発動を要求できることを意味する。

ただ、訴訟当事者による本訴の取下げなどの本訴の消滅は、いったん開始された憲法院による憲法問題の審査に影響を及ぼさないとされているように[13]、具体的な訴訟は憲法問題提起のきっかけであるだけで、具体的事件の解決に必要な限りでしか憲法判断を行なわないといった関係は、憲法問題手続と具体的訴訟事件との間には存在しない。その意味ではやはり抽象的審査であり、個人の権利救済よりも憲法秩序の保障に重点を置く制度なのである。つまり、「人権」保障の拡大というよりも、この改革は憲法院の抽象的違憲審査権発動の機会の拡大を意味するに過ぎないのである。したがって、これによって当然に、権利・自由を侵害されている個人の救済機関に憲法院が変身するわけではない。あくまで憲法保障の論理の枠内で、憲法秩序の中に存在する違憲の瑕疵を発見し除去する機会を増加させるために、監視者の役割を市民に付与することが目的であるといってよいように思われる。提訴権者の量的拡大は、人権保障の充実という結果を必ずもたらすわけではない。

市民への提訴権の付与が憲法院の質的転換をもたらす可能性があるとすれば、それは市民提訴権が憲法院というフランスの違憲審査制度を政治性という桎梏から解放する契機を提供する点にある。市民による提訴は、権利を侵害された市民が救済を裁判所に求めており、その具体的文脈を踏まえて法律の違憲性を憲法院に申し立てているという点で、これまでの政治的思惑が先行する政治的機関による提訴とは本質的に異なる。また、憲法院の審査には、対審手続における当事者の主張を通じて直接的に、また通常裁判所の移送決定理由を通じて間接的に、具体的事件の影響が及んでいくはずであり、その事件との接触によって、事前審査における判断とは異なる配慮が憲法院に求められることになる。すなわち、これまで憲法院が示した絶妙の政治的バランス感覚よりも、個人の人権が侵害されている状況で譲れない一線を明らかにするといった権利論的思考が憲法院に求められるようになるのである。

④　下級審およびコンセイユ・デタ／破毀院による二重の選別

法律一般に対象を拡げ、違憲の申立てのタイミングも広く認めた上で、原則的に二段階の憲法問題の選別（filtrage）が行われる。申立ての選別を設定する趣旨は、「法的安定性（sécurité juridique）の要請、国会の尊重、憲法院の過剰負担を回避する必要性と、基本的権利の保護における進歩とを両立させる」(14)ためである。

第一審・控訴審の事実審で違憲の申立てがなされた場合には、当該事実審が第一段階の選別を行なう。これを通過すると、行政裁判所系統であればその最高裁判所であるコンセイユ・デタへ、司法裁判所系統であれば、その最高裁判所である破毀院へ憲法問題は移送され、そこで第二段階の選別がなされることになる。この選別も通過して初めて憲法院による憲法判断がなされる。下級審は、「遅滞なく」移送の可否の判断を行なわなければならない[15]。コンセイユ・デタ／破毀院の審理期間は三箇月以内と定まっており、その期間内に決定を行なわない場合には、自動的に憲法院へ憲法問題は移送され、憲法判断がなされる。移送の可否に関する裁判所の決定には理由が付される[16]。

二段階の選別については、濫訴の防止策としては必要であるが、あまりにも手続きとして重いという批判がある。

⑤　移送の可否を決する要件

下級審が第一段階として移送の可否を決する際の基準は、(1)「違憲の申立ての対象となっている条項が訴訟もしくは手続に適用され、または訴追の基礎をなすこと[17]」、(2)「当該条項が、憲法院判決の理由および主文において憲法に適合していると以前に宣言されたことがないこと。ただし、事情の変更があった場合は別である」、(3)「問題が重大性をもたないわけではないこと」である。

コンセイユ・デタ／破毀院は、上記(1)、(2)と「問題が新たなものか、または重大性を呈すること[18]」という条件の審査を通じて、最終的に憲法院に憲法問題を移送するか否かを決定する。問題の新規性が求められるので、過去に事前審査の対象となり合憲とされた法律規定は選別過程で除外される。

このような形で事前審査と事後審査の関係は定められているが、例外的に、憲法改正により準拠規範の変更があった場合、または何らかの事実上の状況変化が生じた場合には、事前審査の時点から「事情変更」が生じているので「新たな問題」を提起するものとして、事前審査の対象となった法律規定も再度憲法院の審査の対象となる途が開かれる。事前であれ、事後であれ、憲法院の審査は一度限りという考え方はその限りで緩和されている。

また、事情変更の有無が、過去に憲法院の合憲とした規定の再審査の可否を決する要件とされているので、コンセイユ・デタ／破毀院は、憲法院の過去の合憲判断を覆すべきか否かを、事実を踏まえて判断することになる。このようにして、コンセイユ・デタ／破毀院は憲法判断過程に深くコミットすることになる。しかも、この通常裁判所の事案解決への関心に基礎を有する実質的な憲法判断は憲法院の憲法判断に影響力を及ぼすことになるはずである。憲法問題の選別過程において、憲法問題に関して事情変更の有無を問うことは、かくして、憲法院の抽象的な合憲性審査に事実への関心をもたらし、その限りで審査の抽象度を低下させる契機となる。

⑥　憲法院における手続

訴訟当事者は、対審において意見を述べることができる。弁論は原則として公開とされる。公開法廷で弁論が行なわれる点は、書面によっていた従来の事前審査の手続とは大きく異なるところである。憲法院は事後審査においては具体的事件の解決に関与することになるのでヨーロッパ人権条約第六条の制約の下に置かれ、手続の公正を要求されるのである。憲法院の、いわゆる裁判機関化はさらに進んだことになる。(19)

憲法院に提訴がなされた時点で、大統領と首相、両院議長に直ちに通知がなされる。このうち大統領と首相は、意見書を憲法院に提出することができる。(20)

事後審査の審査期間は三箇月とされた（事前審査は原則一箇月、緊急の場合は八日である）。判決には理由を付す。憲法院判決は訴訟当事者、関係する通常裁判所に通知される。また、大統領、首相、両院議長にも通知される。

⑦　本訴と憲法問題の関係

下級審が移送を決定すると、本訴の裁判は憲法問題に終局的な判断が下るまで延期される。ただし、自由の剝奪もしくは自由の回復が問題となっている事件、法律で審理期間の定まっている場合、または緊急性のある事件では裁判の延期はなされない。さらに、裁判の延期が当事者の権利に回復しがたい帰結または明らかに過剰な帰結を導く危険がある場合には、移送決定を行なった裁判所は直ちに解決すべき問題について裁判する。

下級審が、コンセイユ・デタ／破毀院または憲法院の判断を待たずに判決した場合で、その判決に対して上訴がなされた場合には、憲法問題についての判断がなされなければ、上訴についていかなる判決も延期される。ただし、ここでも自由の剝奪に関わる事案、破毀院の審理期間が法律で定められている場合は別である。

以上、組織法律の定める「優先的憲法問題」（「違憲の抗弁」あるいは「先決的憲法問題」と呼ばれてきたもの）の手続の概要を見てきた。最大の特徴は、事後審査の導入であり、しかも事前審査と組み合わされたシステムになることである。これは、個人が間接的にであれ憲法院とかかわりを持つ点、「法律は一般意思の表明である」という観念に基づいて事後審査を拒んできたフランスがこの観念を正面から否定した[21]ことになる点で画期的である。さらに、二段階の選別過程に通常裁判所が関与する点も特徴的である。この関与によって憲法院の憲法判断の独占は事実上掘り崩され、コンセイユ・デタ／破毀院その他の通常裁判所は憲法判断過程への影響力を強める。通常裁判所の関与は、憲法裁判に個人の権利主張と事実の息吹をもたらす。それとともに、憲法院の審理手続も、これまで憲法院が理念として追い求めてきた対審と公開という裁判機関としての核心的要素を正式に満たすものとなる。

他方、憲法問題手続を利用すると、最終的に憲法判断が出るまでに、違憲の申立てから下級審の審理期間に加えて最長で六箇月の時間がかかることになる。この間、本訴の審理は停止されており、憲法院の判断をまって審理が再開されることになる。このような手間と時間に比べると、条約違反の主張を下級審に提起した場合には、当該下級審自身が条約適合性について直接判断し事件の解決も同時に行なうため、条約適合性審査は当事者にとって大きな魅力である。これに抗して憲法問題手続をあえて提起する誘因は乏しい。憲法問題手続にメリットはあるとしても、あえて憲法問題を提起しようという訴訟主体は限られる(22)（たとえば、人権擁護団体など公益団体）。このように新制度の実効性については深刻な問題が伏在している。

二　憲法院改革と人権の裁判的保障システムの変動

1　憲法院改革の文脈

二〇〇八年七月の憲法改正は、第五共和制憲法五〇周年の年における大規模なものであった。これは、サルコジ大統領のイニシアティブの下に設置されたバラデュール委員会による提案を受けて、制定五〇年の時点における憲法の総点検として行われた改正であった(23)。第五共和制憲法は、ド・ゴールの身の丈に合わせて作られた憲法とも言われ(24)、第三、第四共和制における議会中心主義の弊害に対する反動から、執行権強化を図ると同時に国会の権能に対する強度の制約（「合理化された議院制」）を課すものであったが、今次改正は執行権と国会の均衡のあり方を変更し、国会の復権を図ることに力点を置いている。憲法院改革も、バラデュール委員会報告書の三本柱の一つ(25)「市民のための新たな権利」のなかの「基本権保障の強化」の細目「訴訟当事者に新たな権利を承認する：違憲の抗弁」において課題として提起されたものである。ただし、この改革の源流は一九九〇年のミッテランとバダンテールのイニシアティブによる改革案に遡ることができる。今回同様の市民への提訴権拡大は、一九九〇年代においては九〇年と九三年に二度試みられ、二度挫折している。

憲法院は、制憲者意思においては「執行権の番犬」として、基本的に憲法三四条が定める法律と行政立法の権限配分をサンクションする機関として設立されたものである。その後の憲法院自身による準拠規範の拡大と、一九七四年憲法改正による国会議員（実質的には野党議員）への提訴権拡大を契機として、その活動を活発化させ、一九八一年に左翼政権を成立させた第五共和制初の政権交代以降、コアビタシオン（保革共存政権）を含む幾次の政権交代において、政権交代の保障者という重要な役割を演じ、学説における「法治国家」イデオロギーにも支えられて、一般的には人権保障機関へと憲法院は変容を遂げてフランス社会に定着してきたとされている。[26]その変容の過程において政治的機関としての性格を後景に押しやりながら、審理過程を裁判手続に接近させる歴代の院長の改革努力により「裁判機関」への脱皮を図って、その制度の性格と評価を自覚的に変えようとしてきた。

憲法院に関する今次の憲法改正については、この五〇年にわたる変化のプロセスを完成させるものであるという〈連続性〉を強調する評価[27]がある一方で、これによって憲法院の違憲審査の性格はまったく変更されてしまうという、むしろ〈断絶〉面に着目する評価もある。[28]〈連続性〉とは、一言で言えば、人権保障・法治国家の進展であり、〈断絶〉とは、事後審査導入による憲法院の地位の根本的転換を指す。

今次憲法改正が第五共和制成立時に設定された執行権と議会との前者優位の均衡の見直しを制度的に図るものであるのに対応して、今次憲法院改革も、執行権強化の制度的担保のための機関という憲法制定当初の位置づけからの転換を今後さらにどのようにはかっていくのかという課題に対する制憲者の明示的な解答であるといえる。第五共和制は、大統領公選制と小選挙区二回投票制という選挙制度のおかげで二大政党制的状況が創出され、議会多数派によって支えられる安定した内閣を実現した。この時点で、国会から内閣を守るという執行権強化の文脈から憲法院は解放されていた。一九七〇年代以降、憲法院は自力で人権保障のための裁判機関へと転身を図り、一九七四年改正による国会議員への提訴権拡大と政権交代との相乗効果によってフランスの政治システムの中で確固とした地位を築き上げた。今次改革は、形式的には、現在の事前審査に事後審査を付加するという既存システムの維持を前提とし、人権保障機関としての憲法院の地位のさらなる強化、法治国家のさらなる進展を図るために、これまでの憲法院の変化の延長上で行なわれ、それに順接する改革という外観を呈している。しかし、改革は現状の単なる確認、あるいは延長ではない。

〈断絶〉の内容を多少敷衍しておけば、法律の憲法適合性の問題の迅速で、かつ、法的安定性を損なわない事前審査による解決はフランス憲法院の最大のメリットであるという従来のスローガンを事後審査制の導入は無力化するし、これまで通常裁判所は合憲性審査のプロセスから形式的に排除されていたが、事後審査によってそれが憲法問題の重大性の選別機関として憲法判断に間接的に関与してくるのである。また、大統領、首相、両院議長、両院議員という政治的機関による提訴権の独占は終焉を迎え、訴訟当事者としての市民が提訴のイニシアティブを握ることになる。これらの変更によって憲法院は、政治の文脈から離れて、具体的事件解決という裁判過程の中で憲法判断を行なうようになる。憲法院による違憲審査を、法適用に関係する裁判過程ではなく、法律の作成に関わる立法過程に位置づけ、その最終段階とする見解が存在してきたが、事前審査制と並存させる形での事後審査制の導入によって、憲法院は、法律の公布前の立法過程に足場を残しながらも、法律施行後の適用段階における個別紛争解決を目的とする裁判過程に大きく足場を移していくことになる。これは、憲法院の基本的性格の転換を意味する。このような意味で二〇〇八年改革は憲法院の歴史において一九七一年結社の自由判決、一九七四年提訴権拡大と並ぶ重要な画期を成す改革である。

2　合憲性審査と条約適合性審査

(1)　改革の目的

法律に対する憲法院の事前の合憲性審査、通常裁判所の事後的な条約適合性審査という枠組みは、憲法院が一九七五年の人工妊娠中絶法判決[29]で条約適合性審査を自らの権限外と宣明し、その空白を埋めるために破毀院がジャック・ヴァーブル判決[30]、コンセイユ・デタがニコロ判決[31]において条約適合性審査を実施したことによって確立したものである。

通常裁判所による条約適合性審査は、主にヨーロッパ人権条約を準拠規範とする事後審査であるが、ヨーロッパ人権条約と憲法ブロックの内容がほぼ一致するために[32]、実質的には合憲性審査と変わらないものと考えられる。ただ、憲法院の合憲性審査と通常裁判所による条約適合性審査の違い[33]は、準拠規範が形式的には別である点に加えて、文面審査か適用審査か、判決の効力が対世効をもつか、法律規定の当該事案への適用排除にとどまるかという点にある。

一九九〇年、一九九三年に「違憲の抗弁」導入が問題となった時点では、いまだ通常裁判所による条件適合性審査が一般化してはおらず、憲法院自身が事後審査に乗り出すことによって人権保障の充実を図り、法治国家の完成を目指すという主張はそれなりの根拠を有していた。しかし、コンセイユ・デタに提起される訴訟のうち三件に一件で人権条約違反が援用されるという指摘もあるように[34]、一九九〇年代以降、通常裁判所による条約適合性審査が飛躍的に増大し、それが法律に対する事後審査として実質的に人権保障の役割を担っている現在では、あえて憲法院が事後審査を行うことに意味があるのかという疑問が当然提起されて来る[35]。また、九〇年代初頭とは状況が大きく異なっているのに、当時とほぼ全く同じ仕組みの事後審査が提案されたことに対する批判もあった[36]。他方で、憲法院の事前の違憲審査と通常裁判所の条約適合性審査の並存という改正前の状況については、審署後の法律は条約適合性審査の対象とされるのに、国内法の最高法規である憲法への適合性審査の対象とならないのは憲法保障の観点からバランスを欠くといった批判(37)がなされていた。

改革の目的に関してサルコジ大統領は、憲法の最高法規性の回復であると説明している。「わが国の憲法の領域で法律に対する異議申し立てを認めること、それは人民と国民代表の主権を問題化するものではない。そうではなくて逆に、それはその主権を強化することである。なぜならば、憲法典を書き、それを諸規範の頂点に置く者は人民もしくは国民代表だからである。他方、国際法規範を書くのは、人民でも国民代表でもないのである。(38)」したがって、違憲の抗弁には法的安定性を脅かし、社会の「裁判機関化（juridictionnalisation)」に棹さすリスクが確かにあるが、憲法上の人権と人権条約上の人権との間にはずれがあることもあり、条約適合性の事後審査だけではなく、憲法の最高法規性を維持し、憲法上の人権を保障するために事後的合憲性審査の導入も必要とされてくるのであり、国民主権の観点からは「条約ではなくて憲法に基づいて法律がサンクションされる方がよい」ことになる。サルコジにおいては、国民主権と結びついた憲法の最高法規性が、違憲の抗弁を基礎づけるのである。

他方で、憲法院の一九七五年判決を見直して条約適合性審査を憲法院に付与し、憲法院が一元的に合憲性と条約適合性を審査すべきだという主張も根強くなされてきた。今回、憲法院による条約適合性審査の掌握という方向性もありえた(39)が、それは取られなかった(40)。条約適合性審査と合憲性審査を共に憲法院に委ねるか、それとも通常裁判所に委ねる（司法審査制）かという二者択一ではなく、憲法院の事前と事後の合憲性審査、および通常裁判所の条約適合性審査と先決的憲法問題への関与という中間的な協働のシステムが制度化されることになった。

（2）　判例における憲法院と通常裁判所の審査権限の相対化

憲法院は審署前に法律の憲法適合性を吟味する抽象的違憲審査を行なう。一方、通常裁判所に法律の違憲判断は行なわず、条約適合性判断を具体的事件の解決に付随して行なう。これが従来のシステムであったが、近年は、これとは異なる状況が生じていた。(41)

まず、条約適合性審査を憲法院が実質的に行う例が、二〇〇四年以降見られる。共同体指令（directive）の国内実施に関して、憲法院は、たとえば憲法八八条の三を根拠として、国内実施法の共同体指令適合性を審査し、国内実施法が指令に違反する場合にはその法律を憲法違反としている。形式的には憲法八八条の三違反だが、これは実体的には法律が共同体指令に反しているというのであるから条約違反である。憲法を媒介としてではあるが、憲法院は条約適合性審査の領域に踏み入っている。(42)

また、審署後の法律の違憲審査について、憲法院には一九八五年判決（nº 85-187 DC du 25 janvier 1985, Rec. p.43）の枠組みがあり、当該法律の適用範囲に影響する新法の審査との関係で事後審査は行なわれ得るし、それ以外にもコンセイユ・デタによる後法である憲法に違反する法律規定の黙示的廃止手続によって審署後法律が通常裁判所によって違憲ゆえに廃止される例がある。(43)

憲法院の事前の合憲性審査による違憲審査権限の独占という建前のなかで、以上のように、通常裁判所による憲法保障と、憲法院による条約適合性審査の可能性が判例レベルでは広がっており、合憲性審査と条約適合性審査の関係は流動的な状況にあった。最初に「違憲の抗弁」の導入が主張された一九八九年の時点とは、人権保障のための裁判システムのあり方には変化が見られていたのである。その意味で今次改革は「時宜を失した」ものであり、むしろ弊害の方が大きいという評価が出て来る。(44) アルベルトンは、憲法院が事前審査の枠内で条約適合性審査を実質的に行ない、コンセイユ・デタは審署後法律の実質的合憲性審査を行なって、合憲性審査と条約適合性審査が判例の展開の中で融合しつつあった、まさにそのときに提案された今次改革の弊害として、通常裁判所が憲法問題の選別過程にかかわることで実質的な憲法判断を行なう機会を一般的に獲得し、同時に選別をコントロールすることで憲法院への移送を絞り込み、憲法院の存在を周縁化することもできる点などを指摘し、裁判所間の権限争い（guerre des juges）と判例の対立が生じる危険性を憂慮する。

(3)　事後的合憲性審査の実効性

違憲性と条約違反が同時に当事者によって主張された場合には、憲法院による憲法問題の審査が優先することは組織法律において確認されているが、当事者はもちろん条約違反だけを主張することができる。条約適合性審査であれば、通常裁判所は自己の責任でその審査を行い、事件の解決も同時になすことができ、面倒な移送手続とそのための時間は必要とされない。そうであれば、一般的には、敢えて合憲性審査を採る理由は存在しないように思われる。憲法問題が提起されなければ、上記のアルベルトンの懸念も杞憂に終わる。

憲法院による合憲性審査のメリットは、準拠規範のずれにより条約適合性審査ではカバーされない事案を救済することが可能な場合があることと、違憲判決の効力が単なる法律の適用の排除ではなく、規定自体の廃止であるという点にある。この点を強調して合憲性審査の独自の意義を根拠づける見解もある[45]が、そうであっても訴訟当事者にとっては条約適合性審査の方が魅力的なのであり、事後的合憲性審査導入は条約適合性審査がある以上不要だという見解も主張されている[46]。この点の評価は運用の結果を待つしかないと思われる。

3　新たなシステムの構造

憲法改正と組織法律の改正によって実現された「人権保障」と「法治国家」を前進させるシステムは、憲法院の有する事前審査と事後審査における終局的な憲法判断権、通常裁判所の条約適合性審査権と「違憲の抗弁」の選別手続における間接的な憲法判断権、およびヨーロッパ人権裁判所等の条約適合性審査権からなるものである。これはアルベルトンが言うように「裁判官の戦争」の火種を抱えたシステムなのであろうか。それとも、マテューが語るように、「将来、裁判所全体において法律の憲法訴訟が開始されれば、それはおそらく、原告、弁護士、および裁判官の創造的な想像力に非常に有効に働きかける原動力となるだろう。……憲法院は、その法廷を政治家たちだけでなく、訴訟当事者に間接的にであれ開放しながら、新たな手続が展開されていくなかで想像力をきっと発揮していくに違いない。」(47) といった可能性に満ちたものなのであろうか。

憲法院が一九五八年に生み出されたとき、今日の憲法院の姿を想像した人はいなかったように、今次の改革がどのような帰結をもたらすかを予想することはできない。ここでは、新たなシステムの構造がどのようなものなのかを整理しておきたい。

(1)　事後審査であること

これまで憲法院の事前審査のメリットとされていた迅速な憲法判断による適用前の違憲規定の除去、それによる法的安定性の保障は、事後審査の追加的導入によってフランスの違憲審査制の優位を説明する根拠としての意味を喪失する。(48) また、事前審査制の土台を構成していた「法律は一般意思の表明である」という神話は、適用後に個人の提訴（部分意思）によって法律の効力が否定される可能性が生じた時点で、その力を失った。(49) したがって、事前審査による違憲の除去の実効性と、事後審査によるその補完（提訴権者が政治的機関であったため、違憲にもかかわらず、政治的理由により見逃された違憲の瑕疵の除去）という事前審査中心の違憲審査制の説明も難しくなる。

他方で、事後審査が具体的事件における当事者の救済という文脈を憲法院に持ち込んでくる点は重要である。憲法院における法律の違憲審査には、これまで生身の当事者は存在しなかったので、公開の弁論において、また通常裁判所を媒介として、憲法院の違憲審査が具体的事件との結びつきを持つこと自体大きな変化である。

（2）　個人の関与

事後審査においては、人権を侵害された個人の主張が憲法判断のベースに置かれる。個人が憲法院に持ち込むものは、個人の切実な要求と、事実（生々しい現実）である。個人は、政治家を相手とした狭い世界から現実の生活者の世界に憲法院を導く契機である。憲法院の判断の基礎は、憲法規範と政治的力学から重心を個人の具体的な権利主張に移すことになる。これによって、事前審査とは質的に異なる憲法判断がなされる可能性が出て来る。市民に新たな権利を付与することが改革の目的であった。ただこれまでも条約適合性審査を求めることはできたので、新たな権利といえるとしても条約審査では得られなかったものが得られるだけであり、それ自体はかなり限定的なものである。しかし、憲法判断の基盤の変化の憲法院制度に及ぼす影響はその基本的性格に関わる。

（3）　結節点としての通常裁判所

通常裁判所、とりわけコンセイユ・デタと破毀院は、移送の可否を決する判断の中で法律の合憲性について実質的に審査することになる。憲法院が最終的な憲法判断権をもつとはいえ、通常裁判所が憲法判断過程に深く組み込まれることは確かである。しかも、通常裁判所による選別のさじ加減で憲法院の審査権の行使の機会は調整される可能性がある。それが裁判所間の権限争いに発展するのか、裁判官の相互対話の機会として判決の質の向上をもたらすのか、これも今後の運用に委ねられる。

通常裁判所は、憲法院にとって、一方で、具体的事件、個人の権利主張・救済要求の媒介者の一つであり、他方で、ヨーロッパ人権条約、ヨーロッパ人権裁判所等へとつながる窓口であり、条約適合性審査と合憲性審査の双方に関わる結節点となる。ヨーロッパ人権条約と憲法ブロックという二つの準拠規範を駆使して、具体的事件を通じて憲法院とヨーロッパ人権裁判所の判例の間の調整を行なう役割を正式に担うことになる。通常裁判所は条約適合性審査だけを担っていたときよりも格段に重要な地位を獲得する。対立的か協調的かは別にして、憲法院と通常裁判所は共同で違憲審査権を行使して行く重要なパートナーとなった。その役割は、憲法院とヨーロッパ人権裁判所が対立する場合には板ばさみ状態に置かれるため、とりわけ難しいものとなる。(50)

(4)　ヨーロッパ人権裁判所との対話

憲法院とヨーロッパ人権裁判所の対立の可能性は構造に高まった。ただし、憲法院の憲法判断が直接、ヨーロッパ人権裁判所によってサンクションされることは回避する構造がとられている。論理的にいえば憲法適合性と条約適合性は異なる次元の問題であり、制度的にいえばヨーロッパ人権裁判所との間には通常裁判所が介在し、通常裁判所が条約適合性審査を行なうという構造である。また、「フランスの憲法的アイデンティティー」といった観念によってヨーロッパの価値の平準化に対する防波堤も用意されている。(51)

これまではヨーロッパ人権裁判所の憲法院に対する実質的な影響力が語られ、「ヨーロッパ人権条約によって保障された基本権に照らして憲法原則を解釈するが、審査の準拠規範をヨーロッパ人権条約に拡大することは拒否する」(52)という憲法院のジレンマが指摘されてきた。形式的には憲法院は条約適合性審査をしないことになっているが、実質的にはヨーロッパ人権裁判所の判例の強い影響下にある。現に、違法な行政行為を立法によって追認し適法化する「追認のための法律」について、憲法院はヨーロッパ人権裁判所の判例に合わせて、その合憲性の判断基準を厳格化することを余儀なくされている。(53)

条約適合性審査権は放棄したままでも、今後、事後審査において憲法院が通常裁判所と制度として正式の接点を持ち具体的事件の解決に直結する判断を行なうことになり、その帰結として、憲法院の憲法判断（合憲判断ないし解釈指示）に基づく通常裁判所の判決がヨーロッパ人権裁判所によって条約違反として掣肘される可能性の前に憲法院は立たされる。形式的には、それでも上述の説明は可能であるが、同一の事件に関して二つの裁判機関の間で法律規定の効力について見解の相違があることが、かなり直接的な仕方で露呈することは、両制度の正統性、とりわけ憲法院の正統性に深刻な影響を及ぼすように思われる。

しかし、正面から判例の対立が生じる場面はおそらく稀なのであろう。その可能性は否定できないが、むしろ明示的な対立の発生を回避すべく、憲法院はヨーロッパ人権裁判所判例等に十分に注意を払って憲法解釈を行うことになると思われる。それがこれまで憲法院の権威を支えてきた政治的バランス感覚の求めるところでもある。したがって、憲法院はヨーロッパ人権裁判所が下すであろう判断を先取りして自己の判断とする可能性が高いと思われる。「優先的憲法問題」において二重の選別過程が設定され通常裁判所がこの過程に緊密に関わるのも、条約適合性と合憲性とのすりあわせが期待されてのことと思われる。憲法院に条約適合性に関する情報、および条約適合性と合憲性との調整の可能性を提供し、ヨーロッパ人権裁判所との「対話」を成立させることが通常裁判所にかされた使命となる。

(5)　憲法院の地位変動

事後審査において、憲法院は通常裁判所を窓口として具体的訴訟事件とかかわりを持ち、それを通じて、通常裁判所が組み込まれているヨーロッパ人権裁判所を頂点とする裁判・法システムと制度的な接触を持つことになる。まず、これによって、政治機関の提訴による事前審査の時代と異なり、憲法院はヨーロッパ人権条約六条の公正な裁判を受ける権利の保障の制約の下に置かれることになる。その結果、大統領経験者や法的熟練のない者の裁判官としての関与や、憲法院が事前審査と事後審査を同一の対象について行なう場合などが、裁判機関としての独立性、公正さに欠けると判断される可能性がでてくる。[54]事後審査においては、憲法院も普通の裁判機関であることを求められるのである。「裁判機関化」はこれまで法治国家論と結びつき憲法院の一つの理念であった。しかし、憲法院を「普通」の裁判機関としてしまうことには強い抵抗があること[55]も指摘しておきたい。

憲法院は、裁判機関として手続を整備していかざるを得ないが、事後審査の導入は、単に手続だけではなく制度の性格自体の変更を意味する。事前審査の憲法院は、立法過程の最終段階に関与する合憲性審査機関であるが、事後審査の憲法院は、法律の適用に際して生じた具体的紛争の解決の場である裁判過程に関与するものである。これまでは立法過程にかかわる政治的機関の「裁判機関化」が語られてきたわけだが、事後審査では裁判過程にかかわる正真正銘の裁判機関として憲法院のあり方が問われることになる。

当分は、事前審査と事後審査の併存する制度において、従来の「政治性」を評価されてきた憲法院と、その憲法判断が特定の事件における個人の権利・自由の主張の成否に直接かかわるという意味で真の人権保障機関に近づいた憲法院とのイメージの相克が続くかもしれない。政治的な「制度」としての憲法院に対するノスタルジーも語られ続けるであろう。しかし、憲法院が、裁判所からの移送手続を前提として憲法判断を行う仕組みの中で、独占的憲法解釈権を喪失して、事実上、通常裁判所とともに違憲審査を共同で行使せざるをえない状況に置かれ、その過程においてヨーロッパ法の拘束をこれまで以上に強く受けることは確実である。

むすび

今次改革における「法治国家の進展」は、憲法院の政治性との決別を促し、個人の人権の救済プロセスへと憲法院を組み込む点でフランスの人権保障システムの本質的転換をもたらしている[56]。憲法院は、もうかつての憲法院ではない。

「裁判を市民の手に appropriation de la justice par les citoyens」。これは事後審査制導入の理念の一つであった。民主主義的・国民主権的言い回しにもかかわらず、これはフランス憲法院を通常裁判所とヨーロッパ人権裁判所（ヨーロッパ人権条約）の強い影響下に置くという帰結を導くはずである。人権保障は、憲法院と通常裁判所、ヨーロッパ人権裁判所による共同決定システム（「裁判官相互の対話[57]」）という立憲主義的、多元主義的なプロセスに委ねられた。事後審査とともに「法律は一般意思の表明である」という命題も正面から否定され、事後審査の国民主権的正当化は皮肉なことに立憲主義とヨーロッパの勝利を導くのである。

（1）議会での審議経過は次のとおりである。二〇〇九年四月八日／政府提出組織法律案付託、六月三日／国民議会「共和国の憲法的法律・立法・一般行政委員会」が Warsmann を報告担当者に指名、二回の意見聴取を経て九月三日に報告書付託、九月一四日／修正案検討、同日の本会議で修正のうえ採択（第一読会）。九月一五日／元老院に付託、「憲法的法律・立法・普通選挙・行政立法・一般行政委員会」に回付（七月二二日に Portelli を報告担当者に指名済）、九月二九日／報告書提出、一〇月一三日／本会議討論、国民議会案を修正（第一読会）。一〇月一四日／国民議会へ付託、委員会回付、一一月四日／委員会、報告書提出、一一月二四日／国民議会が本会議にて元老院修正案を修正なしに採択（第二読会）。法案、報告書、審議経過はすべて、国民議会または元老院のサイト（http://www.assemblee-nationale.fr

：http://www.senat.fr）において閲覧可能である。

（2）CC, décision n° 2009-595 DC du 3 décembre 2009. 解釈指示は若干示されたが、全面合憲判決である。憲法院のサイト（http://www.conseil-constitutionnel.fr）で判決文および関連資料を見ることができる。

（3）施行は二〇一〇年三月一日である。

（4）憲法院五〇年に関する関係者の証言集として、Les Cahiers du Conseil constitutionnel（以下、Les Cahiers du CC), n° 25-2008, Dossier-50eme anniversaire がある。

（5）バダンテール元憲法院院長は、基本的に国会議員の提訴によって、事前に、抽象的に、審署前の法律について短期間で行使される違憲審査と従来のフランス流違憲審査制度の特質を説明する。（R. Badinter, "L'exception d'inconstitutionnalité", in Le dialogue des juges – Mélanges en l'honneur du président Bruno Genevois, Dalloz, 2009（以下、Mél. Genevois), P.40)。

（6）バラデュール委員会の提言は、これまで憲法院の事前審査を受けていない、またはそれを免れた法律が法秩序内に存在していること、および通常裁判所は条約違反を理由に法律の適用を排除できるのに、憲法違反の法律についてはそれができない点にアンバランスが存在することを指摘し、いわゆる「違憲の抗弁 exception d'inconstitutionnalité」の制度化を提言した（Comité de reflexion et de proposition sur la modernisation et l'équilibrage des institutions de la Ve République, Une Ve République plus démocratique（以下、Rapport du Comité Balladur), P.87 et suiv.)。

　バラデュール委員会の正式名称は、「第五共和制の諸制度の近代化と均衡の見直しに関する検討提案委員会」。メンバーは憲法学者が中心である。委員長のバラデュールは、一九八六年にミッテランと初めてのコアビタシオンを行なった保守の首相経験者。報告書は本委員会のサイト（http://www.comite-constitutionnel.fr）から入手できる。

　なお、「違憲の抗弁」の実質は、憲法違反についての「先決問題 question préjudicielle」である。前者は本来、抗弁を提起された通常裁判所自身が憲法判断を行なうものである（司法審査制の場合）のに対して、先決問題は、当事者から法律の違憲性が主張された場合に、その憲法問題についてのみ憲法裁判所に送付して、そこで憲法判断を行なうものである。フランスでは後者も違憲の抗弁として従来から議論されてきたが、最近では、先決問題という表現の方が正確な表現として好まれるようである。

（7）バラデュール委員会の提案は次のようなものであった。自由と権利の語順の違い、「基本的」という形容詞の有無、「抗弁」という言葉の使用の有無、二重の選別か一重かといった点で、採択された憲法条文と異なる。

六一条の一「裁判所に係属中の訴訟に際して、憲法の承認する基本的自由・権利への法律の適合性を判断するために、憲法院は、抗弁によって審査を求められることがある。／憲法院は、訴訟当事者の申立てにより、組織法律の定める条件において、コンセイユ・デタおよび破毀院、それらの系統の下にある裁判所、またはどちらの系統にも帰属しないその他すべての裁判所の移送に基づいて、審査する。」

六二条「六一条に基づいて違憲とされた条項は、審署も適用もなされることはない。／六一条の一に基づいて違憲とされた条項は、憲法院がその判決において定める日から廃止される。当該条項は、係属中の裁判手続に適用されることはない。／（三項略：現行六二条二項と同じ）」

政府提出の憲法的法律案（改正案）では、第五共和制憲法の制定された一九五八年以前の法律は事後審査の対象から除外する旨の規定（「本憲法施行後に審署された法律規定が本憲法の保障する権利・自由を侵害するとの主張がなされたとき」）となっていたが、この限定は国民議会の委員会審議段階で削除された。それによって対象が法律一般に拡大された。個人の具体的人権侵害に対する救済が問題であれば、このような一定の時点を境とする対象法律の限定は意味を持たない。法的安定性への強い配慮から、可能な限り事後審査の対象を絞り込む方がよいと考えられたのである。なお、憲法に反する第五共和制憲法制定以前の法律については、コンセイユ・デタによる廃止手続が存在している（Cf. B. Mathieu, “Le Conseil d'Etat, juge de la constitutionnalité des loi – entre description et prospection”, in Mél. Genevois, p.756.）。

（8）組織法律案の提案趣旨説明（Projet de loi organique relatif à l'application de l'article 61-1 de la Constitution, N° 1599, AN, déposé le 8 avril 2009）。

（9）Texte adopté n° 370, AN, le 24 novembre 2009. 政府提出案の問題点の整理や国会における審議の内容については、憲法学者でもある議員が作成した両議院の報告書に詳しい。Cf. Rapport de J.-L. Warsmann, N° 1898, AN, le 3 septembre 2009（国民議会第一読会）, N° 2006, AN, le 4 novembre 2009（国民議会第二読会）, Rapport de H. Portelli, N° 637, Sénat, le 29 septembre 2009（元老院第一読会）. 憲法改正成立後の「違憲の抗弁」の制度および法案の内容の説明として、cf., B. Mathieu, "Question prioritaire de constitutionnalité, les améliorations apportées par l'Assemblée nationale au projet de loi organique", JCP, La Semaine juridique-Edition générale（以下 JCP）, n° 40, 28 septembre 2009, p.11 ; Id., "Question préjudicielle de constitutionnalité, A propos du projet de loi organique", JCP, n° 18, 29 avril 2009, p.3 ; M. Verpeaux, "La question préjudicielle de la constitutionnalité et le projet de loi organique". AJDA, 3 août 2009, p.1474 ; G. Drago, "Exception d'inconstitutionnalité, Prolégomènes d'une pratique contentieuse", JCP, n° 49, 3 décembre 2008, p.13.

（10）政府案では、憲法八八条の一から帰結する要請についての留保があったが、削除された。ＥＵ法とそれ以外の条約とを区別して扱うという趣旨の規定だったが、曖昧であり状況を複雑化させるという理由によって国民議会で削除された。政府案は憲法院判例を意識したものであった。

（11）Cf., Rapport de Warsmann, N° 1898, op. cit., p.21 et suiv. Drago の言葉を借りれば、「憲法が再びフランス人の基本法となる」（G. Drago, op. cit., p.18）ことである。

（12）コンセイユ・デタ／破毀院においてはじめて違憲の申立てを行なうこともできる。陪審制をとる重罪院は除かれるが、重罪院判決に対する上訴のときに憲法問題を合わせて提訴できる。元老院の修正により、会計検査院等の財政裁判所でも提起可能とされた。

（13）国民議会における修正による。

（14）憲法改正案の提案趣旨説明（Projet de loi constitutionnelle de modernisation des institutions de la Ve République, N° 820, AN, le 23 avril 2008, p.13）。

（15）移送拒否決定自体に対する不服申立てはできないが、本訴の上訴に際して憲法問題を再度提起することはできる。

（16）政府案は下級審の審理期間を示さなかったが、国民議会が二ヶ月以内と定め、その期間に判断がない場合に、当事者はコンセイユ・デタ／破毀院に憲法問題を直接提起できるとする修正を行なった。しかし、元老院は政府案に戻した。

下級審が憲法問題を審理せず放置し期間満了を待つような運用の危険があることなどがその理由であった。理由付記は元老院修正によって明示された。

(17) 政府案では、「訴訟の帰趨もしくは手続の有効性を決する」条項とされていたが、国民議会で修正がなされ、「帰趨を決する」という実質的判断なしに広く提起を認めるために文言が変更された。

(18) 政府案では単なる「重大性」ではなく「重大な困難 difficultés sérieux」という表現だったが、国民議会がそのハードルを下げた。

(19) 憲法院の手続の改善の軌跡と、事後審査導入後の手続きについて、cf. M. Guillaume, "La procédure au Conseil constitutionnel : permanence et innovations", in Mél. Genevois, p.519 et suiv., en particulier p.530 et suiv.

(20) 政府案では、意見書の提出権が両院議長にも認められていたが、国民議会で修正を受けた。

(21) これまでも法律中心主義や立法のインフレ等が批判され、憲法院の活動が活発化する中で「絶対主義の終焉」、「法治国家の成立」という立憲主義イデオロギーがフランスでも強い影響力を持ち、「法律は、憲法を尊重する限りにおいてでなければ、一般意思ではない」という定式を憲法院自身も語った。それでもやはり、今次憲法改正は憲法自体に個人による法律の否定の可能性を制度化した点で画期的である。

(22) D. Chauvaux, "L'exception d'inconstitutionnalité, 1990-2009 : réflexions sur un retard", RDP, N° 3-2009, p.572, note (9). ゴドメは、メディアトゥールや Défenseur des droits などに提訴権を拡大すれば市民への提訴権拡大は不要であるとする（Y. Gaudemet, "Brouillard dans les Institutions : à propos de l'exception d'inconstitutionnalité", RDP, N° 3-2009, p.583)。

(23) 二〇〇八年七月の憲法改正を紹介した文献として、南野森「フランス――二〇〇八年七月の憲法改正について」法時八一巻四号九二頁、曽我部真裕「フランスの二〇〇八年憲法改正の経緯」法学教室三三八号四頁、同「二〇〇八年七月の憲法改正」日仏法学二五号一八一頁を参照。

憲法院五〇年の回顧、一九九〇年、九三年の提訴権拡大の挫折について、池田晴奈「フランス憲法院の人権保障機能の再検討――市民への提訴権拡大の可能性（上・下）」（同志社法学六〇巻四号四七頁、六〇巻五号一〇五頁）が詳しい。

一九九〇年改革の試みに関しては、今関「挫折した憲法院改正」高柳信一先生古稀記念論集『現代憲法の諸相』（専修大学出版局）三六五‐三九五頁で紹介したことがある。

(24) デュヴェルジェの言葉として、「もしド・ゴール将軍が突然いなくなったなら、帝国が皇帝と共に消滅するように、憲法はド・ゴールと共に消滅してしまうのではないかと人々は心配するかもしれない。」（cité par J.-L. Debré, "Le Conseil constitutionnel : une réussite inattendue de la Ve République", in Association française de droit constitutionnel, 1958-2008. Cinquantième anniverssaire de la Constitution française, Dalloz, 2008（以下、1958-2008）, p.309）。

(25) 改革の他の二つの柱は、「執行権に対するより適切なコントロール」と「国会の強化」である。

(26) たとえば、今関「フランスにおける違憲審査制の問題点」法時五七巻六号六一頁参照。最近の新たな憲法院の役割論として、国内法秩序とヨーロッパ法秩序の間の調整機関として憲法院が機能しているという議論がある（A. Levade, "Le Conseil constitutionnel, régulateur des rapports de systèmes", in 1958-2008, p.729）。

(27) たとえば、J.-L. Debré, op. cit., pp.309-313 ; Id., Allocation à la séance d'ouverture du 7e Congrès français de droit constitutionnel, RFDC, n° 77, 2009, p.12. R. Badinter, "L'exception d'inconstitutionnalité", op. cit., p.39 等は、人権保障の進展、「法治国家の新たな進歩」といった形で過去との連続性を説明する。確かに、今次改革においては、抽象的審査は維持され、提訴権の市民への拡大も七四年の議員への拡大の延長として位置づけることもでき、条約適合性審査も従来通り通常裁判所の手に保留されたままである。

(28) D. Rousseau, "La question préjudicielle de constitutionnalité : un big bang juridictionnel", RDP, N° 3-2009, p.631. A. S. Sweet, "Le Conseil constitutionnel et la transformation de la République", Les Cahiers du CC, n° 25-2008, p.65.

(29) CC, décision n° 74-54 DC du 15 janvier 1975, Rec. p.19.

(30) Cour de cass. chambre mixte, Société Jacques Vabre, 24 mai 1975.

(31) CE, Ass., 20 octobre 1989, Nicolo, Rec. p.190, concl. Frydman.

(32) 平等の解釈の違いや、ライシテ等のフランスの「憲法的アイデンティティー」に関わるもの、人権条約の方が保障の進んでいる領域の存在など両者の間の相違は若干存在している。憲法院の事後審査が独自の意義を持ちうる領域としてワルスマンが挙示するのは、ライシテ、公役務の継続性、地方公共団体の自由な行政、大学教授の独立性、平等である（Rapport de Warsmann, N° 1898, op. cit., p.21）。

（33）D. Chauvaux, op. cit., pp.575-576. 合憲性審査と条約適合性審査は互換性がなく、むしろ相補的だとする。

（34）P. Mazeaud, "L'exception d'inconstitutionnalité", D., 2008, n° 1, p.64.

（35）P.ex., J.-H. Stahl, "La longue marche de l'exception d'inconstitutionnalité", in Mél. Genevois, pp.999-1000 ; G. Alberton, "Peut-on encore dissocier exception d'inconstitutionnalité et exception d'inconventionnalité?", AJDA, 26 mai 2008, p.971.

（36）G. Alberton, op. cit., p.972 ; D. Chauvaux, op. cit., p.565 et suiv.

（37）Présentation de J.-L. Debré devant le Comité Balladur, cité par D. Turpin, "La Constitution et ses juges", in 1958-2008, op. cit., p.340. Cf., J.-H. Stahl, op. cit., p.998（憲法は理論的には最高法規だが、実務上は条約が優位すると指摘する）.

（38）N. Sarkozy, "Ouverture" de Actes du colloque du Cinquantenaire du 3 novembre 2008, 50eme anniversaire du Conseil constitutionnel, Les Cahiers du CC, Hors série-2009, p.8.

（39）現憲法院院長（J.-L. Debré）はバラデュール委員会における意見陳述で、条約適合性審査と合憲性審査の憲法院への統合を主張していた。前院長であるP. Mazeaudも同意見であった（Rapport du Comité Balladur, p.99）。

（40）バラデュール委員会報告書においてすでに、条約適合性審査を憲法院が行使するという選択肢は排斥されている。その理由は、①条約適合性審査で法律の条約不適合の判決を憲法院が書いた場合に、違憲判決であれば、それを否定する憲法改正を行なうことによって制憲権者は憲法院判決に対抗することができるが、条約の内容を制憲権者が変える可能性は乏しいので、この場合には憲法院に対する対抗手段が存在しないこと、②憲法院が条約適合判断をした法律が、ヨーロッパ人権裁判所で条約違反と判断された場合、国内裁判所は憲法六二条（すべての公権力に対する憲法院判決の絶対的効力を規定）によって憲法院の判断に拘束されるがゆえに、身動きができない状況に置かれてしまうなど憲法院を、コンセイユ・デタ、破毀院とヨーロッパ人権裁判所との間で微妙な地位に置くからである。

（41）G. Alberton, op. cit., p.967 et suiv.

（42）CC, décision nº 2004-496 DC du 10 juin 2004, Rec. p.101 ; CC, décision nº 2006-504 DC du 27 juillet 2006, Rec. p.88. Cf., J. Rideau, "Contrôle de constitutionnalité et contrôle de conventionnalité : les orphelins de la pyramide", RDP, Nº 3-2009, p.601 et suiv.（憲法判断の枠内で実質的に共同体法適合性審査を行なうことを「憲法問題を偽装した条約適合性審査」という）

（43）CE, 21 nov. 2005, M. Boisvert, Lebon, p.517, AJDA, 2006, p.357, chron. C. Landais et F. Lenica ; CE, 16 déc. 2005, Syndicat national des huissiers de justice, Lebon, p.571, AJDA, 2006, p.357. Cf., B. Mathieu, "Le Conseil d'Etat, juge de la constitutionnalité des lois", op. cit., p.756.

（44）G. Alberton, op. cit., p.972 et suiv.

（45）P.ex., J.-H. Stahl, op. cit., p.1003 ; G. Drago, "Le Conseil constitutionnel à la croisée des chemins", in 1958-2008, pp. 319-320.

（46）P.ex., P. Cassia et E. Saulnier-Cassia, "Contrôle de constitutionnalité《a posteriori》et contrôle de conventionnalité de la loi : une coexistence impossible?" D., 2008, p.166 ; G. Alberton. op. cit., p.971.

（47）B. Mathieu, "Les décisions créatrices du Conseil constitutionnel", Les Cahiers du CC, Hors série-2009, p.35

（48）D. Rousseau, op. cit., p.637（法律は合憲とされても条約適合性審査で適用を排除される可能性を有するので、事前審査は条約適合性審査の発展と共にすでに法的安定性の保障ができなくなっていたと指摘する）。他方、バラデュール委員会報告書は「法的過誤の訂正が、訴訟当事者の享受すべき（法的）安定性の保障を改善しないというのは、幾分逆説的である」と事後審査を法的安定性の観点から擁護する（p.88）。

（49）A. S. Sweet, op. cit., p.65 et suiv.「法律主権は大往生を遂げ」、二〇〇八年改正によって第五共和制は基本権保護手続において「多元主義と権威の断片化」という新たな段階を迎えたとする。

（50）注（42）参照。憲法院自身が条約適合性審査を行なう場合とは違い、合憲（憲法院）だが条約違反（ヨーロッパ人権裁判所）の法律規定について、通常裁判所は形式的には条約適合審査の枠の中で当該事件への適用を排除することができる。それに対して憲法院自身は対抗する手段がない。

(51) この観念について、とりあえず、M. Troper, "Identité constitutionnelle", in 1958-2008, p.123.

(52) O. Dutheillet de Lamothe, "Conseil constitutionnel et Cour européenne des droits de l'homme : un dialogue sans paroles", in Mél. Genevois, p.412.

(53) 府川繭子「フランスにおける行政行為の『追認のための法律』——憲法院とヨーロッパ人権裁判所の交錯-」(一)(二完) 早稲田大学大学院法研論集一一五号一三三頁、一一六号一九四頁を参照。

(54) F. Sudre, "Question préjudicielle de constitutionnalité et Convention européenne des droits de l'homme", RDP. N° 3-2009, p.671 et suiv.

(55) P. Mazeaud, "La révision de la Constitution", RFDC, 77, 2009, p.151. マゾー（前憲法院院長・バラデュール委員会副委員長）は、バラデュール委員会で一人憲法院改革に反対したが、この改革は憲法院を「もはや制度（institution）ではなく、裁判所（juridiction）にする」もので、「法の帝国」を強化し「政府に対する裁判官の影響力」を強めるものだとし、「政治的なるものが法律家の前に屈することは止めるべきだ」と主張する。憲法院の政治性に積極的意義を認め、それを単なる裁判所にする法化イデオロギーに抵抗するディスクールはフランスでは根強く存在している。なお、マゾーの違憲の抗弁導入反対論も参照（P. Mazeaud, "L'exception d'inconstitutionnalité", D, 2008, n° 1, p.64 ; Questions à Pierre Mazeaud, président honoraire de Conseil constitutionnel, AJDA, 12 mars 2007, p.501 ; Observations de M. Pierre Mazeaud. (Rapport du Comité Balladur, p.99))。

(56) D. Rousseau, op. cit., p.631 ; Id., "La question préjudicielle de constitutionnalité : une belle question?", Les petites affiches, 25 juin 2009, N° 126, p.7 ; Id., "La Ve République : L'équilibre inachevé des pouvoirs", in 1958-2008, p.787 ; D. Rousseau et P.-Y. Gahdoun, "Chronique de jurisprudence constitutionnelle 2008", RDP, N° 1-2009, p.255 et suiv.

(57) Cf., Régis de Gouttes, "Le dialogue des juges", Les Cahiers du CC, Hors série-2009, p.21.

第三章　憲法院とフランス社会

14　憲法院と地方分権化改革

一九八六年

はじめに

以前、フランスの憲法院が「執行府の擁護者」から「人権保障のための裁判機関」へ、さらに「政権交代の保障者」へとその性格を変化させてきた過程で論議された事柄を整理し、憲法院の地位と機能を明らかにするとともに、その制度のかかえる問題点を若干検討した際に、大略次のような指摘を行なった(1)。

第一に、日本では従来、人権保障機関あるいは裁判機関への進展という局面をとらえて憲法院の評価を行なうことが多かったように思われるが、それでは憲法院の本質的局面を把握したことにはならない。すなわち、憲法院への出訴権を有する者が政治的機関（共和国大統領、首相、両院議長、六〇人以上の国民議会議員、六〇人以上の元老院議員）に限定されていること――特に一九七四年の改革によって出訴権が実質的に野党議員にも拡大されたことの意義は大きかった――、および憲法院の審査が法律の審署以前に行なわれる事前のコントロールであることを考慮に入れると、確かに憲法院は人権保障機関としての機能を果しているのではあるが、この人権保障機能は政治勢力間の政治的対立を調停する過程において付随的に果されているのであって、憲法院の役割の本質はむしろ政治部門で解決できない政治的対立の法的調停者という点にあると考えるべきである。

憲法院が合憲性コントロールを確立したことで第五共和制においてはじめて法治国家が成立したという議論が展開されている。この議論では憲法院が合憲性コントロールを行使すること自体の正統性は括弧にくくられ、自明のこととして受け入れられてしまっている。しかし、トロペールの問題提起に代表される議論を考慮した場合、この制度の正統性はそれ程自明ではない。民主制と憲法裁判との関係如何という問題は未解決のまま残されているのである。しかし、一般的にいえば、憲法院の政治性、裁判官支配といった主張は影をひそめ、憲法院が政治的機関か裁判機関かという論議も裁判機関説が優位する方向で収束した。それは、憲法院が政治から独立し、公平な裁断を下す第三者機関というイメージを定着させることに成功したことを意味する。これは政治的対立を実効的に調停するための必要条件であった。これが指摘した第二の点である。

第三に、このように制度としては定着をみたのであるが、憲法院は政治的対立を法的形式に則って結着させるというアンビヴァレントな要求の前にたたされており、不安定要因をかかえている。それは、合憲性審査の準拠規範の集合である「憲法ブロック」の曖昧さという現象としてたちあらわれる。当然のことながら、それに対して、法律という国民代表機関の意思を挫折させるものである以上、憲法ブロックの内容を明確にすべきだという批判がなされる。しかし、憲法ブロックの曖昧さは制度に必然的に随伴するものなのである。すなわち、政治部門が解決できない対立を調停する任を憲法院が負うのである以上、その際憲法院が利用できる明確な法的基準の存在を期待することはできない。むしろ、憲法院が、この曖昧さを利用しなければ調停者としての役割を実効的に演じることができないという点が重要である。

要するに、憲法院が制度的に定着したひとつの要因は、その問題点として指摘される憲法ブロックの曖昧さに求められるという逆説的な状況がある。八一年の政権交代の後、重要法案のほとんどが憲法院への違憲の申立ての対象となったが、その試練を比較的無難に憲法院が乗り切れたのは、こうした事情によっていると思われる。

以上の考察を踏まえて、本稿においては、ミッテランの地方分権化改革の基本法ともいうべき「市町村、県およびレジオンの権利と自由に関する法律」を一部違憲とした一九八二年二月二五日の憲法院判決を素材として、より具体的に憲法院が演じた役割を検討することとしたい。

憲法院がこの判決において、地方分権化法の行なった改革のうち、どのような点を判断対象として選択し、選択した対象にいかなる法的プロセスを施したのか、すなわち法的推論の方法、を分析することで、憲法院が与野党間の政治的対立を調停するやり方と憲法ブロックの内容の定め方を明らかにし、そのうえで、憲法院の違憲判決が地方分権化改革の遂行に対して及ぼした影響はいかなるものか、改革に阻害的に働いたか否か、換言すれば、政権交代という国民の政治的選択の結果に対して憲法院の示した態度如何、という点を考えてみたい。この二点が特に問題としたい事柄である。

地方分権化法は国有化法とならぶミッテラン政権の最重要課題であった。国有化法判決についてはすでに、結論だけとれば国有化法を違憲とする判決を書いたが、憲法院は、所有権の保障規定（一七八九年人権宣言）と所有の社会化条項（一九四六年憲法前文）、国有化を法律事項とする条項（一九五八年憲法三四条）の三つの規定の間で曖昧な調停を行なうことで、国有化を実施すること自体については原則的に承認する構成をとったのであり、むしろ違憲判決にもかかわらず、国有化の基幹は憲法院判決によって強く正当化されたのであるといった論評がなされている(2)。

地方分権化に関しても前記の問題設定からこれと同様の結論を導きだせると考える。ただ、国有化法とは異なり、地方分権化の実現それ自体は与野党にとって共通の課題であったのであり、今回の改革も過去幾度か挫折してきた改革の試みのあとをうけて提出されたもので、与野党の間で一定の合意が成立しやすかった点は指摘しておいた方がよいだろう。しかしながら、地方分権化を主導する理念とその実現のための具体的方式について対立は確かに存在した。

それでは次に、地方分権化改革の内容とその問題点を、必要な範囲で概観する。これは憲法院がとりあげた問題が分権化政策の全体のなかでどのような位置づけを与えられるべきものであるのかを知るための前提作業である。

一　地方分権化改革の概要(3)

地方分権化改革は、「任期中の最重要課題（grande affaire du septennat）」として位置づけられ、ミッテラン政権成立後もっとも早く着手された改革である。一九八一年七月一六日に法案が提出され、地方制度改革については元老院が先議するという慣行に反して、七月二二日に国民議会で審議が開始される。政治勢力の分布を異にする国民議会と元老院との対立は根深く、多くの修正はなされたものの、両院協議会においても成案が得られず、結局国民議会の第四読会で国民議会案が採択された（一九八二年一月二八日）。これに対して提訴がなされ、憲法院は一部違憲の判断を下した（二月二五日）。それをうけて、大統領は、条件付きで違憲とされた部分をすべて削除して審署し、「市町村、県及びレジオンの権利と自由に関する法律」が成立した（三月二日）。

分権化改革の基本的な制度的枠組を定めるこの法律は、地方公共団体の民主化を徹底し、国に対する自律性を強化して、中央集権によって損われている行政の効率性を高めることを目的としている。改革は段階的に実施されていく予定で、現在まで権限配分に関する法律(4)（一九八三年一月七日法、七月二二日補完法）、地方公務員法（一九八四年一月二六日法）等が成立しているが、予定されている財源の配分、レジオンの組織、公選職の地位、市民の参加などに関する法律等は未だ作成されていない（一条二項参照）。

地方公共団体は、法制上自治を保障され、権限を拡大されて地方行政に第一次的な責任を負うことになったが、その責任を果すための手段はいまだ十分に与えられていない。国の財政赤字が地方への財源の移譲を困難にしており、改革の現実性を担保する国と地方との財源の配分に関する法律の成立を阻止している。

また、いちはやく分権化改革にのりだした社会党政権も、八二年三月の地方選挙で左翼が敗北し、県会を野党側に掌握されたのを契機に、分権化に対する情熱を喪失していく。改革の桎梏となっている行財政構造の錯綜とあいまって、これが改革の足取りを遅らせていく原因となった(5)。

したがって、現時点で分権化の全体像を描くことは、改革が未完であり、しかも核心部分が欠如している点においてと同時に、法律の文言が非常に妥協的でその運用に多くのものが影響される点において、困難な作業である。ここでは、全く不十分であるが、三月二日法の主要な事柄についてごく簡単な指摘を行なうことしかできない。

まず第一にあげなければならないのは、後見的監督の廃止であるが、これは憲法院によって違憲とされた点なので、のちに節を改めてとりあげる。これを除くと、レジオンの自治体化、県の執行機関の変更、および地方公共団体の経済関与権限の原則的承認が重要である。

従来から存在している市町村、県という単位では、その領域が狭すぎるため、戦後の社会的、経済的変動に応えて効率的に行政をおこなうことができないので、より広域の経済行政の担い手が必要とされた。それがレジオンである。一九六九年のドゴールのレジオン改革の試みが挫折した後、七二年にレジオンは行政区画から公施設法人に改組される。しかし、その性格は県の連合体であり、その権限は経済的、社会的発展に関するものに限定され、レジオン議会、経済社会審議会、レジオン知事がレジオンの行政を担当した。レジオン議会議員は直接公選によって選出されるのではなく、知事は国の官僚であった(6)。今回の改革でレジオンは、公選議会、執行機関として公選議会議長を与えられ、地方公共団体となった。新たな民主的正統性を獲得したわけである。この転換の意義は大きい。但し、レジオン議会議員選挙が実施されるまでは（八六年三月に予定されている）、レジオンは暫定的に公施設法人にとどまる。

自治体化したとはいえ、レジオンの権限は経済的、社会的、衛生的（sanitaire）、文化的および科学的発展と地域整備の促進、およびレジオンのアイデンティティの保存に限定されており、しかも、県と市町村の自治と権限を尊重しなければならない。また、レジオンは共和国の統一と領土の一体性を侵害してはならない（五九条）。

元老院は、レジオンを自治体化すると県と市町村の権限が簒奪される危険性があることを理由に、一貫してそれに反対した(7)。この主張は、憲法問題としては、憲法七二条が法律によって設置することを許しているのは、マイヨットのような sui generis な地方公共団体であって、県と市町村とならぶ地方公共団体の一般的カテゴリーではない、と構成されえた(8)。

実際問題としてみると、計画化および経済行政におけるレジオンの役割の重要性が高められた結果、県と市町村がレジオンに従属することを否定することはできない(9)。レジオンが、国の政策を上から下へと中継する組織となるか、地方の、下からの欲求を全国的に積み上げていく中継点となるか、それは今後の問題であるが、そこでは民主化の契機が重要な役割を果すであろう。

県レヴェルでは、従来の県知事制度の廃止が大きな意義をもっているが、国会審議であまり問題とされなかったようである。県知事は国の内務官僚であると同時に県の執行機関であるという二面性を有していた。分権化法において、前者の側面が県における国の代表者(10)に、後者が県会議長に受け継がれる。県は、その執行機関が県会議長にかわることで、民主的正統性を後だてに、国に対する自律性を高める。それは後見廃止の決定的な要素であった[11]。他方、県知事よりも県における国の代表者は、国の出先部局に対して大きな権限を与えられている。県知事制度においては、県知事が国の合理性と地方の合理性との結節点を構成していたが、それが解体されるため、新たな国と地方との合理性を媒介する構造が必要とされる点において、これはかなり根本的な変革である[12]。

これには次のような問題が含まれていた[13]。まず、県知事制度の廃止は分権化法のなかでは言及されず、憲法院への提訴の危険を回避するためにデクレで行なわれた。次に、県知事は憲法一三条三項に列挙された官職であるからその廃止には憲法改正が必要ではないかという疑問が生じる。最後に、県会議長への執行権の移転は、一九四六年憲法では明示的に規定されていたが（実際には実現されていない）、五八年憲法がその規定を除去した点を、五八年憲法は意図的にそれを除去したのであるから県会議長への権限委譲は憲法上許されないと解釈する余地がある。こうした問題点は、憲法院によって取りあげられることはなかった。

最後に、地方公共団体の経済関与の問題[14]をとりあげよう。経済的自由主義を標榜する野党と政府与党とが激しく対立した点である。当初の政府案では、市町村の例をとると、「市町村会は、市町村の住民の経済的、社会的利益の保護に必要な措置をとることができる」と原則が宣明され、それに対して営利企業への資本参加の禁止と、全国計画を承認する法律の規定する国土整備の諸原則の尊重が制約としてかされていたにすぎない。成立した法律では、まず、経済的社会的政策および雇用維持の第一次的な責任主体が国であることが喚起され、次いで、それにもかかわらず市町村が経済的社会的事項に法律の定める条件で関与することができる旨が述べられるという構成になっている。国の責任の喚起は、地方公共団体の経済関与権限を口実に国が経済・社会領域から撤退することを懸念して、条文の初めに規定された[15]。これが第一に市町村の経済関与にかされる基本的限界を象徴的に示すものである。さらに、条文は、国土整備の諸原則の尊重にくわえて、営業の自由と法律の前における市民の平等の尊重を、市町村の経済関与に対する制約とした。

しかし、平等原則は憲法的価値を有する原則であるから、あえて法律で明文をもって規定する必要はない。また、経済関与が増大した現代において、経済領域に平等原則を適用することは困難であり、平等の意味自体を問うことを強いるほど平等原則は適用除外を増加させ、変質してきている[16]。そうだとすれば法律のなかで平等原則の尊重をうたうことにどのような意味があるのだろうか。

営業の自由にしても、一七九一年のダラルド法以来の法律による明示的な言及であるという点では注目すべきことであるが[17]、それが、経済関与の領域で行政裁判所が蓄積してきた判例法理を覆えすような法的効果をもつと考えることはできない[18]。しかも、一般的適用範囲をもつわけではない営業の自由を、無規定なまま市町村の関与に対する制約とすることによって、営業の自由の原則を排除して然るべき社会的役務などの領域において市町村が関与を怠った場合に、その怠慢を正当化するためのアリバイの役割を、ここでの営業の自由への言及は果すのではないかとの懸念も表明されている[19]。

いずれにしろ、元老院における修正で挿入された制約は、法律の前の市民の平等であれ、営業の自由であれ、市町村の経済的社会的関与を認める分権化法のなかで、法的な配慮からすれば規定される必要はなかった。とすれば、国有化政策の延長で地方企業が市町村有化（municipalisation）される危険を憂慮する者に安心感を与えるために、あるいは憲法院の違憲判決のリスクを回避するために、政治的配慮からそれらが規定されたのだと考えることができるだろう[20]。

野党は、イデオロギーとして経済的自由主義の旗を掲げ、自由競争の攪乱（加えて市町村財政に対する負担）を理由に経済関与に否定的なポーズをとっても、関与の現実的必要性を否認することはできないから、法的には重要性をもたないが政治的インパクトをもつ営業の自由への言及で偽瞞的な慰めを得た。しかし、与野党の対立は仮象的なものだけだったわけではない。具体的な制度に関して、元老院は、農村における住民の欲求の充足に必要な役務の維持を目的とするもの以外の企業への直接的援助、即ち経済発展の促進あるいは困難な状況にある企業のたて直しのための援助に反対し、また、財政援助額に対して市町村の財源の一〇パーセントの上限を設定すべきだと主張した。しかし、国民議会と政府はこれを受けいれなかった(21)。

以上の不十分な指摘から確認しておきたいことは、次のようなことである。地方分権化法は従来の状況の追認という側面ももつが、国と地方の関係の全面的な変更をもたらす可能性を有する行政構造の変革を行なった。それゆえに与野党間の対立は不可避であった。レジオンの自治体化、地方公共団体の経済関与の方式などについては、次にのべる後見的監督にかわる行政的コントロールの方式とともに、元老院と国民議会とが最後まで対立した点である。しかし、分権化の必要性自体については合意が存在していたから、政治的な妥協もかなり成立し、それは法文の両価性に反映されている。

こうした性格を有する法律が、元老院、国民議会の野党議員の手で憲法院の合憲性コントロールに付されたわけである。地方選挙を目前に控え、分権化に反対するかのような行動をとることが政治的には不利だったため、提訴は国の行政的コントロールの方式だけを対象とした。憲法院もその事柄だけに判断を下し、これまで指摘した憲法問題ともなるかもしれない問題については、職権でとりあげることなく正当性を認めた。

次に提訴の対象となった後見的監督の廃止の内容をみてみよう。

二　後見的監督の廃止

従来、市町村の活動は県知事の後見の下に置かれていた。この制度にかわって、国民議会で最終的に採択された法案において創設された、市町村に対する国の行政的コントロールの制度は次のようなものであった[(22)]。

第二条　市町村当局の議決、決定および処分ならびにその締結する協定は、**それらの公表もしくは通知が行なわれるとただちに執行力をもつ。それらの行為の執行力は下記第三条に規定する県における国の代表者への送付に左右されない。**

前項の規定は、県における国の代表者が市町村法典L一三一―一三条およびL一三一―一四条によって、特に警察事項に関して保有する代行権限の行使、ならびに市町村法典L一二二―一四条およびL一二二―二三条の適用として市町村長が市町村における国の代表者として行動する場合の市町村長の決定に対する県における国の代表者の指揮監督権限の行使を妨げるものではない。

第三条　市町村当局の議決、決定および処分ならびにその締結する協定は、一五日以内に、県における国の代表者または郡におけるその代理に送付される。

県における国の代表者は、前項に規定する送付から二ヵ月以内に適法でないと判断する議決、決定、処分および協定を地方行政裁判所に提訴する。**県における国の代表者は、提訴の少なくとも二〇日前までに訴を提起する意図を市町村長に通知し、当該行政行為を適法なものに変更することを可能ならしめるすべての情報を市町村長に伝達する。この通知がなされなければ、訴は受理されない。**

市町村長の要請に基づき、県における国の代表者は、本条第一項の適用により送付された市町村当局の議決、決定、処分または協定を地方行政裁判所へ提訴する意図のない旨を市町村長に通知する。

国の代表者は、提訴に執行停止の申立てを付加することができる。この申立ては、本案において援用されている理由の一つが、予備審理の段階で、重大性があると思われ、かつ訴の対象たる議決、決定、処分または協定の取消を正当化しうると思われるときは、認容される。

本条第一項に掲げる行政行為の一つが、公の自由もしくは個人的自由の行使を侵害する性質のものであるときには、**二〇日の予告期間の満了以前であっても、県における国の代表者の訴の受理を宣言することができる。この訴に執行停止の申立てが付加されており、それを正当化するために援用された理由の一つが、予備審理の段階で、重大性があると思われ、かつ訴の対象たる行為の取消を正当化しうると思われる場合には、**地方行政裁判所所長は四八時間以内に執行停止を宣言する。地方行政裁判所所長の執行停止に関する決定に対しては、その通知から一五日以内にコンセイユ・デタに控訴することができる。この場合には、コンセイユ・デタ訴訟部部長もしくはその件に関し権限を委任されたコンセイユ・デタ評定官が四八時間以内に決定を行なう。

政府は、毎年度六月一日以前に、国会に対して、県における国の代表者が市町村の議決、決定、処分および協定に対して行使した事後的コントロールに関する報告書を提出する。

第四条　自然人または法人が市町村の行政行為によって侵害をうけた場合には、直接に不服を申し立てる方法のほかに、県における国の代表者に対して、前条に定める手続を発動するよう求めることができる。国の代表者は、不服の対象となっている行為が前条第一項の定める期間内に送付されていなかった場合には、当該手続を発動する。(23)

以前のシステムと比較して、この制度の特色はそれが裁判的コントロールである点にある。国の内務官僚たる県知事の行使する後見的監督は、国の代表する一般的利益を地方公共団体に代表される個別的利益に優越させ、あるいは市町村間に存在する不平等、不均衡を是正し市町村間の平等を確保するという名目のもとに正当化され[24]、適法性だけでなく適不適（opportunité 合目的性）のコントロールをも含み、承認、取消、代行等の手段[25]を通じて実現されるものであった。それは地方公共団体の自治に対して大きな脅威を及ぼすことができた。

それに対して、分権化法の規定する制度は行政裁判所が、国の代表者の提訴に基づいて、地方公共団体の行為の適法性についてだけ判断する裁判的コントロールである。国は行政裁判所への提訴権を保持するにすぎない。もはや国は地方公共団体の行為の適不適を判断することはできないし、適法性についても自ら判断を下すことができない。判断を下すのは行政裁判所である。また国は伝統的な後見監督手段である承認、取消の権限をすべて失った（一九八二年三月二日法第二一条参照）。

今や国の監督権限は行政裁判所への提訴権に縮小され、国は地方当局の行為に対して、市民と同一の地位におかれることになる。国と地方との間の関係が法によって媒介されることで、地方公共団体は国への従属関係から法制度上解放される。そこには、いわば権利義務関係が成立する。

確かに、国と地方との関係は、社会学的に見れば、国が一方的に地方にその意思を強制できるような従属関係ではなく、国の合理性と地方の合理性とが一定の機制のもとに調停されるシステムとして構成されていた[26]。県知事は、国の利益を代表するだけでなく、そこでは地方の利益を擁護する役割を担う存在でもあった。また、取消等が実際に行なわれることは稀である。そうした古典的後見手段は凋落し、対話と協調の精神に基づく現代的な後見――全国的な経済計画のなかに地方公共団体の経済関与を組みこんでいくための後見――が、社会・経済構造の変化とともに重要性を帯びてきている[27]。実際、行政の効率性の観点から後見緩和の改革が試みられてもきた。したがって、こうした傾向の延長として今回の後見的監督の廃止は古典的後見を対象とする限りでそれほどの意味をもつわけではないと考えることもできるかもしれない。

また、適不適のコントロールが廃止されたとはいえ、適法性と適不適の区別は相対的なものであり、特に経済関与の領域では適法性の内容自体が不確定なものであること[28]を考慮すれば、この廃止がそれほどの意義をもつか疑問を呈することもできるだろう。

このように、事実のレヴェルで改革の意義を額面通り受けいれるわけにはいかないのだが、国と地方公共団体との関係をどう構想するかという基本理念のレヴェルにおいて、法制度上後見的監督が廃止され、国と地方公共団体とが法の下に対等な関係にたつという転換が行なわれた意義は大きい[29]。ここに、地方公共団体が国に対する地位を強化していくための契機を確実に見出すことができる。

ところで、先に掲げた条文をみてわかるように、新しい行政的コントロールの制度はかなり複雑である。その基本的意義を裁判的コントロールの確立という点に求めることができるとしても、法制度のレヴェルにおいてさえ、後見の廃止が実効的になされているか、考察してみなければならない。

確かに次に指摘する点は新制度を旧制度に限りなく接近させるものである[30]。

代行権限の残存。二条二項において、警察事項に関して、国の代表者が市町村長に代行する権限が認められている。代行権限は、後見監督の手段のなかでもっとも強力な手段であった。この条項は元老院のイニシアチブで挿入された。

提訴予告制度（三条二項）。国の代表者が違法と考える市町村当局の行為の訂正を促すために、提訴を行なう前に提訴の意思と違法の理由を市町村長に伝えることによって、国の代表者と市町村当局との間の対話を保障し、無用な訴訟を避けるための制度と説明される（三条三項も同趣旨の規定である）。しかし、この制度は、市町村法典L一二一―三九条の再議の要求と機能的には等価の役割を果しうる。権威的にではなく、協調の精神で市町村の行為を国の欲する方向へ誘導する手段として使用可能な手続であり、その意味で国の影響力を確保しようとする制度であった。それなのに憲法院は、これを、国の行政的コントロールの行使を妨げるものだという理由で、違憲とした。

独特な執行停止制度（三条四項）。承認、取消の権限が廃され、事後的な裁判的コントロールがそのかわりに設けられるのだが、行政裁判の運行が緩慢であることを考えると、市町村のなした行為が明白に違法であっても、判決が下されるまで執行力を保持することになり、違法状態が放置されたままになる危険が生じてくる。この危険を回避するために、国の代表者が提訴に際して執行停止の申立てを付加できるとすべきであると主張されるわけである。執行停止制度を設けるか否か、いかなる制度にすべきかは、国会における審議過程では重大な争点を形成した。提訴とともに自動的に執行を停止し、国の代表者による行政的コントロールの行使を実効化すべきだという主張もなされたが、その制度は結局採用されなかった。しかし、執行停止の認められる条件は、通常のそれと比べるとかなり緩和されている。

本案で援用されている理由のひとつが重大性を有し、かつ訴の対象たる行為の取消を正当化しうると思われるときに、執行停止は認められる。この場合、この要件が満たされれば裁判官は義務的に執行停止を認めなければならない。しかし、従来の判例によれば、要件が充足されても裁判官は執行停止を認めないこともできたのである。要件自体についてもまた、執行停止を認めなかったときに回復されない又は回復しがたい損害が発生するか否かという、通常要求される要件が必要とされない点で、緩和されている。(31)

この二つの点で、国の代表者は地方公共団体の行為の執行停止を、一般の市民よりも容易に獲得することができる。

公の自由もしくは個人的自由の保障を目的とする特別の手続（三条五項）。市町村当局の行為が公の自由もしくは個人的自由の行使を侵害する性質のものであるときに、二〇日の予告期間が経過しなくても国の代表者の訴を裁判所は受理できるとする提訴予告制度に対する例外。および、この場合に執行停止の申立てが付加され、前記の要件を満たすときには、急速審理手続によりその可否は四八時間以内に地方行政裁判所所長によって決定される、とする制度。これらの手続に関しては、市町村の行為のなかで公の自由を侵害する可能性のある行為をどう特定するのか、また、公の自由の概念自体をどのように画定するのかといった疑問が呈されている。さらに、四八時間という審理期間の短さ、この審理期間にサンクションが伴っていないことが問題点として指摘されている。

市民が国の代表者に対して提訴を要求する制度（四条）。裁判所への市民のアクセスを容易にし、係争を迅速に処理することによって、市民の利益の保護をはかるための制度とされる。

三条五項とともに、この制度は元老院の要求で設けられた。公の自由や市民の利益の保護を名目としているが、その真の目的は地方公共団体に対する国のコントロールの強化にあった。元老院は市民の自由の名のもとに、地方の自由の削減を試みた(32)。

当初提出された政府案においては、後見の廃止に関して、「市町村当局の行なう議決及び決定は、法律上当然に執行力をもつ。これらの議決及び決定の行政機関による取消を定める規定並びにそれらを上級庁の承認に服せしめるすべての規定は廃止する。」（二条）「市町村当局の議決及び決定は、県における国の代表者に直ちに通知される。……県における国の代表者は、法律に違反すると判断する議決及び決定を地方行政裁判所に提訴する。」（三条）と定めるにすぎなかった。この簡潔な規定が最終的に、先に指摘した諸制度等を付加され、整備された結果、冒頭に掲げた規定になったわけである。国会審議の過程で国民議会と元老院の間で一定の妥協が成立したこと、元老院が国のコントロール強化に一役かったことについては、乗本論文に詳しい。

以上述べたように、後見廃止の実効性は、社会学的レヴェルと、具体的な法制度のレヴェルではかなり疑わしい。行政的後見の全面的廃止がうたわれているにもかかわらず、新たに設けられた行政的コントロールの法制は、全体としてみると、従来の後見的監督と機能的には等価であるといえそうである[33]。とはいえ、すでに指摘したように、県知事の後見という中央集権国家フランスのシンボル的存在を廃止し、裁判的コントロールを原則として導入することによって、国と地方との関係の基本的理念を転倒させたところにこそ地方分権化改革の意義があるのだ、ということをここで今一度確認しておきたい。シンボリックな次元でしか意味をもたないというのではない。この理念の転換が具体的な法制、慣行に今後浸透していくであろうという意味で、それはかなりの重要性をもつように思われる。

三　憲法院判決[34]の論理

政治的妥協によって当初の政府案からはかなり後退した内容の行政的コントロールの方式が国会を通過したわけであるが、国の監督権限のさらなる強化を志向する人々によって憲法院へ提訴がなされた。地方分権化法の第二、第三、第四条の規定する行政的コントロールが、地方公共団体の違法な行為に対して行政裁判所に提訴を行なう権限しか政府の代理人に認めておらず、しかもこの訴が法律上当然に停止効をもつわけではないので、国はもはや憲法の定める行政的コントロールを実効的に行使し、法律の尊重を確保して市民の自由を保全することができない、というのが提訴事由であった。

第五共和制憲法には地方分権化に関して、次の規定がある。「地方公共団体の自由な行政、その権限および財源」の基本原則を法律事項とする第三四条、他方「地方公共団体は公選議会により、かつ法律の定めるところに従って、自由に行政を行なう」（二項）と地方公共団体の自由な行政の原理を定めるとともに、「県および海外領土においては政府の代理人が国益、行政的コントロールおよび法律の遵守について責任を負う」（三項）と地方公共団体に対する国の監督権限を定める第七二条。第七二条の内部では、地方公共団体の自由な行政と、それに対する国のコントロールという二つの相矛盾する要請が対立している。したがって、地方分権化法の合憲性を判断するための前提として、憲法院はこの三つの条項に統一的な解釈を施し、そこに存する対立になんらかの解決を与えなければならない。

それは次のようになされた。「法律は地方公共団体の自由な行政の条件を定めることができるが、それには第七二条第三項に挙示された国の特権を尊重するという留保がふされる。この国の特権は、たとえ一時的にであったとしても、制約され効力を奪われることがあってはならない。したがって、立法者の関与は、第七二条第三項の定める行政的コントロールによって法律の遵守、より一般的にいえば、国益の保全が確保されるようにするという条件に服する。」

ここでは、地方公共団体の自由な行政という憲法原則と国の監督権限の確保という憲法原則との、憲法原則どうしの対立として問題は捉えられていない。前者の内容は原則として立法裁量に委ねられ、その裁量を拘束する憲法原則が後者だという構成がとられている。つまり、憲法原則の間に、説明抜きで序列が設定され、国の監督権限の確保の原則が優越的な地位を与えられる。しかし、この原則的判示は一般的すぎて、国の優位を説いているのだという印象以上に、国益保全を実効的に保障する行政的コントロールの具体的内容を推測させる手掛りを与えるものではない。国の特権の内容こそが重要であるにもかかわらず、それは開かれたままで、しかし、その特権の行使の阻害は、一時的であれ、違憲だということだけがやけに明確である。

この判断基準を適用して、判決は、原則的に国の代表者の権限を行政裁判所への提訴権に限定することに対して、簡単にその合憲性を肯定したが、地方公共団体の行為の執行力の発生時期と提訴予告制度を違憲とした。

県知事の後見的監督を国の代表者の提訴に基づく行政裁判所の適法性コントロールへと変更するについては、地方公共団体に対する国のコントロールの実効性を確保するのに裁判的コントロールで十分であるのかという問題が提出されていた[35]。対話と協調に基づく後見の柔軟性、即応性、そして適不適の判断を含み、取消、執行停止等の手段によって行使されるコントロールの実効性に対して、行政裁判所による審査は、適法性についてだけの硬直した審査であり、また、時間も要し迅速さを欠く。国民の一般的利益を擁護し、市民の権利保護をはかるという国の監督権限の目的を、そのような裁判的コントロールで実効的に達成できるかは自明の事柄ではないだろう[36]。特に、憲法院が国の監督権限の重要性を強調する立場をとる以上、この点はもっと吟味されて然るべきではなかったろうか。

しかし、憲法院は、「このコントロールは憲法第七二条（第三項）の定める諸目的を、損うことなく実現しようとするものである。したがって、問題となるすべての行為を裁判的コントロールに服せしめる権能を、国の代表者に与えるのであるから、本法第三条……は憲法第七二条（第三項）の効力を制約するものではない。」と述べるだけである。新制度の目的と対象の包括性に言及するが、裁判的コントロールという態様の目的適合性、合理性について憲法院は沈黙を守る。沈黙することで改革の基幹に正当性を付与したのである。

他方、判決は一部の規定を違憲とした。法律の第二条第一項によれば、市町村の行為は公表もしくは通知後ただちに執行力をもち、県における国の代表者への行為の送付は、執行力発生の条件とされていない。その結果、送付以前の段階だと、行為の内容を知ることがないから国の代表者は、行政裁判所に対して訴を提起することができない。さらに、県における国の代表者が拘束される二〇日間の提訴予告期間（第三条第二項）もまた、その経過以前に訴を提起することを禁じる。したがって、執行力が生じてからも、送付前の期間と提訴の予告後二〇日の間、国の代表者の提訴権は制約される（ただし、公の自由、個人的自由がかかわるときは提訴予告期間経過前でも、訴は受理されることがある（第三条第五項））。この提訴権の制約は、憲法第七二条第三項によって国に留保されている特権を行使する手段を国から一時的に奪うことであり、明白に違法な行為であってもその間執行力を保持しつづけ、それに対してさえも国の代表者が対処する術をもたないという点で憲法に違反する（non conformes à la constitution）と憲法院は判断した。

判決の、違憲判断を示したこの部分にどのような位置づけを与えるべきであろうか。国の代表者への送付を執行力発生の条件とする点で国のコントロールの強化を判決は志向していると理解することもできそうであるが、裁判所によってコントロールがなされるという前提があれば、送付と執行力の発生を結びつけることがそれほど大きな意義をもつとは思えない[37]。提訴予告制度を違憲とした点について。この制度の目的は、裁判に訴える前に国と地方との対話の機会を確保し、そこで問題を迅速に解決することにあるが、実際には裁判外で国が影響力を行使する場を保障するものとして機能する可能性を有していた。つまり、国のコントロールを強化するための方策であった。しかし、憲法院は、国の特権の行使を妨げるという理由によってこの手続を違憲としたのである。その結果、裁判外でのコントロールの可能性は排斥され、むしろ国と地方との関係は裁判所による適法性審査だけによって規律されるべきこととなる。したがって、憲法院は、国の監督権限の保障という名目のもとに、実は裁判的コントロールの原則の徹底を再確認し、国が事実上の影響力を行使するチャンスの芽を摘んだわけである。

さて、本稿の冒頭で掲げた問題意識にたちかえって、原則的判示、裁判的コントロールの合憲性を認める部分、送付と執行力の切断および提訴予告手続を違憲と判断した部分を全体として考察した場合、判決はどのような意味を持つであろうか。これまでの検討を踏まえて考えてみたい。

憲法院は提訴をうけた場合、提訴の対象とされている条項だけでなく、その法律全体について審査を行使することができるが、本件の場合、審査は提訴理由に示された行政的コントロールの合憲性だけに限定されている。他の条項については、職権によって審査が行なわれることなく合憲性が認められた。

ところで、審査対象とされた後見的監督廃止の問題は、地方分権化改革のなかでどういう位置をしめるものであったろうか。すでに指摘したように県知事の後見的監督権限は中央集権国家を象徴する存在であった。その点でその廃止のもつ意義は大きいといわざるをえない。しかし現時点では、承認、取消等の古典的手段は実効性を喪失し、活用されない。だから、今回の後見的監督の廃止が古典的手段を対象とする以上、それはかかる現実を追認するものにすぎない。つまり、制度の変更は国と地方との間に現に成立している事実上の関係の全面的変更をただちに導く性質のものであるわけではない。その現実的影響力はさほど大きくない。そして、政治勢力のあいだでは、後見的監督廃止の大義名分自体について合意があり、また、それをどのような方式で実現するかという具体的制度に関する対立も、国会審議の過程でかなり歩み寄りが行なわれた。ただ、そこで、具体的制度を基礎づける理念についての対立は解消されなかった。それは、国と地方との関係の再編に際して、国の行政の効率的実現を重視する立場と、地方制度の民主化をはかり国に対する地方の自律性を強調する立場との対立であると考えられる。

後見的監督の廃止は、このように、現実的射程が限定的であり、また、ある程度政治的妥協も成立をみていたが、なお基本的なイデオロギー上の対立を含む問題であった。そうだとすれば、憲法院が判断することを求められたのは、具体的制度が違憲かどうかでなく、それを基礎づける理念のレヴェルで、対立するどちらの立場が正当であるのかということであったと考えられる。

憲法院は基本的なこの課題にどうこたえたのか。一見すると憲法院は、憲法第七二条第三項の国の監督権限を判決の基調にすえ、地方分権化法の定める行政的コントロールの方式を違憲として野党側の要求をいれ、改革に阻害的な役割を果したようにみえる。

しかし、先に指摘したことを繰り返せば、確かに論旨の運び方は国の役割を強調する形をとっているのであるが、そうした強調が行なわれてもなお、国と地方との関係を原則的には対等な権利義務関係とする適法性の裁判的コントロールの方式の合憲性が認められ、提訴権しかもたない国の代表者の地位が認容されている点に注目したい。しかも、違憲とされた部分も、この基本的枠組を否定するものではなく、むしろ論理的にそれを徹底する意味をもっていた。したがって判決は、たんに改革を阻害しなかっただけでなく、改革を正当化する積極的意味をもったといえる。

政治勢力間の調停としてみれば、これは、地方に対する国の優越を推論の基礎に据えているかのように見せかけ、しかも瑣末な点を一部違憲とすることで、リップサーヴィスを施し、その実、裁判的コントロールがほんとうに国の優越を保障するかという真の問題について沈黙することで、結果的に政府与党の選択した価値に憲法的正統性を付与する、という構成がなされたことを意味する。推論において野党に名分を、結果において与党に内実を、という論理が展開された。実際、違憲判決であるにも拘らず、提訴理由として主張された事柄は実質的にどれ一つとして認容されていない。国の代表者は提訴権以上のものを獲得できなかったし、訴の即時的停止効も認められなかった。これらの点は判決理由のなかでふれられてもいない。野党が得たのは、言葉のうえでの慰めである。

こうして、憲法院は立法府の価値選択に二重の沈黙を守ることで、かえって強くそれを正当化した。県知事の後見的監督権限の廃止という地方分権化改革のもっとも象徴的な対立点に〝違憲判断〟を下して、他の改革（憲法問題になるかもしれないものを含めて）について沈黙を守り、その実質的重要性を後景に押しやり、さらに、後見的監督の問題に関してさえ、その核心については沈黙した。憲法院は瑣末な点では饒舌だが、問題の核心部の前ではおし黙る。そのことによって、政府の基本的政策を維持しつつ政治的対立を統合する難しい役まわりを無事のりきれた。

このような推論方法が採用される以上、したがって、憲法ブロックの明確さの要求が満たされることがないのは当然である。憲法院の関心の第一は政治的対立の調整であり、憲法規範の明確化それ自体に対してはそれほど関心がないのであるから。

もう一点注意しておかなければならないのは、憲法院の政治的統合機能が発揮されるのは判決においてだけというわけではないことである。憲法院という合憲性審査機関が存在し、場合によっては違憲判断が下されるという脅威だけでも、政府の法案作成段階、国会審議の段階ですでに与野党双方の自制を引き出すことができる。憲法院は政治的妥協の成立しやすい環境を生みだし、憲法を基準とする政治的均衡状態を創出するのに一役かっているわけである(38)。判決の対象とするのはすでにこのような状態のなかで成立した妥協の産物である。本件においても、政治的妥協が成立していなかったならば違憲判決が書かれたであろう(39)といわれるが、違憲判決の脅威が政治的妥協を可能ならしめたのだともいえるのである。

さらに、本件においては、違憲判決後の処理の過程で政府が非公式に憲法院に諮問を行なった(40)。こうした点でも憲法院の影響力は示されうる。

憲法院は顕在的あるいは潜在的に政治過程に影響力を行使しているが、憲法院自身が社会的変革をもたらすような基本的価値選択自体を行なっているようには思われない。基本的な選択のレヴェルでは、憲法院は政治部門の最終的判断にしたがっている。したがって、この制度の機能として重要なのは、それが政治部門の判断に及ぼす潜在的な圧力、即ち政治的統合機能であるように思える。この点が、政治的機関に出訴権者が限定されており、法律の審署前に審査が行なわれる合憲性コントロール制度の機能とその限界であるといえるのではないだろうか。

（1）今関「フランスにおける〝違憲審査制〟の問題点――政権交代と憲法」法律時報五七巻六号（一九八五年）六一頁、

憲法院に関して、この論文以降次の文献が公刊された。Bernard Poullain, Remarques sur le modèle français de contrôle de constitutionnalité des lois, *Pouvoirs*, n°30, 1984, pp. 121-36; Dominique Turpin, Le traitement des antinomies des droits de l'homme par le Conseil constitutionnel, *Droits. revue française de théorie juridique*, n°2, 1985, pp. 85-97; Vincent Bouvier, La nature du contrôle de constitutionnalité, *Droits*, n°1, 1985, pp.143-51.（前稿でふれたJ.-Ch. Balatの著作に関する書評）

（2）大野拓哉「現代と『国有化』―― Mitterrand 政権下の『国有化』をめぐって㈠」早稲田大学大学院法研論集三五号（一九八五年）九五頁。また、渡辺司「フランス戦後再建期『国有化』と公企業管理法制の展開㈡」同論集三四号（一九八五年）三五六―三六〇頁（〈付論〉「国有化」規定の今日的射程――二つの憲法院判決によせて）も参照。

（3）分権化改革の概要について、小早川光郎「フランスの地方自治制度改革とその背景」自治研究五七巻一一号（一九八一年）三頁、岩本勲『フランス社会党政権の転換点』晃洋書房（一九八四年）一四〇頁以下、乗本せつ子「フランスの地方制度改革と元老院」法律時報五七巻七号（一九八五年）九六頁、伊藤洋一「フランスの地方制度改革と『市町村社会主義』」同五七巻八号九〇頁、稲本洋之助「フランスの地方制度改革と都市計画権限」同五七巻九号八六頁、稲本・乗本・伊藤「フランスの地方制度改革――議会資料から」同五七巻一〇号一一二頁、大山礼子「フランス地方制度改革の現状と新権限配分法」自治研究六〇巻三号（一九八四年）九二頁などを参照。フランスでは、三冊の共同研究の成果が公にされている。Frank Moderne, sous la direction de, *La nouvelle décentralisation*, Sirey, 1983; Albert Mabileau, sous la direction de, *Les pouvoirs locaux à l'épreuve de la décentralisation*, Pedone, 1983; Jacques Moreau et Gille Darcy, sous la direction de, *La libre administration des collectivités locales. réflexion sur la décentralisation*, Economica, 1984. 概説書は多数ある。直接参看した基本的なものは、Paul Bernard, *L'Etat et la décentralisation, Du préfet au commissaire de la République*, Documentation française, 1983; François Luchaire et Yves Luchaire, *Le droit de la décentralisation*, P.U.F., 1983; Jacques Baguenard, La décentralisation, 2ᵉéd., coll. Que sain-je? P.U.F., 1985; Jacques Moreau, *Administration régionale, départementale et municipale*, 7ᵉéd., Dalloz, 1985 ; Jean-Marie Becet, *Les institutions administratives*, Economica, 1985. 雑誌の特集として、*Cahiers français*, n°204, 1982 ; *Actuaiité juridique*.

droit administratif, 1982, n°5 et 1983, n°2 ; *Les Temps Modernes*, n°463, 1985.

地方分権化法の翻訳は、磯部力（訳）「フランスの新地方分権法（上）（下）」自治研究五八巻五号四〇頁七号一三頁（一九八二年）を参照した。これには本稿でとりあげた一九八二年二月二五日の憲法院判決の訳ものっている（七号三九頁以下）。また、政府提出法案の翻訳は、磯部力（訳）「市町村（commune）、県（département）、及び洲（région）の権利と自由に関する法律案」自治研究五七巻一一号（一九八一年）一二頁を参照。

（4）この法律は翻訳されている。磯部力・大山礼子（共訳）「フランスの新権限配分法㈠㈡㈢」自治研究六〇巻三号一〇〇頁五号九二頁八号七二頁。

（5）François Goguel et Alfred Grosser, *La politique en France*, A. Colin, 1984, p. 50 ; François Dupuy et Jean-Claude Thoenig, *Sociologie de l'administration française*, A. Colin, 1983, p. 191 ; J. Baguenard, *op. cit.*, p. 105.

（6）レジオン一般についての詳細は、野地孝一「フランス地域政治の危機と分権化改革――レジオンを中心として」日本政治学会編『日本政治学会年報　現代国家の位相と理論』岩波書店（一九八一年）一八一頁、西村茂「フランスにおける地方制度改革の諸特徴㈡」名古屋大学法政論集一〇五号（一九八五年）三〇二頁、滝沢正『フランス行政法の理論』有斐閣（一九八四年）第三部特に第二章一七八頁以下などを参照できる。

（7）Pierre Bon, Le senat et la loi du 2 mars 1982 relative aux droits et libertés des communes, des départements et des régions, in *La nouvelle décentralisation*, *op. cit.*, p. 74 et suiv.

（8）Ibid, p. 75, note (156).

（9）Cf. Jean-François Auby, La décentralisation fait-elle naître de nouvelles tutelles? *A. J. D. A.*, 1984, n°s7/8, p. 415 et suiv. ; Jean-Claude Nemery, Le nouveau régime juridique des interventions économiques des collectivités locales, *A. J. D. A.*, 1983, n°2, pp. 71-2..

（10）県における国の代表者（représentant d'Etat dans le département）は、のちにデクレによって「共和国の代理人」（commissaire de la République）と呼ばれるようになる。これに関して、cf. J.-F. Auby, *Le commissaire de la République*, coll. Que sais-je? P. U. E., 1983 ; Id., Le commissaire de la République, *A. J. D. A.*, 1982, n°6, pp. 384-9.

(11) Id., La nouvelle organisation départementale, *A. J. D. A.*, 1982, n°5, p. 337.

(12) 県の改革の全般的な解説として、なお Jean-Marie Pontier, Le nouveau département, in *La nouvelle décentralisation*, *op. cit.*, pp. 271-99. を参照。

(13) Louis Favoreu et Loïc Philip, *Les grandes décisions du Conseil constitutionnel*, 3ᵉéd., Sirey, 1984, pp. 589-90.

(14) 詳細は前掲伊藤論文を参照。

(15) J.-Cl. Nemery, *op. cit.*, p. 66.

(16) J.-Cl. Douence, L'extension des compétences des collectivités locales, in *La nouvelle décentralisation, op. cit.*, p. 171.

(17) Ibid.

(18) J. Moreau, La commune et la loi du 2 mars 1982, *A. J. D. A.*, 1982, n°5, p. 330 ; J.-Cl. Douence, *op. cit.*, pp. 171-2 ; J.-Cl. Nemery *op. cit.*, p. 66.

(19) J. Moreau, *op. cit.*, p. 330.

(20) J.-Cl. Nemery, *op. cit.*, p. 66.

(21) P. Bon, *op. cit.*, p. 71.

(22) 市町村に関する議論は、基本的に県とレジオンについてもあてはまるので、以下市町村を念頭において議論を進める。

(23) 条文のなかでゴチックで示した部分は、憲法院の違憲判決を考慮して、審署の際に削除された。

(24) Guy Melleray, *La tutelle de l'Etat sur les communes*, Sirey, 1981, p. 39 et suiv.

(25) 後見的監督の手段は次のようなものであった。市町村会の議決は八日以内に市町村長から県知事へ送付され、その執行力は送付後一五日をもって法律上当然に発生する（市町村法典L一二一―三〇、三一条）。議決が、権限外の事項に関するものであるとき、または適法な会議外でなされたとき、或いは法律に違背してなされたときは、県知事によって無効を宣言される（同L一二一―三二条以下）。また、議決の対象事項に利害関係を有する議員が議決に参加した場合には、それは取消される（同L一二一一－三五条以下）。市町村法典L一二一一－三八条に掲げられた事項に関する議決は承認に服せしめられる。この議決に対して県知事は市町村会に対して再議を求めることができる（同L一二一一－三九条）。市町村長の決定に関して、取消、執行停止（同L一二二一－一八条）を県知事はなすことができる。また、市町村長が法律の命じる行為を拒否もしくは怠るときに、県知事は、職務の執行を促したのちに、職権でその行為を行うことができる（代行権限。同L一二二一－一四条。警察事項に関して、同L一三一－一三条）。さらに、市町村会議員の離職の宣言（同L一二一一－一二条）、市町村長、助役の一月の職務停止の決定（同L一二二一－一五条）などがある。詳しくは、G. Melleray, *op. cit.*, en particulier p. 163 et suiv. なお、市町村法典について、兼子仁・磯部力（訳）『フランス市町村法典』地方自治総合研究所（一九七九年）を参照した。

（26）Cf. p. ex., Pierre Grémion, *Le pouvoir périphérique. Bureaucrates et notables dans le système politique français*, Ed. du Seuil, 1976, 2e partie, pp. 153-344 ; François Dupuy et Jean-Claude Thoenig, *Sociologie de l'administration française*, Armand Colin, 1983, en particulier chap. 2 et chap. 5.

（27）G. Melleray, *op. cit.*, p. 279 et suiv.

（28）G. Melleray, La suppression des tutelles? in *La nouvelle décentralisation, op. cit.*, p. 230 ; J. Moreau, La commune et la loi du 2 mars 1982, *A. J. D. A.*, 1982, no5, pp. 308-9 ; Jean-François Auby, La décentralisation fait-elle naître de nouvelles tutelles? *A. J. D. A.*, 1984, nos7/8, pp. 412-3.

（29）G. Melleray, La suppression des tutelles? *op. cit.*, pp. 213-4.

（30）以下の叙述は、基本的に、G. Melleray, *op. cit.*, p. 220 et suiv. によっている。

（31）J・リヴェロ『フランス行政法』兼子・磯部・小早川編訳　東京大学出版会（一九八二年）二四〇頁以下参照。

（32）前掲乗本論文九九頁参照。

（33）後見的監督の廃止はシンボリックなものであるということについて、p. ex., Jacques Chevallier, Présentation de la première partie dans *Les pouvoirs locaux à l'épreuve de la décentralisation, op. cit.*, pp. 18-9 ; Yves Mény, Pouvoir administratif d'Etat et collectivités territoriales, in *Les pouvoirs locaux à l'épreuve de la décentralisation, op. cit.*, pp.

121-2.

（34）一般的な評釈として、Jean Boulouis, Commentaire des décisions du Conseil Constitutionnel, *A. J. D. A.*, 1982, n°5, pp. 303-6 ; Favoreu et Philip, *Les grandes décisions*, *op. cit.*, p. 563 et suiv.

（35）たとえば、国民議会におけるドゥブレの発言（*Cahier Français*, *op. cit.*, p. 60）。

（36）裁判的コントロールの問題点と実績につき、cf. Paul Allies, La décentralisation entre modernisation et crise de l'Etat, *Les Temps Modernes*, *op. cit.*, p. 1443 et suiv ; Daniel Chabanol, Décentralisation et juge administratif, *A. J. D. A.*, 1983, n°2, p. 73 ; Jean-Claude Piedbois, Le juge administratif et la《nouvelle》tutelle, in *La nouvelle décentralisation*, *op. cit.*, pp. 261-70 ; J.-F. Auby, La décentralisation fait-elle naître de nouvelles tutelles? *A. J. D. A.*, 1984, n°s7/8, pp. 412-5 ; François-Xavier Aubry et Corinne Lepage-Jessua, Les juges administratifs face à la décentralisation, *A. J. D. A.*, 1984, n°6, pp. 370-7. また、明確に裁判的コントロールに対して批判的立場を表明したものとして、cf. Michel Aurillac, *La France une et indivisible*, Economica, 1983, pp. 166-70, p. 77 et suiv.

（37）国会審議の段階で、国の代表者への送付を執行力発生の条件とするという元老院の修正案を政府は受け入れていたが、国民議会がそれを拒否していた（P. Bon, *op. cit.*, p. 67）。政府が認容していた点で、憲法院はこの規定を違憲とするについて躊躇を感じることはそれほどなかっただろう。

（38）ファボルーが一連の論文で強調する「政権交代の保障者」という視角。

（39）J. Moreau, *op. cit.*, *A. J. D. A.*, 1982, n°5, pp. 307-8.

（40）Cf. p. ex., Favoreu et Philip, *op. cit.*, pp. 575-6. 憲法院との合意のうえで政府は通達をだして、違憲判決によって削除せざるをえなかった部分を補完しようとしたが、通達の内容は、八二年法以前よりも地方公共団体の行為の送付義務を拡大するものであった。したがって、分権化をめざす法律によって逆に国への従属が強まるというパラドクスが生じた。これを是正し、送付義務に服する行為の範囲を限定したのが、一九八二年七月二二日法である（この経緯については、Alain Delcamp, Les nouvelles conditions du contrôle de légalité sur les actes des autorités locales. Commentaire de la loi n° 82-623 du 22 juillet 1982, *A. J. D. A.*, 1982, n°9, pp. 500-9. に詳しい）。七月二二日法は、広汎な合意のもとに作成されたため違憲の申立てはなされなかったが、その内容が憲法院の判決に合致するものであるかは疑わしかった。しかし、憲法院はそれをサンクションする術を有していない（P. Bon, *op. cit.*, p. 83）。

15　憲法院と一九九三年移民抑制法

二〇〇一年

一　序

移民問題は、一九八〇年代のフランス社会において中心的な政治課題となった。政権交代のたびごとに移民法の改正が行われた。八一年社会党政権は移民法制のリベラルな改革を実現した(1)。しかし、ヨーロッパ各国が移民に対する厳しい政策を採用する中でフランスのリベラルな法制は不法移民を呼び寄せる結果となり、社会党政権は政策転換を余儀なくされる。すでに一九八二年末の段階で、経済領域での緊縮政策への転換と時を同じくして、移民政策も引き締めの方向に向かっていたが、一九八三年三月の市町村選挙における極右の台頭が決定的な転換点となった。社会党政権は左翼的な共和主義理念を正面から放棄するわけにはいかなかったので、この政策変更は困難を伴った(2)。八六年、ミッテラン大統領の下にシラク内閣が誕生し、いわゆるコアビタシオン（保革共存政権）が生じた。この時期には、保守の独自性を印象づけようとして首相シラクが主導する政策の右旋回によって、八一年法が外国人に保障した権利は露骨に否定され、外国人取締に力点を置く法制度の改革が行われた(3)。当時の内相はシャルル・パスクワであった(4)。ミッテランの大統領再選（八八年）を契機としてコアビタシオンは解消され、社会党政権の下で再度の外国人法制の手直しが行われ、八一年法の保障は一部復活されたが（一九八九年八月二日のジョックス法）、バラデュール（後にシラクと大統領の座を争ったゴーリスト）を首相とする第二のコアビタシオンを迎えた一九九三年に本稿で対象とする法改正がなされたのである(5)。

このように移民問題が政治課題化したことについては、極右勢力が、リベラルな法制の下での移民の増大や、比例代表制への選挙法の改正などを背景として、政治の表舞台に登場し、保守勢力に対して一定の影響を及ぼすようになったことが直接の大きな要因である。極右に票が流れることを食い止めるために保守勢力は、極右勢力の行き過ぎを批判しつつも、右よりの政策を先取りしようとし、他方、左翼はその右傾化を批判して保守勢力のリベラルな部分とその支持層を切り崩そうとしてきた。そのような政治力学の中で、移民問題は、八〇年代を通して、本来の解決を得ることなく政治に翻弄されてきたといってよい。しかし移民問題自体は、移民構成の複雑さ（歴史的には最古参の白人系の移民、旧植民地出身であるがフランス社会に定着した非白人系の移民、その二世三世という新しい世代の増加）、それぞれ性格を異にする移民の社会への統合をめぐって生じる問題の重層性、さらに、伝統的な政治的亡命者の枠組みでは捉えきれない政治的難民の世界的な増大に対応した庇護申請者の増加、その受け入れの問題、不法な入国・滞在者に対する対策の必要性の増大など、錯綜し、多面的な考慮を必要とする問題に変質してきている。

さらに極右の政治的台頭の背景には、「移民はフランス人から職を奪っている」、「三〇〇万の移民、三〇〇万の失業者」（あるいは「二五〇万の移民、二五〇万の失業者」）という議論がまことしやかに主張されるように、失業率の高さといった経済的な背景も存在しているが(6)、さらにヨーロッパ統合という大きな文脈が、当然のことながら伏在している。本稿で対象とする憲法院の九三年判決でも問題とされたシェンゲン条約の両義性が、ヨーロッパ統合の危うさを物語っている。域内国境の廃止と域内における移動の自由の保障は、当然に域外に対する排他的な対応を前提とするといった思考は、本来は「統合」の理念に反するものであろうが、こうした逆立ちした思考が政治的に流通し始めている。

ＥＵ統合過程における移民問題という複雑な背景が絡む、非常に政治的性格の強い困難な課題にフランス憲法院はどのような対応をしたのであろうか。また、憲法院の判断は、客観的に見て、どのような機能を果たしたのであろうか。これまで憲法院の人権保障機能、政権交代保障機能が指摘されてきたが、今回それはどのように発揮されたのか。

くわえて今回特筆すべきは、憲法院判決を覆すために政府によって憲法改正手続がとられたことである。九三年判決は、とりわけ庇護権の処理について、政治階級の強い反発を買った。お決まりの憲法院批判が今回も繰り返された。しかし、政治家たちの批判の勢いはそこにとどまれず、時のバラデュール内閣は現実に憲法改正手続に訴えるに至った。そして、その憲法改正は成就した。国民投票抜きの両院合同会議による手続ではあるが、憲法院の判断が「民主的に」否定されたわけである。憲法改正の是非、あるいは改正が必要か不要かについて、学者も巻き込んでさかんに議論が展開された。憲法改正によって憲法院判決が覆される可能性が、逆に憲法院の活動の正統性を担保するのだという議論が憲法院という制度の正統性を擁護する側からなされてきていたが、今回の憲法改正は、フランスにおける憲法院の地位と憲法改正との関係を現実味を持って問いかけることになった。

すでに九三年移民抑制法判決についてはいくつかの論稿が公にされており[7]、屋上屋を架すようなものではあるが、本稿において、この一九九三年移民法に対する判決を検討の素材として、移民問題と絡めて、今一度憲法院がフランスの政治制度の中で占める位置とその役割を考えてみたい。

二　判決前後の経緯

移民抑制法(8)は、七月一三日に国会で採択された。法案の目的は、提案理由が示すように、基本的には移民の流入を防止することにあり、さらにはフランス社会の基本的な価値をよりよく保護することにある。ヨーロッパの移民政策は、適法に滞在する定住移民の統合の推進と、不法移民の取締の強化を対とする方向に収斂してきているが(9)、法案作成の中心人物である強面の内務大臣の名を採ってパスクワ（Pasqua）法と呼ばれる九三年移民抑制法は、移民取締を前面に押し出した法律である。九三年法は、庇護申請者の就労の禁止（一九九一年九月二六日付の首相通達）、トランジットヴィザの創設、待機ゾーンによる国境での収容（rétention）の制度化（九二年七月六日法律）といった数年来の移民制限措置の総仕上げといった意味あいを帯びた法律である(10)。

七月一五日に、この法律を憲法院に提訴したのは、八六人の国民議会議員と六〇人の元老院議員（いずれも社会党所属）である。提訴状はかなり詳細なものである(11)。これを受けて憲法院は八月一三日に判決を下した。パスクワ法は、この違憲判決を受けて、違憲部分を除いて八月二四日に審署され法律として成立した。しかし、政府は庇護権に関する判示に強く反発し、憲法改正を企てた。憲法改正に関してコンセイユ・デタに異例の諮問を行い（九月七日）、九月二三日の答申（さらに一〇月一六日の準備草案についての答申）を受けて、政府は一〇月二〇日の閣議で憲法改正案を正式決定した。改正案は、一一月二日に国民議会を賛成四四七票、反対八五票（内訳は、社会党五三、共産党二二、RPR一、UDF五、「共和国と自由」四）で通過し、元老院では一一月一六日に賛成二二九票、反対八三票（内訳は、社会党六五、共産党一五、民主ヨーロッパ連合、RI、無所属各一）で可決された。そして、九三年一一月一九日にヴェルサイユにおいて憲法改正のための両院合同会議が開催され（フランス第五共和制憲法第八九条参照)、そこで庇護権に関する憲法改正が賛成六九八票、反対一五七票で採択された(一九九三年一一月二五日の憲法的法律)。こうした慌ただしい手続で憲法院判決が覆された。憲法改正後、政府は、違憲とされた当初の政府案を復活させるために新たに法律を成立させた(九三年一二月三〇日の法律)が、この法律が憲法院に提訴されることはなかった。

三　判決の内容

九三年移民法判決が、判決文の分量においても、準拠規範とされた人権の数、違憲判断と合憲限定解釈の対象となった条項の数[12]、さらには外国人の憲法上の地位の基本的原則を打ち出している点においても、比類のない重要な憲法院判決であることは、憲法判例の評釈者たちの一致した評価である[13]。まず、この判決の内容を、(1)外国人の人権についての原則的判断と、(2)庇護権に関する判決の論理に分けて簡単に紹介しておきたい。

1　原則的判断

憲法院はまず判決理由の冒頭で、「憲法的価値を有するいかなる原則も規範も、外国人に、領土内に入国し滞在する一般的絶対的性格を有する権利を保障していない。外国人の入国と滞在の条件は、行政警察措置によって制約されうる。それは、公的機関に広い権限を付与し、特別な規範に基づくものである。かくして、立法者は自ら定める一般利益目的を実現することができるのである。こうした法的枠組においては、外国人は国籍保持者と異なる地位に置かれる[14]」と述べ、特有な法規範を外国人に対して適用し、国民と外国人に異なった取扱いをすることを正当化する。そのうえで、「共和国の領土内に居住するすべての者に承認される憲法的価値を有する基本的権利自由を立法者は尊重しなければならない。憲法的価値を有する目的である公序の維持と調整されなければならないが、こうした権利自由の中には、個人の自由、安全、とりわけ往来の自由、婚姻の自由、通常の家族生活を営む権利が含まれる。さらに、外国人は、フランス国内に安定的にかつ適法に居住している場合には、社会保障に対する権利も享受する。また、これら権利自由の保障を確保するための不服申立手段も利用できなければならない。／さらに、外国人は、フランス国民が厳粛にそれへの愛着を宣言した一九四六年憲法前文第四項、自由のための活動ゆえに迫害されたすべての人は共和国の領土に庇護を求める権利を有すると規定する第四項によって承認された、一部の外国人に固有の権利を主張することができる。[15]」と外国人に保障される権利を列挙している。

叙述の順序からすると、冒頭に立法裁量と外国人に対する異なる取扱いが強調されているので、外国人の地位について憲法院は基本的には立法裁量の問題と解しているように見える。この定式を日本の裁判所が用いたならば外国人の権利の大幅な制限が承認されてしまいそうであるが、しかし、憲法院は、個別の条項の審査において違憲判断、限定解釈を連発していることが示すように、実際には法律の条項に対して相当に綿密な審査を行っている。つまり、外国人の人権保障に対する憲法院の基本的なスタンスは、原則として広汎な立法裁量に委ねる一般的な定式を最初に述べ、立法者の顔を立てつつも、個別的な法律規定の検討に当たっては、相当に立ち入った審査を行って違憲判断を導出するといった類のものである。

この判決では、「外国人の権利を制限しようとする立法が、『逆説的にも』憲法院によって外国人の権利の憲法上の地位を確認する機会に転化された[16]」と評価されるほど、憲法院の人権保障機能が発揮されている。

2　庇護権に関する判断

憲法院は、庇護権の保障内容の決定は基本的に立法府の権限に属するとしつつも、庇護権は「国内に居住する外国人に憲法が一般的に承認する権利自由の行使を規定する基本的権利であるから、法律は、その権利をより実効的にするため、または他の憲法的価値を有する規範もしくは原則とその権利を調整するためでなければ、庇護を受ける権利の条件を規制することができない[17]」と、立法裁量の限界を提示する。さらに庇護権の内容に関して、憲法院は次のように述べる。「庇護を受ける権利（droit d'asile）の尊重は、憲法的価値を有する原則であり、一般に、この権利を主張する外国人が、その申請について裁定が下されるまで一時的に国内に滞在することを許可されることを含んでいる。このように必要的に当該外国人に与えられる滞在許可は、国籍保有者であれ、外国籍保有者であれ、無国籍者であれ、すべての者にとって、憲法的性格を有する基本的権利である防禦権を有効に行使することを可能とするものでなければならない。ただし、公序の維持とこの要請とを調整することは可能である[18]。」このような原則的スタンスから九三年移民抑制法の庇護権規定の憲法適合性を憲法院は審査していく。問題となる規定は、九三年法二四条である。これは、一九四五年一一月二日オルドナンスに五カ条からなる第七章「庇護申請者」を挿入する規定である。「庇護申請者」の章に入るはずのオルドナンス三一条ノ二が、憲法院によって違憲判断と厳格な合憲限定解釈の対象とされた。

三一条ノ二第三項は、行政当局（県知事またはパリ警視総監）による庇護申請者の一時的滞在許可の交付の拒否事由を列挙している。(a)ヨーロッパ共同体の加盟国に対して提出された庇護申請の審査に責任を負う国の決定に関する一九九〇年六月一五日のダブリン条約、または一九九〇年六月一九日にシェンゲンで署名された条約第二編第七章等の規定によって、庇護申請の審査が他国の権限に属する場合、(b)庇護申請者が、迫害されるのではないかと脅威を感じる国以外の国に入国を認められ、そこで、特に本国送還（refoulement）に対する実効的な保障を享受できる場合、(c)フランスにおける当該外国人の存在が公序に対する脅威となる場合、(d)故意の不正に基づく庇護申請、庇護申請手続の濫用、申請目的が国外退去措置を逃れるためだけである場合、の四つである。したがって、この四つの事由の一つに当てはまれば、原則として滞在許可を受けることはできない。

違憲とされたのは、上記(b)から(d)に掲げられた事由の一つを理由に滞在許可が認められなかった場合には、庇護申請者はＯＦＰＲＡ（フランス難民無国籍者保護局Office français de protection des réfugiés et apatrides）に難民認定申請を行うことができると定める規定である。(a)の場合にＯＦＰＲＡへの難民認定の申請を排除している点が問題とされた。シェンゲン条約により他国に庇護申請の審査の責任がある場合には、原則としてフランスは審査をしないことになるのでＯＦＰＲＡへの申請を認めないとする規定だが、これが上記の内容を含む庇護権および防禦権を侵害するものとされた(19)。

厳格な限定解釈の対象となったのは、上記四つの事由に該当する場合でも、例外的になお庇護を付与することができる国家の主権的権利（droit souverain de l'Etat）を規定する条項である。「一九四六年憲法前文第四項は、フランスの行政当局と司法機関に、本項の対象となる庇護申請者、すなわち自由のための活動ゆえに迫害されるであろう者の地位の審査を行うことを義務づけている。この要請を尊重するということは、庇護申請者がその主張について裁定が下されるまで一時的滞在許可の対象となることを当然意味している。他の条約締結国に対する国家の主権的権利は、この義務の完全な尊重を確保するために立法者によって留保されたと理解されなければならない。当該条項が憲法に適合しているものと看做され得るのは、かかる厳格な解釈の留保の下にである(20)。」この限定解釈によって憲法院は「自由の闘士」（combattants de la liberté 自由のための活動ゆえに迫害される者）の庇護申請の審査義務と一時的滞在許可を受けることの権利性を再確認するとともに、シェンゲン条約と四六年憲法前文の庇護権規定との関係を明らかにした。

憲法院が、このように三一条ノ二について、一部を違憲とし、あるいは厳格な限定解釈を付すことになった理由は、九三年法の前提とする庇護権理解と、憲法院の前提とする庇護権理解との間にずれが存在しているからである。九三年移民抑制法は、庇護を国家の主権的権利の問題としている。主体は国家であり、国家は裁量的にそれを行使できる。これに対して憲法院が、一九四六年憲法前文第四項（「自由のための活動のゆえに迫害されたすべての人は、共和国の領土において庇護を求める権利（droit d'asile）を有する。」）を根拠に承認する庇護権は、いわゆる自由の闘士の有する「人権」であり、国家にその者の庇護申請の審査を義務づけ、防禦権の保障とあいまって審査の終了までフランス国内に滞在する権利（一時的滞在許可を受ける権利）まで保障する非常に強い権利である。(21)

庇護権に関する憲法改正との関係で問題となる憲法院の判示は以上である。この憲法院の判示が憲法改正騒動を巻き起こす原因となったのであるが、そのような重大性をこの判示に付与する一つの要因はシェンゲン条約にある。そこで、シェンゲン条約のシステムを、フランスの憲法改正との関連で必要な限りで、ここで簡単に説明しておきたい。(22)

シェンゲン条約はヨーロッパ域内の自由な人の移動と物の自由な流通を保障するために、域内国境におけるコントロールを段階的に廃止し、域外からの人の流入についてはヨーロッパの政策協調を行い共同で不法移民対策を行おうとする意図を持つものである。庇護権に関しては、シェンゲン空間（espace de Schengen）に入ってきた域外の外国人が庇護申請を行った場合、庇護申請についての取扱責任国は、ビザを発給した国、または不法入国の場合にはその者がシェンゲン空間に初めて入ってきた国であり、かつ、その国のみであるという取扱責任国単一主義を採用している（二九条三項。取扱責任国を決める基準は三〇条に規定されている）。その例外として、「とりわけ国内法に由来する特別の理由」が存在する場合に、責任が他国に帰属する場合であっても、庇護申請を取り扱う権利を条約当事国は有することが規定されている（二九条四項）。これはフランスの提案で規定された。二九条四項の権利を行使して庇護申請の審査を行った場合には、本来の取扱責任国の責任はなくなり、審査を行った国に責任は移転する。その場合、その国は、庇護申請を承認するか、承認しない場合には第三国へ庇護申請者を送還することになるが、法律上あるいは事実上、送還が難しい場合が多く、庇護申請者がその国にとどまる可能性も高いという。[23]

このシステムについて、憲法院はシェンゲン条約の批准を許可する法律の憲法適合性を判断する中で見解を述べていた（一九九一年七月二五日判決）。[24]九一年判決は、一九四六年一〇月二七日憲法前文第四項との関係で、条約の定める客観的な原則による庇護申請取扱責任国の決定（三〇条）は、国民主権（souveraineté nationale）との関係で憲法適合性につき疑義を生じさせるものであるが、「条約二九条四項は、すべての当事国が『とりわけ国内法に由来する特別な理由から』、たとえ他の条約当事国に責任が帰属する場合であっても、庇護申請を取り扱う権利を留保しており、この規定が、一九四六年憲法前文第四項により庇護権を享受することのできる人のために適用されることになる」[25]ので、シェンゲン条約はフランスの主権を侵すものではなく合憲と判断した。

九三年判決における憲法院の判断によれば、「国際条約による、庇護申請の他の取扱責任国の決定が許容されるのは、この条約が、他国に責任がある場合であってもフランス国内法固有の条項を適用して庇護申請を取り扱うことを確保するフランスの権利を留保している場合だけである。一九四六年憲法前文第四項は、フランスの行政司法当局に、第四項の適用を受ける庇護申請者の審査を行うことを義務づけている。[26]」ということになる。

この判断は九一年判決を継承するものであると思われるが、四六年憲法前文の庇護権条項を国家に対する義務づけとして捉えている点で、九一年判決よりも踏み込んだ内容となっている。これが判例の変更なのか否かについては意見の分かれるところである。[27]

四　判決後の展開

憲法院の判断は、四六年憲法前文を国際条約よりも拘束力あるものとすることによって、庇護権の保障の実効性を強化するものである(28)。憲法院が四六年憲法前文から引きだした含意は、自由の闘士の庇護申請に対する国家の審査義務と、審査終了までの一時的滞在許可を受ける庇護申請者の権利である。庇護申請に関する審査義務と一時的滞在許可の付与は、憲法院独自の考え方ではなかったが(29)、庇護申請者の権利が強く保障される分、庇護権が不法移民流入の温床となる危険性が高まるという懸念を引き起こすものであった。また、立法権に対する制約も強力なものであった。さらには、フランスに自由の闘士について庇護申請の審査を義務づける点において、取扱責任国単一主義を採るシェンゲン条約のシステムを崩壊させる危険性を有し、移民問題に関するヨーロッパの協調を無に帰せしめる可能性を包蔵するものであった。政府の側からすれば、憲法院は民主的正統性を欠くにもかかわらず、人権という抽象的な理念を振りかざしてヨーロッパの政策協調を阻害し、不法移民対策を骨抜きにしてしまう政治的現実感覚を欠いた典型的な「裁判官統治」を行ったのであった。したがって、憲法の番人、人権保障機関としては当然かもしれない判決が、移民問題の解決を第一の政治課題とする保守強硬派から激しい反発を誘発したのである。内務大臣パスクワは、判決の直後から憲法院判決を激しく非難し、直ちに憲法改正によって憲法院に対抗することを明らかにした(30)。それを契機に、憲法改正が必要か否かの論議が展開していくことになる(31)。

政府はバカンス明けの九月七日に、憲法改正に関しては異例の諮問をコンセイユ・デタに対して行った。政府の諮問事項は次のようなものであった(32)。「一九九三年八月一三日の憲法院判決の定める原則は、政府が、国会に次の法律規定を採択させることを許すか。自由のための活動ゆえに迫害されたと主張する者による庇護申請であっても、その審査義務がシェンゲン条約上、他国に帰属する場合には、シェンゲン条約が審査義務を免除しているとおりに、フランスは当該申請を審査することを義務づけられず、したがって、その者を、たとえ一時的であったとしても、国内に迎え入れることを義務づけられないようにする法律規定。」この政府の諮問の定式によってコンセイユ・デタの答申は大きく規定されることになる。

これに対するコンセイユ・デタ答申（九月二三日）は次のようなものであった。[33]「憲法は、フランス当局が、一九四六年憲法前文第四項を援用する庇護申請者をシェンゲン条約を根拠として当該申請の取扱責任国へ引き渡すことに対する障害とはなるが、しかし憲法は、これらの庇護申請者の申請事由の審査が行われる条件を立法者が決定することを禁じているわけではない。」これに続けてコンセイユ・デタは、立法者が採用することができる制度を具体的に示唆する。それは、ＯＦＰＲＡまたは憲法上の要請に鑑みて十分な保障（特に防御権の尊重）を行う機関が、四六年憲法前文第四項に基づく庇護申請を、明らかに理由がない場合（特に、そのような迫害が存在していない国において、自由のための活動ゆえに迫害されたと主張する者の場合）に排斥し得る緊急手続であり、この手続による庇護申請の審査に必要な期間（通常は七日を越えない期間。この期間を越える場合には居所指定を行うことができる）、当該庇護申請者を刑務行政には属さない施設に収容するというものである。コンセイユ・デタは、この制度を設けても憲法に違反することはない、すなわち憲法院の要請に反することはないとした。審査義務は果たすことができ、審査終了までの滞在も認め、したがって防御権も尊重している。かかる手続は、シェンゲン条約によって他国のみに責任が帰属するが、それにもかかわらずフランスが、一九九三年八月一三日の憲法院判決によれば、一九四六年憲法前文第四項に基づいて審査義務を負う庇護申請の審査を容易にするはずである。しかし、この手続も、緊急審査とはいえ、他国に取扱責任が帰属する庇護申請の審査をフランスが行ったことになる以上、シェンゲン条約三〇条第二項によってこの他国が自己の審査義務から解放されたとみなす危険性を払拭することはできない。いずれにしろ、自由のための活動ゆえに迫害されたと主張する庇護申請者に関して、審査を国に義務づける四六年憲法前文と、「義務」ではなく、他国に責任が帰属する庇護申請を審査し申請者を自国の領土に迎え入れる国家の「権利」を認めるシェンゲン条約二九条第四項との間の齟齬は、単なる法律によっては埋めることができないものである。したがって、「憲法院の判決によれば、一九四六年憲法前文第四項によって宣言された原則から生じるこの義務から、フランスは憲法的法律のみによって免れることができる。」

コンセイユ・デタは、このように憲法改正の必要性を示唆した（ただし、憲法前文の改正は必要としないとしている）。政府は、この御墨付きを得て憲法改正案を作成し、準備草案について再度コンセイユ・デタの意見を求めたうえで、議会にその審議を求めた。(35)

政府の憲法改正案は次のとおりである。「憲法典第６編『国際条約と国際協定』に次の五三条ノ一を付加する。／五三条ノ一　共和国は、庇護および人権と基本的自由の保障に関して、共和国の締結する条約と同一の条約によって拘束されるヨーロッパ各国と、各国に提出される庇護申請の審査に関する各国の管轄権限を定める協定を締結することができる。／ただし、前項の協定によって庇護申請が共和国の機関の管轄に属さない場合であっても、共和国の機関は、自由のための活動ゆえに迫害され、またはその他の理由でフランスに保護を求めるすべての外国人に庇護を与える権利を、常に有する。(36)」

この五三条ノ一の案文は、第一項で庇護申請に関するヨーロッパの協調を推進するためにヨーロッパ各国と協定を締結する権限を政府に認め、第二項において、その例外として国家の権利としての庇護権を留保することを明らかにしている。第二項は、ミッテラン大統領が加えさせたものである。庇護権の保障を憲法本文で再確認し、しかも「自由のための活動ゆえに迫害された」という一九四六年憲法前文の要件に加えて、「その他の理由」が規定されているため、庇護申請者の権利が強化されるような外観を有している。しかしその本質は、庇護申請の審査を一九四六年憲法前文第四項に由来する国家の義務とし、自由の闘士に対して一時的滞在許可を受ける権利を保障した憲法院判決をまさに否定し、庇護を受ける権利を、個人の権利ではなく、国家の裁量に委ねられる単なる「恩恵」に変質させるものであった(37)。それゆえに、立法者は、憲法の拘束から解放されて、国家の有する庇護権行使の条件を定めることができるようになるのである。

この改正案を正当化する政府の論理は、端的に両院合同会議におけるバラデュール演説(38)の中で示されている。それは次のように要約できる。

憲法院の四六年憲法前文第四項解釈は、フランスに対して二重の義務を課すものである。シェンゲン条約によれば他国に責任が帰属する場合であっても、自由のための活動ゆえに迫害されたと主張するすべての人の申請を審査する義務、およびその審査が終了するまでフランスに滞在することを認める義務である。これは「フランスを、シェンゲン条約締結国が排斥したすべての庇護申請の唯一の上訴機関とする」ことを意味する。ここ三年の間にヨーロッパにおける庇護申請は三二万から五六万に増え、しかも申請の九〇％は、経済難民として排斥されている。この内の一〇分の一がフランスに再度の庇護申請を行ってきた場合、フランスの庇護申請数は三倍になる。他国は自国の庇護申請しか扱わないのに、フランスは他国の分もまた処理しなければならない。フランスは他国との関係で非常に不平等な立場に置かれ、フランスは「ヨーロッパにおけるあらゆる庇護申請が収斂する場」になってしまう。これはシェンゲン条約を骨抜きにするものである。このような帰結を避けるために憲法改正が必要とされる。確かに立法者は、コンセイユ・デタが示唆したように、一九四六年憲法前文第四項に基づく庇護申請の略式の審査手続（明らかに根拠のない申請を篩にかけることを目的とする手続）を設けることができる。しかし、その場合には、次のような問題が生じる。数万人を対象とする緊急手続は、性急な審査になって、庇護申請者の利益と共和国の伝統に反する。憲法院が保障する滞在の権利は、違法な地位にある外国人の数の増大をもたらす。これを回避するためには、大量の行政的収容に訴えなければならないが、それは望ましくない。一九九三年八月一三日の憲法院判決を覆さねばならない理由は、このようなものであった。さらに、バラデュールは、判決批判を越えて憲法院の制度まで批判の対象とした。その議論を次に見ておきたい。

五　憲法院制度に対する批判

前述の両院合同会議における演説の後半が、憲法院制度に対する批判を構成する。「我々の歴史において初めて、憲法制定権力が、憲法院によって違憲とされた法律規定の表決と審署を可能とするために召集されたことに注意を喚起させていただきたい。こうした状況は前代未聞であり、省察に値するものであります。……憲法院が憲法前文の尊重にその審査権を拡大することを決定して以来、この制度は、法的というよりも、時として哲学的、政治的な一般原則、時として相矛盾し、さらには、時としてわれわれの時代とは非常に異なった時代に考え出された一般原則、そうした原則への法律の適合性を審査するようになりました（大きな拍手）。憲法院はそれら一般原則を自らの手で造り上げるようになったと考えるものさえいます。憲法院は、これら一般原則の広汎な解釈権限を立法者に委ねるよりもむしろ、自らの手に握り、しかも非常に詳細にその内容を決定し、国会によって表決された法律がいかに適用されるべきかを、政府および行政裁判官、司法裁判官に、時としてその詳細にまで相当に立ち入って指示することを選びました。いずれにしろ、私が強調したいことは、立法者が行政裁判官や司法裁判官のために法律の意味を明らかにすることが正当であるのと同様に、憲法制定権力が、あなた方はその受託者でありますが、自ら憲法規定の正確な内容がどのようなものであるかを述べることは正当であるということであります。憲法制定権力、すなわちあなた方だけがそうする資格を有しているのであります（大きな拍手）。……我々があなた方に求めていること、それは、我々の行為が共和国の基本原則にまさに忠実であること、人権と同時に国民（nation）の権利を尊重しようとすることにおいて、わが国の民主制の歴史に忠実であることであります。（大きな拍手が長く続く）[39]」

首相の地位にあるものが、憲法院という国の基本的な制度に対して、公式の場で公然とこのような批判を行うことは異例のことであろう[40]。この憲法院批判の持つ意味を重く受け止めたのか、憲法院院長バダンテールは自ら憲法院擁護の論陣をはった[41]。バダンテールは、まず、憲法院がこれまで積み重ねてきた成果、とりわけ国会議員に提訴権を拡大した一九七四年憲法改正以降の成果を本気で否定するつもりがあるのか、と憲法院批判者に問いかける。一七八九年のフランス人権宣言に基づく法の下の平等、コミュニケーション手段の多元性、罪刑法定主義、所有権といった憲法院がこの二〇年来何度も援用してきた人権から憲法的価値を奪おうとするのか。一九四六年憲法前文を根拠に、結社の自由、防禦権、教育の自由、ストライキ権、行政裁判所の独立、組合の自由、通常の家族生活を営む権利などが憲法的価値を承認されてきたが、それらを本気で否定するのか。さらに、民主主義の前提としての法治国家理念の放棄を主張するに等しいという自覚をもって合憲性審査を批判しているのかと畳み掛ける。しかも、このような成果をもたらした憲法院の活発な活動を誘発するきっかけを与えてきたのは他ならぬ国会議員ではなかったのかと、バダンテールは、憲法院批判者たちの、批判者としての適格性を厳しく問い詰める。選挙に勝利して議会多数派になったときには、前政権からの政策転換の遂行にとって阻害要因となる憲法院を激しく非難するが、選挙に敗れ議会少数派に転落すると憲法院を政権担当者に対する批判の拠点として利用しようとする政治家たちの御都合主義的な行動様式を批判の俎上に載せる。バラデュール首相自身も、野党の地位にあった当時（一九八八年から九三年）、憲法前文から引き出される原則に依拠して一〇度も憲法院に提訴を行ったではないか、そのうち憲法院は七度も違憲判決を下しているではないか、とバダンテールの反批判は手厳しい。

バダンテールが指摘しているように、大統領、首相、国民議会議長、元老院議長、六〇人以上の国民議会議員または六〇人以上の元老院議員の何れかが憲法院に提訴しなければ、憲法院は判決を下すことができない。そのような意味では憲法院は政治的機関、政治階級に対して受動的な存在である。憲法院という制度自体の正統性を問題にするのであれば、そう考える者は憲法院への提訴を控えればよいだけであろう。時に応じて憲法院に批判を浴びせてきた左右の両勢力が提訴を自制すれば、憲法院は座して待つしかない。

バラデュールの憲法院批判をより具体的な形にすると、元老院においてダイイ（Etienne Dailly）(42)が提出した、政府の憲法改正案に対する修正案となって現われる。この修正案は、憲法院の権限を制限しようとするものであり、内容的には保守系の元老院議員たちの賛同を得られるものであったと思われるが、憲法改正手続を遅延させ、多数派内の結束を乱す可能性を持っていたので、そうした政治的理由から結局撤回されることとなった。その内容は、「憲法典六一条第一項末尾の、『憲法に対する法律の適合性について』という文言を、『憲法典の条文および一七八九年の人および市民の権利の宣言の条文に対する法律の適合性について』という文言に変更する。(43)」というものであった。これは要するに、いわゆる憲法ブロックを第五共和制憲法本文と一七八九年人権宣言に限定することによって、そこから第五共和制憲法前文（「フランス人民は、一九四六年憲法前文で確認され補充された、一七八九年宣言に定められたような、人権および国民主権の原則に対する愛着を厳粛に宣言する。」）を排除し、一九四六年憲法前文の「我々の時代に特に必要とされる原則」（その中に庇護権も含まれる）と、「共和国の諸法律によって承認された基本原則」の裁判規範性を否定することを目的とする憲法改正案である。前文に含まれるこうした原則が、憲法院によって「憲法を超える憲法」（supra-constitution : Constitution bis）として濫用されているというのがダイイの基本的な認識である。(44)

ダイイは、政府提案の憲法改正案では、提起されている問題に対する根本的な解決にはならないと考える。今回のようにアドホックに個別の憲法院判決を否定しても、憲法院の「広汎な」審査権限を放置しておけば、再度、憲法改正によって憲法院判決を覆さねばならない事態が生じる可能性が高い。さらに、そうした事態が繰り返されれば、憲法院という制度自体に対する信頼が揺らぐことになりかねない。それを回避するためには、第五共和制憲法が定める憲法院「本来」の姿を回復することによって、憲法院の地位と役割を救済し、強化することが必要なのである。ダイイは自分の提案の真意がそこにあることを力説する。そして、自分の懸念の正しさを傍証するものとして、元老院議長ポエルの悔悟を紹介している。憲法院が人権保障機関へと転身する契機となった一九七一年結社の自由判決は、ポエルの提訴によって可能とされたのである。[45] ポエルはいう。「一九七一年に、私が結社の自由に依拠して結社に関する法律を憲法院に提訴したとき、憲法院は私の主張を認めてくれた。当時、私は法治国家のかなりの進展だと考えたから、当然その判決に非常に満足した。しかし、今日、私は困惑している。というのも、その憲法院判決が相当程度、適不適（opprtunité）の判断に踏み込んでいたことは確かだからである。実のところ、結社の自由判決の時点で憲法判例に危険に満ちた新たな道が開かれていたのである」（フィガロ九三年一〇月二八日）。これを受けて、ダイイは「実際、憲法院が今日、一九五八年憲法の厳密で制限的な枠、すなわち、憲法典の厳密な意味における条文から逸脱し、同時に、フランスの共和主義的伝統とは非常に異質な新たな道に踏み入ったということをだれも否定することはできない」と主張して、「共和国の諸法律によって認められた基本原則」、「我々の時代に特に必要な原則」（一九七五年一月一五日人工妊娠中絶判決）、「憲法的価値を有する原則」（公共部門におけるストライキ権に関する一九七九年七月二五日判決）、「憲法的価値を有する一般利益目的」（一九八一年一月一九／二〇日「安全と自由」法判決）、「憲法的価値を有する目的」（視聴覚メディアに関する一九八二年七月二七日判決）、「憲法的価値を有する法概念」（コルシカの地位に関する一九九一年五月九日判決）といった定式や、合憲限定解釈という手法を、共和主義的伝統に反すると強い調子で批判する。

さらに、憲法諮問委員会におけるジャノ（Reymond Janot）の「前文は法的価値を有するが、憲法的価値を有するものではない。一定の法律的価値を有し政府を拘束はするが、国会を拘束するものではない」という発言を典拠として引用しつつ、「国民の代表による国民主権の行使を侵害することができる裁判的コントロールを制憲者たちは設けようとはしなかった」と、制憲者意思からの逸脱を指摘する。したがって、ダイイにとって、憲法院によって憲法ブロックに含められた若干の原則に与えられている憲法的価値は、国民の明示的な主権者としての決定から引き出されたものではなく、立法権も憲法制定権力も持ちえない者が形成する判例の構築物にすぎない。それは憲法典からも、国民の主権的な意思からも、共和主義的伝統からも正統化されないものなのである[46]。

このようなダイイの批判は、憲法院という制度、違憲審査制自体、あるいは法治国家という理念には正面から反対はせず、むしろそれを擁護し、憲法ブロックの内容に対して批判を向けるという体裁をとっている。これは、楽観的に考えれば、憲法院という制度がフランス政治制度の共通の基盤を形成するものとして定着したことを示すのかもしれないが、悲観的に言えば、それは単なるレトリックの問題にすぎず、憲法ブロックという憲法院の制度の中核を成す規範群を攻撃対象とする点で、まだまだ憲法院がフランス政治社会の鬼子であることを示しているのかもしれない。ただ、憲法裁判機関が、その準拠規範の曖昧さを批判されること自体はままあることである。今回、制度自体にかかわる改正にまでは進まず個別の判決を覆す憲法改正のレヴェルに留まったことは、確かな定着の進行をむしろ表わすのかもしれない。

六　結び

以上、一九九三年移民抑制法をめぐる憲法院判決、憲法改正の顚末を見てきた。前述したように、その結末は一九九三年一二月三〇日の法律[47]である。ここで、これまで叙述してきた事柄に含まれるいくつかの問題点を指摘して稿を閉じることにしたい。

まず、憲法院が、移民抑制法判決を否定する憲法改正によってどのような影響を被ったのかという問題がある。憲法院は首相をはじめとする政府の構成員から強い非難の言葉を浴びた。そして、憲法院が違憲と判断した規定が復活させられ、憲法院判決が否定されることとなった。憲法院の権威が、政治的な次元で、それによって幾許か損なわれたことは確かであろう。しかし、憲法制定権力によって判決が覆される可能性が憲法院の正統性の証しであるという考え方に立てば、そのような憲法院の正統化論に従って、今回の憲法改正は筋書きどおりに展開したにすぎないものである。庇護権に関して憲法改正が必要であったか否かは議論しうるにしても、法理論的に「異常な」事態ではない。憲法院という制度が憲法上の制度であれば、憲法制定（改正）権力によってその判断を覆されたとしても、当然のことであろう。憲法院の役割を憲法制定権力、立法権、行政立法権の間の権限配分の転轍機とする理論によれば、違憲判決は当該事項が通常法律では行えない事項であるから憲法改正が必要であるという政府・議会に対するメッセージを意味するにすぎない[48]。今回の場合は一九四六年憲法前文第四項の庇護権規定の内容を変更する憲法改正を行うならば、庇護権の権利性を否定できるという呼び掛けを憲法院は違憲判決を通じて政府および立法者に対して行ったにすぎないことになる[49]。そのような意味では、憲法院は些かもその権威を傷つけられてはいないということになろう。

憲法院判決を真正面から否定する、この初の憲法改正以降においても憲法院を改革しようとする提案はあるものの、それは制度それ自体の認知を前提とするものである。バダンテール憲法院院長は審理の対審性を高めるための改革を提唱した[50]。他方、保守系の議員から一九四六年憲法前文の裁判規範性を否定しようとするような提案[51]が再びなされているが、それらも制度を前提とした「改善」の提案であるにすぎない。また、この改正以降、憲法院のあり方が変わったという指摘も見られないようである。法治国家（Etat de droit）、フランス流の立憲主義の主柱の一つとしての憲法院制度は、憲法改正騒動以降も不動のままであったと評価して間違いないであろう。

次に、移民政策の、フランスの政治社会における位相に触れておきたい[52]。何故、政府が庇護権問題に関する憲法改正に執着したかという問題である。移民問題が政治的な競り上げの対象となるメカニズムは、本稿の冒頭に簡単に指摘した。基本的にはそれが、今回も働いたということである。確かに庇護権問題は、難民が増大し質的にも変化している今日では、移民問題に変質しつつある[53]。しかし、庇護権問題の水準は、政府当局者によって大幅に誇張された。フランスにヨーロッパすべての移民が流れ込んでくるかのような議論が行われた。その流入を阻止するために我々バラデュール内閣は憲法改正を断行するのだというシナリオである。

これとの関連で、庇護権に関する憲法改正の必要性については、少なくとも三つの点に注意しておかなければならない。(1)憲法院判決を尊重した場合に政府などが予測するように飛躍的に庇護申請者が増えるのかという問題、(2)その庇護申請者が不法滞在者に変わりフランスが移民で溢れかえる事態になるのか（それを阻止する手立てがないのか）という問題、さらに、(3)もしそのような想定が正しいと仮定したとしても、「自由の闘士」の庇護申請の権利性の否定は法的に正当化できないのではないかという法的問題である。

1　庇護申請者の水準

今回の憲法改正に関する元老院の報告者となったマソン（Paul Masson）は、ヨーロッパには百万人の潜在的申請者がいると指摘し[54]、憲法院の判決に従うためにコンセイユ・デタが示した庇護申請の緊急審査手続を設けた場合には「数万から数十万」の庇護申請者がフランスに押し寄せてくるという予測を語っている[55]。法相メエニュリーも、自由の闘士の名の下にフランスに庇護申請を行う可能性のある者は「潜在的にはシェンゲン空間に存在する庇護申請者の総体を包含する[56]」と述べている。しかし、一九九二年におけるフランスに対する庇護申請者の数は三万人弱[57]であった。法改正以前でシェンゲン条約が発効していない段階であるから、他国で庇護申請を排斥された者はフランスに再度申請を行うことができる状況にあるのであるが、フランスに対する庇護申請はこの水準に留まっている。それがなぜ制度的に再申請が禁止された後に逆に庇護申請者が増大することになるのだろうか。そうした批判が投げかけられたように[58]、政府サイドの見積もりには問題がある。

また、移民の生まれ育った土地との結び付きが移民することに対する心理的、文化的抑制要因となるという見方も示されている[59]。人はそう簡単に自分の生まれた土地を離れることができるわけではないのである。大量移民は内戦や戦争が生じたときにのみ発生する。そうした知見を抜きに移民激増の幻想を煽ることは許されないだろう。

2　庇護申請手続は不法移民の温床か

まず、庇護申請者に対する一時的滞在許可の付与が不法移民を増やす原因となるという見方[60]については、庇護申請が国境においてではなく、国内でなされている現状[61]（すなわち、何らかの形ですでに入国している者の庇護申請）からすれば、庇護権に基づく一時的滞在許可は不法移民増加の温床ではないということになるだろう[62]。

コンセイユ・デタは、前述したように、自由の闘士か否かの簡易な緊急の認定手続の可能性を示唆した。政府は、行政的収容施設の不足（それに、とってつけたような人権尊重の観点からの収容施設の問題性の指摘）と、緊急審査ではあっても他国の審査義務を解除することになることなどを理由として、コンセイユ・デタの示した憲法改正を回避する方途に目を向けなかった。しかし、リュシェールは、他国に審査義務の帰属する庇護申請を受けた国が取扱責任国に義務の履行を求めるにつき六ヵ月の猶予期間が定められている（シェンゲン条約三一条）ので、その期間内にフランスは緊急手続によって庇護申請者の選別（単なる経済難民か、四六年憲法の適用に値する自由の闘士か）を行うことができると解す余地があり、この条約の解釈については「シェンゲン条約適用のための執行委員会」に判断を求める道もあったと指摘している(63)。フランス政府はそうした手続に訴えることなく憲法改正を選んだ。憲法院判決を覆す憲法改正という重大な手続に関しては、このような可能な手続の不履行は政府の落ち度を構成するものといってよいと思われる。

3　庇護の権利性

庇護が個人の権利であるのか、国家の裁量的な権能であるのかという問題にここで答えることはできない。ただ、憲法院の庇護権に関する解釈は、内容的にはコンセイユ・デタの先例に合致するものであり、特異なものではなかったことを指摘しておきたい。コンセイユ・デタと憲法院という権威ある裁判機関の一致した判断が政治の場で覆されたわけである。政治的亡命者の祖国としてのフランスという共和国の伝統は、庇護について国家の権能性を認め、その人権性を否定しつつも、改正規定に「その他の事由」という文言を付加することによって庇護の付与範囲の拡大という仮象を作り出す、いかにもミッテラン的な解決によって括弧に括られてしまった。そして、憲法改正は、結局は、ヨーロッパ統合の中でフランスの主権を再確認し、国民のナショナルな感情をある程度満足させる場としての意味を持ったにすぎなかったのである。

最後に、九三年移民抑制法の総括的評価に関して、パトリック・ヴェイユの議論を紹介しておきたい。ヴェイユは、「パスクワ効果」ともいうべき不法移民に対する抑止力は短期間しか持続せず、むしろ九三年法は、適法に滞在する移民に対するコントロールを強化し、他方で、不法移民の潜在化を許してしまったという総括を行っている。九三年法によって移民問題は解決されたというには程遠く、左右の政治勢力の欺瞞的な対応の合間を縫ってルペン率いる国民戦線がフランスの政治舞台に跳梁するという政治的結果がもたらされた。伝統的保守はパスクワという切り札を切ったが、その帰結は、皮肉なことにも、移民問題について一番信頼のおける政治家はルペンだとフランス国民の四四%が考えているという現実であった(64)。他方、左翼は伝統的保守の強硬策を批判することに躊躇を感じているという。「法治国家の極限にまで推し進められた抑圧の戦略」を採用したパスクワという伝統的保守の最右翼でさえ、これだけしかできないのかという失望感を国民に与えかねず、あとはルペンしか残っていないという雰囲気が醸成されることを嫌ってであるという。このような状況は暗澹たる思いを抱かせるものである。しかし、それがフランスの移民問題の深刻な現実である。これに対してヴェイユは、大量移民による侵略といったデマゴギーから身を引き離し、移民問題をそれ自体として考察することの必要性を説いている。そして、移民という現象は国家という枠組みを越えており国家がそれに対処しようとしても失敗に終わらざるをえないのだという、一般に非常に広く流布されている議論に与せずに、移民の流れを調整する国家の解決能力を信じることが必要であると主張している(65)。どのような方向に解決を求めるにしろ、入国と滞在に対する制限的措置だけで、ヨーロッパへの庇護申請者の流れを枯渇させることができると考えるのは幻想にすぎない。そのことを九三年法は明らかにしたようである。

（1）社会党政権は、一三一、〇〇〇人の不法移民の適正化（régularisation）、家族呼び寄せ条件の緩和、帰国援助の廃止、国外追放に対する手続的保障の強化、追放の対象にならない者の明示などを行った。*Cf.* Dominique Turpin, Aspects récents du droit français de l'immigration, in *Mélanges Guy Flattet*, Payot, Lausanne, Suisse, 1985, pp.139–168 ; Patrick Weil, La politique française d'immigration, *Pouvoirs*, N°47, 1988, pp.45–60.

（2）たとえば、一九八五年五月一七日のファビウス通達の当初の案は、庇護申請の県知事による選別を認め、ＯＦＰＲＡの審査期間の長さも手伝って庇護申請手続が経済難民の入国の手段となることを防止しようとしたが、それは挫折し、その反動で現実のファビウス通達はあまりにリベラルになりすぎ、ちょっとした理由をつけて庇護申請をすれば、少なくとも審査期間中は滞在と労働と社会的給付に対する権利を享受する事ができるようになってしまったという（D.

Turpin, *op.* cit., p.157 et suiv.)。庇護申請者の労働許可および社会的給付の廃止は、一九九一年にやはり目立たない通達という形で行われた（クレソン通達）。

（3）しかし、本文に書いたように社会党もすでに隠密裡に政策の軌道修正を行っていたので、露骨か否かの違いはあるものの、ある意味で政策の基本的方向性は連続性を持っていると考えてよい（D. Turpin, Les solutions française: rapport général, in D. Turpin (sous la dir. de), *Immigrés et réfugiés dans les démocraties occidentales – défis et solutions*, Economica, 1989, p.21 ; Philippe Bernard, L'épouvantail du droit d'asile, *Le Monde*, 22 septembre 1993.)。そのような意味で、現在では伝統的な政治勢力の間では移民政策の基本的な部分について一定のコンセンサス（定住した移民の統合と不法移民の防止・取締強化）が形成されていると考えてよい（P. Weil, *La France et ses étrangers. L'aventure d'une politique d'immigration 1938–1991*, Calmann–Levy, 1991, p.187, p.176 et suiv.（滞在許可と労働許可を統一した一〇年有効の滞在許可証を認めた一九八四年七月一七日の法律が伝統的政治勢力の間の移民政策に関する合意の表現であるという。若干違ったニュアンスで、*Cf.*, Danièle Lochak, *Etrangers : de quel droit?* PUF, 1985, pp.198–204.))。そうした枠組からはみ出しているのは国民戦線（ＦＮ）だけである。左右両翼は、ディテールについての差異を競い合って対立を演出しているにすぎない（P. Weil, Sur la politique française d'immigration, *Le Débat*, N°58, janv.–fev. 1990, p.59.)。

（4）パスクワは再度内相となり、本稿で対象とする九三年移民抑制法制定の中心人物となった。

（5）各法改正の内容、およびそれぞれの法律の異同については、*Cf.*, D. Turpin, Aspects récents du droit français de l'immigration, *op. cit.* ; *Id.*, Les solutions française : rapport général, *op. cit.* また、退去強制に関する変遷について、林瑞枝「一九九三年度フランスにおける移民関係法令の変更とその意義について（四）」時の法令一四七三号六九頁以下参照。さらに、一九九一年段階ではあるが、フランスの外国人法制の整理として、*Cf.*, Franck Modeme, Rapport français, Bénéficiaires ou titulaires des droits fondamentaux, *Annuaire internationale de justice constitutionnelle* (*AIJC*), 1991, pp.260–284. 八〇年代の移民政策の変遷について、*Cf.*, P. Weil, *La France et ses étrangers. op. cit.*, pp.139–204.

(6) 移民排斥の論拠についての詳細は、*Cf.*, Pierre-André Taguieff (sous la dir. de), *Face au racisme*, tome 1, IIe partie, <Points-Essais>, Seuil, 1993 (1re publication : Ed. La Découverte, 1991), p.123 et suiv.

(7) 水鳥能伸「フランスにおける亡命権論議の一考察（一）（二・完）」広島法学一八巻四号一〇七頁、一九巻一号一二一頁（一九九五年）、林瑞枝「一九九三年度フランスにおける移民関係法令の変更とその意義について（一）～（六・完）」時の法令一四六七号四一頁、一四六九号四三頁、一四七一号四七頁、一四七三号六五頁、一四七七号五八頁、一四七九号五五頁（一九九四年）、丹羽徹「フランスにおける外国人の権利――一九九三年移民規制法に関する憲法院判決を素材にして」本多淳亮＝村下博編『外国人労働者問題の展望』一五三頁（一九九五年）。社会権に関する部分について、山崎文夫「不法移民労働者と社会保障の権利」労働法律旬報一三五三号（一九九五年）三六頁。また、最近のフランスの外国人法制については、「シンポジウム　外国人の人権――日仏比較の観点から」（北大法学論集四六巻六号二四五頁）のブレイヤ報告「フランスにおける外国人」（中村睦男訳）、ランドロー報告「フランスにおける外国人の私法上の地位」（瀬川信久訳）を参照することができる。

(8) 正式の名称は、Loi n°93-1027 du 24 août 1993 relative à la maîtrise de l'immigration et aux conditions d'entrée, d'accueil et de séjour des étrangers en France である。

(9) Dominique Schnapper, *L'Europe des Immigrés*, Ed. François Bourin, 1992. 本書はヨーロッパの移民政策の現状と特質、問題の所在を知るために有益と思われる。

(10) Véronique Fabre-Alibert, Réflexions sur le nouveau régime juridique des étrangers en France, *RDP*, 4-1994, p.1185.

(11) *JO.*, 18 août 1993, p.11731 et suiv. 九三年法は五一ヵ条から成るが、違憲と主張された条文は、元老院議員の提訴状では一〇ヵ条、国民議会議員の提訴状では実に三二ヵ条に及んでいる。

(12) 五一ヵ条の条文のうち二〇以上の条項が対象とされているように、立法府の判断に相当に立ち入った審査を加えた。Louis Favoreu et Loïc Philip, *Les grandes décisions du Conseil constitutionnel*, 7e éd., 1993, p.840 et suiv.

(13) 本件に関する評釈として、次のようなものがある。L. Favoreu, Décision n°93-352 DC du 13 août 1993, Maîtrise de l'immigration, *Revue française de droit constitutionnel* (*RFDC*), N°15, 1993, p.583 ; L. Favoreu et L. Philip, *op. cit.*,

pp.827-855 ; François Luchaire, Le droit d'asile et la révision de la Constitution, *RDP*, 1-1994, pp.5-43 ; V. Fabre-Alibert, *op. cit.*, pp.1165-1195 ; Dominique Rousseau, Chronique de jurisprudence constitutionnelle 1992-1993, *RDP*, 1-1994, pp.103-155 ; Nicole Guimezanes, L'arrêt de l'immigration en France? Commentaire de la loi n°93-1027 du 24 août 1993 sur la Maîtrise de l'immigration, *J. C. P.*, éd. G., n°1, 3728, 1994 ; Bruno Genevois, Un statut constitutionnel pour les étrangers. A propos de la décision du Conseil constitutionnel n°93-325 DC du 13 août 1993, *Revue française de droit administratif* (*RFDA*), 9 (5) sept.-oct. 1993, pp.871-887 ; GERJC, France, *AIJC*, 1993, pp.466-475. なお、本稿では、判決の庇護権に関する部分しか検討の俎上に載せないので、取り扱われた様々な人権について九三年判決が憲法判例のなかで占める位置づけに関する詳細は、これらの評釈を参照されたい。ただ、防禦権に関して、「フランス国籍保有者、外国人、無国籍者であるとにかかわらず、何人にとっても憲法的性格を有する基本的権利」であると述べ、憲法院が防禦権にかなり重要な地位を与えていることだけを指摘しておきたい。庇護権に関する違憲判断においても防禦権は決定的な役割を果たした。

（14）*JO.*, 18 août 1993, p.11723（*Recueil des décisions du conseil constitutionnel*（*RDCC*）, 1993, p.226）.

（15）*Ibidem*（*RDCC*, 1993, p.227）.

（16）V. Fabre-Alibert, *op. cit.*, p.1166.

（17）*JO.*, 18 août 1993, p.11727（*RDCC*, 1993, pp.237-238）.

（18）*Ibidem*（*RDCC*, 1993, p.238）.

（19）これと連動して、三一条ノ二の上記(a)の場合にＯＦＰＲＡと難民不服申立委員会（Commission des recours des réfugiés）の管轄を否定する九三年移民抑制法四五条と四六条も、防禦権を奪うものとして違憲とされた。

（20）*JO.*, 18 août 1993, p.11728（*RDCC*, 1993, p.239）.

（21）*Cf.* L. Favoreu, Le droit d'asile : aspects de droit constitutionnel comparé, in D. Turpin (sous dir. de), *Immigrés et réfugiés dans les démocraties occidentales*, *op. cit.*, pp.215-221. 一九八九年の段階でファヴォルーは庇護権を「二級の基本的権利」（droit fondamental de second rang ou à protection atténuée）としていた。

（22）シェンゲン条約に関して、*Cf.* J. Costa-Lascoux, Vers une Europe des citoyens, in J. Costa-Lascoux et P. Weil（sous la dir. de）, *Logiques d'Etat et immigrations*, éd. Kimé, 1992, pp.282-290 ; Brigitte Néel, L'accord de Schengen, *Actualité juridique-Droit administratif*, 20 octobre 1991, pp.659-674.

（23）このようなシェンゲン条約に対する批判は強いようである。一九八五年七月一四日に締結された、五ヵ国のみによる共通国境のコントロールの段階的廃止を目的とする協定が基になって、九〇年六月一九日、九ヵ国による適用条約が署名されたが、イギリス、デンマーク、アイルランドは署名を拒否している。ヨーロッパ議会においても、政府間協定であって、ECレヴェルでの検討を欠いており、締結手続の非民主性などが問題とされている。九四年二月一日発効の予定が無期延期されたことに、端的にシェンゲン条約の問題性は顕れている。結局、シェンゲン条約は一九九五年三月二六日に七ヵ国の間で発効した。ヨーロッパ統合によって国民国家を開こうとする動きと、域外に対して国境を閉じようとする動きとの間の捻れた関係がシェンゲン条約による庇護権規制として表れている。*Cf.* V. Fabre-Alibert, *op. cit.*, p.1186.

（24）この判決に関して、*Cf.* Georges Vedel, Schengen et Maastricht（A propos de la décision n° 91-294 DC du Conseil constitutionnel du 25 juillet 1991）, *RFDA*, 8 (2) mars-avr. 1992, pp.173-180.

（25）*PDCC*, 1991, p.96.

（26）*JO.*, 18 août 1993, p.11728（RDCC, 1993, p.239）.

（27）国家の権利から義務へという庇護権の性格の変更を捉えて、以前の判例の明らかな変更であると評価するものもあるが、リュシェールは、判例は一貫していると評価する（F. Luchaire, *op. cit.*, p.14.）。

（28）ジュネーヴ条約の要請は、単に難民をその生命が脅かされる国に送還し、または追放することの禁止だけである。

（29）この権利を主張する外国人は、その申請について裁定が下されるまで、暫定的に領土内に留まることを許可されるという考え方は、コンセイユ・デタの判例に従うものである（CE, Assemblée, 13 décembre 1991, M. Nkodia et préfet de l'Hérault c. Dakoury ; *RFDA*, 1-2, 1992, PP.90-103.）。コンセイユ・デタは、その根拠としてジュネーヴ条約三一条二項とOFPRA設置法（一九五二年七月二五日法律）を挙げている。

(30) パスクワは判決の翌日から憲法院批判を行っている。八月一四日、ＴＦ１において「憲法院はだんだん適不適によって判決を下すようになってきている。私が少なくとも人並みに尊重する主要な共和国の原則に依拠していない。そこには逸脱が存在する。それは誰でも知っている。そして、それは憲法院自身にとってゆゆしきことである。憲法院はそのことに十分注意しなければならない。国民主権は人民に帰属する。したがって、細心でなければならない。」、一五日、ＡＦＰに対して「憲法院は無謬の機関ではない。憲法院に政治的アンガジュマンを持った者がいることは公然の秘密である。誰でも知っていることだ。しかもこの政治的アンガジュマンは、大半が、今日の多数派と異なっている。」「安全、犯罪対策、移民抑制の領域におけるフランス人の不安が、選挙に際しての国民的論議の核心を構成した。我々の提案は非常に広範な合意を得ており、法律は国民議会と元老院において多数派の全員一致で採択された。憲法院は条文に依拠するのでなく、条文を解釈することによって判決を下して、政府が政策を実施するのを妨げた。その判決の帰結は国益に大きな悪影響を及ぼすものである。」「シェンゲン条約を適用しようとするなら、憲法改正手続に訴えなければならない。」と述べている。いずれも、*Le Monde*, 17 août 1993 による。

(31) その詳細について、水島前掲論文第二章第一節（広島法学一九巻一号一一三頁以下）参照。

(32) *JO., Assemblée Nationale, Documents*, N° 646, dixième législature, p.41 ; F. Luchaire, Le droit d'asile et la révision de la Constitution, *op. cit.*, pp.21–22.

(33) *JO., Assemblée Nationale, Documents*, N°646, dixième législature, pp.42–44 ; F. Luchaire, Le droit d'asile et la révision de la Constitution, *op. cit.*, pp.41–43.

(34) 一〇月一六日の意見（*JO., Assemblée Nationale, Documents*, N°646, dixième législature, p.46）。そこでコンセイユ・デタは、「自由の闘士」についても審査義務を負わないことを明記すること、および憲法改正が憲法第一五編「ヨーロッパ共同体とヨーロッパ連合」に規定されることを望んだ。政府はこの提案を排斥したが、それはヨーロッパ統合が、この憲法改正に絡んで政治的火種となり、統合の是非についての論議が再燃することを望まなかったからである。

(35) 国会における憲法改正論議に関する官報その他の資料をまとめたものとして、次のものがある。Tristan Mage, *Inutile et dangereuse réforme de la Constitution en matière de droit d'asile devant le Parlement français*, 2 vols, Ed.

Tristan Mage, 1993.

（36）*JO., Assemblée nationale, Documents*, N°645, dixième législature.

（37）ファーブル・アリベールは、改正規定に関して、「同一の条約によって拘束されるヨーロッパ各国」の範囲が不分明であり、庇護を与える権限を有する機関も明示されておらず、庇護を与えられる者の範囲を拡大するとされる「その他の理由」の具体的内容も明らかでないと指摘している（V. Fabre-Alibert, *op. cit.*, p.1190）。

（38）*JO., Débats, Congrès du Parlement*, Séance du vendredi 19 novembre 1993, pp.3-5. 基本的に国民議会と元老院における保守系の報告者（Rapporteur）の論理は、バラデュールのそれと同じであると思われる。

（39）*JO., Débats, Congrès du Parlement*, Séance du 19 novembre 1993, p.5.

（40）ミッテランは、一九八一年の政権交代後の重要法律に対する違憲判決を契機として沸き起こった憲法院批判に対して党派的に振る舞うのではなく、大統領として憲法院擁護の立場に立った。

（41）Robert Badinter, Le pouvoir et le contre-pouvoir, *Le Monde*, 23 novembre 1993.

（42）この強烈な憲法院批判者ダイイは、一九九五年二月、元老院議長ルネ・モノリーによって憲法院の構成員として指名された。彼は一九六八年から元老院副議長を務め、当時七七歳の長老議員であった。このとき、ミッテランはバダンテール（退任後、九五年秋に元老院議員に転身）の後継者として元外務大臣のロラン・デュマ（Roland Dumas）を憲法院院長に指名し、国民議会議長フィリップ・セガンは、国民議会事務総長経験者のMichel Amellerを指名した。この人物もやはり憲法院に不信の目を向けてきたことで知られているという（*Le Monde*, 24 février 1995）。

今回の指名で、社会党系の任命権者に指名されたものが五名（ミッテランによるMaurice Faure（八九年）、Georges Abadie（九二年）、R. Dumas、ファビウスによるJacques Robert（八九年）、エマニュエリによるNoëlle Lenoir（九二年））、保守系に指名されたものが四名（ポエルによるJean Cabannes（八九年）、Marcel Rudloff（九二年）、モノリーによるE. Dailly、セガンによるM. Ameller）となった。憲法院を公然と批判してきた人物がこの制度の中に入ってどのような対応をするのか、また憲法院全体に対して、それがどのような影響をもたらすのか、注目されるところである。ただし、ダイイが任命直前に元老院に提出した大部な憲法改正案の中には、もう憲法ブロックを限定する内容は含まれていない（*JO., Sénat, Documents*, N°223, 1994-1995）。

（＊その後、一九九六年二月に Rudloff の死去に伴い、Alain Lancelot（パリ政治学院院長）が憲法院に入り、さらに九七年一月二日には Dailly が死去したため、Yves Guéna（元老院副議長、ゴーリスト、七四歳）が後任として任命されている）

(43) *JO., Sénat, Débats*, Séance du 16 novembre 1993, p.4292. 本文で紹介するダイイの主張は元老院における発言の要約である（*ibid.*, pp.4273-4276 et pp.4292-4295.）。

(44) 一七八九年の人権宣言だけが、どうして相変わらず準拠規範となりうるのかといった批判もなされた（Michel Dreyfus-Schmidt, *JO., Sénat, Débats*, Séance du 16 novembre 1993, p.4294）一九四六年憲法前文の方が現在により近いのに、二〇〇年以上の時間的ずれがある人権宣言の方が、どうして憲法ブロックに留まれるのかといった点について、ダイイは十分な説明をしていない。

(45) 七一年判決の比較的最近の論評として、F. Luchaire, La décision du 16 juillet 1971, *AIJC*, 1991, pp.77-85. この小論で、当時憲法院の評定官であったリュシェールは、結社の自由判決が存在しなくても憲法院の違憲審査権の展開は不可避であったと指摘している。

(46) 憲法改正自体について言えば、憲法院によって一旦合憲と判断されたシェンゲン条約の規定する制度を国内法に移植するに過ぎない九三年法の規定を実施するだけであるのに、憲法院がその法律の方を違憲と判断した結果、憲法を改正しなければならなくなるなどということは、ダイイにとっては、そもそも「滑稽」とすら言いうる前代未聞の事態である（*JO., Sénat, Débats*, Séance du 16 novembre 1993, p.4292）。

(47) 憲法改正を受けて制定された一二月三〇日の法律（Loi n°93-1417 du 30 décembre 1993 portant diverses dispositions relatives à la maîtrise de l'immigration et modifiant le Code civil, *JO.*, 1er janvire 1994）が庇護権に関する違憲規定を復活させ、県知事が、シェンゲン条約に基づいて他国が庇護申請の管轄権限を有することを理由に、一時的滞在許可を与えなかった場合は、庇護申請者はＯＦＰＲＡに不服申立をすることができないという制度が認められることになった（「自由の闘士」については、裁量的に庇護を認める権能は有する）。一二月三〇日法は、その他に、偽装結婚に関する共和国検事の関与に対する不服申立手段を創設し、防禦権を保障するなど、憲法院の判決に従った法整備を行う規定も含んでいる。林・前掲論文一四七九号五六～八頁参照。

(48) G. Vedel, *Le Monde*, 19 août 1993 ; *Id.*, Souveraineté et supraconstitutionnalité, *Pouvoirs*, N°67, 1993, pp.79-97; *Id.*, Le Conseil constitutionnel, gardien du droit positif ou défenseur de la transcendance des droits de l'homme, *Pouvoirs*, N°45, 1988, p.149 et suiv. L. Favoreu, Souveraineté et supraconstitutionnalité, *Pouvoirs*, N°67, 1993, pp.71-77.

(49) このような考え方は、人権の不可侵性という指向とは相容れない部分を持っている。人権を民主的討議の射程内に取り込んでくる点で異論の余地がありうるだろう。しかし、個人が個人として有する不可侵の権利が人権であるから、それは民主的討議の対象外だという紋切り型の応答は、結局、人権保障を裁判機関委せにしてしまい、自らは人権問題を真剣に考えないという姿勢を産み出さないであろうか。民主的討議を通じて一人一人が人権についてわがこととして考えることができなければ、実効的な人権保障はできないのではないだろうか。とりわけ、移民、外国人という文化的他者の人権を考える場合に、人権の普遍性のみを拠り所とする議論は上滑りを起こしてしまうような気がする。人権の普遍性から無媒介に個々の人権問題の具体的解決を導くことが問題だというのではなく、他者の人権を尊重することの意味を個々人が了解することなしには人権といえども現実化することはないのではないかということである。確かに人権を民主過程に載せるリスクは存在するだろう。かといって、「人権は民主的討議の埒外」と言ってみても問題が解決するわけではない。ちなみに、デュヴェルジェは今回の改正を、裁判所判決を国会の表決や人民投票によって民主的に取り消す策動の一種とみて「法治国家」の否定だと批判する（Maurice Duverger, Eviter la révision à tout prix, *Le Monde*, 3 septembre 1993.）。

(50) 一九九四年一一月三日に行われた一九七四年憲法改正二〇周年記念式典における演説（*RFDC*, N°20, 1994, pp.873-876.）。

(51) 生命倫理に関する一九九四年七月二七日の憲法院判決を不満とする憲法前文改正案や、一九九五年の Marcel Porcher（RPR）による憲法院改革案（*JO., Assemblée Nationale, Documents*, dixième législature, N°1982.）がある。

(52) フランスの移民問題に関する最近の手軽な概観として、Ph. Bernard, *L'immigration*, Le Monde-Editions, 1993 ;

Georges Ubbiali, France, Towards the Institutionalisation of Prejudice? in B. Baumgartl, A. Favell (eds), *New Xenophobia in Europe*, Kluwer Law International, 1995, pp.118-129.

（53）D. Turpin, Les solutions Française : rapport général, *op. cit.*, p.20.

（54）*JO., Sénat, Débats*, Séance du 16 novembre 1993, p.4259.

（55）*JO., Sénat, Documents*, N°74, 1993-1994, p.9 et p.28.

（56）*JO., Sénat, Débats*, Séance du 16 novembre 1993, p.4255.

（57）この数字は八〇年代後半と同水準である。八八年（三万五〇〇〇）から増加に転じ、八九年に六万を超えピークに達し、九〇年五万半ば、九一年四万半ばと逓減傾向にあった。九三年には、二万七〇〇〇の庇護申請者のうち九一四人が難民認定された。

（58）シャラッス（Michel Charasse）の元老院における発言（*JO., Sénat, Débats*, Séance du 16 novembre 1993, p.4272）。ミッテラン大統領に近い立場にあることもあり、彼は社会党でただ一人憲法改正に賛成する立場に立った。憲法院に批判的な立場からではなく、憲法本文に庇護権の規定が組み込まれ、しかも庇護の付与の範囲が拡大されるという積極的な意味を改正案に認めるからである（*ibid.*, pp.4271-4272）。

（59）P. Weil, Pour une nouvelle politique d'immigration, *Esprit*, 4-1996, pp.143-144 ; *Id.*, Convergences et divergences des politiques de flux, in *Logiques d'Etat et immigration, op. cit.*, p.68.

（60）「二年間で、五万人の庇護申請者のうち四万人の所在を今日では把握することができない」という元老院における内務大臣の発言。*JO., Sénat, Débats*, Séance du 16 novembre 1993, p.4286.

（61）国境における申請は庇護申請の四％にすぎないという（Ph, Bernard, L'epouvantail du droit d'asile, *Le Monde*, 22 septembre 1993.）。

（62）F. Luchaire, Le droit d'asile et la révision de la Constitution, *op. cit.*, p.19.

（63）*Ibid.*, p.20. リュシェールは早い時期から法律の改正で足りるとしていた（*Id.*, Droit d'asile : faut-il réformer la constitution, *Le Monde*, 28 août 1993.）。判決当時すでにＯＦＰＲＡは緊急性がある場合には四八時間以内に庇護申請の処理を行うこともあったという（Ph. Bernard, L'épouvantail du droit d'asile, *op. cit.*）。

（64）一九九五年二月二四、二五日のＢＶＡによる世論調査結果。P. Weil, Pour une nouvelle politique d'immigration, *op. cit.*, p.136, note 1 による。

（65）*Ibid.*, p.143 et suiv.

16　「大学の自治」と憲法院

——「大学の自由と責任に関する法律」判決を契機として

二〇一二年

はじめに

「大学の自由と責任に関する法律」（Loi n° 2007-1199 du 10 août 2010 relative aux libertés et responsabilités des universités. 以下、ＬＲＵ法という。二〇〇九年一月一日施行）は、サルコジが二〇〇七年大統領選挙に当選後、政権の目玉政策として成立させた法律である。改革の対象となる大学人との事前の調整を欠き、拙速に制定された法律は、「大学の自由」を掲げた改革ではあったが、国から個別大学への人事、財政権限の委譲と、それに伴う学長権限強化を基本的内容とするもので、本来の大学の自治の理念とは相容れない内容を有し、憲法院一九八四年判決が憲法的価値を認めた(1)「教授の独立」原則に違背する疑いの濃厚なものであった。しかし、可決成立が夏のバカンスに入っていたためか、政治階級は憲法院に提訴を行い事前審査の枠内でその違憲性を争おうとすることはなかった。

二〇〇九年四月にＬＲＵ法の適用のために大学教員の身分規定を定めるデクレ（décret nº 2009-460 du 23 avril 2009 modifiant le décret nº 1984-431 du 6 juin 1984）が制定されるが、このデクレ案の策定を契機として大学教員の大規模な反対運動が二〇〇九年二月から六月頃までの長期にわたって展開されることになる。大学改革は従来もそれが試みられるたびに紛争の火種となってきたが、今回は六八年五月革命を超える動員が行われたともいわれる[2]ほど、右左を問わず多くの大学教員を巻き込み、ストライキという強行手段も行使した未曾有の反対闘争に展開した。これまで運動には距離を置いてきた法学系の教員も今回の闘争には積極的にかかわったという[3]。

かねてからＬＲＵ法に批判的な公法学者らは、ＬＲＵ法の実施にかかる二〇〇八年四月一〇日デクレ（人事選考委員会に関する）と二〇〇九年四月二三日デクレ（教員研究者の地位に関する）の取消しを求める二つの行政訴訟をコンセイユ・デタに提起した[4]。そしてその訴訟において、二〇一〇年三月一日から施行された優先的憲法問題[5]の手続きを利用して、一九八四年憲法院判決[6]の打ち立てた「教授の独立」原則に依拠してＬＲＵ法の違憲性を憲法院に認めさせせようとした。

しかし折しも、二〇一〇年三月の憲法院メンバーの更新に当たって、サルコジをはじめとする保守系の任命権者は、それぞれの政治的思惑に基づいて年老いた男性政治家を憲法院に送り込み、「政治的経歴の最後を飾る男性老人クラブ[7]」と揶揄されたように、憲法院をかつての政治機関へ回帰させようとしているかのようであった。ＬＲＵ法を制定した政治勢力によって任命され、自らもその制定にかかわった前政治家をメンバーとして迎え入れた憲法院[8]は、一つの規定について合憲限定解釈を付したものの、公法学者の違憲の申立てを一蹴し、ＬＲＵ法の合憲性を確認した。任命権者に対する「忘恩の義務（devoir d'ingratitude）[9]」は顧みられることはなく、むしろ任命権者の期待に応えるかのような判断を下した。ＬＲＵ法判決は政治家出身メンバーの関与によって、法律の制定者が当該法律の合憲性の裁定者となる不合理を可視化してしまい、憲法院の正統性に大きな疑問符を投げかけるものとなった[10]。

今日では、憲法院メンバーに憲法学者は含まれていない[11]。もはやヴデルも、リュシェールも、ロベールもいないのである。高名な憲法学者の学問的権威の後ろ盾を憲法院は失っている。本件との関係では、それは大学人もいないという二重の意味で、大学の自治に関わる法律の合憲性を判断するにふさわしい専門家が憲法院には不在だということを意味する。提訴者である公法学者らの主張は認められなかったが、専門家である提訴者の見解を否定したのは、大学についての認識を欠き、大学人にとっての自由・自治の意義を理解せず、憲法について専門的知見を持ち合わせているわけでもない政治家たちが集う「老人クラブ」である。

制度発足間もない一九六〇年代の憲法院も政治家の隠居所と揶揄され、その存在意義が認められることもなく、それに対して憲法院自身正統性を主張することもできなかった。いくつかの画期を経て一九八〇年代以降は、曲折はあるものの、人権保障機関、政権交代の保障者として認知され、法治国家論という政当化イデオロギーを獲得することによって、憲法院はフランスの政治システムの中で憲法裁判所として確固とした地位を築いてきたように思われていた。しかし、事後審査制が二度の改革の挫折の後に優先的憲法問題という形で導入され、裁判機関化という積年の夢を実現した今、皮肉にも憲法院は「老人クラブ」といった不名誉なレッテルを再び貼られ、その政治性を改めて批判されている。本来なら、これは憲法院にとってかなり深刻に受け止めなければならない事態であろう。

本件行政訴訟の原告の一人でもあるボーによれば、「大学の自由と責任に関する法律」はフランスの大学の歴史に「消しがたい汚点[12]」として残こるであろう法律であり、二〇一〇年憲法院判決は法的な註釈には値しない顕著な政治性をもった判決である[13]。

本稿では、この憲法院判決を糸口に、優先的憲法問題の施行直後の憲法院と、フランスにおける大学の自治の現在に関して若干の考察を行うこととしたい。

一　二〇一〇年憲法院判決――Décision nº 2010-20/21 QPC du 06 août 2010[14]

本件で問題となったのは、ＬＲＵ法[15]が定める大学教員の任用手続、および大学教員の業務上の義務の配分（教育と研究、学内行政等その他業務の間での配分）について個別大学学長の決定権限を認める規定の合憲性である。本稿では、「教授の独立」原則に関係する限りで判決の内容を紹介する。[16]

1　教員研究者の任用手続

違憲審査の対象となった教員研究者（enseignant-chercheur）の任用手続の仕組みは、次のようなものである。各大学に設置される「選考委員会（comité de sélection）」が審査を行った後、理由を付した答申を特別管理評議会[17]に提出し、人事の決定権限を有する特別管理評議会が一人の候補者、または優先順位を付した候補者リストを所管大臣に提出する（教育法典L.952-6-1条）。

選考委員会は、特別管理評議会の議決によって人事ごとに設置されるアド・ホックな委員会であり、任用対象の職位と同等以上の職位にある教員研究者と、少なくとも半数の外部委員（職位の条件は同じ）から構成される。選考委員は、「学術評議会（conseil scientifique）」の意見を聴いた後、学長の提案に基いて特別管理評議会において決定される。選考委員の過半数は当該専門領域の専門家の中から学識（compétences）を基準に選択されなければならない。

学長は、この委員の提案権に加えて、選考委員会の審査結果を特別管理評議会に伝達する際に反対意見を付すことができるとされ、教員研究者の人事に関して拒否権を有する。学長の反対意見があると、特別管理評議会はそれに拘束されるのである（同L712-2条）。

優先的憲法問題を提起した申立人らは、この手続が一九八四年憲法院判決の認める「教授の独立」原則に反すると主張した。人事の決定権限を有する特別管理評議会の構成が、教授職の人事を行う際に教授だけに限定されると明示されていない（教授人事に助教授（maître de conférences）が関与することが排除されていない）点、学長に選考委員会メンバーを提案する権限が認められる点、選考委員会（専門領域を同じくする専門家からなる委員会）の判断が学長の拒否権の発動により覆される可能性がある点が、「教授の独立」の基本的内容をなす「同輩による同輩の選択（cooptation par les pairs）」の要請に反して違憲であるというのである。

これに対して憲法院は次のように応えた（付記した番号は判決理由に付されている段階番号である）。

まず、憲法院が本件の準拠規範とした「教員研究者の独立」原則の規範内容について、次のように敷衍した。

6「教員研究者の独立の保障は、共和国の諸法律によって承認された基本原則から帰結する。教員研究者の独立原則は、教授と助教授が、その同輩の選択に参加することを意味するが、選考手続に関与する者のすべてが、個々に、募集されている職位と少なくとも同等の職位にある教員研究者であることを要求するわけではない。」

次いで、選考委員会に関して、次のように述べる。

8「二〇〇七年八月一〇日の法律は大学の常設機関の権限、とりわけ学長の権限を強化した。しかしながら、選考委員会の構成に関して、学長は提案権を有するに過ぎない。学長は、この提案に当って、人物の職階と学識を考慮するとともに、当該大学の教員と、他大学において職務を執る教員との間のバランスを尊重しなければならない。したがって、学長提案権は、法律によって厳しく枠づけられている。選考委員会のメンバーの任命は管理評議会の専権に属する。」

10「選考委員会メンバーの任命を行う場合、大学管理評議会は教員研究者ないしそれに準じる者の中から選挙によって選ばれた代表者のみからなる構成体として開催される。」
11「選考委員会は、候補者の学問的業績を評価するが、募集された職位と少なくとも同等の職位にある教員研究者ないしそれに準じる者から構成され、少なくともその半数は当該大学以外の者である。選考委員会メンバーはその学識に基づいて、当該学問領域の専門家の中からその過半数が選ばれる。」
12「各選考委員会は、候補者全員に関する、理由を付した単一の答申という形式で、採用予定者のリストを作成する。立法者は、かくして、選考を行う責任を選考委員会に委ねようとしたのであり、管理評議会が、選考委員会の選択しなかった候補者の任命を高等教育担当大臣に提案することを禁止している。」
14「これらの条件においては、違憲の申立ての対象となっている条項は、……教授・助教授を同輩の選択に関与させるものであるので、したがって教員研究者の独立という憲法原則を侵害することもない。」
このように述べて、憲法院は、選考委員会の答申の管理評議会による尊重が立法者意思であり、選考委員会が実質的な人事決定権を有するという註釈を施して、教育研究者の独立原則、すなわち同輩による同輩の選択という原則が侵害されていないとする。
これに対して学長拒否権については、明示的に解釈指示を示すことによって一定の限定を憲法上の要請として提示した。
16「教員研究者の独立原則は、学長が大学行政とは無関係な理由、とりわけ、選考の結果選ばれた候補者の学問的評価を、その判断の根拠とすることを禁ずるものである。この留保の下に、学長の『拒否権』は、教員研究者の任用、異動及び出向に関して、教員研究者の独立原則を侵害しない。」

2　教員研究者の地位

「大学の自治」を掲げるＬＲＵ法は、各大学の予算と人事管理に関する権限を拡大する機会を提供している。これは大学の申請に基づいて、予算担当大臣、高等教育担当大臣の共同アレテによる承認を条件としてなされるものである。この制度を利用すると、教育と研究、その他業務（「知識の普及と、経済、社会、文化との連携」、「国際協力」、「当該施設（大学）の行政と管理」）の間における大学教員の業務上の義務の配分に関して、各大学の管理評議会が基本原則を定めて、それに基づいて学長が個々の教員の業務の分担割合を変更すること（modulation変形業務制）ができるようになる（教育法典L.954-1条）。これは、教員研究者を教員評価に基づいて選別し、教育の担い手と研究の担い手を分化させる仕組みである。大学に教育と研究の分離をもたらし、国家公務員である大学教員の処遇を個別大学の学長が決定できるとする点で大学教員制度の根幹にかかわる重大問題であるが、憲法院は次のような判断をしただけであった。

21「……いずれにしろ、L954-1条は、管理評議会に認められる権限が、『適用される身分規定の条項を尊重して』行使されると定めている。これらの条項は、公務員の一般身分規定、およびコンセイユ・デタの議を経たデクレの規定する教員研究者の身分に関する特別規定から帰結するものである。したがって、管理評議会のかかる権限は、それ自体で、教員研究者の独立原則……を侵害するものではない。」

当該規定が「教員研究者の独立」原則を侵害せず合憲とされる理由は、この管理評議会権限が国家公務員である大学教員の身分にかかわる既存の法制度を尊重して行使されると法律（教育法典L.952-3条）が定めていることによるというひどく簡潔なものである。

二　「教授の独立」と二〇一〇年判決

フランスにおける大学の自治に関する憲法原則は、一九八四年に憲法院が「共和国の諸法律によって承認された基本原則」として承認した「教授の独立」である。これは、当時憲法院のメンバーであった高名な公法学者であるG・ヴデルの手になる判決とされ、「教授の独立」原則の憲法原則化は彼が憲法学者として、また大学人として尽力した結果であるとされている。「教授の独立」は、大学教授のみが国家公務員であっても国会議員との兼職を許されるという兼職禁止に関する大学教授の特例的扱いに基礎をおくものである。政治的職務との兼任を認めても職務遂行には支障がないと考えられる程、大学教授はその独立性について信頼され、また大学教授の職務はそのような独立性を不可欠の条件とすると考えられているのである。その内容は、一九八四年判決では理事選挙の選挙人団の構成における「大学教授の固有の、代表の名に値する代表（représentation propre et authentique des professeurs d'université）」の保障、具体的には助教授と区別された独自の選挙人団の構成を要求するものであった。伝統的には、同輩による新規メンバーの選考、メンバーシップの決定における職団の自治が、「教授の独立」の基本的な内容をなすものと考えられてきた。(18)

二〇一〇年判決は、この「教授の独立」原則の延長にある「教員研究者の独立」という原則に基づき判断を行っている。しかし、本判決で憲法原則とされる「教員研究者の独立」の具体的な規範内容は非常に稀薄である。一九八四年判決の「教授の独立」原則を適用すれば違憲の判断に至ったはずだという見解も示されているが、(19)この憲法原則の規範内容の稀釈により申立人の主張をすべて否定してLRU法の合憲性を確認することが可能となった。管理評議会の人事決定権と学長拒否権については限定解釈が施され、一定の配慮はなされているが、むしろその配慮の政治性が指摘されている。

1 「教授の独立」と「教員研究者の独立」

限定解釈を付された事項以外では「教授の独立」原則違反の主張は、理由らしい理由もなく合憲とされている。教授人事に教授以外の職位にある者（助教授）がかかわってはならないという点が法律に明示されていないという主張は、まさに助教授に対する教授の独立を擁護した一九八四年判決の立場からすれば、管理評議会構成における教授の比率の低下という現実[20]もあり、かなり重大な問題である。一九八四年判決は、管理評議会選挙の選挙人団の構成において教授に「固有の、代表の名に値する代表」を保障し、助教授とは別個の選挙人団を構成することを「教授の独立」原則の内容とした。その考え方からすれば、助教授の関与を排除して教授による新任教授の選択を保障することこそ「教授の独立」の要請ということになる。しかし、憲法院は「教員研究者の独立」を準拠規範とすることで教授と助教授の区別を相対化してしまっているので、この点は問題として把握されず、すべての者が教授である必要はないと簡単に断言できてしまうのである。一九八四年判決の「教授の独立」と二〇一〇年判決における「教員研究者の独立」との間にはその内容に大きな隔たりがあり、「教授の独立」原則は、二〇一〇年判決によって実質的に破棄されたといってよい[21]。

教員研究者の採用における管理評議会の決定権は、専門領域を同じくする専門家が過半数を占める選考委員会の結論（理由を付した順位付きのリスト）が覆される可能性を残す仕組みであるが、それも「教員研究者の独立」の憲法原則を侵害するものとはされなかった。選考委員会の提出したリストに掲載されていない者を管理評議会が大臣に推薦することはできないというのが立法者意思であるという註釈を憲法院は付したものの、管理評議会は決定権を有する以上、選考委員会の結論を全面的に否定することも、リストの順位を変更して低位の者を大臣へ推薦することもできる。[22] そうであれば、この憲法院の註釈にはほとんど意味がない。

管理評議会は、大学の総合大学化、学際化が進められているにもかかわらず、[23] その定員が縮小されているために専門分野ごとの代表を欠いた存在となっている。この構成体に人事の実質的な決定権を認めることは、選考対象者の教育・研究を判断する能力を欠いた専門外の人間が、業績審査等に関わるわけでもなく確たる根拠なしに専門家による学術的判断を否定することを認めることに帰着する。ＬＲＵ法は、自大学優先人事（localisme）の否定を目的とするとされるが、むしろ学術的基準に基づかない人事の余地を認める仕組みをとっていることになる。[24]

これに関して、憲法院の付した註釈は、ＬＲＵ法の立法者意思、その運用を委ねられた行政当局の解釈に反するものであるという指摘もなされている。憲法院の言に反して、管理評議会が人事の決定主体であり、選考委員会のリストアップしていない者を大臣に推薦する権限も有するというのが立法者・行政当局の意思であったのに、憲法院判決とそれに追随するコンセイユ・デタ判決[25]によって、実質的人事決定権を選考委員会に帰属させるという立法者意思が恣意的に捏造され、法律の意味が書き換えられてしまっている、そうであるとすれば、そのような恣意的な限定解釈で対応すべきではなく、端的に違憲判断をすべきではなかったかという見解である。[26]

選考委員会メンバーについても、学術評議会の意見を聴いたうえで学長が提案権を有し、管理評議会がそれを決定することになっているが、本来的に学長も管理評議会も選考委員会メンバーを選択する学識を持ちえない以上、学術評議会以外に選考委員を実質的に決定することはできないはずであるが、この点も憲法院は問題としなかった。

唯一、法律に対する明示的な留保が示されたのは、人事に関する学長拒否権に対する限定解釈である。専門領域を同じくする専門家からなる選考委員会の学術的基準に基づく判断を、教授資格を持たないこともあり、また当該人事の対象者と同じ学問領域を専攻している専門家でもない可能性のある学長が否定できる仕組みは、「教授の独立」の基本的な内容をなす、同輩による同輩の選択という原則を正面から否定するものである。憲法院は、これに対して、学長拒否権の行使が学術的な評価に関わる理由によることはできないという限定解釈を施した。これは一見すると有意的に見える。しかし、そもそも学長を大学行政のトップと位置づけ、それが専門家の学術的判断を「大学行政上の理由」によって拒否できるとする点で、「教授の独立」原則の前提とする大学像（上下関係のない学問的共同体）とはかなり異なった前提に立っている。また、「大学行政上の理由」による正当な拒否とはいかなるものか、それと「学術的な評価」による拒否との境界は曖昧にならざるを得ないのではないかといった疑問も提示されている[27]。しかも、この限定はすでに行政裁判においてコンセイユ・デタが認めている内容を再確認したに過ぎず、新たな規範を定立したわけではないともいわれる[28]。このような点を考慮すると、限定解釈は憲法院の違憲審査機関、人権保障機関としてのアリバイとして述べられたものにすぎないと評価することも可能である。

組合運動の活動家や教授資格を持たない者が選出されることもあり、学長が専門分野で傑出した学識を認められているわけでもないという現実や、管理評議会がその選挙制度ゆえに組合の影響下に置かれているという実態があるなかで、LRU法の人事任用システムがいかなる帰結をもたらすか、懸念のあるところである。

いずれにしろ、当該専門領域の専門家からなる選考委員会の結論が学長の拒否権によって否定され、あるいは選考委員会の提出する順位をつけたリストから管理評議会が第一順位でない者を選べる仕組みは、人事における専門家集団の学術的判断を否定する論理を正面から認めるものであり、学術的基準に基づく同輩による将来の同輩の選択という大学人事の本来的あり方に反するものである。

2　教育と研究

変形業務制に関して、憲法院は簡単な合憲判断しかしていない（前記判決理由21段参照）。しかし、国家公務員である大学教員の処遇について個別大学の学長が決定できる制度は、大学教員を「大学の被用者」[29]扱いし、学長に対する従属性という上下関係を大学に持ち込むとともに、教員の身分保障を弱める可能性を持つなど問題の多い制度である。

教員研究者が教育にあてるべき時間は、講義であれば年間一二八時間（演習であれば、一九二時間）と定められており、研究にもこれと同等の時間を割くことが要求されるが、この一対一の割合を、管理評議会による原則の決定と本人の同意を条件に[30]学長が変更できるとする制度によって、実際には、研究について評価の低い教員研究者の教育負担を増やし、それで浮く教育負担を研究に優れた教員研究者に免除して研究に専念させ、手当の付与と合わせて、大学の対外的評価を高めるような研究業績を産出させることが想定されている。これによって、教育に専念する教員と研究に専心する教員とが分化し、大学の中に研究者教員と教育用教員の分業体制が成立する可能性[31]がでてくる。研究を前提にして初めて教育も可能となるという観念からすれば、この分業は大学教育のあり方を本質的に変更するものである。また、これは研究への低い評価に対するいわば懲罰として教育負担を利用する仕組みであり、教育の軽視[32]と教育負担の増大[33]をもたらすものとして強い批判を受けている。

教育的公役務の担い手である教員研究者が学長の指揮の下におかれ、教員間には差別が持ち込まれ、上下関係のない同輩からなる学問的共同体としての大学のあり方は、この変形業務制の導入によって全面的に否定されることになる。このように変質した大学において、従来、学問の自由によって実現しようとしてきたものよりも充実した教育が担保され、優れた研究成果が生み出されていくのであろうか。

ＬＲＵ法は「大学の自治」を標榜したが、サルコジの大学改革の最終的な目標は、学長を中心とするトップダウンのガバナンスによって企業のような経済効率を実現しつつ、国際的な大学ランキングにおける順位の上昇を図ることであった。変形業務制はその象徴的な制度である。グローバル化の中の経済効率至上主義をストレートに大学に反映させようとする改革に、大学が大学ではなくなるという危機意識をもって大学人が激しく抵抗したのは当然であった。学問を学問として成立させ、教育の質を高めることができるのは、学問の論理以外の束縛から解放されて自由な教育・研究活動を行う大学人をおいてない。大学教員にとって学問の自由と教授（教員研究者）の独立は、自己の職責遂行の不可欠の前提をなすのである。[35] しかし、このような大学の理念は今日では放棄され、異質な理念への転換が図られつつある。ＬＲＵ法がそのあからさまな表明であるにもかかわらず、古典的な大学の自治を体現する「教授の独立」という先例を放棄して、憲法院がそれを合憲としたことは大学人にとって深刻な問題である。

本判決は「教員研究者の独立」という表現を用いて憲法院の先例に則っているかのような体裁をとるが、そこにおける一九八四年判決の「教授の独立」原則の規範内容の稀薄化は著しい。一九八四年判決が助教授に対する教授独自の代表の確保を要求し、大学を党派と組合の影響から守ろうとしたのに対して、本判決は、その教授と助教授の区別を相対化することによって、実は専門家による学術的判断を非学術的な考慮によって否定する道を切り拓いている。実質的には「教授の独立」のすべてが相対化され、その規範的射程は大幅に縮減された。それゆえに、本判決は実質的には判例変更であり、それによって「教授の独立」が骨抜きにされ、[36] さらには「消滅」[37] したという厳しい評価の対象とされるのである。

三　ＬＲＵ法と大学の自治――二つの「大学の自治」

ＬＲＵ法は、「大学の自治」を理念として掲げる大学改革法である。国から一定の予算、人事権限が各大学に委譲され、大学が運営と人事に関して一定の自律性を獲得する機会を与えられたのは確かである。それは「分権化（décentralisation）」とも呼ばれるが、権限分散（déconcentration）の枠内で大学運営における個別大学の裁量を多少拡大するに過ぎず、所詮は国の掌の上で「自由に」踊ることを各大学に認めるような欺瞞的なものにすぎない[38]。国が高等教育政策の決定権を有することに変わりはなく、教員の人数枠も国が定めるのである。実際、LRU法と同時に大学教員のポストの大幅な削減が提案されていたことを思えば、その「大学の自治」の内実はたかが知れたものである。大学は「自律しているが、従属している（autonome *et* dépendante）」[39]。

他方、この「大学の自治」の代償は大学内の意思決定過程の根本的な変更であった。国から委譲された権限を行使する大学学長の権限強化による大学のガバナンスのトップダウン化（présidentialisation と呼ばれる）である。これは、教授自治を中核とするヒエラルヒーのない自由な学問の府という大学のアイデンティティーとは相いれず、むしろ伝統的な共和主義的大学の自治論を全面的に覆そうとするものであって、大学にとっては自治の放棄という非常に高い代償となった。

LRU法のもたらす大学のカリカチュアを示せば、次のようなものであろう。国際的な大学ランキングの順位を上げるために大学は大規模化され総合大学となり、学際化が進む。教授資格を有せず教育・研究経験も乏しい学長がトップに就き、強力な権限を振い、企業と同じように効率的に教育研究事業を運営しようとする。決定の迅速性から規模が縮小され、ローカリズム防止のために半数以上が外部委員である管理評議会が大学の重要問題について最終的な決定権を有するが、管理評議会は組合や政党の影響下におかれ外部からの圧力にさらされている。他方、総合大学化によって教授団の規模は大きくなり、学際化によって教授団は多様化しているにもかかわらず、教員は定員減となった管理評議会に十分な代表を持つことができない。まして各専門分野がそれぞれ代表を送り込むことなどできず、管理評議会の構成は偏頗になっている。このような自治的な代表機関としての正統性に問題を抱え込んだ管理評議会と、経営的観点を意識した学長の組み合わせによって、大学の運営にかなり強い歪みが生じることになる。優秀な学生はグランゼコールを目指し、優秀な若手は教育負担を嫌い研究所に職を求め、大学人としての気概を持った教員もまた大学の変化に耐えきれず大学を去る。

「分権的」と評されるＬＲＵ法の「大学の自治」の内実は、大学の「集権的」ガバナンス、学長とそのブレーンによる寡頭制である（「大学への大学人の従属」）[40]。大学教員による自治は大幅な後退を強いられ、上下関係の存在しない学問的共同体における同輩による自治という伝統的な「大学の自治」理解とは、言葉を除けば共通するところは何もない。学長の決定権限の拡張が、それだけで「大学の自治」とされるところが、サルコジによる大学改革の底の浅さを示している。人のできなかった大学改革を中身とは無関係にただやり遂げることを自己目的化したのがサルコジの改革であるといった手厳しい指摘もなされている[41]。

ＬＲＵ法の構想が分権を語る国家の下における大学の集権化であるとすれば、フランスの伝統的な考え方は中央集権的国家の下における自治的大学ということになる。

フランスでは、大学教員は国家公務員であり、法令上、公役務（service public）としての高等教育の担い手という特殊な地位をも考慮して、国家公務員かつ教育公務員としての強い身分保障を受ける。教員人事には、大学教員の職団が専門職集団として全国大学評議会（Conseil national de l'Université）に関与し、学術的観点から人事を決定する体制がとられ、問題は抱えていたものの、それによって大学教員の人事に関する自治が尊重されてきたことは疑いない。全国レベルで組織された教授の職団の関与による教員任用という「中央集権」と職団の自治とを結合した仕組みは、部分意思の実現（個別大学における教員の自大学出身者の採用、党派や組合の意向を反映した縁故採用など）を防ぐために採られたものである。中央集権によって大学教員の自治を保障し、学術的評価とは異質な要素の大学への混入を排除して、大学教員の職務の遂行に不可欠な学問の自由・独立を確保しようとする共和主義な構想に基づいている(42)。

中央集権的な「大学の自治」という一見矛盾する構想を支えるのは、大学教員の強い職業倫理(43)と、高等教育における学問の自由の重要性に対して理解を示す国家の度量である。週三時間の講義のために骨身を削る教授(44)、党派的立場や経済的利益を排除し学問の論理を大学に貫徹させようとする知的廉直性を自覚した教授団、高等教育と「学問の自由」の連関に理解を示し、教育と研究は外在的強制ではなく自由に委ねてこそ成立することを認識し、知に対する謙抑性を備えた国家(45)、これらが揃って初めて大学は大学として成立し機能する。

実際には、ヴデルやリヴェロが牧歌的に想起する一九六八年以前の大学はもはや存在しない。当時も実在してはいなかった幻かもしれないが、一九八四年憲法院判決は共和主義的理念としての「大学の自治」というフランス的伝統の下に「共和国の諸法律によって承認された基本原則」として「教授の独立」原則を同定し、憲法原則化したのである。大学における教授の地位低下が著しいことは、以前から指摘されていたが、ＬＲＵ法と本件憲法院判決によって、学問内在的な価値を象徴する「教授」の存在が大学においてさらに周縁化されたことは明らかである。憲法院は、独立した学問の府としての大学にとって重大な転換点となる判決を下した。しかし、そのような重大性に見合った判断内容であったのか、そして憲法院メンバーがそのような重大性を認識したうえで判決を下したのか、その点は疑わしい。

四　憲法院の劣化

ＬＲＵ法判決に関しては、その内容に対する批判だけでなく、憲法院自体のあり方に対する強い批判を呼び起こしている。「法治国家」の担い手、人権保障機関として期待された憲法院であるが、皮肉なことに、優先的憲法問題施行の年に、その政治機関性（裁判機関としての不適格性）、政治性に対する批判が再燃している。

1　議会公聴会におけるシャラッス発言

憲法院メンバーの任命に際して議会公聴会を行うとする二〇〇八年憲法改正を受け、組織法律の未整備な段階ではあったが、今回のメンバー更新に当たって二〇一〇年二月に非公式の公聴会が実施された[46]。そこでは、サルコジ大統領の指名したシャラッス（Michel Charasse）[47]が、LRU法をめぐる大学紛争を意識してか、「教授の独立」を憲法原則とした一九八四年の憲法院判決を「同業組合的」と評し、その実質的な判決起草者であるヴデルを非難した[48]。憲法院メンバーにならんとする者が、憲法院の先例を公然と批判する異例の事態である。しかも、そのシャラッスが憲法院メンバーとして、優先的憲法問題によってLRU法の合憲性が問われ「教授の独立」原則の適用が問題となった本件の審理に参加したので、そのことは驚きをもって迎えられた。裁判の公正さの観点から、これに対して強い批判がある[49]。

2　任命の政治性

憲法院メンバーの三年毎の更新時に当たる二〇一〇年の任命においては、政治家が三人任命され、メディアでは、隠退間際の政治家の花道を飾る「老人クラブ」といった不名誉な呼称が復活した。任命権者（大統領、両院議長）は、憲法院メンバーの任命権を自分の政治的資源としてしか考えていないようである。高齢の政治的有力者の適当な配置場所の一つとして憲法院を政治的思惑によって利用しようとしている。今回は優先的憲法問題の施行を睨んで、これまで以上に法律家としての知見と憲法に関する見識を有する憲法裁判官が必要とされていたはずである。立法過程の最終段階という位置から、憲法院が法適用過程にも組み込まれ、具体的事件解決の前提として憲法判断を行う裁判機関となったことを任命権者がどれだけ考慮したのか、また、優先的憲法問題導入後の憲法院メンバーの適格性とは何かということに幾ばくかでも配慮したのか、疑問を呈さざるを得ない。このような人事ゆえに、法的推論としての妥当性を疑わせ、先例との整合性が辻褄合わせに過ぎず、憲法・人権価値への鋭敏さを欠いた本判決のような学界から痛烈な批判を受ける判決が出されてしまうのである。これでは憲法院は自己の正統性を自ら掘り崩して自壊してしまうのではなかろうか。

二〇〇七年三月にコリアールが退任して以来、ごく初期からずっと続いて来た憲法学者ないし公法学者の憲法院メンバーの存在は途切れて今日に至っている。判決当時も憲法院には学者はおらず、一九八四年にヴデルが「教授の独立」を憲法原則化したように、憲法的価値を法技術を駆使して実定法として具体化するような法解釈学的力業を行える者はいない。今日では、自分たちは憲法裁判官として憲法判断を行なっていると思い込んでいながら、実は本件で「教授の独立」原則の核心を否定したように、従来の憲法院の築いた大いなる遺産を食い潰してしまいそうな政治家たちが、自らの政治性に無自覚に、裁判機関であるべき憲法院を占拠している状況である。[50]

さらに、シュナペール（Dominique Schnapper, 社会学者・女性）が二〇一〇年三月に退任して以降、憲法院には学者が不在になった。これは、大学に対する理解者がいないということを意味する。ＥＮＡ等のグランゼコール出身のエリートは、一般に大学に対して無理解に基づく厳しい視線を向けているようである。[51]本件では、学者の不在が判決の結論に大きな影を投げかけている。一九八四年判決自体、ヴデルの他のメンバーへの働きかけが決定的影響を持ったと言われており、二〇一〇年夏の段階で憲法院に憲法学者が不在だったのは「大学の自治」にとって致命的であった。

3　裁判官の回避・忌避

優先的憲法問題の導入後に、憲法院において裁判官回避・忌避が問題化している。たとえば、シラク（元大統領として当然の憲法院メンバー）のパリ市庁架空雇用事件にかかわって優先的憲法問題が提起された。シラクは当然審査に関わらないが、シラク大統領の下で閣僚であったり、シラクによって憲法院メンバーに任命された者などを、シラクとの関係を理由に除いていくと、憲法院の審理にかかわれるのは、大統領経験者を加えた一一名の憲法院メンバーのうち最悪二名の女性メンバーしかいないという事態が生じる可能性があった(52)。憲法院の審理には七名の参加が必要とされるので、その要件が満たされない状況である。憲法院にとっては幸いなことに、破毀院が優先的憲法問題を憲法院に移送することを認めなかったため事態は顕在化しなかったが、憲法院の制度の根底が揺らぐところであった。

ルモンドのブログによれば、二〇一一年五月一一日には憲法院のメンバー六人に対して忌避が申し立てられ、二人が審理から外れた例が伝えられている。また、優先的憲法問題開始以来、二〇一一年五月までの時点で一六件の回避の事例があるということである(53)。

優先的憲法問題の導入によって法律施行後の市民の提訴による事後審査が行われるようになり、法律成立時の一回のみの抽象審査しか行われなかった時代とは異なる問題状況が生じてきている。具体的事件の存在を前提とした憲法判断を求められるようになった憲法院にとって、政治家出身者の任命自体が裁判機関として備えるべき公正さと矛盾するという事態である。政治家出身メンバーは、長年立法過程にかかわってきているために、事後的に法律の合憲性を審査する機関のメンバーとしては不適切である。法律制定者自らが法律の合憲性を事後審査するということでは裁判としての体をなさない。同様に、事後審査制の下では、元大統領が憲法院メンバーとして審査に関与することも、自分の政権の下で成立させた法律を今度は裁判官として審査することにつながってしまう。事前審査においては立法の最終段階として位置づけられる憲法院も、事後審査においては法適用の領域、紛争解決という裁判の領域に、その活動領域を移すことになるので、このような問題が生じるのは不可避である。

4　憲法院に対するコール（corps）の支配(54)

ボーによれば、優先的憲法問題によって事件が飛躍的に増大する中、以前にも増して憲法院事務総長がキーパーソン化してきている事が指摘されている。メンバーに実務法曹が少なく、憲法学者もおらず、審査期間が短いという厳しい条件のなかで、政府との調整や、通常裁判所とのすり合わせなどを通じて、憲法院事務総長を中心としたエリートのネットワークが形成され、それが憲法院判決の実質的内容を規定していく可能性が高いという。歴代事務総長は一時期を除きコンセイユ・デタから選ばれているため、これは憲法院に対するコンセイユ・デタの支配、すなわちＥＮＡ出身者の勢力圏の拡大につながっていく危険があると警告している。

終わりに

ＬＲＵ法とＬＲＵ法判決は、大学という学問の論理の支配すべき世界と、憲法院という人権理念と法の論理が支配すべき世界に、政治が土足で踏み込んで、学問と法という独自の価値に奉仕する専門家の存在意義を否定しようとした事件である。結局、ＬＲＵ法判決によって、大学は「教授の独立」に基礎をおく共和主義的大学の理念からの決別を強いられ、憲法院自身は優先的憲法問題を扱う裁判機関としては不適格であるという烙印を押されることになったように思われる。

大学教員の強い倫理と業務に裏打ちされた学問の自由・大学の自治は、コーポラティズムと名指され、時代遅れの幻想とされ、評価を媒介とした他律と業績主義にフランスの大学も席捲されている。大学教員の担うべき学問の価値は否定され、競争試験を勝ち残ってきたゼネラリストの官僚的エリートの経済効率性と結合した価値が大学をも支配しそうである。憲法院も、大学を知る憲法学者のメンバーの不在の中で政治化し、政治家とグランゼコール出身のエリートに支配され、大学に対する無理解を示した。

このような判決を下していると憲法院は、人権保障機関、法治国家の擁護者という一九八〇年代以降やっと手に入れたアイデンティティを手放さざるをえないような正統性危機を迎えるのではないか。立憲主義を現実化しようとする志を持った傑出した憲法学者たちがメンバーとして加わることによって、人権保障機関、少なくとも政治的欲求と憲法規範との間の調整者として、憲法院はこれまで憲法秩序を維持する役割を果たすことができた。しかし、今やそうした憲法学者の努力が無に帰してしまいかねない状況にある。

政治的民主主義の論理が大学と憲法院、大学教授と裁判官、学問の論理と法の論理を覆ってしまうことの問題性がＬＲＵ法とＬＲＵ法判決では集約的に現れたように思われる。政治とは一線を画すべきこれらの制度と論理を、その担い手たちはどのように再興していくべきなのだろうか。フランスの大学教員による抗議運動が今後どのように引き継がれていくのか、政治階級は政治の一元的支配の誘惑の前に踏みとどまれるのか、今後の展開に注目したい。

（1）Mathieu Touzeil-Divina, A la recherche du principe perdu : L'indépendance des enseignants-chercheurs, *Petites affiches*, 5 mai 2011, n° 89, p. 47.

（2）Ibidem.

（3）O. Beaud, A. Caille, P. Encrenaz, M. Gauchet et F. Vatin, *Refonder l'université*, Ed. La Découverte, 2010, p. 81 et suiv.

（4）前者に関しては、中立人としてJ. Combacau, P. Delvolve, Y. Gaudemet, Y. Jégouzo, F. Sudreなどが名を連ねており、後者にはボーがかかわっている。

（5）とりあえず、今関「フランス憲法院への事後審査制導入――優先的憲法問題question prioritaire de constitutionnalité」早稲田法学八五巻三号（一）二二一頁以下参照。

（6）Décision n° 83-165 DC du 24 janvier 1984, *Recueil des décisions du Conseil Constitutionnel*, 1984, p. 30. Cf., L. Favoreu et L. Philip, *Les grandes décisions du Conseil constitutionnel*, Dalloz, 15éd., 2009, p. 438. いまだ優先的憲法問題の施行前であったが、本書の評釈者は、施行後には「いかなる疑いもなく」違憲の申立てが法学者によってなされるだろうと予告している（p. 448）。

（7）“Vieux club de mâles en fin de carrière politique”, *Le Monde*, le 2 mars 2010.

（8）本判決に関与した八人の憲法院メンバーの経歴は、政治家四人、官僚一人、破毀院院長、女性司法官、コンセイユ・デタ評定官である。官僚を入れると過半数が政治家という構成である。

（9）ヴデルないしバダンテール（Robert Badinter. 元憲法院院長）の考案になる言葉で、自己の任命権者に対しても裁判官自身が独立性を守るべきことを要求する義務を意味する。

（10）さらに政治家関与の問題性は、シラク前大統領の汚職事件にかかわっても指摘された（後述）。

（11）二〇〇七年に退任したコリアール（J.-Cl. Colliard.：社会党の国民議会議長Fabiusの任命）が最後の憲法学者である。

（12）Olivier Beaud, Les libertés universitaires. in Ch. Fortier (dir.), *Université, universités*, Dalloz, coll. Thèmes & commentaires, 2010, p. 346. また、一九八四年サヴァリー法以来大学の被ってきた変化にかんがみても「大学の自由の破壊の追加的なステップ」（*ibid*., p. 315）を印すものだとも述べている。

（13）O. Beaud, *Les libertés universitaires à l'abandon?* Dalloz, 2010, p. 329. ボーは、形式面では「無駄に饒舌で、条文の解釈があまりに頻繁に登場するが、驚くほど理由付けが不十分」で、要するに「短くあるべきところで長く、長くあるべきところで短い」判決であり、内容的には「大学の自由を、何としても合憲性を救済しなければならなかったＬＲＵ法のために犠牲にした」判決だと酷評もしている（*ibid*., pp. 288-9）。他方、ボーにとってヴデルの存在によって生み出された一九八四年判決は「奇跡」である（*ibid.*, p. 329）。また、メルレは評釈のタイトルを「大学の自由の後退への憲法院の寄与」としてもよかったとして、憲法院が、先例に従えば違憲判断を下さなければならなかったであろうところ、「法外的な理由」（警察留置違憲判決から一週間足らずで重要法律を立て続けに違憲と判断することを回避しようという政府への配慮、大学とは何かについての無知）によって違憲判断を回避したと述べ、その政治性を批判している（Fabrice Melleray, Le Conseil constitutionnel au secours de la loi relative aux libertés et responsabilités des universités, *Recueil Dalloz*, 14 oct. 2010, n° 35, pp. 2335-6）。

（14）*Recueil des décisions du Conseil constitutionnel*, 2010, p. 203. 憲法院公認の評釈として、http://www.conseil-constitutionnel.fr/conseil-constitutionnel/root/bank/download/201020_21QPCccc_20qpc.pdf がある。*Les nouveaux cahiers du Conseil constitutionnel* (n° 30 (2011), Dalloz) には、判旨のごく簡単な摘要しか掲載されていない（p. 122）。

（15）LRU法の背景、概要に関する邦語文献として、大場淳「フランスの大学改革――サルコジ＝フィヨン政権下での改革を中心に――」大学論集第四一集（二〇〇九年度・広島大学高等教育研究開発センター）五九頁、鈴木尊紘「フランスにおける大学自由責任法」外国の立法二四七号三〇頁参照。

（16）平等原則違反の主張も行っているが、ここでは取り上げない。

（17）教員研究者等の中から選挙によって選出された代表者に構成員を限定した管理評議会の特別の構成体。ここでは便宜上、特別管理評議会と呼んでおく。通常の管理評議会は、教員研究者ではない理事を含み、大学によって規模は異なるが、二〇人から三〇人の理事からなる構成体である。人事に関しては、教員研究者のみによる特別管理評議会に決定権限がある。

（18）Cf. Y. Gaudemet, Les bases constitutionnelles du droit universitaire, *RD publ.* 2008, p. 684 et suiv. また、一九八四年判決について、組合の影響を強く受けている助教授の職団から教授の職団を切り離し、大学の政治化を防止しようとしたのが「教授の独立」の憲法原則化のすぐれて「政治的」な意義であるというボーの指摘がある（O. Beaud, *Les libertés universitaires à l'abandon? op. cit.*, pp. 125-131）。

（19）Fleur Dargent, Le Conseil constitutionnel de nouveau confronté aux libertés universitaires. Commentaire de la décision n° 2010-20/21 QPC du 6 août 2010, M. Jean C. et autres（Loi Université）, JO du 7 août 2010, p. 14615. *Revue française de droit constitutionnel*, n° 86（2011）, p. 286 ; O. Beaud, *Les libertés universitaires à l'abandon? op. cit.*, p. 303. また、優先的憲法問題を提起しなければ、本件行政訴訟でコンセイユ・デタが選考委員会に関するデクレを違法と判断する公算が大きかったという指摘もある（*ibid.*, pp. 314-5）。デクレの違法でなく法律の違憲を獲得しようとして優先的憲法問題に訴えた公法学者らの戦術は、憲法院の予測不能の立場変更によって藪蛇となった。

（20）六〇人構成の管理評議会に一三人しか教授がいなくても教授の適正な代表が確保されているとした判決があるという（M. Touzeil-Divina, A la recherche du principe perdu, op. cit., pp. 48-9）。

（21）マチューは端的に教授の独立原則の消滅をいう（Bertrand Mathieu, De la disparition d'un principe constitutionnel : l'indépendance des professeurs d'université, *JurisClasseur périodique, La semaine juridique, Ed. générale*, n° 36, 6 sept. 2010, p. 1602）。他の評釈も、教授の独立から助教授も含めた教員研究者の独立という定式に変わることによって、原則の適用範囲は拡張したが、その規範内容は稀薄化し、その核心が骨抜きにされたと評価している。逆に、判例の継続性を説くのは、憲法院による公式評釈である（*Les cahiers du Conseil constitutionnel*, n° 30, p. 5 et suiv. http://www.conseil-constitutionnel.fr/conseil-constitutionnel/root/bank/download/201020_21QPCccc_20qpc.pdf）。

（22）Serge Slama, Loi LRU : principe d'indépendance sans substance n'est que ruine...（CC, n° 2010-20/21 QPC du 06 août 2010, J. COMBACAU et a., Collectif pour la défense de l'Université）, http://combatsdroitshomme.blog.lemonde.fr/2010/08/15/loi-lru-principe-dindependance-sans-substance-nest-que-ruine-cc-n%c2%b0-2010-2021-qpc-du-06-aout-2010-j-combacau-et-a-collectif-pour-la-defense-de-luniversite/

（23）エクサンプロバンス大学、ストラスブール大学の総合大学化により、法学系の単科大学がなくなるという。上海ランキングを上げるための方策として、実施された施策である。Jean Waline, L'autonomie des universités : une bouteille à l'encre? *RD publ.*, p. 1467.

（24）O. Beaud, *Les libertés universitaires à l'abandon? op. cit.*, p. 262.

（25）CE 15 déc. 2010, Syndicat national de l'enseignement supérieur et autres, req. n° 316927, *AJDA*, 2010, p. 2454.

(26) F. Melleray, A la recherche des jurys de recrutement des enseignants-chercheurs. De la LRU à l'arrêt SNESUP-FSU et autre, *AJDA*, 21 mars 2011, p. 539. 憲法院はこの註釈を付すことによって、明文違憲としないことで国を満足させ、他方、大学人には闘争の成果として悪しき改革に一定の歯止めをかけることができたと運動を総括できる余地を与えて、八方丸く収まる政治的解決をはかったという評価を与えている（p. 541）。

(27) F. Melleray, Le Conseil constitutionnel au secours de la loi relative aux libertés et responsabilitiés des universités, *op. cit.*, p. 2338 ; F. Dargent, *op. cit.*, p. 288.

(28) M. Touziel-Divina, A la recherche du principe perdu, *op. cit.*, p. 49, note (26).

(29) O. Beaud, Pourquoi il faut refuser l'actuelle réforme du statut des universitaires, *Rev. MAUSS*, 2009, n° 33, p. 111 et suiv.

(30) この要件は、大学人の抗議運動の成果である。当初は一方的な決定で業務割合の変更がなされることになっていた。

(31) Pierre-François Fressoz, Les enseignants-chercheurs dans la loi liberté et responsabilité des universités, in *Terres du droit, Mélanges Y. Jégouzo*, Dalloz, 2009, pp. 322-3.

(32) Antoine Coppolani, S'agit-il d'évaluation ou dévaluation des enseignants-chercheurs? *Le Monde*, 19 Fevrier 2009.

(33) デクレ案段階での批判であるが、cf., O. Beaud, Pourquoi il faut refuser l'actuelle réforme du statut des universitaires, *op. cit.*, p. 98 et suiv. 変形業務制は教育負担増の「トロイの木馬」であるという（p. 104）。

(34) Ibid., p. 116 et suiv. ＬＲＵ法と適用デクレ案は「大学の緩慢な死」をもたらすものであり、それが実現した暁には大学人は「退場」するしかないという覚悟を語っている。

(35) Cf., Jean Rivero, Les droits et les obligations du professeur d'enseignement supérieur, *Rev. ens. sup.*, 1960, n° 3, pp. 128-33 ; Georges Vedel, Les libertés universitaires, *Rev. ens. sup.*, 1960, n° 3, pp. 134-9.

(36) O. Beaud, *Les libertés universitaires à l'abandon? op. cit.*, p. 291 et suiv.

(37) B. Mathieu, *op. cit.*, p. 1602.

(38) O. Beaud, Les libertés universitaires, *op. cit.*, p. 319, note 17. Cf., Marcel Gauchet, Vers une «société de l'ignorance»?

Le Debat, nº 156, sept.-oct. 2009, p. 155 et suiv.

(39) O. Beaud, Pourquoi il faut refuser l'actuelle réforme du statut des universitaires, *op. cit.*, p. 104.

(40) Ibid., p. 109.

(41) M. Gauchet, *op. cit.*, p. 150.

(42) G. Vedel, *op. cit.*, p. 137.

(43) Ibid., p. 139（「いかなる特権も偉大な義務の別名であるのでなければ保持されない。」）

(44) J. Rivero, *op. cit.*, p. 131. 当時は、大学教授の講義負担は年間七五時間であった。Cf., Jean Morange, La liberté du professeur des facultés de droit, in *Le droit administratif : permanences et convergences. Mélanges en l'honneur de Jean-François Lachaume*, Dalloz, 2007, p. 760 et suiv.

(45) J. Rivero, *op. cit.*, p. 131.

(46) 二〇一〇年二月二四日実施。今回は組織法律の未整備のため非公式なものとして実施されたので、表決はなされなかった。本来は、両院の委員会でヒヤリングの後に表決をとり、五分の三以上の反対があると人事は承認されない（憲法五六条一項、一三条四項参照）。

(47) ミッテラン大統領当時の閣僚経験者であるが、二〇〇七年の大統領選挙の最中にサルコジ候補を自分が首長をする市庁舎で接待し、二〇〇八年には県会議長の選出の際、保守の候補を支持して社会党を除名された人物。今回、大統領選の功績を認められてか、党派性から超然とした国家元首を気取るサルコジに一本釣りされた。

(48) 公聴会の議事録は、http://www.assemblee-nationale.fr/13/cr-cloi/09-10/c0910046.asp#P6_717

(49) Cf., O. Beaud, *Les libertés universitaires à l'abandon? op. cit.*, p. 306 et suiv. M. Touzeil-Divina, A la recherche du principe perdu, *op. cit.*, p. 47.

(50) カサン、ワリーヌ、リュシェール、ゴケル、ヴデル、バダンテール、ロベール、ランスロ（任命順）といった一流の学者である。

(51) この点はボーの強調するところである。O. Beaud, *Les libertés universitaires à l'abandon? op. cit.*, p. 317 et suiv.

（52）Le Monde Blog, le 10 mars 2011, Le Conseil constitutionnel embarrassé par le cas Chirac, http://libertes.blog.lemonde.fr/2011/03/10/le-conseil-constitutionnel-embarrasse-par-le-cas-chirac/

（53）Le Monde Blog, le 31 mai 2011, Premières demandes de récusation au Conseil constitutionnel, http://libertes.blog.lemonde.fr/2011/05/31/premieres-demandes-de-recusation-au-conseil-constitutionnel/

（54）O. Beaud, *Les libertés universitaires à l'abandon? op. cit.*, p. 321 et suiv.

第2部解題

第2部は、フランス第五共和制の統治枠組み、とくに憲法院に関する論攷を収録する。**9論文**は、「半大統領制」と「法治国家」の成立経緯と一九九〇年代初頭までの動態を扱う。半大統領制は大統領制と議院内閣制の中間に位置する統治枠組みであり、大統領中心主義と議会制の合理化によって、第三共和制以来の政治的停滞を克服しようとした一九五八年憲法の採用するシステムである。しかし、半大統領制は、ドゴール退陣によって大統領制的要素を希薄化させ、次第に議院内閣制へと向かう。一九八〇年代から二〇〇〇年代初頭にかけて、所属する党派を異にする大統領と首相が対立するコアビタシオン（保革共存）が生起したのち、二〇〇〇年一〇月の憲法改正による大統領任期短縮、二〇〇八年七月の憲法改正による議会の政府統制機能強化などにより、第五共和制当初の統治機構像は大きく変貌した。このような動向のなかで、体制の法治国家性が、憲法院と違憲審査制の展開にともなって前景化する。この点を**10**から**16論文**が具体的に検討する。

当初の憲法院は、「合理化された」議会の監視者として位置づけられ、その違憲審査制は事前審査であり、付託権者も大統領、首相、上下両院議長のみに厳しく限定されていた。しかし、議会多数派と大統領支持基盤の同質性によって執行権が安定化すると、憲法院の存在意義は動揺する。そして、制度としての生き残りをかけた憲法院は、一九七一年七月一六日の「結社の自由」判決によって、憲法前文に基づく合憲性の審査権限を行使し、人権保障のための裁判機関への転身を印象づけた。その後、**11論文**に見る八九年憲法院改革が違憲の抗弁に基づく事後審査制の導入に失敗する等の紆余曲折はあったが、憲法院は、**13論文**の主題である「優先的憲法問題（ＱＰＣ）」制度導入によって、個人の提訴に基づく事後審査制に到達した。ＱＰＣは、二〇一〇年五月二三日の第一号判決以来、生命倫理や同性婚といった現代的諸問題に関わる法律の憲法適合性審査も行いつつ、八年間余りですでに六三〇を超える判決を記録している（二〇一八年六月時点）。「裁判官統治」忌避と「法律＝一般意思の表明」への確信という近代フランスの憲法的伝統と対照的な一九七〇年代以降の違憲審査制の展開は、多くの学説が人権保障の進展という視座から論じる法治国家論という問題領域を供した。対して、QPCの本質を個人の権利救済よりも憲法秩序の保障に見出す**13論文**が「法治国家」像のイデオロギー性を指摘するように、本章所収の各論攷に通底する問題意識は、憲法院と違憲審査制の政治的性格を強調する。野党議員に付託権を開放した一九七四年憲法改正に、多くの学説は法治国家の進展を見出すが、**10論文**はむしろ、憲法院の政治的調停者像の顕在化を見出す。一九八〇年代以降、選挙制度が流動的に変化し、政党状況が細分化と二極化の間で揺れ動くと、憲法院の政治的調停機能の意義は高まった。**14論文**は、第五共和制初の政権交代への憲法院の対応を検討する。「市町村、県およびレジオンの権利と自由に関する法律（いわゆる地方分権法）」は、地方分権を目指すミッテラン政権の目玉法案であった。同法案は、県行政権を国家官吏である県知事から県評議会議長に移し、広域地方行政単位（レジオン）を公選制の完全自治体に格上げし、国家による自治体への後見監督的統制を新設の共和国委員による事後的統制に置換する抜本的改革であった。一九八二年二月二五日憲法院判決は、共和国委員による事後的統制が国の立法から独立した自治体議決を認め得る点を一部違憲と判示しつつ、県行政権の移譲をはじめとする新政権の基本方針は追認した。この点で、憲法院は「政権交代の保障者」として位置づけられる。

14、**15**、**16論文**は、一九八〇年代以来のフランスにおける社会変動と憲法院の対話という視角も設定する。**14論文**が扱うフランス特有の中央集権体制は、その後の三〇年来の改革を経て根本的に変容した。二〇〇三年三月二八日に改正された一九五八年憲法は、第一条で共和国の「組織は、地方分権化される」と規定し、第七二条以下で、補完性の原則、地方公共団体の自主立法権、住民投票・発案、財政自主権等を規定した。事実上、同憲法改正によってフランスは地方分権の国へと転身した。単一国家内の地方国家として敵視されてきたレジオンも、二〇一五年八月七日法律によって二二から一三に再編・強化された。とはいえ、憲法第一条は「不可分性」を共和国の基本原理としており、海外領土との関係での

「共和国の不可分性」をめぐる理論・実践両面の問題は依然重要である。

15論文は移民問題を扱う。第二次世界大戦後の高度経済成長が安価な労働力としての移民に支えられていたように、かつてフランスは大規模に移民を受け入れていた。第一次石油危機はフランスの移民政策を転換させ、就労目的の移民の受け入れが停止されたが、すでに入国していた移民の家族呼び寄せは許容され、一九八一年の社会党政権も不法移民の適正化を行ったので、移民増加が一九八〇年代の社会問題となった。一九九三年三月に誕生したバラデュール政権は移民規制政策の目玉として「移民抑制法」（第二パスクワ法）を打ち出す。一九九三年八月一三日憲法院判決は、外国人は広範な特別の行政警察措置によって入国・滞在資格を制限される地位にあるが、「共和国の領土に居住する全ての者に認められる憲法的価値を有する基本的な自由及び権利」は尊重されると判示し、離婚後二年以内の新配偶者の呼び寄せを禁止し、学生を家族再結集の対象外とする同法の諸規定を違憲と判示、「正常な家族生活を営む権利」を明示的に承認した。一九五八年憲法は外国人に関する総則規定を持たないので、同判決は外国人の憲法上の権利・地位を初めて明確にした点で重要である。一カ国のみによる難民審査を原則とするシェンゲン協定に基づき、他の条約締結国が審査権を有する際の難民審査を認めない第二パスクワ法の規定に対して、同判決が判例を変更して「共和国の領土内で庇護を受ける権利」を保障する一九四六年憲法前文第四項は「自由の闘士」に対して直接適用されるとして、庇護権の完全な裁判規範性を認めた点も重要である。本件違憲判決を受けた一九九三年一一月の憲法改正により、庇護申請に関する一部規定が第三パスクワ法として成立した。その後の移民政策は、二〇〇三年一一月二六日法律、二〇〇六年七月二四日法律に見られるように、選択的移民制度と不法移民の取り締まり強化に向かった。他方、憲法院判決は、移民の権利保障を拡充する基本的展開を見せる。例えば、正常な家族生活を営む権利は一九九七年四月二二日判決で拡充され、実効的な司法救済を受ける権利は一九九六年四月九日判決、二〇〇六年七月二七日判決等で憲法上の権利性を確認された。しかし、移民を取り巻く環境は、国際テロリズムとの関係で厳しさを増している。二〇一五年一月二三日憲法院判決も、テロ犯罪を理由とする、二重国籍者のみに対する国籍剥奪制度を、平等原則に違反せず合憲と判示した。

16論文は、近年の新自由主義的大学改革を扱う。「教授」の「教授以外の研究者教員」に対する独立を意味する「教授の独立」原則は第三共和制以来のフランスの知的伝統である。しかし、大卒者の失業問題や国際的な大学ランキングでの低迷が指摘されるなか、サルコジ政権は競争原理に基づく大学改革を提唱、改革の目玉である「大学の自由と責任に関する法律」（二〇〇七年大学法）は、学長権限強化と教員の人事制度の大改革を規定する。同法実施のための大統領デクレの取り消しを求める越権訴訟が大学人によって複数提起され、その過程で提起されたＱＰＣへの憲法院の回答が、二〇一〇年八月六日判決である。二〇〇七年大学法が、研究者教員の人事採用手続きに関して、新設の「選考委員会」構成員を「教授」に限定せず、半数以上を学外者とした点、人事決定に関する学長の拒否権を認めた点が争われた。二〇一〇年八月六日判決は学長の拒否権行使に解釈留保を付したが、研究者教員の選考方式の変更は、「研究者教員の独立」原則に適合し、合憲と判断した。しかし、かつて憲法院は一九八四年一月二〇日判決において、大学の運営協議会への代表者選出に際して教授と教授以外の研究者教員を単一の選出母体とする大学改革法律案を「教授の独立」原則に違反して違憲と判示していたので、本判決は「教授の独立」原則を「研究者教員の独立」原則に置き換える形で消滅させたと評される。実際、二〇〇七年大学法の施行によって、学長の主導性による大学組織の階層化が指摘された。ただし、改革動向は流動的である。オランド政権下で、新たな二〇一三年七月の大学法が成立、学長権限は再び縮小した。他方、二〇一七年五月のマクロン政権成立によって、大学自治の強化、学生による大学評価導入等を含む高等教育改革が提示された。独立した教授の知的権威に基づく伝統的大学像は大きく変貌している。

〔三上佳佑〕

第3部

フランス公法学と国家理論

第3部　フランス公法学と国家理論

17　レオン・デュギ、モリス・オーリウにおける「法による国家制限」の問題

一九八二―一九八三年

序　デュギ、オーリウの問題性

レオン・デュギ（一八五九―一九二八）とモリス・オーリウ（一八五六―一九二九）はA・エスマン、R・カレ・ド・マルベール等と共にフランス憲法学の草創期たる第三共和制のもとで活躍した代表的な公法学者である。彼らの理論的な交流、論争のなかで今日のフランス憲法学の基礎が形成された。エスマンは大革命以来の伝統的公法理論の大成者として、カレ・ド・マルベールは法実証主義者として知られるが、この両者と異なり、デュギとオーリウは社会学から深い影響を受けている――後者が社会学に対する反撥を表明しているとしても。社会学的方法によって伝統的法理論を批判すると同時に、法と国家権力との関係をいかに把握するかを中核とする独自の法理論の構築を試みる。この社会学と法の一般理論との結合に着目し、その意義乃至可能性を考察することが本稿の目的である。そこで、デュギ、オーリウの理論を具体的に検討するに先だって、彼らの担った共通の課題である法学

の科学化及び法による国家制限の射程を予め明らかにしておきたい。

社会科学を自然科学的方法即ち実証主義的な方法によって再構成しようと試みる科学主義の思潮の高まりのなかで、法の科学的探究を可能とする方法としてモデルとされたのはデュルケム社会学の方法、いわゆる社会学主義であった。この方法の基本的特質は、「社会的事実を物のように考察すること」(1)という有名な定式によって表明された社会学における客観性の要求、及び社会を、それを構成する諸個人の単なる総和とは異なる独自の位相を有する存在として把握し、そのように把握された社会によって社会的なるものを説明する、即ち集合意識を方法として措定すること、この二つである。これらは不可分な関係にたつ。社会的事実は個人に対して外在しており、個人の意思に依存せず逆に個人を拘束し、個人の抱く表象とは異なる(2)。それ故に、研究者はできる限り自らの有する表象から身を引き離し予断を遠ざけねばならない。内省という方法は排斥され、無前提的立場から社会的事実を物のように観察するという方法が導かれる。法、国家といったものに関して、われわれが漠然と思い描く通俗的観念、常識的理解から断絶しなければならず、さらにアプリオリに措定された概念から事実を説明するのではなく、現実から概念を成立させている構造の解明にむかわねばならない。換言すれば、現象を隠された構造の現れ、記号と見做し、記号を解読し隠された構造を再構成することが社会学者の役割である(3)。

この方法の採用は法の研究にとって二系統の重要な帰結を導く。ひとつは、法の基盤として社会を措定することで、法を社会的事実と把握し、方法として措定された社会とのかかわりにおける法現象の全体的解明を試みる道が開けることである。法は、個人の意思（法ヴォロンタリスム）、またアプリオリに定立される自然の秩序或いは神の意思といった形而上学的観念（自然法論）によって説明されるのではない。人間と人間との関係の総体として把握された社会、構成員の総和とは異なる独自の存在である社会に内在する論理を発見し、そこに法を定位することによってはじめて法の十全な理解が可能となる。

これと不可分な、もうひとつの重要な帰結は観察という実証的方法の導入に関連する。法はどのようなものであるべきかという形式でしか問を発しえなかった従来の法学、自然法であれ実定法であれ主としてその規範内容にしか関心を示さなかったそれ以前の法学の視座とは全く異なる観点が、法を社会的事実として物のように考察するという方法によって成立し、従来の法学では捉ええず考察対象から放逐されていた問題領域が浮上する。「あるべき法」のドグマチックな探究から、「存在する法」の社会における存在、形成、機能、変動のメカニズムの法則定立的研究への転位、即ち法そのものの問題化。この転位により、法学は規範的実践と事実認識の解離に直面し、これを契機に法の科学とはいかなる科学かという問題が法学者に突きつけられる。

事実の観察は対象から距離を取るという科学の成立の必要条件である。社会学的アプローチの採用により法学は法の客観的解明に向かう。ここで社会学一般に関して及び法に適用された社会学的アプローチに関して問題が生じる。第一の問題についてはその所在だけ指摘しておく。通常、科学は検証可能性と説明価値によって定義される。この両者は反比例の関係にたつから検証可能性が高まれば説明価値は低下する。観察は社会学のひとつの方法にすぎない。観察者の視点によって観察の対象領域そのものが限定される、即ち全体性において存在する社会的事象をどのように切り取って対象とするかは研究者の意図に依存せざるを得ない。またデータをどのように解釈、説明するかも視点、問題意識に依存する。それ以上に社会学においては研究者はその考察対象に内在しており、主体と客体は完全には分離され得ないので、社会学における客観性の指向は研究主体の絶えざる自己客観化が自覚的に遂行されぬ場合には、社会に内在する論理の名において研究者の無自覚的な価値体系を表明するという陥穽におちいることになる。社会的事実の認識は客体たる社会的事実と客体の一部をなす主体たる研究者という二契機の綜合として形成されるという限界は常に銘記されねばならない。従ってデュルケムが志向した社会現象の実証的客観的認識が不可能であり、今日一般に認められているように科学とイデオロギーとの間に截然と境界線を引くことが困難であるとすると、科学が科学たりうる条件の探究が必要である。特に社会科学の最大の任務をイデオロギー批判におくとき、別のイデオロギーによってでなく科学の名において一定のイデオロギーを批判することが可能か、いかなる条件でかという事は常に念頭に置かれねばならないだろう。この点で、法の科学を志向したが法学の特殊性とも関連し撞着を惹き起こさざるを得なかったデュギの、また社会生活における諸理念即ちイデオロギーの役割を探究しながら終には現実に対する批判的視座を喪失したオーリウの方法と理論を検討することはなんらかの意義を持ちうるはずである。(4)

第二の――法を対象とする社会学的アプローチ特有の――問題は、法による国家制限の可能性にもかかわって、認識と実践の区別を前提とする場合、法認識と法実践の連環のなかで法及び法学をどのように把握するかである。便宜上、法の「社会学的」探究が法学のすべてであり法はその規範内容まで「社会学的事実認定」によって把握し尽されるとする考え方を社会学的法学（乃至社会法論）と呼び、他方、社会学的アプローチでは捉え得ない局面を含むことを承認したうえでなされる社会学的探究を法社会学と呼ぶ。後者の場合、法社会学と法解釈の連関をどう捉えるかという重大な問題が生じる。

社会学的法学は、立法者により定立された法律がその適用過程において変容を被り、さらには死文化すること、或いは権利要求の運動が法律として汲みあげられること、慣習、労働協約等の国家外的な法が存在すること等の事実を社会学的に認定し、そこからさらに進んで事実と法との関係を逆転させ、法律が事実を規制するのではなく事実が法律を拘束する局面を極大化し、立法者が定立する法律は社会環境の産み出す「社会法」の認定である限りでしか法としての効力を有しないとする規範的主張に基礎を置く。法は社会の分泌物でなければならない。この考え方の特色は事実のなかから法を読みこんでくることである。(5) 換言すれば、存在を無媒介に当為とすることである。

法を社会の分泌物と捉え、人間の意思行為の関与を副次的な意義しか持たぬ認定にすぎないと考えるので、法学者の役割は社会的事実のなかから法を読みこむことによって法を定式化し、立法者に提示することである。社会学的法学においては社会に価値が付与され、社会に属する法と国家権力とが分離されて自然法論にひじょうに近い法イメージが形成される。社会のなかから法を読みこむことは社会的欲求に適合した法を為政者は定立、執行すべきであるという実践的主張としては一定の意義を有した。しかしながら、この方法は、自然法論や国家人格の意思表示たる国家法が法のすべてであるとする考え方同様、法を一定の意味内容をもちすでに自足的に先在しているものと考え、法規範を当為として認識の対象とする点においては、それらと同一の水平にある。当為と存在の区別は行われず、法学者の認識と実践の区別も意識されない。

社会学的法学は、為政者の法定立における意思的契機、価値判断の軽視、及び認識と実践の峻別を説く者からの法学者の位相の混乱という二つの批判を受ける。この両者は密接な関係を保つので、認識と実践の峻別を主張する立場からなされる、為政者の法定立を重視し法による国家制限を否定する法観を検討し、その問題点を析出させ、憲法学の最も本質的問題として法による国家制限のメカニズムの解明を志したデュギ、オーリウの理論を評価するアクシスを設定したい。フランスにおける代表的ケルゼニスト、Ch.・アイゼンマンへの献呈論文集に収録されたM・トロペールの「解釈の問題と憲法的超適法性の理論」(6)という論文を素材として検討を進める。これは今後の展開のために、特にオーリウとの親縁性を持つ――但し若干の、しかし重大な前提の差異が存在するという留保のうえで――ので少し詳しく紹介しておきたい。はじめに結論をひこう、

「合憲性統制機関が存在しようとしまいと、憲法典は法律及び公権力の他の行為に優位することはない。公権力――裁判所又は他の権力――は、憲法典を適用するためにそれを解釈しなければならず、従ってこの活動を行うに際していかなる法規範によっても拘束されることなく憲法典を再創造する。但し、公権力が挿入されている

相互関係システムによってのみは拘束される。[7]」

ここで問題とされる「解釈」は、司法過程さらに統治過程全般における、解釈権限を有する機関の行う条文解釈である。解釈は法適用の前提であり法システムの運行に不可欠の要素である。通常、法の適用は大前提＝上位規範（条文の意味）、小前提＝事実、結論＝下位規範（法律、判決等）という三段論法的推論として構成されるが、憲法の場合には大前提となる適用すべき憲法規範（norme）は先在せず、ただ条文（texte）のみが存在する。[8]なぜか。先ず、条文解釈は条文の内包する複数の意味からひとつを選択する意思行為、即ち解釈者の自由意思の表明である。ところで、憲法典の適用機関——特に合憲性統制機関、それが存在せず或いはその統制の及ばない領域については憲法典の適用権限を有するすべての機関——は、その権限内のすべての行為を行う際に憲法典を解釈するに至るが、この解釈は三段論法に先行する、大前提を決定する行為である。さらに、解釈権限ある機関の解釈であるからその帰結たる条文の意味内容にかかわりなく法秩序が諸帰結を結びつける唯一の真正な（authentique）解釈である。それに対抗させうる《真なる vrai》解釈は、意思行為の帰結に真偽はないのだから、存在しない。従って、解釈＝自由意思行為、真正な解釈＝違憲に思えても取消されえないが故に有効、という事の帰結は、真正な解釈という権限ある適用機関の自由な意思行為の前には憲法典の条文が存在するだけであり、解釈がこの条文に適用機関の自由意思の決定した明確な規範を挿入する、即ち「適用機関が適用する規範を定立するのは、その適用機関である[9]」ということである。憲法典が適用機関の解釈によって充当される意味しか有しえず、さらに適用機関が自らの意思にしか服さず、自己に帰属する権限を定める規定をも解釈し自己の権限を自ら決定するとすれば、憲法典を根拠として憲法典の適用である法律を違憲と断じることはできない。憲法典の最高性、法の段階構造はアプリオリに前提とすることはできなくなる。

このようにして規範として即ち当為としての憲法典による国家権力の制限は否定されるが、憲法典

（constitution）を《存在》として、即ちconstitutionは、形式的意味では、国家機関による解釈によって客観的意味作用を付与される、《規範の主観的意味作用〔憲法制定者の意思〕を有する規定の総体》であり、実質的意味では《実効的に諸公権力の活動を条件づける諸関係のシステムの総体》であるとすることによって、存在としてのconstitutionによる国家権力の拘束を認める。換言すれば、「憲法典の諸規定の各々の――そしてその全体性における憲法典の――意味は憲法典について行われる諸解釈の合力である」（「解釈の集合的性格」）とすることによって、各機関の解釈はその属する公権力システム内に位置づけられてはじめて意味作用を獲得するとされる。トロペールによれば公権力の被る拘束はこのようなものである。(10)(11)

このように対象としての憲法を構成した後に、トロペールは憲法学の方法論と基礎に関して次のような帰結を引き出す。(12)方法――諸機関のシステムとしてのconstitutionは存在の領域に属するから、その研究は規範科学に属さず、従って《存在》現象を対象とする諸科学と同一の方法によって行うことができる。憲法学と政治社会学との分離は正当化されない。基礎――憲法科学の任務は、いわゆる憲法規範を記述することでも、その侵犯を認定することでもなく、公権力のシステム構造を明らかにし、その変化の諸原因を解明することである。

以上述べてきたトロペールの考え方はその問題提起――法の段階構造が解釈に及ぼす規範性を主張するのでなく、解釈が法秩序の構造に及ぼす影響の探究を主張する点(13)――及び徹底性において示唆的である。実定法が自足していないこと、同時に公権力のシステム性に由来する憲法解釈の集合的性格を承認することによって、社会学的考察への移行地点に辿り着くが、しかし、解釈を自由意思行為と把握し法の存在を解釈機関の資格にのみ依存させることによって社会構造と法との関係を断ち切り、社会構造を構成する様々な法的言説、イデオロギーを法の統合的部分として定位することなく法外へと放逐し、法学者の役割も非常に限定的に捉える。(14)問題は権限ある機関の意思を自足した所与とすることにある。意思行為を独立した存在と考えるのは幻想にすぎない。(15)確かに社会学的法学が主張するように「社会学的」探究の帰結がそのまま法であるのではない。法が社会構造の現れとして考察されうるとしても、法は了解され受容され従われねばならない命令として現出するから、それが作用を与える人々の知性と意思に訴えかけ、そこで個人の知的操作、解釈の対象となり屈折を被らざるを得ない[16]。しかしこの解釈は自由意思行為ではない。法と事実はひとつの全体的現象を構成する[17]。従って、「法における事実の役割、命令（impératif）における指示の役割[18]」を探究し「社会的事実と意思行為の綜合[19]」を追求することこそが必要である。そのとき、「当為はその内容から独立に決定されえず…、法の内には存在と当為、事実と価値の必然的な弁証法的係り合いが存在し…、法は超越的価値と同時にこの価値に関する社会的合意への準拠を前提とする[20]」という指摘、「公認イデオロギー、支配的イデオロギーはすべての段階における法的権力の実践において基本的要素である。規範論理が意味をもち、その位置を見出すのはこのなかにである。為政者が従うサンクシオンされない《法》に意味を付与するのはまさにこのイデオロギーである。実際、法準則の正当化は大部分諸源泉の階層理論によって保障される。しかし一方、このようなモデル自体、社会的実践において、より正確にはこの実践に伴う基本的要素である言説《ディスクール》において、イデオロギー的正当化をうける[21]」という指摘は重要である。意思行為が、その前段階たる省察（réflexion）において被る規制の解明にむかわねばならない。ここではじめて法による国家制限が射程に入る[22]。ここに至ると、単に公権力機関のシステムの内部だけに憲法科学の対象は限定されず、公権力システムの置かれた環境である社会構造、それを媒介として為政者が自己の意思を貫徹しようとする相手方、被治者の存在をも考慮しなければならなくなる[23]。法実証主義の枠内にはとどまれず、社会学的視野を拡大し法そのものを問題としうる視座に立たなければならない。社会を基底に捉え、全体的社会事象の統合的部分として法を考察する社会学的アプローチは、憲法の運行に不可欠な解釈行為と憲法との関係について、法実証主義的考え方とは異なる解答を示唆するはずである。法実証主義に欠如しているのが社会学的アプローチであり、ある意味では両者は相補的な関係にあると考えられる[24]。

また、トロペールは憲法学を存在に関する学としたが、この方法によって認定される法は《法》の十全な把握ではなくdevoir-êtreの局面を欠落させた損われた法である。devoir-êtreとêtreの統一体としての《法》は純粋な認識の対象とはなりえない。ユッソンの表現を借りれば、「知的存在は、そのdevoir-êtreを発見すると同時に構成する宿命にある。(25)」《法》をêtreとdevoir-êtreの綜合と把握する場合、社会学的アプローチは、方法論的徹底化が行われれば、《法》の存在の局面しか捉えることができない（だが同時に方法論的自覚の弛緩は容易に既存の法体制の擁護に通じる）。従って、この方法の採用によって括弧に入れられ捨象される部分がなにかは自覚されていなければならない。それは《法》が社会的実践の場において闘争の賭金となる局面である。《法》の本質は、科学的に認識される静態的な構造の局面にはなく、むしろそれを超出しようとする主体の実践活動にある。この法の科学の限界が認識されるとき、法学者の立場からの《法》による国家制限の基礎づけが可能となる。この時、法学者が行う解釈を純粋な実践として法システム外に放逐することはできない。法的実践として法システムに統合し、その射程と限界を明らかにしなければならない。

次章からデュギ、オーリウの順でそれぞれの理論を検討していくが、基本的には両者を次のように位置づける。法の社会的事象としての全体的解明の可能性を包蔵する社会学的アプローチから、法と国家の関係を把握する試みであり、為政者と被治者の関係の考察を通じて社会構造（être）と個人の意思行為（devoir-être）の連環を分析する。デュギは撞着を引き起こしながらも法の基礎を構成する社会構造（客観法）を発見し、一方、オーリウはデュギの着想を展開させ、「制度」として社会構造の内部編成を解明し、社会システム内における法の機能を明らかにしようとした。この展開の契機となるのはオーリウの方法である。

一　レオン・デュギ――客観法の理論

デュギの憲法理論、法の一般理論を支配する中心課題は「法による国家制限」である。彼はこれを解決するために社会学的実証主義の方法を採用した。この方法は社会的事実の観察を基本的手段とするから、必ずしも実践的問題を解決するのに直接役立ちうるものではない。この不適合からデュギは諸々の撞着を引き起こさざるをえなかった。この撞着を析出し、批判的に検討しつつ、客観法理論の意義と限界を明らかにしたい。

（注）以下の叙述の基礎とするのは、Léon Duguit, L'État, le droit objectif et la loi positive, 1901（以下 L'État）、及び Traité de droit constitutionnel, I, 3e éd., 1927（以下 Traité, I.）である。この二著作の間にはときとして重大な変化が見られるが基本的には連続している。

1　社会連帯の両義性

社会法論者、これがデュギの第一の顔である。彼が法の基礎を社会に求めるのは、国家意思から独立しているが故に国家権力を制約できる法の存在を論証するためであった。「すべての権力の保持者が法に服従せねばならぬと、まず初めに確認する真に奇妙な実証主義(26)」と評されるが、客体との疎隔は意識的に保たれねばならないとしても科学的認識と実践的意欲は常に不可分に結合するから、この事だけでデュギを批判することはできない。デュギは法による国家制限と法の科学というある立場からすれば両立しがたい二つの課題を担っている。従って、デュギの可能性は、その実践的課題と社会学的アプローチの整合性が成立する場、即ち国家制限が実現されている領域について、彼の叙述の客観性に留意しつつなされる検討によってでなければ明らかにされることはない。彼は法がいかにして為政者＝国家を制限するかと問うのだが、彼の方法と実践的意欲の接点において明らかになるのは為政者の意思が制限されるメカニズムである。デュギにおける〝客観法 droit objectif〟とは「国家を制限しているもの」の別名にすぎない。問われねばならぬのは、為政者の意思を真に拘束するものが存在するか否か、それはいかなる構造をもつか、さらに「法」、誰もが「法」であること乃至その一部をなすことを否定しないであろう実定法とどのような関係を結ぶかという事である。このレベルでデュギの第二の顔が現れる。したがって、デュギは国家権力を拘束するものを「法」と呼ぶのだから、われわれが予め懐く法イメージによって客観法理論を判断することは慎しまなければならない。

『国家』の序論で、研究対象となる事実は「若干の個人が他の個人に課そうとし、そして有効に課している意識的物質力[27]」と規定される。為政者と被治者の間に存在する意思力関係と表象される関係の真の構造の解明が問題である。これを社会関係の観察によって取り扱うところに特質が存する。この観察から得られる本源的事実として、個人の意識の存在及び人間が必然的に集団を形成することからこの意識内に生まれる表象である社会連帯という社会的事実が提示される。この両者の連環が明らかにされねばならない[28]。社会連帯[29]は類似による連帯と分業による連帯からなる。分業が進み個人が自立すればするほど分業による連帯が深まり社会はそれだけ緊密に結合されるから、デュギの前提とする社会では個人的利益と集団的利益は対立せず、統一的全体へ融合する[30]。この楽観的静態的な調和的統合社会のイメージは、オーリウの矛盾——均衡社会という動態的把握に比すとき、デュギの理論の限界を予告するが、オーリウ同様デュギが基本的には個人主義者であることは同時に確認されなければならない[31]。

さて、この社会連帯事実は経済及び道徳に関する行為準則を導く。しかし社会連帯自体は事実であって道徳的義務ではないとされる。「連帯の理論は命令しない。それは事実において、人が互いに連帯していること即ち人々が共同でしか満足させえない共同の欲求を持ち、相互的役務の交換によってしか満足させえない多様な欲求を有しかつ人は異なる能力を持つことを認定する。この事から、人は、生きたいのならば連帯の法則に従って行動することによってでなければ生きえないという帰結が生じる。[32]」社会連帯と行為準則の関係は後に述べるとして、ここで指摘したいのは、客観法理論のなかで〝社会連帯〟が果す役割の両義性である。社会連帯は人間集団即ち社会の存在自体を指示する用語として用いられる。社会連帯事実の認定は、行為準則が社会的基礎を有するから、その解明を試みる場合には社会を観察するだけで十分であるという方法論レベルでの宣言を意味する。たとえば「行為準則は社会的産物である。むしろ社会の存在が行為準則を含むという意味で社会それ自体である[33]」というように。しかし他方、社会連帯は実現されるべき目的、法の理念としても働く。社会連帯事実から引き出される三つの行為準則――その第一準則は「社会連帯目的によって決定された個人の全意思行為を尊重せよ、その実現を妨げるためになにごともなすな、可能な範囲でその実現に協働せよ[34]」――においては社会連帯に価値が付与されている。この両義性は客観法理論の二重性――社会学的実証主義に基づく法則定立科学への指向と法による国家制限の実践的理論構成との未分離――の現れである。これはデュギの法の科学の位置づけに関係する。二つの法学観が混在する。「この二重の制限〔国家の不作為及び作為義務〕、その原則を定立するのが法の科学の任務であり、その処方及び現実的サンクシオンを確立するのが法技術の任務である。これらがこの制限をなすに無力ならばその研究は一分間の努力にも値しない[35]。」他は、「憲法学は…社会学の一部門であり、そこでは国家の形成、展開、運行に関する諸現象を支配する法則を画定することが求められる[36]。」後者では憲法学は経験的認識に基礎を置く法則定立的な科学として構想されている。

両義的な法学観、社会連帯観念は後のデュギの理論展開過程で二方向へ分極していくと考えられる。ひとつは、方法としての社会という着想の深化としての社会的価値の理論として、他は実現されるべき理念としての社会連帯を前提とする、法による国家制限という実践的課題への解答である公役務国家の構想として発展させられる。本稿では法と国家の関係に適用された社会学的アプローチが浮びあがらせる法の存在構造に焦点を絞り、この角度から客観法理論の意義を検討する[37]。この検討に先だって、デュギが独仏の伝統的法理論に差し向けた批判の意義を確定しておかなければならない。

2　主観的権利否認

客観法理論構築の前提として展開される主観的権利中心の伝統的法理論に対する批判がデュギの理論的営為において占める重要性は大きい[38]。批判対象はドイツの国家主権論、フランスの自然権思想である[39]。前者は民族精神を具現する集合的人格たる全能の国家が有する主観的権利即ち国家主権を第一の所与とする法システムである。ここでは法は国家の発する命令にすぎず、国家は自己制限によって自らの定立する法に服するのだから、法による国家制限は否定される[40]。後者は国家以前に存在する自然権を措定するから法＝権利による国家制限は成立する。デュギが法による国家制限の実践的意欲に支配された単なるドグマティカーであったらこの自然権思想に甘んじたかもしれない。しかしデュギは擬制に対して異議を申し立てる。集合体人格としての国家、主観的権利、それらに底流する社会契約説的社会観が問題である。批判の根拠はこのような考え方が観察事実である社会連帯に合致しない形而上学的主張にすぎないということにある。これに対して、デュギは批判対象をアプリオリに定立された社会連帯という価値、国家制限の実践的意欲によって裁いていると批判される。確かにこの事は承認されねばならないが、それにも拘らず社会連帯は個と個の関係を基礎に社会が成立しているという事実の表現でもある。この両義性についてはすでに述べた。

国家の集合的人格の否認は[41]デュギの国家観の中核をなす。この否認の後に事実として主張される国家は「単に政治権力を実際に授けられた個人又は諸個人即ち為政者」[42]である。この構成は当時の国家主権を強調する主張に対する批判として意味を持ちえたが、国家人格という形而上学的概念は否定の対象とされるだけで、なぜこのような概念が成立しているのかについて十分な説明はなされない。なお、ここで注意しなければならないのはデュルケムの集合意識と国家の集合的人格とが同列に論じられていることである。前者は社会的なるものを説明する方法にすぎず実体ではない[43]。権力の正統性を保障するために道徳的価値を付与された民族精神の担い手として実体化される国家人格とは一線を画すべきものである。しかし、集合的人格のアプリオリスムを告発する勢いで社会学主義の重要なキー概念をも放棄するデュギは、その結果国家の適切な標定への道を自ら塞ぎ、また法の存在構造の説明に曖昧さを記すだろう。

伝統的法理論に対する批判の中心をなすのは主観的権利否認である。これもやはり二つの面を有する[44]。法的構成上の権利概念の否認と人間に内在する意思力として実体化された主観的権利の否認とである。前者のレベルでのみデュギの主張を処理するならば、彼は主観的権利と内容的には異ならない「主観的法的地位[45]」を認めるから、ことばの問題にすぎず[46]、否認の意味を論ずる実益はない。主観的権利の否認も客観法理論構築の一段階として位置づけられるときその意義が明らかになる。この場合、主観的権利についてのデュギの理解自体の当否[47]を問題とする必要はない。彼がなにを主観的権利と見做し、それを如何なる意図で否認したのかが問題である。これを踏まえてその定義をみてみよう。当初は「主体に固有である資格の故に主体に帰属する権能[48]」という自然権を念頭に置く定義であるが、後に「ある人格の意思固有の力であり、他の人格にそのようなものとして自らを貫徹するものである[49]」という意思力による定義となる[50]。この意思力と理解された主観的権利の否認は、単に公権力＝主権という国家のもつ主観的権利を否定するための便法[51]というだけでなく、それを越える意義を持つ。つまり、主観的権利はヴォロンタリスムの表現形態と考えられ、その法ヴォロンタリスムが否定される。二つのしかたで批判はなされる。社会学的実証主義の一側面である観察による認識の要請から、意思力は人間の内的本質についての確認であるから経験的方法によっては把握できないとして意思力の形而上学性が指摘される。形而上学は科学の領域から断固排除されなければならない。第二のより重要な論拠は、人間は孤立して存在するのではなく社会を形成し集団のなかで枠づけられて存在する、したがって社会関係としての〝主観的権利〟という現象は個人を単位としてではなく、社会即ちその構成員間の関係の束の全体を基礎に解明されなければならないということである。社会学的実証主義の第二の局面である方法として社会を措定することの帰結である。デュギは社会連帯という幾分価値を帯びた観念でこの事を示すので、法技術としての権利概念を排斥し義務遂行のための権利を構想する——これは功利主義的個人主義の否定を意味する——までに至る。しかし、ここで確認しておかねばならないことは、デュギが、自覚はしていないけれども、社会的事実として「主観的権利」を考察し、その真の基礎が個人にではなく社会にあること、個人を単位としてでなく個人と個人の関係を単位として理解されなければならないことを明らかにしたということである。デュギが追求していくのは、主観的権利という意思力、特に主権、の社会化、支配—従属関係、為政者と被治者の関係の社会学的解明である。

３　客観法の構造

デュギの担った理論的課題及びその方法について、社会連帯観念及びそれに基づく主観的権利否認の意義を検討し、概観を与えてきたが、重要なのは、デュギの理論が常に二面的でその解明を行う場合二つのアプローチをとることができるということである。社会に自生的に存在する社会法によって国家権力の恣意的発動を制約し、さらに積極的に国家を義務づけるべきだと主張する、「社会学的法自然主義[52]」と評される社会法の理論家としてまずデュギは現れる。このレベルでは、全能の権力をもつ国家による社会の統合を試みるドイツの国家主義が否定され、同時に自由主義経済を前提とする功利主義的原子論的個人主義が批判され、社会連帯という紐帯に基づく統合的社会が構想される。法的構成の面で、このことは法技術上の概念である主観的権利否認として現われ、国家主権と同時に個人の権利が否定され、価値化された社会連帯に基礎を置く客観法から生じる義務を遂行する地位として主観的権利の再構成が試みられる。(53) この構成でもっとも重要なのは国家主権の否定の後に構想される客観法による国家制限の形式である公役務国家の考え方である。客観法理論への批判はこのレベルに集中し、多くの場合その一面乃至表層でしかないものを全体と見做し、デュギの担う両義性を都合のいいように再構成したうえで展開される。だが、両義性は両義性として捉えられねばならない。

社会学的実証主義の方法に着目すれば一般的理解と異なるデュギの姿が浮びあがるはずである。このレベルでは、社会連帯事実の認定、主観的権利及び国家人格の否定は法ヴォロンタリスムの根底的な否認と理解できる。そして客観法理論は実定法の存在についての科学的説明の試みと捉え直すことができる。「社会の全体構造及び人間がそれについて抱く表象の単なる観察によって、われわれはその基礎とサンクシオンによって社会的な行為準則の観念に到達した(54)」と自負するデュギのこの過程を検証し、この理論の今日的意義に照明をあてよう。

デュギが法の存在構造を考察する際に前提とするのは、人間が自己の行為を意識する存在であること及び社会連帯事実乃至社会の存在自体であった。この社会的かつ意識的存在としての人間は、社会においてしか生きえないが故に社会法則に囚われている。しかし、社会法則は自然科学的な意味での因果法則とは異なる目的法則であるとデュギはいう。目的法則は社会規範と同義であり、「人間の意識的、意思的活動を支配、制限し、その意欲の対象及び目的を決定し、若干の行為を禁止し、他の若干の行為を課する規範、準則(55)」である。この法則にかかわる主体の側からみれば、いかなる行為が社会的に許容され社会的価値を有するかを決定する行為準則である。ここで『国家』の序章で提起された問題に立ち返ることになる。同書では、社会連帯の強調及び社会規範と法規範の同一視によって、「行為準則の観念は、外部に表示された意思が他の意思に自らを貫徹することができるかどうかという問題を自らに提出するときでなければ形成されない。そして、この意思は社会連帯に適合する目的によって決定されている場合に自らを貫徹するだろう[56]」という解答が与えられる。ここでは社会的価値の観念は曖昧である。この価値の認定は、ある行為が社会の他の構成員に自らを貫徹したこと或いはそれが惹起した社会的反作用によってなされるのか、それとも「社会連帯」への合致を第一の基準としてなされるのか。「社会連帯」という両義的な観念が切り札とされているために超越的価値と存在としての価値、社会的価値との関係を自覚的には取り扱いえていない。『憲法論』第三版では社会連帯への言及は減少し社会の存在自体という事実が前面化し、社会的価値の理論の深化、規範的なるものを外部から考察する姿勢の強化によって、曖昧さを拭い去ることはできないが、かなり明瞭な法イメージが形成されている。

「社会規範は意識的存在から構成される人間社会が存在することのみによって存在する。……社会と社会規範は不可分な二つの事実である[57]。」社会規範は、社会的事実――同類と関係を結ぶ人間の全行為[58]――に固有の法則、個人の意識態度を支配する法則の単なる表現であるにすぎない。この社会規範は一定の行為を命令するのではないが、社会が秩序回復への性向を有するために社会規範の侵犯は社会的反作用を導く。従って、社会規範は、「Aがある行為を行うとき、或いは行わないとき、nが生じるだろう。ところでnは当然に社会的反作用を惹起する社会的混乱である。ゆえにAは一定のことを行い、又は一定のことを控えなければならない[59]」という仮言的判断として現れる。この事からわかるようにデュギにおける「義務」の観念は単に「この義務が果されない場合、社会集団の構成諸要素のなかにある不均衡が生じ、したがって社会的反作用、即ち均衡回復のための自然発生的努力が生じる[60]」という事態を指示する観念にすぎない。この義務は当為ではない[61]。社会の存在から生じる社会環境への個人の適応、自己調整或いは自制を指示するにすぎない。これがデュギが語る「規範的なるもの」の性格である。従って、法を当為と把握する立場から客観法理論を裁くことは不毛である。デュギがこのように対象を構成することによって社会学的視座から捉えようと試みた法の存在構造を、その前提を認めたうえで浮びあがらせなければならない。

時空において特定される社会のなかには道徳規範、経済規範、法規範の三種の規範が存在する。前二者と法規範は、その基礎、一般的性格、対象に関しては同一であるが、規範の侵犯が導く社会的反作用の強度によって区別される。道徳規範、経済規範は多くの場合無組織的な社会的反作用を導き、それによって支えられるが、そこに社会的強制が関与するとき法規範となる。「経済規範、道徳規範は、所与の社会集団を構成する個人の集群の意識内に、集団自身が或いは集団内で最大の実力を保持する者がこの準則の侵犯を抑圧するために関与しうるという観念が浸透したときに法規範となる。(62)」

法規範は、社会に自生的に存在し為政者の関与を必要としないから、為政者にも被治者にも等しく課される。しかしながら、確かに制定法が法の重要な部分を構成する近代国家では為政者がほとんど常に法形成に関与することは承認されなければならない。「しかし——とデュギはいう——、準則に法規範性を付与するのはこの関与ではない。もし準則がそれ自体すでに法規範性を有していなかったならば、その準則に国家の関与は法規範性を与える力をもたないだろう。(63)」そこで法の準則は二つのカテゴリーに分けられる。本来の意味での法規範である「規範的法の準則」と「構成的又は技術的法の準則」とである。前者は社会生活を営むすべての人に不作為又は作為を課す準則であり、国家の関与以前に存在し、立法者はこれを認定するにすぎない。後者は規範的法の準則の尊重及び適用を保障するために設けられる準則である。これは国家の存在を前提とするが、国家からその強制力を受け取るのではなく、規範的法の準則によって支えられているが故に万人に課される。したがって、社会規範が法規範に転化するために、法律のなかにそれが文言化されることも、為政者によってそれが受け入れられ承認されることも必要ではない。

法を創造する真の源泉は意識状態である。為政者が自由にできる実力によってサンクシオンが保障されなければならないという事を、個人の意識の集群が認めるだけで十分に社会規範は法規範に転換する。この意識状態の形成には社会性のサンチマンと正義のサンチマンが関係する。前者は、社会規範の尊重が社会連帯の維持に非常に重要であるからその社会規範の侵犯に対して組織化されたサンクシオンが必要であるというサンチマン、後者は、個人が自己自身であるというサンチマンの延長として存在する「ある時代に所与の社会のなかで正義或いは不正について人間が形成する多かれ少なかれ曖昧な観念」である。(64) この二つのサンチマンに照して、集団の力の使用による社会規範のサンチマンが必要かつ正当であるという意識が生じたとき、社会規範は法規範に変化する。社会性のサンチマン、正義のサンチマンが法の準則の形成と変化の基本的要因である。(65) 換言すれば、社会的共同性と個の相剋が法の動因をなすということである。

以上が『憲法論』において展開される客観法の構造の概略であるが、そこには多くの曖昧さと国家権力の定位の楽観的処理が存在する。この点について法実証主義者アイゼンマンが行う批判を手がかりに可能性におけるデュギ像を構成してみよう。

アイゼンマンはデュギには法の二つの定義が存在すると指摘する。法規範の侵犯に対するサンクシオンを規準とする定義と、個人の集群の意識がサンクシオンを必要かつ正当と見做すときに法の準則が存在するという、意識を重視した定義とである。国家機関が強制規範の創造、適用を一手に独占している状況にあって強制を核として法を定義することは、為政者によって創設され適用される規範しか法と認められないという帰結を導き、為政者を義務づけることが不可能となるという配慮から、デュギは結局第二の定義を採用し、法の観念から強制の観念を除去することによって法による国家制限を可能ならしめようとしたのだとアイゼンマンは考える。(66) この批判は歪曲と誤解を含んでいる。アイゼンマンは「デュギの全法思想はいわゆる国家制限の問題によって支配されている(67)」という前提をまずたて、それによってデュギの全法思想を、自己の拠ってたつ法実証主義的立場から裁いているにすぎない。確かに法による国家制限はデュギの営為の中心をなすが、しかし他方でデュギは法学の科学化をめざし社会学的実証主義を方法として採用した。法の科学への指向はデュギの理論体系のなかで法による国家制限の問題が占める地位に劣らぬ重要性を持つ。形而上学をことごとく排斥しようとし、観察によって社会に内在する法則を発見しようとしたデュギのこの局面を欠落させてはならない。法による国家制限の課題と法の科学への指向との緊張関係を十分に踏まえて評価はくだされなければならない。アイゼンマンの批判は一方に偏している。

アイゼンマンは、客観法の存在のためにサンクシオンなり、個人の意識の集群の許容なりが不可欠であると理解するが、社会的反作用、サンクシオン及び個人の意識の集群がサンクシオンを許容すること、これらはいずれも客観法の存在規定ではなく、単に社会法則である法規範の現れであるにすぎない。アイゼンマンの理解を裏付けるような表現は到る所に見うけられるのでそれを軽々しく誤解であると片づけるわけにはいかないが、デュギにおいては、サンクシオン、個人の意識の集群のサンクシオンの許容を指標とする法の存在規定のほかに、もっとも基本的な第三の存在規定が存在することをアイゼンマンが見落していることは指摘されなければならない。デュギにとって法とは個人の意識及び意思行為を支配する社会法則である。この考え方からすれば、社会的反作用、サンクシオン、個人の意識の集群は、この社会法則の存在を告知する徴候であるにすぎない。サンクシオンが欠如するときには法の準則は存在しないということではない。社会法則である社会規範、法規範を認識しようとするとき、社会的反作用を、サンクシオンを拠りどころとする以外に、そして個人の意識の集群の動向を読み取る以外に、なんらの方策もわれわれは手にしていないということである(68)。サンクシオン、個人の意識の集群の許容に先在する社会法則としての社会規範、法規範という理解を客観法理論の第一の特質として挙示しなければならない。

第二に、第一の特質から導かれる義務の観念の特殊性があげられる。義務はいわゆる当為の問題ではなく、社会法則に対する主体の自己調整の存在を指示するにすぎない。義務は存在へと解体される。

第三に、客観法は社会的存在が従う社会法則として万人に即ち為政者と被治者の双方に課され、したがって為政者の意思の表明である法律は客観法の認定であることを余儀なくされる。科学者デュギの躓きの石がここにある。デュギにおいて法律が客観法の「認定」であるということは、客観法という社会的なるものが個人の意識のなかで屈折し、さらに操作の対象とされることが考慮されないがために、法律が客観法の忠実な再現であることを意味する。これは客観法という社会的価値構造が規範化されたことを示す。デュギは客観法という社会構造と為政者の意思形成の相関を認めるが、そこから為政者の意思行為を消去しつつ、社会的価値がそのまま法律に表現されるべきだという考え方へと滑りこんでいく。これは社会連帯への価値付与とも結びつく。価値化された社会連帯への積極的合致を為政者に要求し、社会的欲求を実現するために為政者は行動すべきだという規範的主張へと客観法理論は転落する。

第四に、客観法の支えとされる「個人の意識の集群（la masse des consciences individuelles）」或いは「個人の集群の意識」という用語の曖昧さをあげることができる。このような表現が用いられるのは集合意識が否定されるためであるが、集合意識を方法の問題と把握すれば、法を社会法則といおうと集合意識の産物といおうと表現上の差異でしかない。「個人の集群の意識」によって二重の拒否が行われる(69)。先ず、個人意識の内容は社会生活の産物であり、個人の行為が社会的なるものの起源ではないとして原子論的個人主義、ヴォロンタリスムが拒絶される。次いで、集団の意思、ルソー的共同自我が拒絶される。個人の意識でも集団の意識でもない「個人の集群の意識」とはなにか。ここにデュギの説明の心理学主義的限界が存する。個人の集群の意識と社会法則、心理学主義と社会学主義の両極のあいだで客観法理論は動揺するとスフェズは指摘する。

「個人の集群の意識」を世論、大衆の意思と解する見解がある。為政者と大衆という二主体間の直接的対面関係として、為政者の定立する実定法と大衆の担う客観法を対立させ、客観法は実定法の上位規範として主張されていると見做す見解である。この理解を前提として、このように客観法を把握するものは、世論は為政者の定立する法律に正確に反映されていないこと、或いは世論は為政者の操作によって創出されることを理由に客観法理論のイデオロギー性、現状隠蔽機能を告発するに至る。確かにデュギはこの批判を甘受しなければならない曖昧さを残している。しかしながら、何度も指摘してきたように、それが一面的理解に基づく批判であることもまた承認されなければならない。この批判は若干のしかも重大な反論に晒されうる。「個人の集群の意識」は客観法＝社会法則の認識の手がかりであって、それが外部から為政者に課されるのではないとデュギは明言した。デュギは法を主体に超越したものと考える。個人の集群の意識を〝世論〟と再構成することは、明示的に排除された主体の意思力に基礎を置く法の観念への回帰を意味する。たとえ、為政者の意思力から大衆の意思力へと転換が行われ、後者に価値がおかれ、その事がデュギの生きた時代に一定の意義を担ったのだとしても、そして客観法の理論が長い間このようなものとして理解されてきたのだとしても、デュギは絶対に意思力を否定し、法を命令と考える見解を排斥し、ヴォロンタリスムを徹底して告発したことが閑却されてはならない。主観的権利否認、集合的人格の否定、社会的相互依存の認定は、この文脈をぬきにしてその意味作用を獲得することはない。したがって、「個人の集群の意識」を大衆の意思＝世論と見做すことはできない。

デュギが解答を与えようとした問題——為政者の命令がなぜ被治者によって服従されるのか、伝統的法理論に対する批判——意思力の否定、客観法理論の特徴——特に社会法則、社会環境への主体の適応に際しての抵抗として義務を構成すること、これらを法の科学への指向——社会学的アプローチの採用——という視座から綜合する場合、すなわち実定法を考察するために実定法を越えなければならず、為政者と被治者の意思力関係を真に支配するメカニズムを探究しなければならなかったデュギの営為の帰結として客観法理論を把握する場合、個人の意識の集群に支えられた客観法は社会構造であると考えることができる。こうした角度からデュギを扱った論稿は少ない(70)。「多くの研究が正当にもデュギの思想の内在的不統一を指摘するが、正当に彼の思想の持つ《可能性》の意味を強調していない(71)」とスフェズは指摘する。ひと言でいえば、為政者と被治者のコミュニケーションを成立させる社会構造を客観法として提示したことにこの可能性は存する。スフェズは言語学の成果を利用してそれを示唆する。「法的事実を意味作用面〔face signifiante〕（準則）が意味内容面〔face signifiée〕に結びつけられている記号〔signe〕と見做そう。意味内容面は、それが社会的諸決定と結ぶ諸関係のなかにその根を突っ込んでいる。またさらに、準則を統辞法――それが準則を意味をもつ状態にする――に基づいて切り取られた要素として分析しよう」とし、為政者を自由意思主体ではなく「言語の全体システムと一致して言表〔énoncé〕を構成する言表行為者〔énonciateur〕」と考える(72)。したがって、為政者は拘束をうけるが、これは自らの意思を相手に理解させるために必要なかぎりでの拘束にすぎない。つまり、「為政者は言語上の諸拘束についての分析が厳密であれば、他の言語使用者を出し抜くことさえできる。逆に、分析があまいときにはサンクシオンを導く――為政者は理解されないだろうし、聞いてもらえないだろう(73)」という性格の拘束である。したがって、客観法理論における「法による国家制限」は社会構造に対する為政者の自己制限、自己調整に帰着する。為政者の意思である法律は社会構造の反映であるけれども、反映のしかたは為政者という主体の関数である。為政者は社会構造を認識しようとするが、その認識は不十分なものであることもあろうし、それ以上に為政者は自己のためにそれを操作しようとする。法律は社会構造、社会的価値の純粋な認定ではない。さらに、ひとたび法律が定立されるや、それは様々な主体の様々な解釈の対象となる。まさにそのようなものとして法は存在する。このことが、すなわち社会構造に係わる主体の操作の契機がデュギにおいては閑却されている。このデュギが撞着をおかしながら指し示した可能性の追求、その限界の克服の試みはモリス・オーリウによって展開される。

二　モリス・オーリウ――制度の理論

ドグマティクではない法の科学をめざし、法が為政者の意思行為としては自足しえず法規範定立過程において社会構造によって必然的に制約を被ることをデュギは示唆したが、社会学的認識事実のドグマティクの領域への無媒介な接合により客観法理論は両義性を包蔵するに至り、この両義性の解消の過程にこの理論の法の社会学的考察としての限界が露呈されてくる。社会過程から意思主体を消去し科学的認識事実として自らの担う価値を講壇から説き、社会的現実に対して超越的な場に引きこもるのである。オーリウは「制度」を基底に据えて国家の客観的自己制限として「法による国家制限」を構想する。デュギの唱えた「実証的方法」を徹底し、社会過程に主体を復権させることによって客観法理論を一歩すすめたものとこれを位置づけることができる。デュギは仮借なき実証主義者、オーリウは難解なイデアリストという両者を対立させる通俗的な見解は拒否しなければならない。

本稿では多面性を有するといわれるオーリウの思想を法の社会学的考察というひとつのその重要な局面を取りあげて検討する。視角の限定はデフォルメを生むかもしれないが、この限定は是非とも必要である。さらに、次のような理由で本章の考察は限定されたものである。

制度の理論はオーリウの法理論全体に底流しその骨格を構成するものであるが、この一般理論自体が個別具体的な法的現実、それを基礎に構成される行政法理論、憲法理論等の個別的法領域における理論構成の実践的綜合として帰納的に抽出されてきたものである。この法的現実⇅個別的法システム⇅一般理論という複合的連環のなかで制度の理論は変化し生成する。したがって、この理論の的確な把握をするためには特に行政法分野で展開される議論をフォローしなければならないし、また、オーリウが時代情況に密着してその理論的営為を構築するがゆえに時代情況を認識しなければならないが、どちらの作業もオーリウ理解に有意的な形で行うことは現在のところできないので、その現実的基礎を欠いた損われた形でしか制度の理論に接近しえない。ただこの理論のもつ意味をオーリウの著作をテクストとする内在的な分析を通じて明らかにしうるにすぎない。しかも、この内在的分析を行うとしても、堅固な理論構成に執着するのでなく現実の実践的綜合を企てるオーリウの「実験室からの連続的な報告書でしかない(74)」数多くの著作相互間の異同を跡づけることが本来ならばなされなければならないのであるが、これも不十分たらざるをえない。

オーリウの理論は、それについての研究論文が必ずといってよいほどその難解さを指摘し、フランスでも全体像において本格的に論じられることがほとんどなく、「もっとも引用されるがもっとも認められていない(75)」理論と評されるという事情も考慮してできるだけオーリウ自身に彼の理論を語らせるのがよいと思われる(76)。

1　制度（L'institution）

制度の理論における「制度」とはなにか、まずその定義を列挙しよう。

（i）《社会的組織は、制度化されたとき、それの含む人的要素（matière humaine）の絶えざる更新にも拘らず持続的になる、即ちその特有の形態を保存する。制度化されるとは、即ち、一方において、創設のときから社会組織内に存在する指導理念が、諸機関と権力の均衡のおかげで、統治権力を自らに従属させることができ、他方において、諸理念及び諸権力の諸均衡のシステムが、社会環境並びに制度の構成員の同意によって、その形態において承認されることである。

要するに、持続的要素である制度の形態はある理念の周囲に構成される、同意と権力の均衡のシステムに存する(77)。》

(ii)《制度は社会環境のなかで法的に実現され、持続する営為又は企ての理念（une idée d'œuvre ou d'entreprise）である。この理念の実現のために権力が組織され、権力が理念に諸々の機関を与える。他方、理念の実現にかかわる社会集団の構成員の間には権力の諸機関によって指導され、諸手続によって規定される結合（communion）[78]の表示が生じる。[79]》

(iii)《国家のなかに存在する政治的法的事柄の総体に結合され、一般的準則と全く同様に、人々の同意から及び慣性の力の影響下で、事物の同化から生じる批准または正統化現象によって法的価値を帯びる、事実上の地位または組織。[80]》

(iv)《最高の法治状態（l'état de droit）をその内に実現した、即ち権力の立憲的組織（l'organisation constitutionnelle）と同時に法的自律を所有する客観的社会組織[81]》が団体的制度である。《社会組織とは、特定の社会集団の内部において支配権力をもつ諸機関が集団全体の活動に整合した活動によって集団にかかわる諸目的に仕えるために依拠するすべての永続的な編成（arrangement）である。[82]》団体的制度は社会組織の一定の存在様式、完成段階に至った社会組織である。

(v)《個体的永続性が権力分立の内部均衡によって保障され、その内部において法的状況（situation juridique）を実現した、事物の全体秩序と関係を結ぶ[83]》社会組織。

(vi)《永続性が諸力の均衡或いは権力分立によって保障され、それ自体で法的状態を構成する、事物の全体秩序との関係をうち建てた社会組織。[84]》

制度は、「人格としての制度 institutions-personnes」乃至「団体的制度 institution corporative」と、「ものとしての制度 institution-chose」とに分類される。[85]オーリウの研究対象は前者に限定され、ここに掲げた諸定義も団体的制度に関するものである。人格としての制度は、それ自体、その目的を追求し、その機能を遂行しうる内的自律を有するのに対して、ものとしての制度がこの自律を有しない点に差異があるとされる。「ものであるところの制度は、団体であるところの制度、特に政治制度なくしては存在しない。それは政治制度から保護をうけ、それによって創出される安定性のゆえに構成される。[86]」国家、結社、組合等が人格としての制度に属し、社会的に確立された法の準則、公役務、社会的記号等がものとしての制度である。ものとしての制度は制限の原理であり、人格としての制度は主体性を獲得し、そして人格は関係のなかでしか問題にならないと述べているところからみて、社会内で主体を構成しうるものが人格としての制度であり、主体の活動する環境として構成されたものがものとしての制度であると考えることができよう。[87]

さきに列挙した定義から「制度」の特徴を次のように整理することができる。[88]

(i) 社会組織である制度はその構成員である諸個人なくしては存在しないが、構成員の個別的存在の総和とは異なる綜合的存在様式を有する。「制度は諸個人から分離することのできる真の社会的実在である。[89]」

(ii) 制度は、それを取り巻く社会環境或いは事物の全体秩序へ同化すること、換言すれば既存の諸力の総和と均衡を形成すること、によって成立している(外部との均衡)。

(iii) 制度の永続性は制度の内部に存在する諸力が均衡状態をなすことによって保障される。この均衡は運動のなかで動態的に追求される。つまり、理念をめぐる権力と同意の絶えざる葛藤から均衡へと向かう運動が生まれる。オーリウの法思想を行政法の領域を対象としてであるが最も包括的に論じたスフェズの評価にしたがえば、制度の理論の中心的観念は「諸均衡のシステム[90]」であり、しかもこの均衡は静態的な均衡ではなく、動態的均衡即ち「運動における均衡 l'équilibre en mouvement[91]」であるという。[92]

(iv) 制度の革新をなすのは理念《イデー》である。理念は、自らを実現するために権力を生みだし、一方において確立された法の準則(règle de droit établi)として制度の客観的持続をたもち、他方において構成員のコミュニオンに支えられた精神的人格（personne morale）として現われ制度の主観的持続を保つという形で、制度を支配するとされる。この理念を主辞とする点をとらえてオーリウをイデアリストに分類することがなされる。しかし、理念は、アプリオリに措定される超越性とされつつも、歴史的構成体のなかで形成され観察を通じて獲得できる理念の現象形態を綜合して経験に基づいて覚知されるものである点、および、理念が制度のなかでどのような系路を通じて実現されるのかを知らなければオーリウの思想の内で〝理念〟が占める位置を明らかにしえないのだが、それを知るためにはオーリウの論理に即して制度の理論に若干たちいった検討をくわえることが必要であること、を指摘しておかなければならない。そしてこれが検討されるべき課題である。この検討に先だって、なにを否定するために「制度」という理論的分析道具（社会的実在ともされるが）が考案されたのかをみておかなければならない。

客観的法秩序の存在および制度の人格化という段階を踏んで団体的制度に関する理論は構築されている。このような構成をとるのは、制度の理論が〝超主観主義的〟ドイツ公法理論とデュギの〝超客観主義的〟客観法理論の揚棄だからである。

オーリウは、したがって、法における主観的なるものと客観的なるものとの関係を探究することになるが、それぞれを次のように定義する。主観的法乃至権利（droit subjectif）とは「法のなかの、特定の主体の意識的意思によって維持されるすべてのもの」であり、客観的法とは「法のなかの、特定の主体の意識的意思の助けをかりることなく維持され、したがってそれ自体で自らを維持するように思われるすべてのもの」である。(93)換言すれば、客観的なるものは「不特定多数の個人の精神のなかに潜在意識的に固着している諸理念に結びついている。(94)」この潜在意識的理念は記憶の枠組のなかで生きており、人間の判断、行為に知らぬ間に影響を与える、人間のなかに潜むオブジェであるという。

さて、超主観主義的体系は「国家固有の意思による国家固有の権利の行使に関係しないすべての問題を法的事項でないものとして公法の外に排斥し、国家の主観的意思の命令によって国家の全組織を説明する。[95]」オーリウによれば、この体系の誤謬は、国家人格をアプリオリに措定しこの人格の主観的意思に永続的な法的地位、法規範という客観的なるものの存在を依存させることにある。[96] 国家人格及び国家意思を所与とするために、その形成過程、オーリウが国家の客観的創設と呼ぶものが等閑にふされる。[97] こうした主張に対しては、この創設の過程を分析して国家の客観的基礎を示し、法がこの客観的基礎に属することを論証しなければならない。オーリウにおける「法による国家制限」は、このようにして法治国家、国家の客観的自己制限として構想されることになる。

ドイツ主観主義公法理論に対する批判である法の客観性の確認の点ではオーリウとデュギは共同戦線を形成するが、しかし他方でオーリウは客観法理論に対しても批判をくわえる。デュギの理論では、法の準則が社会環境の産物として「即目的に存在する事物と見做され、団体的制度に関してだけでなく個人に関してさえも価値なき概念として否定され排斥される法的人格のかわりに、すべての法的存在の支え[98]」とされる。この理論は法の準則を産出する社会環境をアプリオリに措定し、社会環境のなかで個人の行為が果す役割、さらに権力の果す役割を無視している。「確かに法の準則は制度にとって保存と持続の要素ではあるが、そのことからその準則が制度の創設の動因であると結論づけることはできない。……社会のなかのどこに創造権力（pouvoir créateur）が存在するのかを知ることが問題である。[99]」社会環境はそれ自体ではいかなる創造力も持たないのであって、社会組織が一定の形態をととのえその内に権力をそなえたとき、その統治権力が「制度」という過程を媒介として法の準則を生みだすのである。したがって、法の源泉として統治権力を位置づけ、法形成における主観的なるものの役割を画定しなければならない。主観的権利及び権利主体をどのように法システム内に再統合するかが問題である。ここでは、国家の客観的自己制限を示さなければならない。

このように、ドイツの公法理論に対しては社会環境或いは客観的法秩序の役割を強調し、デュギに対しては法の形成における権力及び個人の意思の契機の重要性を指摘しつつ両者を超克しようと試みる制度の理論においては、制度のなかの制度である国家[100]は二つの位相を有するとされる。「国家は……その主観的人格性（personnalité subjective）の下に客観的個体性（individualité objective）を有する。それはナシオン（nation）と呼ばれる[101]。」ナシオンが国家の精神的人格（personne morale État）の発生よりもはるかに先行して存在する国家の客観的基礎を構成し、客観的法秩序はこの客観的個体性の水準に属する。主観的人格がかかわるのは制度の対外的な関係である[102]。

ここで客観的個体性（固有な意味での「制度」）とは「社会的自働装置、即ち諸機構の収斂行為によって動く制度[103]」であり、ある役割を割り当てられた諸個人、もしくは個人からなる集団である諸機関の機能的に分化したシステムである。システム内の統一は、国家の精神的人格とは全く無関係に、理念及び手続をともなう作用（opération à procédure）を媒介として実現される。法はこのシステムの内包する諸矛盾を実践的活動によって解決しようとする主体を通じてもたらされる動態的な均衡、絶えざる均衡の追求のなかで客観的に産出される。

こうした位置づけを与えられる法秩序は制度の内部秩序と同一視される。それは一般的法準則（主体の作用に対する反作用乃至限定）と、特殊的法的存在とからなり、後者のなかでさらに法的関係（法的取引[104] commerce juridique）と法的制度とが区別される。この区別は、個人が取り結ぶ関係の二つの様式である交換関係と組織現象、即ち主体と主体とが対峙する関係と社会組織という集合的主体の形成、に対応する。つまり、法の準則＝主体の置かれる環境、法的関係＝主体間関係、法的制度（確立された地位）＝主体（個人及び集合的主体）という三契機が織りなす複合的なシステムが「制度」であり、法秩序である。このシステムの内で法は二段階的に形成される。先ず、法の準則は手続をともなう作用を経由して政治権力の手で定式化され、執行的とされる。次いで、社会環境のなかで廃止、変更されず、平和的に持続するかぎり、換言すれば国民の黙示的同意を獲得する限りにおいて、緩慢に人々の無意識のなかに堆積し、確立された法として定着する。したがって、制度の理論における国家制限のメカニズムは、結論だけひけば次のようになる。

「団体的制度と見做される国家において、法秩序は、確立された法と法の源泉とのあいだに創出される均衡、即ち法治国家としての――つまり、規約（statut）の形式でナシオンの内に確立された法への、法の源泉としての統治機関（des sources gouvernementales du droit）の従属としての――立憲体制のもとで最終的に達成される均衡によって、組織される。均衡は、慣性の法則に属する《確立された法》の要素においてにしろ、社会的制度の活動自体しかし精神的人格の主観的意思の関与を呼び起さない純粋に客観的な活動に結合した手続をともなう作用に帰着する法の源泉の要素においてにしろ、客観的である。(105)」

これまでの叙述から、オーリウにおいて「法」は制度という動態的な社会システムを貫き主体の行為を支配する固有の論理性をもった過程の総体を指示していると考えることができると思う。この点にオーリウの理論の特色をみたい(106)。確立された法と法の源泉としての統治権力とのあいだの均衡および手続をともなう作用という観念が重要である。制度としての国家の内部における国家権力と法との関係は、すでに指摘したように、ナシオンという国家の客観的個体性のレベルに属するとされる。ナシオン制度の構成モデルはより具体的にはナシオン主義論として展開され、多元的主権構想に基づく国家の客観的自己制限論を導出してくる。したがって、ナシオン主権論を素材に客観的自己制限の理論を検討するが、その前提としてオーリウの方法を考察しておかなければならない。デュギの撞着をオーリウが克服しえた或いはその撞着をより高次の水準に解消しえたのは、方法の手堅さと視座の上昇に起因すると考えられるからである。

2　方法

オーリウが展開するナシオン主権の議論は、この主権原理が歴史的にどのように理解されてきたのか、或いは実際にどのような機能を果してきたのかを探究するのでもなく、またそれが規範としていかなる論理構造を有しいかなる意味に理解されるべきであるかを確定しようとするのでもない、「ナシオン主権」を手がかりとする法の存在構造への接近の試みである。規範が社会的事実へ内化されたものとしてナシオン主権を考察する場は微妙な位相を有する。実践者と観察者の境界域にオーリウは屹立する。方法を検討するのはこの位相を解明するためである。

常識的な見解にしたがえば、オーリウは単なるイデアリストである。しかし、このような分類から彼の理論の分析をはじめるならばその真の射程を理解する道は自動的に塞がれ、その理論が秘める意義を大きく縮減し、ひいてはそれを毀損することにも通じることは自明である。むしろ注目すべきは、当時の時代思潮たる科学主義によってイデアリストたるオーリウが如何なる刻印をきざみこまれたのか、換言すればイデアリスムからどのように、またどれほど距離をとりえているのか、その疎隔、である。したがって、この疎隔のしかたと程度が明らかにされたときはじめて法の科学としてのオーリウの理論の可能性を語ることが可能となるのであろう。また、イデアリスムから社会学的実証主義へ下降する過程でオーリウはデュギとの接点をもつ。一言でいえば、科学主義の息吹きのなかで現実を直視し、現実をわがものとすることを余儀なくされたイデアリスム、これがオーリウの立場である。

まず、厳密な観察がオーリウの基本的方法である。[107]「全体的構成はアプリオリではない。……それは繰り返される観察によって下から作られる。構成それ自体実験的であり、諸指導理念によって諸力を合成する方法によって構成される。構成は固定的ではない。全体的構成は調整された諸部分がそれに与える形式をもつ。構成はその部分の綜合でしかない。ただ構成は均衡を保たねばならない。その総体において構成は現実に密着していなければならない。[108]」志向性をもった帰納的方法をとることが表明される。[109]この厳密な観察の方法は、ナシオン主権論をはじめるに際して、具体的に四つの規準として提示される。

(i)　法の一般システムは諸々の下位システムの綜合として構成されるのであって、その逆ではない。それはモデルにすぎないから、下位システムにおける逸脱、変動から修正を余儀なくされることはあっても、それを裁断する規範とはなりえない。法の一般システムをまず措定し、そのアプリオリな先入見によって下位システムの事実を無視して〝合理化〟することがあってはならない。たとえば、デュギは法の準則の主権性に基礎を置く客観法という一般システムに依拠して国家の政治的主権を無視する誤りをおかした。ドイツの学者たちは国家の法的人格をアプリオリに設定し、その前提のもとに公法の存在のすべてを国家人格の主観的意思に依存させ、主権を支配の主観的権利に還元してしまい、主権の一側面しか把握できないでいる[110]。

(ii)　理論は事実に優位しえない。したがってナシオン主権の理論も独立の事項として研究するだけでは十分でなく、事実の文脈のなかで研究されなければならない。ルソーの主権の非代表性の理論は代表統治の事実に優位しえなかった。従ってナシオン主権論は代表統治の存在および代表者の自律性の事実をふまえて現実的に構成されなければならない。しかし、事実に合体しながらそれに作用を及ぼしている一般意思の観念は、事実から被った修正を明確にしつつ、ナシオン主権の意味を解明する際に考慮しなければならない[111]。

ヴデルは第二規準を「規範性と社会的存在との弁証法的運動[112]」と呼ぶ。事実から規範へ、規範から事実への絶えざる回帰によってオーリウは理論を形成する。だから、デュギの客観法の理論は、たとえ真であるとしても、存在する準則としての、そして事実としてのナシオン主権を無効とはしなかったのである[113]。「社会科学は、〔ひとつの思潮にすぎない〕実証主義からも自らを引き離すことによって、羈乗されて実証的でなければならない[114]。」そして真に実践的な理論が社会を変革することができるのである。

(iii)　事実の綜合である理論は、関与するすべての事実を拾いあげ、分類、識別するときはじめて堅固さを手に入れる。だから政治的社会的諸問題も化学分析と同一の細心さをもって分析されなければならない[115]。現実の多様性を損うことなく、それを包括しうる理論を経験的事実の分析から構築しようとする姿勢はオーリウに一貫している。

社会的事実に対する姿勢は別のところで次のように敷衍される。先ず、「社会的事象は運動として観察されなければならないのだから、即ち社会的事象は集団と連帯によって人間の類似と差異を調停するのであるから、すべての社会的事実は調停、集団、連帯、個性の発達という実践的価値によって判断されなければならない[116]。」社会科学にとって、社会的事実の価値はそのもつ真理性の多寡によってはかられるのではなく、それのもたらす社会的結果によって測定される。即ち当該社会システム内で果す機能によって社会的事実の価値は決定されるのだということをここでいおうとしている。だから、オーリウにとっても社会科学自身は社会的結果から超然としていなければならないことにかわりはない[117]。第二に、「社会的事象の主要な運動は人間の類似と差異との調停からなるのであるから、社会科学は若干の社会的要素を、他の要素と矛盾するからという口実で無視してはならない。……社会科学はそれらの要素がひとつの均衡状態の成分であり、おそらくそれらの成分が是非必要であるという観念を洞察しなければならない[118]。」矛盾を矛盾として正規し、一見非論理的なものを論理的に分析しようという姿勢はデュギには全く欠如していた。デュギは論理矛盾を示す概念をことごとく排除した。オーリウはそれを分析の俎上にのせる。観念から出発して事実を裁くのではなく、事実を基礎に社会現象の意味作用を解明しなければならないのである[119]。

(iv)　事実の綜合が複数組織される場合にはその綜合のレベルを注意深く識別しなければならない。国家は有形的構成的（composite）綜合であるナシオン制度（institution nationale）と、無形的で不可分かつ部分から構成されるのではない綜合である精神的法的人格（une personnalité morale et juridique）という二種の綜合の綜合である[120]。

つまり、下位システムの同定からそれら相互の関係を画定することによって全体システムを構成しなければならないから、主権論はナシオン主権と国家主権の区分と綜合を課題とする。このように、ナシオン制度という客観的要素と精神的人格という主観的要素の区分、身体と魂の二分法はオーリウの理論の基本的枠組をなす。「事実の具体的多様性と概念の観念的統一性との弁証法的結合、」[121]ヴデルは「まさに構造でなくて制度とはなんであろうか」[122]と自問する。以上の方法の規準を考察するだけでも、オーリウを単なるイデアリストに分類することがいかに不適切であるかが了解される。

次に、オーリウが社会的なるもの、制度と個人とがどのような関係にあると考えているのかをみてみよう。

オーリウの前提とする社会は矛盾に満ちたものである。人間はその内部に意識と無意識、身体と魂といった矛盾をかかえている。この矛盾は社会に投射され、個と類との、個と集団との、個と個との矛盾として現われ、紛争を惹起する。このような社会の内で個人は社会的綜合を行う構成要素、社会という全体にかかわっていく部分となる。諸水準における綜合的全体は構成要素たる個人の活動の産物である。それは、社会生活にはいることによって人間が産み出す、矛盾の解決手段或いは矛盾に対する保障である。[123]即ち、主体と客体（社会環境、他者）との相互作用における、主体たる個人の社会環境或いは他者の反作用に対する自己調整による内的均衡と、個人の行為を社会環境もしくは他者が同化することによって被る社会環境または他者の変化、この二重の均衡によって個人と社会環境は媒介項を産出しつつ相関的に変化する。オーリウの表現によれば、「自己と他者との間の外的調停は、個性と人間の本性との間の内的調停によって複雑化される。外部の動的均衡に内部の動的均衡が対応していく。この柔軟性と可塑性の条件において人類は無限に自己展開していく」[124]となる。これが社会と個人との関係についてのオーリウの見方である。

デュギは、社会的なるものとそれを構成している個人との関係を自覚的には追求せず、社会法則が、どのようなレベルでかを明確にされることなく、全面的に個人の行為を支配するとした。このことは為政者の定立する法律が客観法の認定であるとすることに現れる。換言すれば、一面の真理を普遍化して社会的価値を規範化した。社会構造が個人に対して差し向ける指示が法として自足し、それがそのまま devoir-être として自らを貫徹すると構成し、法から意思的契機を抜き去った。devoir-être は自己規制に支えられたものではなく（デュギの義務の観念を参照）、個人に外在し外部からかされるという考え方への回帰がここにみられる。これは、社会構造が個人を媒介として抽出されるのであり、個人の意識によって必然的に屈折すること、社会構造自体と個人の抱くその表象とは一致しないことをデュギが洞察しえなかったことに起因する。それだから、アモルフな社会的欲求を法にすり替えなければならなかったのだ。したがって、オーリウが個人の行為の問題を重視し、彼のシステムのなかに個人を行為者として登場させたことは重要である。

主体の行為準則は、認識と実践の区別が一応ふまえられているから、制度の中核をなす社会的営為の理念の直観的把捉によって得られるとされる。この理念は全く超越的な理念ではなく、無意識の内に存在する。「無意識とは意識の内省によってさえ不可視であることを意味するのだから、内的観察によってさえ観察されない[125]」が、そのエネルギーは最大の社会的な力であるが故に社会科学は無意識を認識しなければならない。この無意識は社会的啓示（révélation sociale）を通して認知される。社会はそれ自身で自らをあらわす[126]。伝統的信仰の総体、即ち宗教的ドグマ、道徳的戒律、法の諸原則は現実のなかへの理念の定着物である。したがって、これらの定着物——理念自体ではなく主観的概念であるが[127]——を媒介として、そのなかに含まれる理念を直観によって捉え、そこから行為準則を引き出すことができる。「歴史的経験は科学的に把握可能な社会的超越性の唯一の形態である[128]。」直観が伝統的に合体された社会の集合的明証性、即ち、無意識に接近する方法である。

個人的明証性に基礎をおく観察と集合的明証性に基づく直観を社会科学の方法として提示するが、実際は社会のなかで実践を行う主体の方法である。原則は観察であって社会的啓示への訴えは補助的な方法にすぎず、社会的啓示は行為準則を与えるが、社会生活の観察によって獲得しうる客観的認識と形式的な矛盾に陥りえないとされる。したがって、行為準則の基礎にある理念の「社会科学的」認識は現象の流動のなかで屈折され多様性において存在する概念である、行為準則の定式化された定着物の分析から帰納的に抽出、構成されるものとなる。オーリウは行為準則の基礎として理念を援用し、その意味で法自然主義を抜け出しきれていないが、理念の認識が構成的であらざるをえないとすることによって現実界における理念の定着物から理念の把握にむかうので、現実界と理念の関係が逆転し、理念は人間が構成するもの或いはすべきものであるという考え方へ傾斜していく契機を含むことになる。法は、社会構造の関数として把握されるから超越性自体ではなく、直観を介するから観察によって認識できる社会的価値でもないことになる。法は社会構造と超越性が個人のなかで衝突する場に形成される行為準則である。かくして、オーリウにおいては社会的価値は安易に道徳的価値を付与され規範化されることはなく、主体の実践が重視される。

しかし、オーリウは個人主義的秩序が行為準則とされるべきだと主張する。ここにオーリウの方法の揺れが生じる。主体をシステム内に復活させ、その行為準則を考察するとき、オーリウの視線は観察者のそれと実践主体のそれとに二重化されたはずである。この二重化は自覚されず、対象のなかに投影され理念の位相の揺れとなって現れる。理念の位相は社会学的分析道具としてイデアルなものを持ち出しただけに微妙である。オーリウは法を対象化しようとしながらも、法内部で法にかかわりあう態度から誘惑され思い惑う。人が行為準則を決定する際に伝統に合体され無意識内に存在している理念の表象をひとつの要素として前提せざるをえないから法を考察する者はこの理念を考察対象としなければならないといっているようにも思えるし、また、オーリウが理念として社会的啓示から得たものを人は法として行為の基礎とすべきであると説いているようにも読める。理念に対する視線の二重化が彼の理論に曖昧さを与える。これはどちらとも決することはできない。デュギの社会連帯に対する関係が、オーリウにおいては直観によって把握される理念との関係で現れる。法を対象化しきることは難しい。法は常に対象化の作業を実践の領域へ引きこもうとする。

以上、デュギとの比較を意識しつつ方法の検討を行った。オーリウは社会学的方法を採用しており、しかもデュギに比して視野の拡大と視座の上昇がみられる。社会的組織の一般理論として制度の理論の対象は、ヴデルが指摘するように、「法ではない、しかし一層社会の記述でもない。規範でも存在事実でもない。社会において生きる人間の全体性である。[129]」法を理解するためには、〝法〟の領域のみに考察の視野を限定することはできない。法現象を構成する諸要素すべて――理念、社会構造、人間、その意識、無意識等――が配慮されなければならない。ここから方法の多元性が導かれる。「ある意味では方法の純粋性が対象それ自体を破壊する。[130]」法はそれ自体で自足しているのではない。たえず現実と交流する。この交流の過程の解明こそが真の問題なのであるから方法は多元的であらざるをえない。問題は、方法の純粋性ではなく、現実を把みとることである。視座の上昇および堅固さは、帰納的方法の採用、法の社会学的探究の意義と限界の認識、モデルの役割の自覚等に明らかである。[131]そしてこの理論はより実践的でさえある。

３　ナシオン主権論

ナシオン主権論は制度の理論の国家レベルへの適用である。この特殊なナシオン主権論を法の生成過程の分析として考察する。

制度の三要素は、理念、それを実現するための権力、その権力に導かれたコミュニオンであり、均衡を求める三要素の関係の分析が制度の理論であるのに対応して、その投射であるナシオン主権論においてはナシオン主権が、規約主権または確立された法の法的主権（La souveraineté du statut ou la souveraineté juridique du droit établi）、統治体の政治的主権（La souveraineté politique de gouvernement）、服従主権（La souveraineté de sujétion）という三つの形態をとるものとされ、これら主権の三形態の相互関係の分析および構成的統一が追求される。権力の分立とともにナシオン主権は国家の客観的自己制限の基礎を構成する。

制度としての国家の三要素、政治体（corps politique）、統治体（gouvernement）、臣民、の取り結ぶ相互関係——政治体は為政者と被治者との分化にもかかわらず、その団体的存在を保存し、為政者と被治者の双方を支配する、他方、為政者は被治者を支配し、被治者は同意（服従）を媒介として為政者を逆に支配する関係——を表現するために、オーリウは、政治体——その本質は理念である——に規約主権を、統治体に統治主権を、臣民に服従主権を設定し、[132]このそれぞれ独立した主権の相互関係を統治主権と服従主権の綜合が規約主権に昇化されるという形で説明する。

先ず、「法律は一般意思の表明である」という観念に底流するルソーの一般意思論の批判的再構成にオーリウはとりかかる。ルソーの構想は一般意思＝投票意思＝法律と定式化される。しかし現実には代表統治が存在する。それにも拘らずこの考え方を維持しようとするならば、代表者の意思である法律を主権の委任という構成を媒介にして選挙人団の意思と見做し、さらに、この多数決によって決定される投票意思を全員一致の意思である一般意思とすりかえることにおいて、二重の擬制を構成しなければならず、そのようにして統治機関、立法機関の自律性、イニシアチブが法律の作成に果す役割が蔽い隠される。古典的主権論はこの誤りをおかした。[133]オーリウはヴォロンタリスムを徹底的に否定する。法は国家人格の意思と擬制された為政者の意思でない（国家主権とナシオン主権の区別）と同時に、国民の一般意思或いは一般意思と見做された立法者意思でもない。デュギは、「個人の集群の意識」という曖昧な観念を使用するために、客観法が大衆の一般意思と同視され、為政者と大衆という二主体間の意思力関係における大衆の意思力の優位の主張と理解される契機を有していた。したがって、オーリウがデュギの客観法理論を大革命期の主権論の延長にすぎないと評価するのは一面の正当性を有する。(134) オーリウは、ナシオンの一般意思を臣民の服従乃至同意の意思（共同意思 volonté commune）に限定し再構成して、その帰結として(135) 為政者の自律性を承認し権力的契機を明らかにして（統治体の政治的主権の設定）、いわゆるルソー流の一般意思の意思力を否定する。この後に、いかにして相互に自立している為政者と被治者の間の関係が成立するのかの分析に着手する。

ルソーによれば、定義上、一般意思は全員一致の意思である。全員一致が成立するのは、投票のような積極的な主張の場、多数決によってことが決せられる場ではない。オーリウはナシオンのなかに能動的ナシオン（nation active）と受動的ナシオン（nation passive）の区別を設ける。前者は政治にかかわるナシオン、統治権力を構成するものをさす。能動的ナシオンは選挙人団、立法機関、執行機関からなる公権力システムを形成する。この公権力システムは、権力分立――オーリウの場合は、投票権力、審議権力、執行権力の三権の分立――という事実にもかかわらず、その内部において手続をともなう作用を介して均衡と収斂の運動を通じて互いに交流しつつ統一と持続をたもち、命令的ナシオン意思（volonté nationale commandant）を形成し、それを受動的ナシオンにむけて発する。他方、受動的ナシオンは統治にかかわらない臣民（sujets）であるが、受動的ナシオンは能動的ナシオンの発する命令的ナシオン意思に服従することを通じて、それに対して反作用し、変容を与えながらそれに正統性を付着させ、それを法的なものに変成させる。オーリウはこの受動的なナシオンの同意のなかに一般意思をみる。全員一致が成立するのはこの消極的なレベルにおいてのみである。しかし「一般意思の同意は事実上の政治組織を制度に変化させ、よって実力によって設定された政府を正統化する偉大な力である。(136)」

ここでオーリウは、統治体の行為即ち命令的ナシオン意思を正統化するものを一般意思の同意という主意的な表現を用いて語っているが、しかし、「ひとたび採択されるや法律は立法者の意思行為であることをやめ事実となる。

それが維持されるのは法律が事実の総体に合致していることによる。事実の総体をナシオンの同意に帰したいのなら、それはナシオンの一般意思の散漫かつ黙示的な同意への法律の合致である」[137]と述べているように、法律即ち命令的ナシオン意思が、為政者と被治者のコミュニケーションのなかで生じてくる、社会的営為の理念の現実界における定着物である確立された法とオーリウが呼ぶ社会的価値構造に適応する、それと均衡するという事実、換言すれば、命令的ナシオン意思の結果たる事実が平和的に持続するという事実が、命令的ナシオン意思、法律を正統化していくのである。[138]

このようにオーリウは能動的ナシオンと受動的ナシオンをいったん截然と区別し、支配従属関係における権力的契機を正視する。フランス大革命に起源をもつ主権委任の理論（la théorie de la délégation de la souveraineté）は、主権がナシオンに存在するところから、すべての従属を除去し、ナシオンが服従する統治権力の存在を承認せず、統治（gouvernement）という本源的事実を無視すると批判される。[139]同意権力、より正確にいえば確立された法という社会的価値構造である一般意思は法を創造しない。そして、一般意思の担い手とされる臣民は、ただ支配の対象であるという資格のみによって服従主権という力を為政者に対して行使するだけである。したがって、為政者は確立された法からの、また服従主権からの要求に線型的に従うことはなく、自律しており、その固有の権力によって法を創造する。オーリウにとって、「すべての政治権力は法を創造しうるという意味で法的である。」[140]しかし、法は政治権力の意思行為として、命令的ナシオン意思として自足しているのではなく、事実上、命令的ナシオン意思はいくつかの拘束を被らざるをえない。

この拘束をもたらすのは、被治者の存在、社会的営為の理念に結びついた一般意思乃至確立された法及び権力の分立である。そして手続の重要性も指摘しておかなければならない。

統治権力は「一般意思の表象によってナシオン全体に対して行使されるべき政治的支配のために、ナシオンのなかに組織された権限（compétences）であるものすべて。同時に、統一を与えられたひとつの命令的ナシオン意思を組織する要素として現れるものすべて[141]」と規定される。為政者は自らの意思を被治者に貫徹しようとするとき、被治者の服従を獲得するために被治者の担う基本的な価値をまず承認しなければならない。オーリウの表現によれば、「統治権力の権限は、行為に適合した一般意思の表象を自ら作成することである。代表者は、彼らが被代表者の意思について自ら作り出す精神的表象（représentations mentales）によって動くがゆえに、代表している。ここに代表制（régime représentatif）の本質が存在する。[142]」しかし、社会的統合を達成している全員一致の一般意思即ち社会的営為の理念を為政者は表象し、前提とし、それに準拠しなければならないとしても、為政者は一般意思からその権力をひきだす――古典的主権論の主張――のではなく、自己固有の権力を持ち、自律している。代表者即ち為政者の形成およびその権限の形成は自然発生的であり、意思的に形成されるのではない。[143]

こうして、社会的営為の理念と自己の行為を結びつけ、臣民と共通の基盤に立つことができなければ、為政者は臣民の無視あるいは抵抗に出会うことになるから、為政者と被治者の調停は、したがって、為政者が社会的営為の理念の定着物である臣民の担う確立された法――過去の為政者と被治者の関係の堆積物――に対して自己制限することによって行われる。ここに為政者の被る制約がある。

また、統治権力は三権のシステムである。投票権力――ナシオンに最も近い代表者――、審議権力（立法権）、執行権力のそれぞれが一般意思、理念の表象を独自に形成するので、独自の表象に基づくそれぞれの意思を命令的ナシオン意思として収斂させることが問題となる。これは三権が、制度の産みだす規約的法[144]（droit statutaire）たる憲法典の手続にしたがって同一の作用に参与することによって（手続をともなう作用（opération à procédure））、および憲法典の定める三権の相互作用――連帯と抑制によって達成される。[145]

かくて、オーリウの国家の客観的自己制限は、為政者と被治者との交流過程の前提となる社会的営為の理念、そこから生じる確立された法に対する為政者の自己制限、その際の手続、および為政者の意思によって定立された法律等への被治者の抵抗と同意（被治者の為政者に対する自己制限）による変容を通じて確立される法、そして為政者が構成する公権力システム内における相互的抑制という要素からなる。法の生成は過程として示される。法は為政者の意思に還元されない。被治者の一般意思にも還元されない。両者の動態的均衡のなかに存在する。

むすび

社会学的アプローチから法と国家乃至為政者と被治者の関係を科学的に分析しようとする試みとして客観法理論および制度の理論を検討してきた。従来の常識的理解によれば、一方は仮借なき実証主義者の手になる実証的法理論であり、他方はネオトミスムのイデアリストの晦渋な観念的構築物だとされてきた。しかし、このようにして両者を対立的に把握する見解は両理論の詳細についての体系的検討を欠いた単純なレッテル貼りが多い[146]。また、法実証主義者の側からは、法実証主義的法概念に基づく、本来的に社会学的方法を射程にいれえないが故に社会学的な法理論の意義を無視した批判が行われる[147]。しかしながら、デュギとオーリウは法実証主義をラディカルに論駁したのであるから、この批判を法実証主義的法イメージを所与として拒絶するのであれば、それは法実証主義者の理論的懈怠を示しているにすぎない。「法」という対象に対して取りうるアプローチは多様である。異なるアプローチ相互の射程を画定しつつ「法」の解明を行わなければならない。

デュギとオーリウの関係について、ここでは国家権力の定位をめぐって若干の整理をしてむすびとしたい。常識的見解が乗り越えられなければならないことは、すでにスフェズ、ド・ローバデール、ギュルヴィッチ等が指摘している。スフェズは、デュギとオーリウの思想の基本的目的がドイツの主観主義的公法理論を覆しうる法システムを見出すことにあり、若干の註釈者の表層的解釈とは反対に、オーリウがデュギの企ての一般的方向性に共感を示したこと[148]を指摘し、「われわれの時代の公法学者の平均的精神においては、行政（及び憲法）学説の基本的断層のひとつがデュギとオーリウ即ちトゥルーズとボルドーとの間に定位されている。実際にはそんなことはない。基本的な断層があるとすれば、われわれは遥かにそれをドイツ学派及びその主要な後継者たるカレ・ド・マルベールと、デュギ及びオーリウのフランス学派との間に見出さなければならないと考える。デュギとオーリウはそれぞれ異なってはいるが近しい個人主義的民主主義的なある理想によって駆り立てられたのである[149]」と述べる。

ド・ローバデールも同様の指摘を行う。「モリス・オーリウとレオン・デュギは同時代人であった[150]」という文章ではじまる彼の論文は、デュギとオーリウの共通の主題、「法による国家制限」に焦点を合わせ、法の一般理論、国家観、制限の機構の構想の三点にわたって両者の差異と相対性を跡づけ、「(両者の)対立はデュギとカレ・ド・マルベールの対立よりも深くない。法実証主義の問題で対立があるのはデュギとオーリウの間にではなく、たとえば彼らとカレ・ド・マルベールまたはジェーズとの間にである[151]」から、「デュギとオーリウの間の対立の真の射程を測るためにはある程度彼らの同時代性を考慮しなければならない[152]」と指摘する。

さらに進んで、ギュルヴィッチは客観法理論と制度の理論の綜合を試みる。これはデュギの優位においてなされる。「法の主権の原則、国家の外にある組織化されない社会法の優位の原則、主体が客観的秩序のうちに内在するという考え方、実定法の第一次的源泉〔社会〕と第二次的源泉〔国家＝為政者〕との区別による実定法の国家への必然的な依存からの解放は、現在形成途上にある決定的な社会法理論のなかに不可欠な構成要素として組み入れなければならない重要な獲得物である。[153]」このように、デュギを社会法論者ととらえ、社会に自生する法の主権性を証明したところに着目する。同様にオーリウに関しても、法の基礎に「制度」を発見し、「制度」に属する確立された法と為政者の定立する法との均衡として法の存在を示した点を評価する。即ち、「オーリウは彼の深遠な制度の理論によって各集団の純粋に客観的かつ非人格的基礎を法のなかに発見し、利用することに成功した。そして集団の法的下部構造の非合理的で人格化しない諸要素と、その組織化された上部構造の合理的で人格化される諸要素の均衡を記述した。さらに、集団の法的生活（vie juridique）の組織化されない層と組織化された層との複合的な諸均衡を探究し、いかにして複合的な法的人格性と社会権が、それに底流する組織化されない共同体という客観的基礎から引き出されるのかを際立たせた[154]」と。

しかし、ギュルヴィッチは、為政者の定立する法に対する確立された法の優位を明確にせず、逆に権力の自律性を強調し自己制限の理論をたてることで、オーリウは自らの手でみずからの営為を否定したのだと主張する[155]。それゆえ当然に両理論の統一は次のようになされる。「集団の人格化しない客観的コミュニオンとその組織化された上部構造との間の諸対照と諸均衡、組織化された社会法と組織化されない社会法の綜合の必要性、主権の形態の多元化についてのオーリウの注目すべき諸理論は、十全な成果をあげるためには、組織化されない社会法の優位、および権力に対する法の主権性、国家外にある第一次的共同体の法的最高性の諸原則、これらをわれわれはデュギに負うているのだが、によって補完されなければならない[156]」と。

これと全く正反対の綜合の試みを示唆するのはマスペティオルである。オーリウを「方法においてレアリスト、最も不易な傾向においてはイデアリスト[157]」とし、「国家論が有効であるためには必然的に社会学的基礎に基づかなければならないことを初めて明瞭に認めた偉大な法律家[158]」と位置づけて、デュギとの関係では客観法理論からオーリウが影響されただろうことを認定しつつも両者を分かつものをデュギが国家固有の権力を無視した点に求め、オーリウの思想のひとつの傑出した点は「彼の時代の知的環境が国家権力の基礎と正統性を無視していたのに対して、国家に固有の権力の要素を保存し強調しえたことである[159]」と把握する。ここでは、権力を拘束しようとする意志に満ちながらも権力に対してある意味で楽観的なデュギの限界を克服するものとしてオーリウの位置づけがなされる。

基本的に法の科学への指向（社会学的アプローチの採用）と「法による国家制限」という課題との綜合にデュギとオーリウの同時代性があると捉えることができるならば、両者の綜合は必然的にマスペティオルの示唆する方向で追求されなければならないだろう。法の科学への指向を捨象したところに成立するのがギュルヴィッチの試みである。それは結局のところ、デュギへの回帰、社会学的アプローチを社会学的法学の水準へ還元し矮小化することを意味する。

ギュルヴィッチは、オーリウが国家の客観的自己制限という「事実」を認定したことを批判するが、それは社会法によって国家が制約されるべきであるという前提を無反省にギュルヴィッチが受け入れていることを示すにすぎない。オーリウが問題にしたのは、現実に法が国家権力を拘束しうるか、しうるとすればどのような機制を媒介としてであるかであって、第一次的には社会法に道徳的価値を付与すべきか否かではない。そうであれば、法的過程において国家権力＝為政者が重要な役割を果すと指摘したことはオーリウの限界ではありえない。モデルが事実にのみ責任を負うものとして構成されているのであれば、事実をもって批判を展開しなければならないはずである。ギュルヴィッチは自らの価値観によってオーリウを裁く不毛のなかにある。

このことと関連して、国家権力の捨象のうえに成立するデュギの法の主権性の主張が含む撞着をギュルヴィッチはなんらの解決も与えることなしに再びオーリウの体系のなかに持ち込むことになることが指摘されなければならない。国家権力が法の形成に関与することを客観法の認定という形式においてであれ承認する場合、「認定」の持つ現実的な意味が吟味されなければならない。そして実際、客観法の認定者、翻訳者である為政者は「事実上、翻訳者の全権力、即ち統制しがたい相当の権力[160]」を所有する。それ故に、社会法論者たちは、社会学的に認定することのできる社会に自生する法が法であり、その社会法の認定が国家法であるという社会学的認定を行うときには、彼らの意に反して現に存在する国家法を批判する視座を喪失し、それに正統性を付与するに至るが、逆に、国家法を告発する視座を保持しようとする場合にはそれが社会法の純粋な認定であるという見解を捨てざるをえないというジレンマに陥ることになるのである。逆にいえば、この視座の転換を逆手にとって自らの道徳的価値を正統化しようとするのが社会法論の構造である。いずれにしろ、社会に自生する法を為政者は尊重すべきであるという実践的主張が問題でない以上、ギュルヴィッチの試みはオーリウがすでに限界を指摘した社会法論としての客観法理論への退行を意味する。

実定法の分析は必ず実定法を超えることを要求するが故に法現象のトータルな考慮は社会学を必要とするという共通の確認から出発するが、デュギが第一の所与として社会連帯事実を認定して演繹的にそこから客観法を導出し、その後にはじめて実定法の位置づけを行う方法をとるのに対して、実定法を所与とし[161]実定法の形成・運行過程に関与する諸要因を拾いあげ分析し、それを経て法過程のモデルを構築する帰納的な方法を実行する点において、いわゆる実証主義者デュギよりもイデアリスト・オーリウは実証的な方法を採用している。この方法上の差異は、この方法によって両者が認識しようとする社会についての理解の相異に起因するが、到達点をも規定する。法の社会学という視点からみれば、法の基礎を社会に求め、法は社会的価値構造と関係を結んでいるという見解を提示した点までがデュギの功績である。ひとたび法がそのように把握されるや、社会生活のなかに潜む法の準則を個人の意識の集群の状態とサンクシオンを勘案しつつ読み込むことが法学者デュギの任務となる。これは法がdevoir-êtreとして先在することを認める法自然主義への回帰、あるいはむしろ実践への安易で直接的な転位を意味する。社会学的アプローチをとる場合に「法による国家制限」が真に意味する課題は、少くとも第一次的には、事実から為政者にかすべき法規範を考察者の非意図的な価値選択を通して抽出することではない。為政者の定立する法が社会構造を反映しているとして、それがいかなるメカニスムを通じて反映を余儀なくされるのかを明らかにすることである。(162) 社会的営為の理念＝社会的統合を達成している社会的価値、為政者の自律の承認、社会的営為の理念の表象にもとづく為政者＝権力諸機関の協調と相互抑制を通じての命令的ナシオン意思の手続に従った形成、この意思の適用過程における臣民による変容を伴った受容を通しての臣民の無意識への確立された法の堆積、この堆積物の理念への転化、かかるサイクルのなかで臣民のなかに生じるコミュニオンの表示、このような社会システムを制度の理論として構想し、法を為政者と被治者のコミュニケーションとかかわらせて理解する系路をオーリウは提示した。「社会的営為の理念」がこの過程に関与するのは各主体がそれぞれについてそれぞれに抱く表象を媒介としてである。この理念は制度のなかで安易に devoir-être として貫徹するものとはされず、主体のそれを対象とする〝解釈〟に委ねられ、したがって客体化され être として為政者を拘束するものとして設定され、être の枠内で分析対象とされる。換言すれば、権力的契機を正視し主体をシステム内に回復したオーリウは社会的価値が devoir-être と見做される構造を解明しなければならなかった。この解明が制度の理論に裏打ちされた客観的自己制限の理論であったといえる。ここに devoir-être そのものを対象とする法社会学という未開拓な領野がたちあらわれた。

客観的自己制限の理論の提示する「法」は簡潔に述べれば次のようになるだろう。人と人との交流は矛盾を産み出す。その矛盾を解決するため、それにそなえるために社会組織が形成され、同時にそこに法が生じる。これが法の基礎である。この法は個人にとって外在するものとして現れる。賢明な為政者は社会構造についての一定のイメージをもち、いかなる社会的欲求が存在するかを認識している。法を定立するに際して、この社会的欲求の合理化を通して法律等が作成されるという外観が生じる。為政者は社会の一部の利害に結びついた固有の意思を貫徹しようとするかぎり、「社会的欲求」、より正確には「社会構造」として自らが描くその表象を媒介として一定の調停を行わなければならない。為政者の意思は物理的サンクシオンによって維持されるだろう。しかし、社会的統合の基礎をなす価値への準拠がなされないかぎり法とはされず、単なる実力の表明として受け取られる。法とは、為政者の命令自体でも社会的欲求そのものでもなく、このような要素から生じるがそれらには還元されないひとつの独自の構造である。為政者にとって法の領域が発生するのは社会的価値と為政者の意思が軋轢を起こす場である。為政者に対峙するdevoir-êtreとしての法の基礎はそこにある。社会的価値構造は本来的なdevoir-êtreとしての法ではなく、いわばêtreとしての法である。

こうした事情は基本的には被治者についてもあてはまる。ただ、被治者にとって実定法秩序、それを支える物理的サンクシオンがêtreとしての法のなかで大きな比重を占めるというだけである。したがって、法をサンクシオンに結びつけ国家法に研究対象を限定することは一面の正当性を有しつつも、被治者の担う法を物理的サンクシオンに支えられていないが故に「法」ではないとすることをもって法の動態を見逃すことになる。被治者は、為政者同様、自らのdevoir-êtreとしての法を自ら選びとることができる。[163]

法は社会構造に対する個人の断念、自己制限の集合的な表現である。そのかぎりで拘束であると同時に権利主張の道具ともなりうるのである。

（1）E・デュルケム『社会学的方法の規準』宮嶋訳　岩波書店　七一頁。
（2）社会的事実の定義及び性格について、同書　六九頁、五九頁等を参照。
（3）Cf. Suzanne Villeneuve, "Durkheim, Réflexions sur la méthode et sur le droit", Archives de philosophie du droit（以下A. P. D.）, 1969, pp. 241-2 et p. 255.
（4）Georges Lavauは「〔デュギの示した多くの撞着にも拘わらず〕より高所から考察してみると、デュギの営為がその志向性と同時にその挫折によって、若干のより恒久的な問題を提起していることが了解される。まず法的命令の基礎と性質の問題、ついで国家の性質の問題、最後に社会学と法の科学の問題。それ以上にまた——そしておそらくより基本的なものであるが——科学的理論、イデオロギー及び道徳的価値との間の諸関係の問題。」（Préface en E. Pisier-

Kouchner, Le service public dans la théorie de l'État de Léon Duguit, 1972, p. 1.）と指摘する。

（5）Henri Batiffol, La philosophie du droit, 5e éd., 1975, p. 43.

（6）Michel Troper, "Le problème de la l'interprétation et la théorie de la supra-légalité constitutionnelle", in Recueil d'études en hommage à Charles Eisenmann, 1977（以下 Recueil Eisenmann）, pp. 133-151.

（7）Ibid., p. 150.

（8）Ibid., p. 142.

（9）Ibid., p. 143.

（10）Ibid., pp. 143-4. なおここで、規定が客観的意味作用を有するとは、規定の侵犯に対して法秩序が若干の法的帰結を結びつけることを意味し、他方、主観的意味作用しか有しない規定はその侵犯が法的帰結を導かないものである。

（11）Ibid., pp. 149-150.

（12）Ibid., pp. 150-151.

（13）Ibid., p. 136.

（14）Cf. J. Miedzianagora, Philosophies positivistes du droit et droit positif, 1970, p. 186.「（法実証主義者たちは）部分を全体と見做し、部分があたかも全体を構成するかのように部分のモデルを作っている」と指摘する。トロペールはケルゼン的モデルを受けいれ、それによって法現象を裁断している。モデルの規範化を戒める自らの主張に背いている。Cf. M. Troper, Préface en F. Michaut et Ph. Woodland, L'équilibre et le changement des systèmes politiques, 1977, pp. 8-9.

（15）H. Batiffol, op. cit., p. 20.

（16）Léon Husson, Nouvelles études sur la pensée juridique, 1974, p. 369.

（17）François Terré, "Remarques sur les relations entre la sociologie juridique et la philosophie du droit", A. P. D., 1969, p. 225.

（18）Ibid., p. 223.

（19）H. Batiffol, op. cit., p. 46. cf. également p. 52 et suiv.

（20）一九六八年の Congrès mondial de philosophie du Droit et de philosophie sociale での、Luis Legaz y Lacambra の報告要旨。cité par L. Husson, op. cit., pp. 473-474.

（21）J. Miedzianagora, op. cit., pp. 190-191.

（22）このような規制について、例えば、ヴィラリーは「規範が知性によって把握される行動モデルであることを認めるとき、このモデルは立法者によって同意される前にさえ存在する」と示唆する（Michel Virally, "Notes sur la validité du droit et son fondement (Norme fondamentale hypothétique et droit international)", in Recueil Eisenmann, p. 458.）。Miedzianagora は法的合理性から生じる規制を認める（J. Miedzianagora, op. cit., pp. 214-215）。

Wróblewski は、解釈を規制する指示として、第一段階の指示（言語学における指示、社会的文脈にかかわる機能的指示、法秩序にかかわるシステム指示）及び第一次的指示の使い方についての第二段階の指示（順序にかかわる手続に関する指示、どれに価値を与えるべきかにかかわる優先に関する指示）の存在を示唆する（Jerzy Wróblewski, "L'interprétation en droit : théorie et idéologie", A. P. D., 1972, p. 60 et suiv.）。

（23）為政者が「違反を犯すことなしには準則を破りえないということを知っているという点に存するサンクシオン」の存在によって、レヴィは不文法の実定性を認める（Denis Levy, "De l'idée de coutume constitutionnelle à l'esquisse d'une théorie des sources du droit constitutionnel et de leur sanction", in Recueil Eisenmann, p. 89.）。これ類似のサンクシオンを媒介に為政者と被治者の関係は成立すると考えられる。

（24）Miedzianagora はケルゼンの法の純粋理論の限界として社会学的アプローチの拒否とイデオロギーの排除をあげる。そしてイデオロギーの脱神話化と実証的な現実の記述とは別の企てであるという（J. Miedzianagora, op. cit., p. 188 et suiv.）

（25）L. Husson, op. cit., p. 493. cf. p. 373.

（26）Georges Gurvitch, L'idée de droit social, 1931, p. 596.

（27）L'État, p. 21.

(28)「とりわけ社会学者が拘わらなければならぬもの、……それはこの事実〔人間の集団〕の表象である。人間の諸決定に対するこの事実の反作用である。従って、すべての社会的事実は……意識事実である。人間が人間集団をいかに理解するか、いかにこの事実の影響の下に意欲するか、これが真の問題である。」(L'État, p. 33.)

(29)〝社会連帯 solidarité sociale〟は社会連帯主義 solidarisme と関係をもつ。社会連帯主義は、十九世紀末から二〇世紀初頭、第一次大戦までの期間にフランスで勢力を有した思潮である。資本主義の高度化に伴う諸社会矛盾を背景とした社会主義を支えとする労働運動の高揚、知的ナショナリスムという環境から発生した社会連帯主義は、基本的にはブルジョワ秩序を破壊することなく平和的手段によって若干の社会改良を行い、ブルジョワ社会から排斥されている者たちに最少限の生活の資を保障することによって社会的統合を達成し、自由主義的旧ブルジョワ秩序を時代に適合させようとする試みである。自由主義的個人主義と社会主義とを同時に排斥する第三の道の追求である。持てる者は彼の獲得した剰余を社会に負うているのだから社会的債務者であり、その社会的負債を社会に還元しなければならないという準社会契約の考え方を基礎としている。これを国家に適用し、国家は個人の人格の十全な発達のために奉仕せねばならず、そのためにしか権力を発動してはならず、国家の機能は、社会連帯の増進のために法をサンクシオンし、正義を実現し、かつ万人の自由を保護することであると主張される。アルノー論文はこの国家観をブルジョワジーがプロレタリアートに盛る精神安定剤に喩える。

　この社会連帯主義との関係でデュギの理論（特に公役務を中核に据えた国家観）を定位し、そのイデオロギー性を暴露することは興味深い問題ではあるが、デュギを全くの社会連帯主義者とすることはできない。アルノー論文も指摘するように、デュギは連帯に道徳的価値を付与しようとはせず、実証的認定事実として社会連帯を客観法の基礎に据える (p. 136.)。また、ルヌーヴィエを直接の源泉とする社会連帯主義者と異なり、デュギは直接的にはデュルケムが『社会分業論』で展開した考え方に依拠している。以上の連帯主義の説明は、Nicole et André-Jean Arnaud, "Une doctrine de l'état tranquillisante : le solidarisme juridique", A. P. D., 1978. 及び、J. Droz, Histoire des doctrines politiques en France, 7e éd., pp. 100–109. に拠る。

(30) L'État, p. 266.

（31）Ibid., p. 49.「集団的利益は個人的利益の総計でしかない。」
（32）Ibid., p. 24.
（33）Ibid., p. 92.
（34）Ibid., p. 84. cf. p. 87（第二準則）, p. 89（第三準則）。
（35）Ibid., p. 12.
（36）L. Duguit, "Le droit constitutionnel et la sociologie", 1889, Revue internationale de l'Enseignement, cité par Evelyne Pisier-Kouchner, Le service public dans la théorie de l'Etat de Léon Duguit, 1972, p. 10.
（37）公役務国家の問題をそれ自体としては扱わないので、そのイデオロギー性について、E. Pisier-Kouchner, op. cit.; Lucien Nizard, "A propos de la notion de service public : Mythes étatiques et représentations sociales", in Recueil Eisenmann, を参照されたい。
（38）デュギは、「我々の目的は、国家とは何か、法とは何かを述べることではなく、むしろそれらが何でないかを述べることにある。法思想が数世紀来閉じ込められている狭く人為的な枠組を破壊することに寄与しえたならば倖いである」（L'État, p. 1.）という。なお、cf. Roger Bonnard, "Léon Duguit-ses œuvres sa doctrine", Revue du droit public et de la science politique en France et à l'étranger（以下 R. D. P.）, 1927, p. 7.
（39）デュギは、ルソーを媒介としてこの両者が連続しており、同質なものだと考える。
（40）批判対象とされるドイツの諸学説についてのデュギの理解が正確であるかは、ここで問題とはしえないし、またする必要もないと考える。デュギの批判は、学説の内在的批判ではなく、客観法理論を前提とする批判だから、デュギが理解するものしか考慮しないとしても客観法理論の理解に支障はない。
（41）主観的権利を対抗させる相手方として権利主体たる国家人格が導かれるという形で、この人格性は主観的権利の派生物と考えられている。
（42）L'État, p. 259, note 1. cf. p. 9.
（43）デュルケム前掲書　二一頁及び二〇九頁。但し、集合意識が実体化、理想化される局面を有することについて、cf. S.

Villeneuve, op. cit., p. 251 et suiv.

(44) Mariano Peset, "Philosophie et science dans l'œuvre de Léon Duguit", R. D. P., 1971, p. 361.

(45) 主観的法的地位（situation juridique subjective）とは、「法の準則に合致し、社会連帯の増進に寄与し、そのようなものとして社会的価値を有するが故に、組織された実力即ち政府の存在する社会において実力によって保障される、自覚的な個人意思によって創設される地位」である（L'Etat, p. 161）。

(46) Harold J. Laski, "La conception de l'État de Léon Duguit", Archives de Philosophie du droit et sociologie juridique（以下 A. P. D. S. J.）, 1932, p. 127. また、E. Pisier-Kouchner, op. cit., p. 40.

(47) デュギは、民法学者の主観的権利の定義――客観法に合致する地位――を変形し、それに形而上学性を付与することによって批判対象を捏造していると批判される（Octavian Ionescu, "Léon Duguit et le droit subjectif", A. P. D. S. J., 1932, p. 274.

(48) L'État, p. 141.

(49) Traité, I, p. 217.

(50) デュギにおける主観的権利概念の理解の変遷について、簡単であるが、cf. R. Bonnard, op. cit., p. 17 et suiv.

(51) E. Pisier-Kouchner, op. cit., p. 43.

(52) André-Jean Arnaud, Les juristes face à la société du XIXe siècle à nos jours, 1975, p. 123. この著作の第二章結論の分析は重要である。

(53) Achille Mestre, "Remarques sur la notion de propriété d'après Duguit", A. P. D. S. J., 1932, pp. 163-173. がこのような考え方に対する批判を展開する。

(54) L'Etat, p. 118.

(55) Traité, I, p. 70.

(56) L'Etat, p. 84.

(57) Traité, I, p. 70.

(58) Ibid., p. 68.
(59) Ibid., p. 82.
(60) Ibid., p. 83.
(61) 宮沢俊義はこのことを正当に指摘する（「フランス公法学における諸傾向」『公法の原理』所収、八五頁）。また、Marc Réglade, "Théorie générale du droit dans l'œuvre de Léon Duguit", A. P. D. S. J., 1932, p. 26, p. 35.
(62) Traité, I, pp. 93–94.
(63) Ibid., p. 97.
(64) Ibid., pp. 119–120.
(65) Ibid., p. 125.
(66) Charles Eisenmann, "Deux théoriciens du droit : Duguit et Hauriou", Revue philosophique, 1930, pp. 239–240.
(67) Ibid., p. 231.
(68) デュギは明確にこのことを確認している。「私は社会規範が社会的に組織されうる反作用に同意する集団の masse の意識によって外部から課されるとは述べなかった。全く異なること、即ち、ある社会規範の性格を把握させるものは、ある行為が集団の構成員によって遂行される時、ある態度が構成員によってとられる時、集団の内に生じる反作用であると述べたのだ。われわれに、ある時点において社会規範が法規範になったことを確認可能ならしめるものは、個人の意識の集群が、この規範の物理的サンクシオンが社会的に組織化されうることを理解するに至ったということである。私は masse の意識について語らなかった。全く異なること、個人の意識の集群について語ったのだ。個人の意識の集群が法規範を創造するとはいわなかった。私は全然違うこと、すべての社会規範と同様に法規範もまた社会的事実の産物であること、しかし、われわれはその違反が導く社会的反作用を認知することによってしか法規範を把捉しえないといったのだ。私は次のように述べた。人々（esprits）の集群が、法規範の侵犯の導く社会的反作用が強制の使用によって社会的に組織されうると認めるとき、換言すれば、この規範の侵犯者に対する強制の使用がもはや社会的反作用を生じないとき、社会規範は法規範と呼ばれうると。」（Traité, I, p. 81.）この説明にはオーリウの影響が感じられる。

（69）Traité, I, pp. 132–133. cf. Lucien Sfez, “Duguit et la théorie de l'Etat”, A. P. D., 1976, p. 114.

（70）たとえば、L. Sfez, op. cit., Roger Bonnard, “Les idées de Léon Duguit sur les valeurs sociales”, A. P. D. S. J., 1932, pp. 7–19.

（71）L. Sfez, op. cit., pp. 121–122.

（72）Ibid., p. 130. 法分析への言語学の活用を示唆するものとして、それぞれ方向は異なるけれども、Albert Brimo, “Structuralisme et rationalisation du droit”, A. P. D., 1978. A.-J. Arnaud, “Structuralisme et droit”, A. P. D., 1968. L. Sfez, Critique de la décision, 2e éd., 1976.

（73）L. Sfez, “Duguit et la théorie de l'Etat”, op. cit., p. 130.

（74）Maurice Hauriou, Principes de droit pubic, 2e éd., 1916, p. XXVII.

（75）Lucien Sfez, Essai sur la contribution du doyen Hauriou au droit administratif français, 1966, p. 86.

（76）基本的なテクストとするオーリウの著作は以下の通り。

La science sociale traditionnelle, 1896 (Science sociale と略記).

La souveraineté nationale, 1912 (Souveraineté).

Principes de droit public, 2e éd., 1916 (Principes, 2e éd.)

“La théorie de l'institution et de la fondation”, 1925, in Aux sources du droit. Cahier de nouvelle journée 25, 1933 (Théorie).

Précis de droit constitutionnel, 2e éd., 1929.

（77）Précis de droit constitutionnel, 2e éd., p. 73.

（78）「communion の語源はラテン語の communio で、複数の人間が共通のことがらに参与することによって一つになることを意味する。なお……communio には責任をともにする含意もある。キリスト教では聖餐に与ることによって信徒が神において一つとなることを意味する。……このような一体感の外部的表示が manifestations de communion であると解してよかろう。」野田良之「フランス法学――デュギ、レヴィ、オーリュー、リペール」『法社会学講座Ⅰ』五七頁

註(31)による。なお、野田訳では manifestations de communion は「共同の表示」である。
(79) "Théorie", p. 96.
(80) Principes, 2e éd., p. XX.
(81) Ibid., p. 111.
(82) Ibid., p. 48.
(83) Maurice Hauriou, Principes de droit public, 1er éd., 1910, p. 129, cité par Lucien Sfez, op. cit., p. 88.
(84) M. Hauriou, Précis de droit administratif, 6e éd., 1907, p. 8, cité par L. Sfez, op. cit., p. 88, note (28).
(85) Principes, 2e éd., p. 109 et suiv. "Théorie", p. 96 et suiv.
(86) Principes, 2e éd., p. 110.
(87) スフェズはこの区別はほとんど無用であるという（L. Sfez, op. cit., p. 88, note (23)）。
(88) Cf. L. Sfez, op. cit., p. 89 et suiv.
(89) Principes, 2e éd., p. 113.
(90) L. Sfez, op. cit., p. 101.
(91) L. Sfez, op. cit., p. 9.
(92) Cf. L. Sfez, Critique de la décision, 2e éd., 1976, p. 82 et suiv.「制度は現代のシステミストの意味での開かれたシステムである。……環境の問題が提起され、内部的諸要素相互間および内部要素と外部要素の間の相互作用が確認されている。インプット（営為の理念）、アウトプット（結合の表示）が存在する。」(p. 85) 一九二五年の「制度と創設の理論」における制度の定義を参照しつつ、スフェズはこのように述べ、オーリウの理論を批判理論として高く評価する。この点でスフェズのオーリウ評価は一九六六年時点とは若干ニュアンスを異にし変化を示しているように思われる（cf. L. Sfez, Essai sur la contribution du doyen Hauriou au droit administratif français, 1966, p. 88 et suiv.）。
(93) "Théorie", p. 90.
(94) Ibid.

(95) Principes, 2e éd., p. 4.
(96) "Théorie", p. 91.
(97) Ibid., p. 95. Principes, 2e éd., p. 4.
(98) "Théorie", p. 93.
(99) Ibid., pp. 93-4.
(100) Principes, 2e éd., p. 133.
(101) Ibid., p. 72.
(102) 制度の主観的人格性は、「精神的主体（sujet moral）として、および財産を取得する能力として、集団の構成員の共同意思のなかで実現されることを渇望するものとしての社会的営為の理念である。」（Principes, 2e éd., p. 285.）主観的人格性は二つの面をもつ（cf. p. 252 et suiv.）。ひとつは財産取得能力としての法的人格性であり（p. 253）、他は理念の主観的持続としてのコミュニオンに支えられて自らを実現する社会的営為の理念それ自体（p. 267）である。理念それ自体が果す役割はのちに述べるが、法的人格性はオーリウにとって制度（ひとつの主体としての国家）が他者と取り結ぶ関係の整序を容易にするための法技術的な便法にすぎない（p. 61 et p. 257）ことをここで指摘しておこう。オーリウが国家に人格性を認めるのは国家責任の帰属を明確化するというプラグマティックな理由からである（p. 62 et suiv.）。したがって、制度の内部関係である憲法の領域、即ち公権力の組織化、主権の組織の領域には国家の人格性及びその主観的権利たる国家主権は関与してこない。制度内部の規律は国家の主観的意思に依存せず、制度の運行のなかで慣習的に形成される。国家主権がかかわってくるのは対外関係及び臣民に対する主権の行使の領域である（Souveraineté, p. 147 et suiv.）。
なお、cf. L. Sfez, Essai sur la contribution du doyen Maurice Hauriou..., op. cit., p. 98 et suiv.
(103) Principes, 2e éd., p. 87.
(104) 法的取引は「交換の取引〔交渉〕によって生みだされる法的形式の総体」（Principes, 2e éd., p. 174.）であり、政治的制度とは区別され、政治的制度の内部の共同体である経済社会において、個人の自由な活動によって形成される法的諸関係によって、政治的支配とは独立に慣習的に産みだされる客観的規則、即ち主観的法（droit subjectif）の源泉である。（他方、政治的制度（権力）は客観的法の源泉である。）経済的取引は法的慣習をうみだすが、その慣習自体が基本的公準に基づいて生みだされるとき、この取引が法的取引であるという。cf. Principes, 2e éd., pp. 174-196.

なお、人格化の問題の一貫である法的取引についての指摘は、本稿が人格化の問題を単純化したかたちで扱っているので（非常に不十分なのであるが）、これだけにとどめる。

(105) Principes, 2e éd., p. XIX.

(106) Cf. Georges Vedel, "Le doyen Maurice Hauriou et la science politique", in La pensée du doyen Maurice Hauriou et son influence (Journée Hauriou), 1969, p. 94 et p. 104.

(107) Souveraineté, p. 4. cf. Science sociale, p. 25 (「社会科学は通常の観察科学である。」).

(108) Principes, 2e éd., p. XXVIII.

(109) L. Sfez, Essai......, op. cit., p. 87.

(110) Souveraineté, p. 4.

(111) Ibid., pp. 5-6.

(112) G. Vedel, op. cit., p. 101.

(113) Ibid.

(114) Science sociale, p. 27.

(115) Souveraineté, p. 6.

(116) Science sociale, p. 26.

(117) Ibid., p. 27. オーリウは認識と実践を区別している。cf. H. Batiffol, La philosophie du droit, op. cit., pp. 36-7.

(118) Science sociale, p. 27.

(119) ここで検討した価値の社会的決定因の分析及び非論理的事実の論理分析は社会学の担う基本的課題である（Raymond Boudon, La logique du social, introduction à l'analyse sociologique, 1979, Chap. VIII.）。

(120) Souveraineté, p. 7 et suiv.

(121) G. Vedel, op. cit., p. 102.

(122) Ibid., p. 103.

(123) Science sociale, p. 84 et suiv. cf. L. Sfez, Essai..., op. cit., p. 10 et suiv.

Science sociale traditionnelle, 1896. はオーリウの法思想の骨格を萌芽的にかつ直截に表明した重要な著作である。したがって独自の検討の対象となりうるので、ここではそこで提示された社会観を簡単にまとめておく。法理論に底流する社会観をみることはオーリウの理解にとって不可欠だが、ここでの検討は不十分である。

社会は矛盾にみちている。まず、人間はその内部に、意識／無意識、魂／身体、欲望／信仰（認識）／意思という矛盾をかかえている。この矛盾は外界に投影され社会環境における矛盾（社会的機構／個人の行為（自由）、人間相互の類似と差異等）を産みだす。さらに、環境及び自己を認識する手段における矛盾がある。それは、宗教的考え方（人間に啓示されるものとして与えられ、具体的存在（êtres）の活動によって世界を明らかにする）、抽象的主観的思考たる形而上学的考え方、具体的主観的思考たる実証的科学的考え方の間の矛盾である。この三つのカテゴリーを通じて人が外界にかかわることによって、それぞれ宗教的社会、形而上学的社会、実証的社会が形造られる。これらの社会は相互に矛盾すると同時にその内部に矛盾を包蔵する。こうした諸矛盾は社会的事実のなかで対立、闘争となって現れる。しかし、矛盾はのりこえられるべきものと考えられている。

この矛盾の克服に二つの水準を分かつことができる。Progrès という観念のレベルと évolution という事物の秩序の変遷のそれと。矛盾は事物の秩序のなかで均衡へとむかうが、人間は矛盾の解決されるべき姿＝理想（それは人間の本性に基づく）をもって主体的にこの矛盾――均衡の過程にかかわる。そこで progrès が évolution を限定し、évolution が progrès を限定する関係が生じる。しかし、世界を動かすのは物質的要素（élément matériel）であって精神的要素（élément spirituel）は物質的矛盾を贖うものにすぎない（p. 313）。

社会生活が矛盾解決の場である。あらゆる社会制度は矛盾解決もしくは矛盾に対する保障の場であり、環境の矛盾と人間との間に介在する保護層である。しかし、矛盾は転位され変形され、最小化しうるだけで終局的に解決されることはない。だから社会はつねにダイナミックな運動状態にある。

矛盾解決の形態のうち最も重要なのが和解（transaction）で、人間の社会的行為は合意（accord）をめざして行われるときには常に和解である。合意はamour-propreをもたない調停者による調停（médiation）を前提とする。社会生活は和解によって成りたち、すべての社会的事象の組織化は和解のために協同する。

あらゆる社会、制度はシステムをなし、社会構造（structure sociale）が調停を組織する。つまり、社会には、強制、行われるべき和解の枠づけ、既存の和解の保護が存在し、社会組織を構成する職務、職業、地位をひきうけることで個人は義務を引受け、そのようにして他者と関係を結ぶ（Science sociale, pp. 84-127.）。

すべての矛盾は自我（moi）と非我（non-moi）から生じるので、その解決である社会関係は意思表出（volition）からなる他者とのコミュニケーションである。意思表出という行為はその実行者の手を離れると社会的事実となり、その固有の生を生きる。本能を喪失した人類は、それを贖い、社会関係において自らの行為を律するために自発的犠牲（sacrifice volontaire）を行うことによって他者と関係を結び、そのようにして人工的に制度、法、道徳等をうみだしたのである（Ibid., pp. 155-197）。ここに客観的自己制限理論の基礎をみることができる。

(124) Science sociale, p. 12.

(125) Ibid., p. 30.

(126) Ibid., p. 31. et p. 85.

(127) 理念と主観的概念の関係。客観的に存在する理念が人々に認知される際に媒介となるのが主観的概念である。理念は主観的概念に移行することによって様々な屈折を被る（"Théorie", p. 101.）。なお、cf. L. Husson, Nouvelles études sur la pensée juridique, op. cit., pp. 488-9, note 1. 理念は人間の思惟の対象であり、概念はこの思惟の産物であると説明する。

(128) G. Vedel, op. cit., p. 105.

(129) Ibid., p. 106.

(130) Ibid., p. 97.

(131) スフェズは、オーリウの思想は「均衡」という観念によって統一されていると考え、オーリウの方法を次のようにまとめる（L. Sfez, Essai..... op. cit., pp. 47-8）。今後の展開にとって示唆的であるので紹介しておこう。
(ⅰ) 社会的事実の統一は社会生活によって行われる純粋に実践的な綜合の結果であり、分析においてすべての社会的事実が複雑な諸要素に解体されることを認めること。

(ⅱ) ある社会的事実の諸構成要素を識別するために動態的な観点に身を置くこと。即ち、重要な構成要素は相互に影響しあう諸力であることを認めること。

(ⅲ) 諸々の構成力のなかで他のものを支配し、または支配するだろうものを識別するために、運動する諸力のシステムはその均衡状態を求めることを認め、より安定した均衡はもっとも主観的な力の優位に基づく均衡であることを知らなければならない。

(132) Principes, 2e éd., p. 618 et suiv., p. 642 et suiv.

(133) 注意しなければならないのは、オーリウが古典的主権論として批判対象とするものとオーリウの行なう批判とには水準差があることである。君主主権に対して主権がナシオンに或いはプープルに帰属すべきであるという古典的主権論の道徳的価値をともなった主張は、ナシオン主権原理から距離をとり、それがどのように政治的現実を組織しえたのかを政治過程の観察から分析し、さらにその分析からナシオン主権の現実的モデルを構成することによってその真の射程を画定し構想することとは異なるレベルに属する。当為と見做された法を基準に事実を判断・評価することと、事実の分析からナシオン主権のもつ意義さらに主権原理と事実の干渉の分析から法の生成、存在構造に接近する試みは異なる。したがって、オーリウが古典的主権論、特にルソーのそれにむける批判（その前提としてのルソーの主権論の理解のしかたも）は、批判としてではなくむしろ独自の主権論を展開する前提と解されなければならない。逆に、規範論の視点からオーリウの議論を批判することは意味をなさないだろう。たとえば、ナシオン主権を多元化して主権の帰属を曖昧にしたといった批判は的はずれである。

(134) Principes, 2e éd., p. 6.

(135) Cf. Principes, 2e éd., p. 267 et suiv.「共同意思」はここでの用語であるが、一般意思批判の枠組に変化はない。

(136) Souveraineté, p. 17.

(137) Ibid., p. 106.

(138) Cf. Principes, 2e éd., pp. 126-7.

(139) Souveraineté, p. 129. 但し、これに続けて「統治権力に対するナシオンの服従は、永遠で不易の事物の秩序に合致している」と述べる。しかしこれは別の問題である。

(140) Principes, 2e éd., p. 33.

(141) Souveraineté, p. 45.

(142) Ibid., p. 111.

(143) Ibid., p. 102.

(144) 制度が存在する以上存在する法としてオーリウは懲戒法（droit disciplinaire）、慣習法、規約的法をあげる。重要なのは規約的法であり、具体的には憲法をさす。制度は手続の集積であり、手続によってなりたっている。この手続および制度のなかで確立されている地位を定めるのが規約的法である。cf. Principes, 2e éd., p. 128 et suiv. spécialement p. 136 et suiv.

(145) Souveraineté, p. 124 et suiv.

(146) たとえば、「デュキとオーリウは二つの潮流（法レアリスムと法イデアリスム）のシンボル的価値を有する」（Simone Goyard-Fabre, Essai de critique phénoménologique du droit, 1972, p. 144.）。彼女はこれに続けて次のように述べる。「法現象の記述は、実際、われわれに法が事実でも理念でもない、単なる実在でも純粋な観念性でもないということを示したのだから、法の深奥にある性質を説明しようとする以上、これらの伝統的選択肢の二つの項の間での選択は不可能である。」伝統的な考え方の問題性を指摘することは正しい。しかし、「理念的原則は現実界との接触の故に可能となる弁証法的構成主義においてかつそれによってでなければ、その実効性を見出さない」（p. 143）ということ、それはまさにオーリウの主張したことではなかろうか。それ故、オーリウが実定法の事実性の次元を無視しているという批判はオーリウの理論の無理解に基づいている。

また、ブリモは、オーリウについて、彼の二面性――科学主義の影響とトミスム――を正当に指摘しながら（Albert Brimo, Les grands courants de la philosophie du droit et de l'État, 3e éd., 1978, p. 350）、オーリウ理論の二本柱として〝自然法〟と〝制度〟をあげ（p. 336）、制度の理論は社会学主義の流れに属するものとするが（p. 340）、しかし、オーリウの思想の統一をなすものは自然法の哲学であるとし（〝La philosophie du droit naturel du doyen Maurice Hauriou〟, in Journée Hauriou, p. 64）、基本的にはイデアリスムに分類する。制度の理論はオーリウの生涯の「大事件であった」（sa Lettre á Jacque Chevalier du 14 juin 1923, cité par L. Sfez, Essai..... op. cit, p. 8.）のであり、さらにオーリウ自身は「自然法は法秩序の諸要素のうちのひとつでしかない」（M. Hauriou, Principes, 2e éd., p. 10）と述べていることを考慮するとき、ブリモの主張を支持することはできない（なお、オーリウの正義と秩序の弁証法については、M. Hauriou, 〝L'ordre social, la justice et le droit〟, 1927, in Aux sources du droit, 1933. および Précis de droit constitutionnel, 2e éd., p. 36 et suiv. を参照。）。

(147) たとえば、エローは制度の理論を「事実が法に成る錬金術のるつぼ」と評し、オーリウを倫理的イデアリスムに分類する（Guy Hérand, 〝Regards sur la philosophie du droit française contemporaine〟, in Le droit français, t. II, 1960, p. 530）。

また、第一章で検討したアイゼンマンの議論を参照。アイゼンマンは、制度の理論について、それは社会学理論であって法理論には関係しないという理由で、それを考察の外においた（Ch. Eisenmann, 〝Deux théoriciens du droit : Duguit et Hauriou〟, Revue philosophique, 1930, p. 256, note 1.）。

(148) L. Sfez, Essai..... op. cit., pp. 25-6. スフェズはオーリウの次のような件を引用する。「デュギは、追求したほうがよい方向、客観的事実の方向を示している。」（M. Hauriou, Principes de droit public, 1er éd., p. 73.）デュギの諸理論は、法の技術的構成においては役立たないが、「法哲学において偉大な価値を有している……彼の諸理論は、主観的権利の過剰な発展を荒々しく動揺させ、社会法の評価を高めるという非常に大きな効用を、法律家にもたらした。それはわれわれのなかに客観法の考え方を定着させた。」（ibid., p. 69.）

(149) L. Sfez, Essai..... op. cit., p. 504.

(150) André de Laubadère, "Les doyens Maurice Hauriou et Léon Duguit", in Journée Hauriou, p. 209.
(151) Ibid., p. 224.
(152) Ibid., p. 225.
(153) G. Gurvitch, L'idée de droit social, p. 628.
(154) Ibid., p. 593.
(155) Ibid., p. 705.
(156) G. Gurvitch, "Les idées maîtresses de Maurice Hauriou", A. P. D. S. J., 1931, n°s 1 et 2, p. 194. cf. L'idée de droit social, p. 598 et p. 709.
(157) Roland Maspétiol, "L'idée d'Etat chez Maurice Hauriou", A. P. D., 1962, p. 249.
(158) Ibid., p. 265.
(159) Ibid., p. 263.
(160) L. Sfez, "Duguit et la théorie de l'Etat," A. P. D., 1976, p. 122.
(161) 社会学主義と自然法論の親縁性について、G. Héraud, op. cit., p. 522, H. Batiffol, op. cit., p. 53. を参照。
(162) Cf. M. Troper, "Nécessité fait loi : Réflexions sur la coutume constitutionnelle", in Service public et libertés. Mélanges Robert-Édouard Charlier, 1981, pp. 309-323.
(163) アルノーの avant dire-droit の分析とともに imaginaire juridique の観念は興味深い。cf. A. J. Arnaud, Critique de la raison juridique. 1, Oú va la sociologie du droit? 1981, p. 324 et suiv., spéc. p. 333 et suiv.

18　公役務理論の変遷（ノート）

一九八四年

公役務概念の成立は一八七三年、権限争議裁判所のブランコ判決に遡る。現在、フランスでは社会党政権が誕生し再び国有化が行なわれた。一九世紀末から今世紀初頭にかけての公役務概念の揺籃期からは考えられぬほど社会は国家の関与にその命運を依存しているようにみえる。この二点を結ぶ時間が行政法の所与を大きく変え、行政法学の方法の変化を強いた。時代の変遷とともに、公役務概念はいくつかの異なる問題関心から、それぞれの方法、分析軸を用いて議論の俎上にのせられてきた。その都度、その内包は空疎になり、明確な輪郭を失ったが、それに対応して反面公役務概念の果す機能は高まっている。この一見逆説的な過程を跡づけ、公役務概念の直面する問題の意味を考察することが本稿の課題である。まず、判例と学説の流れを大摑みに振り返ってそこから若干の基本的傾向と問題を抽出しなければならない(1)。

一　公役務概念の変遷

行政裁判所を有するフランスでは、ある事件が生じた場合、その訴訟を司法裁判所に提起すべきか、行政裁判所に提起すべきかが理論上は常に問題となる。したがって二系統の裁判所の間での管轄配分基準は重要な意味をもつ。公役務概念が最初に登場するのはこの場面である。ごく一般的見解によれば、ブランコ判決で[2]、国家債務者（l'État-débiteur）の基準が放棄され、公役務概念が明示的に行政裁判所の管轄画定基準となり、行政と行政裁判管轄の領域が一致し、行政法はその自立の契機を手に入れることになる。それがテリエ[3]、フートリ[4]、テロン[5]の各判決を通じて確立されたとされている。神谷論文ではブランコ、テリエ両判決を管轄配分基準としての公役務を確立した先例ととらえることを否定し、フートリ判決のテシエ論告ではじめて公役務理論が成立したとする[6]。しかし、公役務概念の判例への導入の起点に関する議論には立入らず、ここで確認しておきたいのは、この判決の流れのなかに行政裁判所の管轄権限の必然的な拡張の傾向が存在することである。国営タバコ工場で発生した事故の損害賠償請求事件が従来の公権力概念を拡張することによって行政裁判所の管轄に包摂され（ブランコ判決）、県の締結した契約に関する事件（テリエ判決）、県の損害賠償訴訟（フートリ判決）が司法裁判所の管轄から離れて行政裁判管轄に服せしめられた。この傾向をさらに押し進めてテロン判決は市町村の契約に関する訴訟を行政裁判所の管轄に取り込み国と地方団体の訴訟の統一的な処理を確認した。ところで、テロン判決は一般的利益の目的で行政が締結したすべての契約を行政裁判所の管轄に服せしめ、純粋に実質的な公役務概念を採用することによって、テリエ判決で論告担当者ロミューの示唆した行政の私管理（gestion privée）の可能性を排除した。これは、行政活動＝公役務はすべて行政法の適用をうけ、行政裁判所における審査に服すべしとするもっとも純粋な公役務理論をうちたてるものであった。

他方、学説においては、現実の行政活動の増大、質的転換および行政裁判管轄の拡大をうけて、デュギが権威行為・管理行為二分論およびその基盤をなす伝統的な自由主義的法理論を論駁しながら、社会連帯にもとづく自己の客観法理論にひきつけて独自の公役務概念の基礎づけと体系化を行なってくる(7)。この試みは国家活動の増大を正当化すると同時にその活動に一定の制約を課すことをめざしていた。行政裁判管轄の画定基準として登場してきた公役務概念は、デュギにおいて正当に国家の正統性の問題として把握される。ここにおいて議論は転位した。デュギの公役務理論は学説のなかに共鳴者を見出し公役務学派と呼ばれるものが形成される。だが、公役務学派内でのジェズとの対立、公役務に対して公権力を重視するオーリウとの理論体系全体に及ぶ論争が生じる。この理論的対抗から国家の正統性の基礎の転換を構想したデュギの政治的色彩の濃厚な公役務概念は、公権力概念と組み合され実定法上の概念として馳致されることになる。この公役務概念の形成期における学説の対立の意味を探究することが、現在の状況を理解するための鍵を得るために必要である。これが本稿の課題のひとつである。

権威行為・管理行為二分論にかわって公役務が行政裁判管轄の一元的基準としての価値を獲得したのは権力的な行為を指標として行政を固定することが困難になるほどに行政活動が拡大したためである。国家活動が主に国防、警察、司法に限定されていた時代が去り、国家が経済領域に進出し、あるいは教育や労働関係、社会扶助の分野にのりだすに至ると、国家は権力主体としては現れず、国民の需要を充足するために私人同様の活動を行なうようになる。この領域で行政の実効性を保ち一般的利益を実現するためには、それを私法の支配に委ねずに行政裁判所の管轄下で普通法適用除外規範＝公法の保護のもとにおく必要があった。この時期の公役務概念は、行政機構が公法上の手続を使用して行なう一般的利益活動として主体、形式、目的の三要件を備え、明確な内実を有していた。しかし、この概念が通用したのはごく短期間であった。

第一次大戦を契機とするさらなる国家活動の伸長は、一九二一年権限争議裁判所[8]のいわゆるエロカ渡船判決における商工業公役務概念の案出として実定法理論のうえに現れた。私企業と同一の条件において運営される役務が行政的公役務から区別され、司法裁判管轄に服せしめられた。テロン判決後間もなくヴォージュ判決[9]において行政契約の指標として公役務の目的は採用されず、普通法適法除外条項の存否が問われ、行政が締結した契約に対して行政裁判管轄がすでに否定されていた。エロカ渡船判決ではこの考え方が一般化され、ある公役務全体への私法適用即ち私管理が認められるに至った。公役務理論に対するこの判決の衝撃は大きかった。公役務のなかに公管理と私管理の下位区分が設けられた以上、公役務であることは必ずしも公法の適用を導かず、したがって行政裁判所の管轄を導かない。司法裁判所と行政裁判所の管轄配分基準として公役務理論はその成立時には有していた単純さを喪失し破産する。この破産自体よりも、エロカ渡船判決を契機として行政の正統性の根拠あるいは行政の活動領域の画定に関する議論と、行政活動を支配すべき法制の基準についての議論とが決定的に分離し、行政学説の関心が専ら後者に移り、議論が判例の所与の正確な説明という法技術的な次元へ転位したことが重要である。判例において行政裁判管轄を決しているのは公権力概念か公役務概念か、それだけに議論は収束していき、公役務理論は、管轄配分基準としては破産を宣告されながらも、行政の正統性の基礎づけとしては論議の対象外に置かれることによって行政法理論に底流し続けることになる。このことは公役務を行政裁判管轄の必要条件であるとする説[10]に端的に示されているし、現在、行政法において一般的利益概念の果す役割の重大性が物語っていることである。いまや、正統性への問を欠く実定法理論が戦わされるほどに、即ちイデオロギーが露出しないほどに行政法の体系は堅固になり定着していくのである[11]。

エロカ渡船判決の意義を考えるうえでもうひとつの重要な点は、商工業公役務が行政活動の増大の必然性と自由主義の要請との間に生じる矛盾の妥協的な解決状態であることに存する。[12] 経済的領域への国家の関与は市民社会の側への譲歩、経済行政への私法適用によって贖われなければならなかった。本件の論告担当官マテルは、国家もしくは公行政の本質自体に属する活動と、私人がだれも引受けないが一般的利益においてそれを保障することが重要であるが故に時として付随的に国家によって企てられる私的性質を有する活動とを区別して、後者への私法適用を論証しようとした。経済活動を行なう行政を市民社会の一員とし、その論理に服させることによって、経済的自由主義の前提たる国家と市民社会の截然たる区別を維持する試みであったが、実際にはマテル論告は経済領域への行政の立ち入りを認め、公法と私法の双方が適用されるカテゴリーを作り出すことによって、自由主義の枠組をつき崩し、国家と市民社会の橋渡しをする契機を内包していた。

私法の適用が認められることによって行政制度の特殊性は稀薄化する。[13] 行政への私法浸透の傾向は以後ますます強まっていく。一九五五年には権限争議裁判所のナリアト判決[14]において行政的公役務について新たな司法裁判管轄の拡大が社会的公役務という形をとって行なわれる。[15] また、この前年コンセイユ・デタはエル・アミディア判決[16]において社会保障に関する訴訟の司法裁判所の一括管轄権を認めていた。この二つの判決は公役務も公権力も基準価値を低落させ、管轄配分基準が錯綜して訴訟当事者に明確な基準を提供しえない状態を打開することを直接の目的としていたが、結果的に司法裁判管轄の拡大を導いた。しかし、現在では行政への私法適用の拡大に対する抵抗から、社会的公役務概念は放棄され、[17] 社会保障の一括管轄は例外を増しつづけている。[18]

商工業公役務の出現で公役務概念は公法適用という形式的要素を失った。さらに、この概念は組織的要素を奪われるに至る。ヴィシー体制の特殊な状況下ではあったが、モンプール、[19] ブガン[20]両判決において同業組合的公役務という形で私的組織による公役務の管理が認められる。第二次大戦後、この管理形態は「公役務の任務 mission de service public」の付与の形式のもとに一般化していく。この流れのリーディング・ケースとされるのが一九六一年のマニエ判決[21]である。公役務の任務の付与は、私的組織が実質的意味における公役務——一般的利益活動——の管理に参与していることを理由に、当該組織に公権力特権に基づく手続の使用を認め、同時に公法上の義務を課すことによって私的領域を公の論理に服せしめることを意味する[22]。そのことによって公役務概念の内容は稀薄化し一般的利益活動と同視されるまでに拡散してしまう。したがって公役務の任務——一般的利益目的——の存在だけでは行政裁判管轄を導くことができず、公役務は管轄配分基準としての意味を決定的に失う。それにかわって公権力特権の付与が比較的明確な徴表として重視されるようになる。しかし、私的組織による公役務の管理が認められ、公役務概念が内実を失い一般的利益活動に貼りつけられるレッテルに化したことの真の意義は、管轄基準としての価値の喪失にあるのではない。この破産はすでに商工業公役務の出現によって告知されていた。むしろ、レッテル化した公役務概念＝一般的利益を媒介とする行政の支配拡大とそれに伴う公私の融合こそが問われなければならない[23]。

一見すると、商工業公役務は行政への私法浸透であり、私的組織による公役務の管理は私的領域への公法の支配拡大であり、対立する方向性をもつ二つの動きと捉えることができる。しかし、行政は経済社会領域へ侵入していくに際して、そこで範囲において獲得した分だけ質的転換をはからざるをえず、逆に私法に汚染される。両者はこの私法による行政の汚染の二つの現象形態にすぎない。私的組織による公役務の管理は、確かに実現すべき公役務の任務の遂行に必要な限りで公権力特権を付与し、その代りに監督を強化してその組織を公法の支配に服させる。しかし、私的組織の内部組織等については私法に服したままにとどまる。公法上の桎梏は軽い。行政活動全体からみれば私法の浸透として把握されるべき面をもっている[24]。

行政の拡大に伴う私法の浸透とならんで、一般的利益というアモルフたらざるをえない概念によって支配の拡大が行なわれていることも大きな問題である。私的論理に侵された行政は部分的な特殊利害を一般的利益と称し公権力特権によって、自ら行使するにしろ私的組織を通じてにしろ、確実にそれを保障することができる。公権力特権を付与された私的組織は、それを用いて、一般的利益の外装を与えることに成功すれば自己の利益を確実に実現しうる。一般的利益を媒介とする公法化（publicisation）と私法化（privatisation）の構造化された過程の論理を問わなければならない。

商工業公役務、私的組織の公役務管理の出現により、公法と私法の錯合した法制度をもつ中間領域が形成される。公私の境界は不分明になった。両者はともに変質しながら接近をはかっている。

管轄配分基準としての公役務概念の意義は、商工業公役務と私的組織の公役務管理が登場することで奪われた。公役務理論の当初の意図――〝公役務には公法を〟――は挫折した。もはや単純かつ明解な基準を公役務概念は提供しない。第二次大戦後、先の二つのカテゴリーに加えて複雑な法制度をもつ国有化企業が現れることによって公役務理論はさらに追いつめられる。学説上、公役務概念の「凋落」[25]が公然と語られる。これを契機に古典的公役務理論の理論的総括が、管轄配分基準としての有効性を問うという形式で展開される[26]。

これまで跡づけてきた行政行動への私法浸透の過程を経て、司法裁判所と行政裁判所の間の管轄配分基準は、公役務概念が一般的利益活動と同一視されうる程にその内包を奪われてしまったからそれだけでは行政裁判所の管轄を基礎づけえず、行政法適用の必要条件であるとはいえても十分条件とはならずに、公権力特権の存否、普通法適用除外条項の有無、公法関係・私法関係の区別、或いは公管理・私管理の二分論等の基準と組み合せてはじめて管轄を特定することができる錯綜した状態に陥った。学説は、複雑に入り組んだ判例のなかから導きの糸を手繰りだし判例を合理的に整序して、国民のために単純かつ明確な配分基準を提示する課題の前に立たされていた。これは、すでに指摘したようにエロカ渡船判決の開いた道の必然的帰結であった。行政活動の領域が拡大し、行政が関与手段を多様化してそれに対応しなければならなかったのが必然ならば、行政の関与領域が限局され国家と市民社会の二元性に基いて一般的利益が明確に特定できるという前提に大きく依存しながら、そのうえで正統性の転換を企てた公役務理論が、自らの論理の必然的帰結として自由主義的前提と対立するに至って形態変化を遂げるのもまた必然であった。しかし、この時期の学説の問題意識は法技術論のレヴェルで公役務概念をいかに処理するかの点に焦点が絞られていたので、デュギが権威行為・管理行為二分論を否定して独自の理論で新たな判例の所与を正統化したような現実の再構成を試みる志向とは無縁であった[27]。何故公権力の存在が公法の適用を正当化し行政裁判管轄を導くのか、その根拠はせいぜい判例をよりよく説明しているというにすぎない。また他方で、なぜ行政活動に私法の適用が認められるのか、その根拠は等閑にふされたままである。それは所与とされている。この意味で、この時期の議論は、たとえ公役務概念を否定するものであっても、基本的には公役務理論の射程内にとどまり、それを超克するものではなかった。したがって、国家の正統性を社会的欲求＝一般的利益の実現に求める公役務理論のヴァリアントにすぎなかった。公役務概念はこの時点では本質的、致命的批判を突きつけられてはいない。議論は表層的次元に転位されている。これは、ある意味では行政法の正統性が安定期にあることを表している。

この転位を典型的に示すのは公役務を法制によって定義する考え方である。これはシュノによって代表される。《行政が私法に服し、私人が公法に服する事態が一般化し、公法と私法、公法人と私法人の区別が相対化することによって公役務は制度的（institutionnel）意義を失い、若干の活動を普通法適用除外規範に服せしめることと同義になった。公役務が存在するのは公役務の法制（公法）が適用されるときだと主張することはトートロジーであり、問によって問に答えることだ（公法はいかなる場合に適用されるのかという問に、公法が適用されるとき〔＝公役務が存在するとき〕と答える）という批判もあるが[28]、そうした抽象的議論など問題ではない。裁判官にとっては、個々の具体的事案において当該法的行動を支配するのが普通法適用除外法制であるか否かだけが探究可能であるし、それだけで十分なのである》[29]。これがシュノの論理である。

行政は国民の需要に応える一般的利益活動の実現を保障するために公権力を行使するのであるから、その限りでその行使の実効性を確保するために普通法適用除外法制が適用されるという論理（公役務理論）が、普通法適用除外法制に服する活動は公権力の行使であり、したがって公役務の実現であるという形に転倒されたところに、コンセイユ・デタの構成員であるシュノによって上記のトートロジーが公然と語られたことの意義がある。シュノの論理は、しかしながら公役務理論の原形を前提としなければ成立しえず、その意味でそれに依存している。ここに、公役務⇅公権力⇅普通法適用除外法制という正統性の増殖回路が出来あがる。この回路は素朴な経験主義によって作動する。換言すれば、公役務理論の力で行政法の適用領域が自立する。実定化された公役務概念は、一時その領域の合理的説明原理とされるが、しかし、一方で理念性を喪失し、他方で時の経過とともに現実の進展に対する桎梏として機能しはじめ、現実を説明する力の欠如を露呈するに至る。この段階で行政裁判管轄画定基準に議論の焦点が収斂する。所与の行政法の自律を前提として、その一般的特質を抽出しそこから帰納的に基準を引き出すことができるほど行政法は成熟しているから、もはや表だって公役務の理念に支えられる必要はなくなり、法技術的レヴェルで比較的同定し易い普通法適用除外法制が基準価値を獲得しえた。この過程を弁証するのがシュノの理論である。公役務は法制と同一視されることによって余計者となるが、まさにそのことによって正統化機能を高める。

この点とかかわって、公役務概念の再構成のこの形式は公役務か否かの裁判官の認定権、決定権を浮き彫りにしてくる[30]。ワリーヌのことばを借れば、「公役務とは、最高裁判所〔コンセイユ・デタ、破毀院、権限争議裁判所〕がこれが公役務であると宣言したものである[31]」という事態が招来される。行政裁判過程で内容稀薄な公役務概念が不確定概念として機能的役割を高めてくる。この時期の議論の総括的整理を行ない、それを踏えて公役務概念を積極的に擁護する一九六〇年に発表されたラトゥルヌリィの論稿が、この点で注目されなければならない。シュノの論理の延長上でそれを精緻化する試みとして位置づけることができるが、[32] ラトゥルヌリィの独自性は公役務の法制の決定に比例原則を導入するところにある。

「公役務とは、その規則的執行が公法の手続の総体、少くとも役務に与えられている目的が必要とする手続の総体（この留保をふすのは、たとえば工業役務が公法上の特権すべてを備えているわけではないことを説明するためである）によって保障されるに十分なほどの利益を公益に対して示すと立法者によって見做された役務である。[33]」一九三六年のヴェジア判決の自らの論告中のこの定義を、基本的には修正する必要はないと引用して、公役務の定義の主要な要素は公役務の創設を決定する権限をもつ機関の関与であるが、それだけでは不十分であり、「役務に与えられている目的を達成するのに必要な程度においてでなければ公法制度が適用されない」という目的と手段の比例性の原則を定立する必要を説く。この原則をたてることによって、公役務の定義のなかで目的の要素が復権され、同時に公役務の法制を決定する裁判官の権限も正当化される。[34] 原則として、一般的な意味しかもたない比例原則を掲げて法制が目的によって制約されるという構成をとり、公法と私法の混淆した現実の法制度の存在を認知するとともに、各個別的事案において適用されるべき法制を決定する際の裁判官の役割を、まさに裁判官は抽象的原則と具体的現実との間のずれを媒介することを任とするのであるとして、比例性の判断を裁判官の手に完全に委ねることによって、積極的に弁証する。[35] ひいては、間接的に裁判官に公益判断権が委ねられるに至る。

ここでは公役務概念のもつ曖昧さは告発されるのではなく、むしろ価値を付与され、公役務は完全に裁判官の道具となる。基準としての公役務が行政裁判所の管轄に影響する過程と、逆に裁判所の意思が公役務の内容を充足する過程とは、相補的に公役務概念の形成適用過程を構成する。社会の安定性が失われ、社会関係として「公役務」を同定できなくなれば、後者の過程が重要性を増す。したがって、客観的規範が力を失い、その規範適用者の意思が規範の外被をはがれて立ち現れてくる。[36] 以後考察の対象とされなければならないのは、それ故に公役務概念ではなくて、公役務概念を活用して判例政策を行なう裁判官たちとなるだろう。

比較的早い時期にラトゥルヌリィの担う意味を見抜いたのはニザールである。彼の論稿の副題――支配しようとする裁判官――が示唆するように、単なる技術的役割を拒否して、一般的利益と同一化された公役務概念によって自らの手で自己の統制範囲を画定しようとする行政裁判官の自立の意思表示としてラトゥルヌリィの主張を位置づけ、その意味で行政裁判官にとって公役務概念が明確な内容を与えられないことが積極的意味をもち、それが複雑な現実の産み出す矛盾を解決する手段として一定の意義を持ちうることを認めつつも、比較的輪郭の明確な公権力特権ではなく不確定概念である公役務＝一般的利益によって、しかも比例原則を媒介として行政活動が基礎づけられるために、個人の自由が一般的利益の前に相対化される危険があると、ニザールは指摘した(37)。

また、ラトゥルヌリィが行政裁判官の自立を語っているその時に、公法と私法の区別が相対化して両者が融合する傾向にある現実をまえに、司法裁判所と行政裁判所の二系統の裁判所の存在、特に行政裁判所の存在理由が問われたことを指摘しておきたい(38)。現在、この存在理由を考えるうえで、実際問題として司法裁判所と行政裁判所の機能差がいかなるところにあるのかといった公権力システム内での機能分析が必要されるように思われる。

ラトゥルヌリィの論稿は管轄配分基準の探究のひとつの時代を画した。比例原則のような一般論で総括がなされてしまえば、その議論の土俵にのって個別的領域で具体的に理論を詰めるか、問のたて方自体を転換して議論の前提を根本的に批判するかのどちらかに議論は分極せざるをえない。いずれにしろ中途半端な管轄配分の一般論を展開する余地は残されていない。

最後に、この時代の学説の対応のなかで、リヴェロが「行政法規範は、公益が要請する普通法に対する適用除外によって特徴づけられるが、この適用除外は私人間の関係で私人に承認される権利を公法人に有利に割増す方向と、この権利の縮減の方向とを含んでいる(39)」と述べ、公権力特権がその反面として私人よりも加重された義務を付加される点を強調したことを見落してはならないと思われる。

公役務理論は国家の正統性の基礎づけを自らの課題として登場した。この時、公役務はまず政治的概念であった。同時に、管轄配分基準としての公役務の法的概念は行政活動のほぼ全体をカバーし、それに公法が適用されたから十分価値をもちえた。しかし、商工業公役務の出現によって私法が行政の領域に侵入してくると、公役務概念の管轄配分基準としての価値が動揺し、学説の関心も明確な基準の探究へと向かう。正統性の問題としては不問にふされ、公役務理論は逆に学説の底流を構成し定着する。ヴィシー体制下で認められた私的組織による公役務の管理が戦後一般化し、公役務概念は組織的要素も喪失し、輪郭がぼやけ一般的利益と同一視されるまでになる。公役務は、公役務の任務という形で、公法の支配の下にとりこむために一般的利益の性格を帯びる活動に貼りつけるレッテルとなり、完全に理念性を奪われ道具概念になりさがる。また、国有化企業の複雑な法制度も公役務が新たな段階を迎えたことを明らかにする。行政は私法によってますます汚染されると同時に、確実に社会に対する支配を強めてくる。公法と私法の混淆した領域が、これに伴って創出され、そこでは伝統的法理論が対応することのできない問題が生じ、伝統的理論の諸要素は変容を被る。かかる情況のなかで、公役務概念は、学説の批判にも拘らず、シュノ、ラトゥルヌリィのような優れたイデオローグを得て、概念内容を稀薄化しながらも命脈を保ち、むしろかえってその機能を高めている。この公役務概念の秘密を解き明かすことが七〇年代以降の行政法学、行政学の課題となった。

七〇年代以降の公役務をめぐるディスクールはこの課題に応えるために二つの方向をとった。行政の関与主義の基礎を築いた公役務理論の内在的論理を解明し、それを批判することを通じて行政法学が現在直面している問題を論理のレヴェルで過去から照射する試みがひとつであり、他は、現実の関与主義の進展とともに公と私が融合した情況下で、いかなる問題が産みだされているか、伝統的法原則がどのような変容を遂げているか、このような現実を支配している論理はなにかを現実の諸問題から出発して明らかにし、公役務概念、特に一般的利益概念が現在営んでいるイデオロギー機能を析出させようとするものである[40]。四〇年代後半から六〇年代にかけて公役務概念の法律学的な総括がなされたとすれば、今回はいわば「社会科学」的な清算が行なわれている。

二　公役務国家論とそのイデオロギー批判

公役務概念或いは公役務国家論[41]は七〇年代にはいってから盛んにイデオロギー批判の対象とされてきている[42]。法的概念としては疾うに墓標を刻まれたが、公役務は政治的概念としても追い詰められている。

公役務国家論によれば、国家活動の正統性は社会的欲求の実現に由来する。社会的欲求を忠実に実定法規範の形で定式化し、行政レヴェルでその規範を具体的に適用してかかる欲求を充足することが国家の役割であり、国家活動は社会的欲求を実現するその限りにおいてしか正統性を獲得しない。その意味で社会的欲求は国家活動の制約原理である。ところで、実際には、このように構成されることで国家は、国家主権といった形而上学的基礎から解放され[43]、具体的かつ現実的な実在する社会的欲求からより堅固な正統性を引きだすことができ、国家の支配を新たな領域へ及ぼす足場を得る。公役務国家論は、まさに国家の支配拡張を弁証するイデオロギーである。これが批判の骨子である。

デュギの定義によれば、公役務とは「当該活動の遂行が社会的相互依存の実現および発展に不可欠であり、かつ為政者の実力の関与なしには完全には実現されえないが故に、為政者によって保障され、規制され、監督されなければならないすべての活動[44]」であり、国家は主権としてではなく、「為政者によって組織され統制される公役務の協働（cooperation）」[45]として理解される。公役務の保障は為政者の義務であり、為政者の「権力」行使は公役務遂行の目的を有する限りでのみ正統化される。[46]したがって、公役務は統治権力の基礎であると同時に制約の根拠でもある。[47]為政者は社会のなかに客観的に先在する社会的欲求を認定し、それを忠実に実現する媒介者であるにすぎない。この構成によって全能の主権者であった国家権力は道具化され、責任を付与される。[48]国家権力のアプリオリな正統性から社会内に直接現存する社会的欲求に正統性の基礎を転換することによって、行政の活動領域の拡大を正当化しつつ、かつそのうえで、彼の嫌悪する国家主義の陥穽へ落ち込まないための保障を構築することがデュギの担う課題であった。このようにして、デュギは個人の自由の保護と国家の経済・社会領域への関与の双方をともに正当化しようとし、自由主義とディリジスムの調停を試みるのである。[49]

この論理構成において、社会的欲求が市民社会の自治領域と国家の関与領域との境界を画定する原理として措定されていることが、まず指摘されなければならない。社会的欲求は国家の二重の義務を導出するための装置として仕組まれている。即ち、社会的欲求が存在する場合でなければ国家は関与できないという形で国家活動に枠組を課し、消極的に国家の干渉しえない領域を画定すると同時に、社会的欲求が存在する場合には必ずそれを実現すべく国家は関与しなければならないという形で国家に対して欲求に応答する積極的義務を課すのである。社会的欲求は国家に対する制約原理であると同時に国家関与の正統化原理でもある両価性を負荷されている。この両価性が両価性として、さらには矛盾として顕現しないためには、少くともひとつの条件が必要である。即ち、社会的欲求が一義的明確に同定できることが条件となる。この条件は同質的市民の私的自治が調和的に機能する社会を想定してははじめて満される。しかし、公役務国家論が唱えられたのは、逆にこうした前提が危機を迎えていたときであった。それにも拘らず、いやむしろ、それ故に、この自由主義的前提を所与としつつ公役務理論は展開される。まさにこのことによって公役務理論は現実との均衡を保ち、現実のなかで力を獲得し、関与主義への道を開くことができたのである。しかし、ここにこの理論の根本的な矛盾があった。調和的市民社会は国家権力による社会的欲求の実現の論理を知らない。論理的に徹底すれば公役務国家論は、必然的に自由主義的諸前提と矛盾し、その基礎を蚕食する性質をもつ。論理のレヴェルで、公役務理論に内在する両価性が外化したのが、デュギ、ジェズ、オーリウの理論的対決であった。付随的に法学、法学者の役割が問われたが、この対決で賭けられたのは国家権力と社会的欲求の関係の理解であった。これが公役務概念の変遷の全過程を支配している。

社会的欲求が一義的に想定しえなくなれば、否応なく社会的欲求の認定主体としての国家が前面に登場してくる。公役務学派のなかで端的にこの事態を反映して理論を構成したのはジェズであった。彼によれば、「ある場合に公役務が存在するということは、ある種の一般的利益の欲求に適正かつ継続的な充足を与えるために公務員が公法の諸手続、即ち特別の法制度を適用することができること、さらに公役務の組織をいつでも法律及びレグルマンが変更することができ、その変更に対していかなる法的障碍も全く対抗しえないこと、を意味する。[50]」デュギの関心の第一の対象は、社会連帯から積極的な義務を導出して社会的欲求の実現者として国家を構想することであったが、定義をみればわかるように、ジェズは実定法のレヴェルにとどまり、その関心は公法を適用すべきか否かの点に絞られている。公法上の手続を利用できるか否かについての明確な基準を裁判官に提供することがジェズの目的であり、それだけが法的問題である。[51]したがってデュギのようにアモルフな社会的欲求を公役務の基礎とすることはできない。公法上の手続をもって保障すべき公役務の存在を、裁判官にとって基準価値を持ちうるほど明確な形でどのように認定するのか、と問われれば、上記の定義の後半部が示唆するように、ジェズは「所与の国の所与の時代において為政者が公役務の手続によって充足させることを決定した一般的利益の欲求だけがもっぱら公役務である。為政者の意図だけが考慮されるべきである[52]」と率直に答えるのである。

ところで、デュギの論理にしたがえば、ジェズの考え方とは全く反対に、社会的欲求に対する為政者のインパクトは零である。公役務は為政者の決定に先だって客観的に存在するのであって、その存在に為政者の意図は全く関係をもたない。社会的欲求が理念化され、規範性を帯有させられているが故にそうなるのである。国家権力への執着と嫌悪のアンビヴァランスは国家の権力性の観念上の消去のなかに平衡をみいだす(53)。デュギの想定する調和的統合社会においてであれば、社会的欲求ははっきり認識され、その内容と為政者の抱く社会的欲求の表象の間にずれは存在せず、為政者は当該社会のなかで最大の実力を持つにも拘らず誠実に社会的欲求にしたがった行動をとると考えることもできたかもしれない。しかし、調和的社会になぜ為政者が存在するのかは問わないとしても、現実の社会が分裂、多様な価値の対立状況を含んでいることは事実であるように思える。それにもまして問題なのは、当初公役務国家論、その原基である客観法理論を構築するために多大の努力をデュギに強いた、その原動力となったのは、まさに為政者の恣意を許さないという意思、裏返せば、現実には為政者は恣意的に行動するという事実ではなかったのではないか。デュギが向きになって否定しようとした対象は、その理論体系のなかではまるでなにものでもないかのように消失してしまう。権力の観念上の抹殺、この権力の処理方法の曖昧さが、逆にデュギの意に反して権力の正統化へ連なっていく。公役務の遂行を国家の義務とすることが、義務遂行のための普通法適用除外手続＝公権力特権の行使を正当化するということを帰結する(54)。

以上のことを踏まえると、為政者に課すべき義務をいかに導出するかが、国家制限を構想するデュギの最大の課題となるのだが、この場面でもデュギは詐術を使う。義務の内容の定式化は社会的欲求を同定するという手続を通じて行なわれるが、客観性の外装にもかかわらず、一切その手続内容が明らかにされないことが示すように、デュギの行なっているのは、まず自己の価値を「社会的欲求」として外化して、次にその「社会的欲求」を客観法規範とすることで、客観的な規範価値を自己の価値に刷り込み、法的義務（＝自己の価値）と矛盾する為政者の行為に客観法違背の烙印を押し実定法上の価値を剥奪しようとすることにすぎない。これは法的推論の典型的形式であるが、この推論過程が対象化されていない。したがって、法的義務の内容がデュギなくしては存在しないが故に公役務国家論は「レオン・デュギ」という傑出した実践的法律家の存在をまって初めて完結する体系にとどまり、法理論としては自立していない。しかし、むしろこのような実践的構造をもつがゆえに公役務理論は意義をもちえたのかもしれない。ただ、この理論が自立するためには、その標榜する社会学的方法を鈍化して社会的欲求がいかなる経路を通じて為政者の決定にどのような拘束を現実に及ぼしうるかを解明する方向にむかい、同時に、社会的欲求概念自体のイデオロギー性の吟味を行なわなければならないだろう。

デュギに対してジェズは法学者の社会的欲求の認定作業の正統性を問う。ジェズは、為政者が社会的欲求（一般的利益）の実現者であるという前提をすでに受容してしまっている。公役務の定義がそのことを示している。これを所与として社会的欲求の認定主体の正統性が問われる。この焦点の移動は学説と実定法の関係を考察するうえではひとつの進展であるけれども、デュギの営為の意味を洞察することなく、簡単に法実証主義的立場から、為政者の判断の当否を論ずることは法的問題ではないと断じて[55]、為政者の意図を公役務の存在の唯一の指標とするジェズの立場は問題を含んでいる。ジェズの定義は公法上の手続から公役務の存在を認定するが、デュギは公役務の存在から公法の適用を引きだす。この定義の転倒がジェズとデュギの間に拡がる距離の大きさを物語っている。このようにして、ジェズはデュギの陥った矛盾に当面することなく自己の理論の一貫性を保持することができたが、公役務概念は為政者に対する桎梏であることを止め、その正統化機能を極大化するに至る。正統化機能の極大化を代償として公役務概念は実定法内化することができ、ひいてはこの概念を基礎にして行政法学は自律性を獲得することができた[56]。

しかし、デュギにいわせれば、ジェズのように公役務＝国家の義務＝法が国家（＝為政者）の純粋な創設物であると考え、それを所与として受けいれ、なにが社会的欲求＝法であるかを立法者に提示する努力を怠ることは対象

の矮小化であり、法律家としての使命の放棄である。(57)

所与の社会のなかには、階級的対立という前提をとるまでもなく、様々な利害の対立が存在する。単数形で語りうる社会的欲求は想定しうるものではなく、特に価値観の多様化した現代の社会情況では、社会的欲求は複数形でしか語りえない。しかも、それらでさえ不分明で無定形である。したがって、価値について合意の存在しないことが明確な社会においてなお社会的欲求を国家の正統性の基礎として通用させようとするならば、無定形で対立する諸々の社会的欲求を加工して一義的に明確な欲求に変換する経路が不可欠である。ここに協調（concertation）、諮問手続、契約化、参加イデオロギーの発生してくる根拠があるが、具体的に存在している社会的諸欲求を概念化して「社会的欲求」へ昇華させる過程で決定的な役割を国家が不可避的に演ずる。この過程は、実際には「社会的欲求」の創造過程である。国家は社会的諸欲求を調停する形態を取りながら、「社会的欲求」を創出する。(58)

しかも、具体的に存在する社会的諸欲求すら個人の内発的な欲求を表現するものとはいえない。所与の社会の支配的価値、制度化された価値はマス・メディア、学校等のイデオロギー装置を媒介として再生産され象徴的暴力をふるい、個人の欲求には知らぬ間に支配的価値が刷り込まれている。具体的な社会的欲求も汚染されている。(59)そうであれば「社会的欲求」は二重に国家の担う支配的価値によって規定される。突き詰めると、国家が具体的な社会的諸要求に拘束されるのではなく、全く正反対に、国家が「社会的欲求」を創造し、イデオロギー装置を中継してそれを再生産する関係が明らかになる。公役務国家論の破産は決定的である。社会的欲求によって国家活動の方向づけを行ない恣意を制限しようとする意図は挫折し、公役務国家の理念は制約原理として機能しえず、無批判な社会的欲求への依存はそれを正統化機能しか果しえないものとする。社会的欲求の多様性、国家による「社会的欲求」の決定という与件と組み合せたとき、社会的欲求が存在する場合には必ず国家はその実現のために関与しなければならないと主張することは、国家自らが「社会的欲求」を決定するのであるから、極言すれば、国家が関与したいときにいつでも関与しうると言っているにすぎないことになる。かくして、国家制限のために構想された公役務理論は、国家の無制約な関与を正当化する論拠に堕する。

公役務理論の自己撞着の機制をいち早く指弾したのはオーリウであった。現実と接触を行なうときデュギの理論が必然的にジェズの主意主義理論に傾斜することを洞察した[60]オーリウは、公権力概念の首唱者と考えられているが、ジェズの見解に対して批判的である。確かに公役務概念よりも公権力概念を重視するのであるが、デュギと同様に客観的に公役務が存在するという立場をとり[61]、彼はそれを国家権力に対する批判原理たらしめようとする。彼の制度の理論において、公権力と公役務の関係は理念の実現手段と実現されるべき理念として統一される[62]。オーリウにとって権力を制止しうるのは権力でしかない。しかし、理念は権力の構成する相互作用システムのなかで権力が展開する戦略のもっとも重要な賭金をなすものとして、公権力システム全体を支配する。理念によって権力を観念上消去して現実から退行するのでもなく、理念を放棄して権力を理念化し現実を追認するのでもなく、理念と権力の相互作用を追求するオーリウの理論によって、公役務と公権力の関係が初めて適確にとらえられることになる。同時に、デュギの公役務国家論が伝統的法理論に与えられた衝撃は中和され、それによって公役務概念は法イデオロギーとして法的ディスクールのなかに定着するに至る。行政法は公役務と公権力の相補的な概念の保障する安定した正統性を手に入れることになる[63]。そして、現在、この正統化システムが危殆に瀕している。

公役務理論の生成期の学説の対立を概観して明らかになることは、社会的欲求概念即ち一般的利益概念と国家権力の定位の二点、公役務概念の中核部分の曖昧さであり、両価性である。一般的利益は制約原理であると同時に正統化原理であり、国家は欲求実現者として期待の対象である反面、自由に対する脅威として嫌悪される。この両価性はこの時代のイデオローグの担った課題自体のうちに含まれる両価性である。国家関与の必然的増大をまえに、自由主義的要請と国家関与の正統性とをともに弁証する課題。七〇年代の公役務理論の批判者たちはこの点を明らかにした。しかし、論理レヴェルの批判だけでは十分でない。アモルフな社会的欲求が市民社会と国家の調整弁とされている結果、公的領域と私的領域との間に性格の曖昧な広い中間領域が現実に生みだされており、公と私の境界が危機をむかえた。そこでは特に一般的利益概念の重要性が増し、伝統的なリジッドな適法性原理が浸蝕をうけて自由が脅されている。今日まで公役務概念は論理的破産を遂げながら返って拡散し機能を変えつつ勢力圏を拡大してきた。論理レヴェルのイデオロギー批判だけでは公役務理論は理論的にも実践的局面でも超克されなかった。したがって、公役務概念の果すイデオロギー効果を現実に沿って分析し、その背後にある構造を析出しようとするディスクールに着目しなければならない。

三　公役務理論の機能

いわゆる自由主義から関与主義への移行にともなって法現象は大きな変化を遂げてきた。すでにみたように、一般的利益（社会的欲求）を国家活動の基礎とし、市民社会との間の調整弁とする公役務国家論は、論理を一貫させれば自由主義的諸前提を覆すものでありながら、現実には自由主義社会のイメージと重ね合され、それに依拠して成立しえたものであり、強くその残滓を留めている。市民社会の同質性と国家に対する自律性を公準とし、そのうえに構築されていながら、他方でそれは自由主義の基本的所与を克服することを自らの課題とし、それ故に自由主義の論理との緊張関係を常に孕んできた。とりわけ二つの戦争をきっかけとして国家が市民社会へ触手を伸ばし支配を強めるにつれて、一般的利益の内容は拡散し、客観的に同定しえないことが明白になる。アモルフな故に政治的決定にその存在自体を依存せざるをえなくなった一般的利益は政治概念たらざるをえない[64]。政治概念化し対立の的になってしまえば一般的利益概念の正統化機能はそれだけ低下する。今度は、一般的利益概念を正当化する、或いはそれにとってかわる別の論理の創出が必要になる。公役務理論はそれを提供しえない。それは、市民社会の同質性を前提とする一般的利益（＝社会的欲求）の客観的実在を所与としていた。社会的欲求＝一般的利益の形成過程において権力が果す役割に目を向けなかっただけでなく、相互に対立する社会的諸欲求を調停し、一般的利益に鋳直す手続を有していない。公役務理論のこの欠落部分を埋め合せ、一般的利益をいかに構成するかという視点から、新たな正統性の構築を試みるものとして、パブリック・マネジメントの主張を位置づけることができると思われる。これはいわば上からの対応であり、官僚制的閉塞情況の批判から出発して、効率性を価値として、行政客体の需要を正確にすくいとり、合理的手段をもちいてそれに応えることによって社会の統合を維持しようとする指向である。正統性は管理方法のなかに求められる。これは諮問、協議政策、契約化等の基底に流れる論理であるが、社会と個人の利益の合致を創り出そうとするのでなく、この合致を前提とする点でイデオロギーたるを免れない。

「今日、経済領域における国家の責任は全く一般的であると考えられている。経済に関係するもので国家に無関係なものはなにもない[65]」といわれるほどに関与領域を拡げた国家は、領域によっては戦線を縮少し、また私的部門との協力の名のもとに自己の任務を私的組織に引き受けさせて任務放棄し、撤退を始めている[66]。国家の関与は選択性を強めている。平行して、関与領域の拡大は行政活動の私法の論理——自由競争原理への服属を招来し、行政は非効率、官僚制の弊害等を糾弾される。他方、行政の任務放棄は私的イニシアティヴとの協力およびそれに対する監督強化によって贖われており、私的部門の方は、利潤追求の価値を貶められ社会的責任を強調されて、国家の公法的規制の下に置かれる。このように、行政と私的部門は相対化し相互に接近しつつある[67]。したがって今日、行政は、拡大と撤退、公法化と私法化の複合的な過程のなかにある。[68] 公私の峻別を前提とする伝統的法理論、法概念は、この過程の進行につれて基盤を切り崩され、新たに生じた現象への対応に障碍となる場合には、変質を受け或いは無化されてきている。アモルフな一般的利益概念がここで大きな役割を果している。この情況は、基本的には公役務理論が定礎した正統化の論理が内に含んでいた矛盾の露出であるにすぎない。

社会の隅々まで立ち入り、支配を拡大した結果、社会に対する行政の影響が可視的となる。行政は、特定の利害をもって社会関係を積極的に変えていく主体として姿を現わす。したがって、行政は批判の矢面に直接たたされる。それに反比例して、一般的利益の正統化機能は減退する。客観的に実在するものとはもはや見做されず、個々人の欲求の総和としてしか一般的利益は存在しえなくなっている。そのままではそれは役立たない。したがって、一方で行政は自己のイメージを管理する必要性に迫られ、他方、個別的な特殊利害を媒介して一般的利益に高めることが不可欠となる。行政は、対立する利害関係を調整して一般的利益を構成し、自ら構成した一般的利益によって自己を正統化しなければならない。行政が一般的利益にその存在を依存した状況から、両者の関係が逆転して、一般的利益の存在が行政の決定に従属するようになる。しかし、行政による一般的利益の決定は、もちろんそれだけでは意味をもたない。行政の迎えた正統性の危機をのりきるためには、決定手続が重要な役割を果す。行政は自己の調停者としての適格性をそれによって示す。しかしながら、法の定める手続にしたがっていたのでは行政は増大する需要に応えられないのは明白であって、別の手続に訴えることが必要となる。この要請に応えるのがパブリック・マネジメントである。市場のアナロジーをもちいて、行政は、私企業と同じようにマーケティングを行なって直接国民の需要を調査し、選好を知って、国民の望む行政サーヴィスを提供し、さらに提供したサーヴィスへの反響をフィードバックして、それによって自己の正統性をかちとろうとする。しかし実際には、行政サーヴィスがいかに国民の需要に答えているかを行政が科学的手続を借りて、国民に説得しているのである。この説得力が行政の正統性の強さを決定する。したがって、現実の国民の需要よりも、それに関する表象の方が重要性をもつ。同時に、国民うけのする行政のイメージを作りだすために、官僚制に由来する行政の硬直化と非人間性に対する批判をかわすために、効率性と参加を基調とする行政の組織化を行なう。管理方法の転換によってイメージ・チェンジをはかるのである。行政は自己の正統性を作り出す。パブリック・マネジメントは、公権力がいかに正統性を創出すべきかを教える正統性のマネジメントである。(69)

行政は、国民の選好を行政活動にいかに反映させているかを、科学的手続で武装して、或いは協議や参加を通じて国民と接触することによって示すであろう。(70)こうした手続を通じて公役務の基礎となる一般的利益＝社会的欲求に一定の具体的内実が与えられるかもしれない。しかし、古典的一般的利益と国民の選好に基づく一般的利益とは全く意味作用を異にする。古典的自由主義において一般的利益は自律した市民社会の秩序維持にあったし、公役務理論でも基本的には市民社会の自律性を前提とし、その機能不全を矯正することに一般的利益は存すると想定されていた。だが、公私の融合の進んだ今日における一般的利益は、市民社会の自律性の前提に由来する客観性を有するものではなく、単に国民の主観的選好の問題でしかない。換言すれば、行政の立ち入れない領域は論理的には存在しない。レトリックを駆使して国民の選好を変えればどこへでもフリーパスである。社会的欲求に行政の正統性を依存させる公役務国家論、その今日的に洗練された形態であるパブリック・マネジメントの陥穽がここにある。行政に対して市場のアナロジーを用い、自由主義的に装いながら、自由主義的前提を根こそぎにしてしまう。

パブリック・マネジメント的発想の行政への浸透は、それが特に効率性を価値とする点で、伝統的原則と軋轢を起こす。マネジメントは、私企業において、利潤の極大化をめざしてもっとも効率的な手段を戦略的に構想する思考である。いわば目的合理性に支配された思考であり、価値合理性を重視する法的思惟とは対立せざるをえない。(71)

たとえば、平等原則は「同様の地位にある者を同様に扱うべし」という要請であるが、その適用除外を増加させてきている。この命題は「異なる地位にある者には異なる取扱いをなすことができる」と読み換えられ、「異なる地位」の導出に焦点が移行している。また、一般的利益の存在が十分に立証されれば、それだけで区別を設けることは正当化される。[72]「異なる地位」を安易に認め、また一般的利益の援用を安易に受けいれることは、差別の正当化に通じる契機を含むが、行政は多様化した価値に対応し、或いは事実上存在する不平等を積極的に是正しなければならないので、ジレンマに直面する。[73]実際、公権力の追求する目的によって不平等が正当化され《適法な不平等》の領域が拡大している。[74]しかも、不平等を正当化する一般的利益は経済的利益、一部の私的利益と緊密に結びついている。[75]また、法の実際的効果を調べるために、実験的に法を適用したり、法目的の実現にとって重要な対象を暫定的にピックアップしそしてそれだけに法を適用することも行なわれ、それによって差別が生みだされる。[76]こうした現実を前に規範的要請としては逆に平等のディスクールの重要性は増してきている。[77]平等原則は公役務原則のひとつに数えられるが、社会的欲求に基づく公役務理論から論理必然的に引き出されるものではない。平等をめぐる議論は、等質的市民像を措定する自由主義の要請と関与主義の圧力との緊張関係の現れである。

しかし、この矛盾は、行政の自由主義的正統性の淵源が適法性に存するが故に、適法性原則の被った変化のなかにもっとも集約的に表現される。[78]国民代表議会の定立する法律への従属と、法律違背に対する裁判所の統制のメカニスムから、行政は法律に従ってさえいれば安定した正統性を獲得しえた。一般性を有する規範の厳格な形式的遵守を要請し、頂点に決定権を集中した官僚制的行政機構に、この正統性は支えられていた。法に従うことが、そこでは行政の実効性と個人の権利保護にとって最も有効であると考えられた。[79]しかしながら、経済領域への行政の関与が進展すると、現実の事態に迅速かつ柔軟に対応する能力を要求され、行政の形式主義、硬直性、緩慢さ等が官僚制の弊害として批判され、行政にとってもそれは束縛と感じられてくる。そこで、公私の境界がぼやけて自己の正統性の根拠を見失った行政は、私的部門の競争と収益の論理を内面化し、私企業の利潤追求のための管理技術であるマネジメントに依拠して、効率性を価値とすることで、この危機を克服しようとするのである。

行政活動の拡大は、他方で法概念自体の変化を強いた。国民経済の安定化と社会的正義実現のために法の関与は強く要請されるが、逆にその結果として、法はインフレーション現象を起こし、法文が連鎖的に増殖しはじめ、法の価値は低下する。[80]「何人も法律を知らないとは見做されない」という格律は、法規範の氾濫のまえに全くの擬制と化す。[81]国民は法を認識できない。また、多様な社会関係を規制しなければならない法は一般性を失う。政治的スター・システムのなかで危機回避と人気集めの道具となり、適用される見込みのない場当たり的な法律が作られる。[82]国会の地位が低下するとともに、国民主権に基づく国民代表議会の威信の影から、規範定立過程において重要な役割を果す行政の姿が浮び上ってくる。「結局、公務員にとって適法性は階層的上級者の命令への服従にすぎない」[83]といわれるほど、法の実体はディレクティブや通達に依存している。したがって、もはや法は法であるが故に従われるわけではない。法の物神性が維持されえない情況が一般化しつつある。むしろ法は、法主体の道具に貶められ厳格な規範性を喪失し、単なる指示としての意味しかもちえない。それ故に、法の拘束からのがれるための非公式の慣行が横行し始める。

マネジメントの導入と法の規範的拘束力の低下が相俟って行政を戦略的思考に走らせる。法は、行政が目的を実現するためにたてる戦略の一要素にすぎなくなる。[84]各主体が他者の行為の自由を制約し、かつ自己の自由を最大限保持しようとするゲームのなかでは、規範的拘束力を有する枠組と主張した方が有利であると判断された場合には、法は厳格な規範として機能しうるが、ひとたびそれが行政の目的実現にとって障壁となるや、行政は法を取引の対象として社会的パートナーと交渉に入る。そのことによって、法は相手方から獲得する利益と引き換えに非公式な歪曲を被り、あるいは適用を受けない無力な存在となる。但し、一般的規範が定立されている場合には、国民はそれを盾にとって行政との間に自己に有利な取引を行なうことが可能である。その限りで法の背後に避難して行政の恣意をやりすごすこともできる。行政客体と行政が追求する目的に適合的なときにしか法は適用を受けない。法の規範的拘束力をちらつかせて自己に有利な帰結を引きだそうとする交渉の戦略が法を規定する。行政は、法律の授権を受けなければ行動できない羈束された存在ではなく、独立した自由な法主体となる。法の枠組のなかで交渉が行なわれるのではなく、交渉のなかで法が利用され変形され、法内容が特定される。実力と目的合理性が行政と国民との関係を支配する。

これに対応して、裁判的統制も法への適合をサンクシオンするのではなく、目的と手段との比例性に及ぼされざるを得なくなる(85)。行政活動から得られる便益と、その費用即ちそれによって惹起される不都合とを較量して、較量の結果として行政活動の適法性の有無が判定される。適法性が裁判官の利益較量に依存する。裁判官の権力が、そこから露出してくる。裁判官も行政の戦略のなかに巻き込まれ、戦略的に振る舞わざるを得なくなる。しかし、活動行政と同様に戦略的に行動することによって、裁判官の正統性は維持されるであろうか。活動行政と行政裁判の目的は異なる。少くともその目的の差異に見合った戦略を裁判官は展開しなければならないだろう。そのとき、裁判官の依って立つべき規範の脆弱さは必ず統制を後退させる契機となるはずである。行政裁判所を活動行政に正統性を付与するだけの機関とする危険性も高い(86)。

活動行政は、目的の効率的実現を名分に適法性の拘束を脱し裁判的統制からも免れることになる。こうして社会内で一の取引主体として現れる行政は、協調政策、契約化の技術を利用して「社会的目的」を追求するのである。

デュギが社会連帯に実定法の妥当性を依存させて以来に公役務概念が経てきた変遷の帰結が、適法性概念さらには法の概念自体の無化である。自由主義に巣くった関与主義の論理が、現在に至っていかに自由主義の基礎を喰い潰してしまったか。福祉国家を装って奉仕者として現れようとも、福祉国家を批判するネオ・リベラルな国家像を自らに戴いても、表象レヴェルでの変化とは無関係に国家の支配は確実に進行している。[87] この認識を踏えるとき、権威的他律的支配形式から非権威的自律的な支配に重心が移行し、国民と行政の関係が交渉に基礎を置く双務的なものとなったことをとらえて、逆説的にも「最も顕著なしかたで、法の死滅を体験しつつあるのは西欧の先進資本主義社会である」[88] と評価するアンスレクの態度は相当に問題を含んでいる。『法の死滅』は個人の自由の圧殺を導くのではなかろうか。

国家の支配拡大と『法の死滅』をまえに、社会的利益と特殊利害を中間団体を中継点として媒介しようとする試み[89]や、自己統治を理念とし、民主主義的な参加手続を通じて下から社会的共同利害を構成し、処理することを指向する自主管理理論等[90]が唱えられている。しかしこうした主張は常に両義的である。この両義性を解消させるための条件を探究することが、現在の課題であるように思われるけれども、公役務理論の変遷を跡づけることを目ざしたこの覚え書きは、ここで筆を置かざるをえない。

（1）フランスの公役務概念についての邦語文献には以下のものがある。宮沢俊義「service public の概念について」法学協会雑誌五六巻五号（一九三九年）、公法の原理（有斐閣、一九六七年）所収、雄川一郎「フランスにおける国家賠償責任法」比較法研究九・一〇号（一九五五年）、同「フランス行政法」田中＝原＝柳瀬編　行政法講座第一巻（有斐閣、一九五六年）、神谷昭「フランス行政法における公役務概念について㈠㈡㈢」北大法学論集一三巻一、二、三・四号（一九六二―一九六三年）、フランス行政法の研究（有斐閣、一九六五年）所収、土屋和恵「フランス行政法に於る福祉国家的発展と公役務概念」公法研究二八号（一九六六年）、椎名慎太郎「フランス行政法における公役務概念の再評価現象について」レファレンス二四八号（一九七一年）、同「公役務概念について――イデオロギー論的分析とその現代的位相」山梨学院大学法学論集五号（一九八三年）、近藤昭三「公役務概念の変遷と行政権限」公法研究三八号（一九七六年）、同「スポーツと公役務――フランス行政法の一断面」野田良之先生古稀記念・東西法文化の比較と交流（有斐閣、一九八三年）。なお、公役務に関する判例のうち、ブランコ、エロカ渡船、モンプール、ナリアトの各判決については、フランス判例百選（別冊ジュリスト二五号、一九六九年）に評釈がある。

以上の先行研究が存在するにも拘らず、敢えて公役務概念を考察の対象に据えるについては若干の説明が必要であろう。まず、先行研究のなかでもっとも包括的かつ優れた神谷昭の研究は、主にコライユの業績（Jean-Louis de Corail, La crise de la notion juridique de service public en droit français, L. G. D. J. 1954. この著作の簡潔な紹介は神谷　フランス行政法の研究　二七一―二八〇頁でなされている）に依拠して、したがって法律概念としての公役務即ち管轄配分基準としてのそれが判例の所与を合理的に説明することができるか否かという視点から、しかも辛うじて一九六〇年までの文献と判例をフォローしているにすぎない。それ以降、公役務に関する判例は積み重ねられ、新たな展開も見られる。たとえば、神谷論文が書かれた時点で一般化していた行政への私法適用による司法裁判所の管轄権限の拡大傾向には一定の揺り戻しが認められ、むしろ行政裁判管轄の復権、拡大化がみられる。他方、公役務概念を取り扱った文献も数多く公にされた。しかもその視角は多様化し、管轄配分基準として公役務概念の有効性を問う従来の法律論的アプローチから、焦点は、一方で公役務学派――特にデュギ――の理論の論理分析という理論史的関心へ移り、他方さらに、行政の実態の分析――特に経済行政の進展、公私の融合――を踏えて公役務理論が一般的利益の強調という形をとって、伝統的法理論、法概念にいかなる変容を強いているか、またいかなるイデオロギー効果を発揮しているか、といったいわば行政学的な視点にまで移動してきている（この新しい動向の一端を一九八三年の椎名前掲論文が紹介している）。総じて新たな動きは関与主義国家乃至福祉国家の正統化の論理とその現実態との乖離の批判的分析である。かかる問題関心の変化が認められる限りで、今一度公役務概念の変遷を新たな視角から回顧する必要があると思われる。

この回顧は公役務理論の登場時に遡る必要がある。論理的なレヴェルでは、今日問題とされている矛盾が、たとえ端緒的な形態ででではあっても、デュギ、ジェズ、オーリウの理論および彼らの理論的対抗のなかに潜在していたと思えるからである。したがって、公役務概念の辿った過程を跡づけることは、デュギ、オーリウの国家、行政の正統性の基礎に関する理論の、今日の視点からみた歴史的意義を画定することに通じる。その意味で本稿は、論理的に法をどのように把握すべきかという方法論のレヴェルにおいて客観法理論と制度理論との対抗と綜合という形で彼らの法理論を考察した前稿（「レオン・デュギ、モリス・オーリウにおける『法による国家制限』の問題㈠㈡」早法五七巻二号、五八巻一号）を補完し、そこに時間軸を導入して、いわば彼らの提示した方法——法と社会という視点——を彼ら自身の理論に適用し、それを相対化することによって評価を行なおうとするものである。

（2）Tribunal des conflits (T. C.), 8 févr. 1873, Blanco, D. 1873. 3. 17, concl. David; M. Long, P. Weil et G. Braibant, Les grands arrêts de la jurisprudence administrative, Sirey, 1978, 7e éd., (G. A.) nº 1.（以下に言及する判決の内容及び事案の詳細は註⑴に掲げた諸文献を参照されたい。）

（3）Conseil d'État (C. E.), 6 févr. 1903, Terrier, D. 1904. 3. 65, concl. Romieu ; G. A., nº 12.

（4）T. C. 29 févr. 1908, Feutry, D. 1908, 3. 49, concl. Teissier ; G. A., nº 20.

（5）C. E. 4 mars 1910, Thérond, D. 1912. 3. 57, concl. Pichat ; G. A., nº 24.

（6）神谷前掲論文　北法一三巻一号三五頁以下。cf. Jean Rivero, "Hauriou et l'avènement de la notion de service public", in L'évolution du droit public. Études offerts à A. Mestre, 1956, pp. 461 à 465（リヴェロは一八七〇年から一九〇〇年頃は権威行為・管理行為の二分論が全盛であったと述べる）; Jacques Chevallier, "Les fondements idéologiques du droit administratif", in Variation autour de l'idéologie de l'intérêt général, Publication de la Faculté de Droit et des Sciences économiques de Reims et du Centre universitaire de recherches administratives et politiques de Picardi, P. U. F., vol. 2, 1979, p. 10.

（7）Léon Duguit, Les transformations du droit public, 1913.

（8）T. C. 22 janv. 1921, Société commerciale de l'ouest africain, D. 1921. 3. 1. concl. Matter; G. A., nº 40.

（9）C. E. 31 juill. 1912, Société des granis porphyroïdes des vosges, D. 1916. 3. 35. concl. Blum; G. A., nº 29. ドゥミシェルは、この時点ですでに公役務の《黄金時代》は終了したとする（André Demichel, Le droit administratif. essai de réflexion théorique, L. G. D. J., 1978, pp. 95 à 96.）。

（10）P. ex. A. Demichel, op. cit., p. 98.

（11）J. Chevallier, op. cit., p. 21.

（12）Georges Vlachos, “Fondements et fonction de la notion de service public”, D. 1978, chron. XLV, p. 260.（「行政の経済活動を資本主義的市場法則に服させようとする《自由主義的》保守主義者の意思を確認するこの判例の政治的意義を閑却してはならない。殊更に資本主義的関係の裁判官であり、この経済の精神の滲みこんだ司法裁判所は、保守主義者にとって、国家の関与によって脅されている営業の自由の原則を保護するのに特に適しているように見えた。」）

（13）商工業公役務への私法の適用に対して公法の支配下に再度それを取り込もうとする動きがみられる。アトランダムにならざるを得ないが重要な若干の例を以下に紹介する。

まず、エロカ渡船判決自体で問題とされた渡船業務への適用法制に関する判例の動揺を指摘できる。権限争議裁判所のバルブゥ判決は、渡船業務から発生した賠償責任に関する訴訟の司法裁判管轄を維持したが、その根拠を乗物（véhicles）によって惹起された損害を理由として公法人に対して提起される賠償責任訴訟の司法裁判管轄を定めた一九五七年一二月三一日の法律に求め、渡船は行政裁判管轄を導く公の工作物（ouvrage public）ではなく「乗物」であるとした（T. C. 15 oct. 1973, Gouverneur de la Nouvelle-Calédonie C. Cour d'appel de Nouméa [Barbou C. Territoire de la Nouvelle-Calédonie], D. 1975. 184. note Frank Moderne.）。

他方、コンセイユ・デタは、県の行なう渡船業務が商工業公役務か行政的公役務かについては触れず、特別の理由づけを行なうことなしにエロカ渡船判決を否定して、それを行政裁判所の管轄下に置いた（C. E. 10 mai 1974, Denoyez et Chorques, D. 1975. 393. note Paul Tedeshi）。事案は次のようなものである。シャラント・マリティム県はイール・ドゥ・レとの間に渡船を運行させているが、イール・ドゥ・レの島民の便宜をはかって島民料金を定め、また渡船の設備と島の整備に県が財政負担を行なったことを理由に島民以外の県民にも特別料金を設定した。したがって渡船の料金制度は一般料金、県民料金、島民料金の三元的な体系をなしていた。この料金制度に対して、イール・ドゥ・レに別荘をもつ県外在住者であるドゥノワイエおよびショルクが島民料金もしくは県民料金の適用を求める請求を行なったが、それが排斥されたため、料金表が公役務のまえの平等の原則に反して違法であることを理由に訴訟を提起した。コンセイユ・デタは、利用者の間で区別を行ないそれぞれの区分に異なる料金を設定するためには、「利用者間に明確な地位の差異（des différences de situation appréciables）が存在すること」または、「役務もしくは工作物の経営条件との関係での一般的利益の必要性がこの措置を支配していること」が要求されると判断基準を示し、一方で、島民と大陸に住む者全体との間には料金の区別を正当化しうる地位の差異があるから、島に別荘を有するにすぎない者は島民料金の適用を主張することはできないとし、他方、島民以外の県民と県外在住者とを区別するいかなる地位の差異も一般的利益の必要性も存在しないが故に特別の県民料金は違法であると判断した。したがって、ドゥノワイエらは島民料金の適用も違法な県民料金の適用も主張しえず請求は排斥された。

本件で渡船は私企業と類似の条件で運営されていたから、エロカ渡船判決に従えば、利用者と役務の間に生じた係争については司法裁判管轄が承認されるべきだったはずである。論告は明瞭に商工業役務の性格を確認し司法裁判管轄を主張していたという。この点について判決は沈黙しているが、行政裁判管轄を承認しているところからみて暗黙裡に役務の行政的性格を認めたと考えられるかもしれない。いずれにしろ、本件について確認しておきたいのは行政裁判所が管轄を拡大したことである。さらに、全ての公役務に公役務である以上適用される公役務原則のひとつである平等原則と一般的利益の関係についての考察の素材を提供していることである。

次に、商工業公役務の執行を行なう私法人の理事会（conseil d'administration）の作成した従業員身分規程の適法性の審査を、商工業的性格および私法人による管理という司法裁判管轄を推定させる二つの要因が重複するにもかかわらず、行政裁判所の権限とし、商工業公役務の法制度を公法化するバルビエ判決（T. C. 15 janv. 1968, Compagnie Air France C. Epoux Barbier, Revue du droit public et de la science politique [R. D. P.], 1968. 893, note Waline; R. D. P., 1969. 142, concl. Kahn; D. 1969. 202, note Auby）を取り上げなければならない。エール・フランスは独身女性、未亡人、離婚者からスチュワーデスを採用していたが、在職中に結婚した場合に職を失うか否かは明確でなかった。会社は一九五九年四月二〇日の規則（règlement）で結婚退職制を定め、この点を明らかにした。規則の適用をうけて解雇されたスチュワーデスが濫用的解雇を理由に補償金の支払いを求めて訴を提起した。一審敗訴、二審勝訴の後、破毀院社会部が当該規則の性質に疑義を示し、権限争議裁判所へ移送を行なった。「国有会社エール・フランスは航空輸送の経営を付託された株式会社即ち私法人である。したがって、この施設の公務員の身分をもたない職員に関する個別的係争の実体について判断を下すのは司法裁判所の管轄にしか属さないが、他方、公役務の組織にかかわるが故に行政的性格を示す、理事会の発する規則の適法性を先決問題として判断するのは行政裁判所の管轄にとどまる」と権限争議裁判所は判示した。本件ではじめて明示的に、商工業公役務を管理する私法人が行なった決定が、一定の条件のもとで行政行為の性格を帯びることが明らかにされた。私法制度に商工業公役務が服することに対する脅威ではなく、職員に関する個別的係争の司法裁判管轄を再確認した点に本判決の意義があると考える者（オービィ）もいるが、公企業の職員の法制度のなかで公法が占める役割が増大したことは否定しえない。

最後に、農産物取引指導調整基金（Fonds d'orientation et de régularisation des marchés agricoles [F. O. R. M. A.]）にかかわる事件を取り上げよう（T. C. 24 juin 1968, Société d'approvisionnements alimentaires, D. 1969. 116, note J. Chevallier）。デクレによって明示的に商工業公施設の名称のもとに創設された基金が現実には純粋に行政的な活動を行なっていることを理由に、基金が公役務の執行を目的として締結した契約から生じた係争を行政裁判所の管轄に属するとした判決である。F. O. R. M. A. の任務は「農産物取引への国家の関与に関する政府決定を準備し、それを執行すること」であり、輸出業者と補助金交付を含む契約を締結することによってこの任務は遂行される。基金の財源は国家に依存し、契約の権限と態様は所管大臣によって定められていた。こうした事実を踏まえて、商工業公施設の名称を法文上与えられていたにもかかわらず、施設よりも活動の性質に着目して、F. O. R. M. A. の活動を純粋に行政的なものであると認定し、他方、F. O. R. M. A. の締結した契約は普通法適用除外条項を含まず、また契約相手方を公役務の執行に直接参加させるのでもなく、ただ単に、F. O. R. M. A. 自体に与えられた公役務の任務の執行を目的としているだけであるのに行政契約の成立を認め、行政契約の基準を緩めて、権限争議裁判所は本件に行政裁判所の管轄を承認した。したがって、実際には行政的役務であるのに恣意的に商工業的役務の呼称を与えて公法上の厳しい制約を免れさせ、特に経済行政の管理を容易にしようとする傾向に歯止めをかけ、同時に公権力の契約的手段による関与に行政的性格を認め、行政裁判所による統制に服させようとする権限争議裁判所の意図をここに読み取ることができる。

行政裁判所の管轄拡大傾向についての判例の整理として、J. F. Lachaume, "Remarques sur quelques aspects récents du renforcement jurisprudentiel de la compétence de la juridiction administrative", in Mélanges offerts à Marcel Waline. le juge et la droit public, L. G. D. J., 1974, t. II, pp. 479 à 496. また、商工業公役務が行政的公役務の法制に接近

して独自性を喪失してきていることを指摘するものとして、Jean-François Auby, "Le declin de la spécificité juridique des services publics industriels et commerciaux locaux", Actualité juridique, Droit administratif [A. J. D. A.], novembre 1981, pp. 508 à 512.

(14) T. C. 22 janv. 1955, Naliato, R. D. P., 1955. 716. note Waline; D. 1956. 58. note Eisenmann. 本件は工業生産省の組織する林間学校で生じた事故に関する損害賠償事件である。判決は、林間学校の組織は公役務を構成しないとして司法裁判管轄を認めたグルノーブル控訴院判決に言及し、この活動が社会的利益目的をもつが故に公役務の性格を有するとわざわざ指摘した後に、結局、行政と利用者との関係においては「私法人もしくは私法上の諸制度に属する同様の組織と法的にそれを区別することのできるいかなる特殊性」も示さないこと（エロカ渡船判決と同様の定式）を理由に司法裁判管轄を認めた。本件では公役務概念それ自体は行政の行なう一般的利益活動と規定されるだけでかなり広い。公役務は、しかし、なんら法的帰結をもたらさない。ただ、なぜ公役務概念に権限争議裁判所が訴えなければならなかったのか、その理由は本件と同種の事件を扱ったガヴィエ（Gavillet）判決が引き起す裁判管轄の錯綜状態を清算し、この領域での一括管轄を打ち立てることにあったという（この点の詳細はワリーヌの評釈及びそれに依拠した近藤昭三の解説〔フランス判例百選前掲〕を参照）ことを指摘しておきたい。

関連して、ナリアト判決は学説上見解の対立があるにも拘らず黙示的に存在してきた実定法上の原理をはじめて明示的に展開したにすぎないというアイゼンマンの評価を取り上げておきたい。公役務は管轄配分基準でも行政法の適用を導く指標でもなく、公役務の下位区分を決定する別の要素即ち私人と同一の法律関係か否か——私法関係か公法関係か——が存在してきたのであって、そのレヴェルがまさに基準の問題なのだとする。アイゼンマンは、もっとも純粋な形で実定法の説明という立場を表明した。このような立場から行政活動の基礎としての公役務と管轄配分基準の問題、公法適用の問題とを截然と切り離し、前者を考察の外に放逐することを、この時期の行政法の状況は許容した。この点が重要に思われる。行政への私法の浸透が一般化しているにも拘らず、それを問題視する視角は欠如していた。

(15) 社会的公役務を独自のひとつのカテゴリーとして把握しようとする試みとして、André de Laubadère, "La notion et le régime juridique des services publics sociaux en droit administratif français", Droit social [Dr. Soc.], 1959, pp. 494 à

505.

(16) C. E. 5 févr. 1954, El Hamidia, Juris-classeur périodique (Semaine juridique) [J. C. P.], 1954. II. 8136. concl. Mosset; G. A., nº 91. アルジェの県知事がアルジェ県家族手当補償職際金庫（Caisse interprofessionnelle de compensation des allocations familiales du département d'Alger）へのエル・アミディアアラブ語コーラン教育協会の加入を職権で命じた処分、公権力特権に基づく一方的行為ともいいうるもの、が関与しているにも拘らず、それを越権訴訟にしたしむ行政行為とせずに、公役務の管理を行なっている私的組織である当該金庫が、それに加入している使用者および家族手当受給者との間でとり結ぶ関係は私法関係であることを理由に行政裁判管轄を否定した事件である。本件のモセ論告は、公権力特権の概念は曖昧になり、特に社会保障の分野では基準的価値を喪失して、たとえ一方的行為であっても、判例は、㈠司法裁判所に管轄権限を付与する法律規定を広く解釈することで、また㈡行政機関は使用者に代って行為しているにすぎないと論理構成することによって、あるいは㈢それが純粋に私的な係争から分離できないとすることによって、それに司法裁判管轄を認めてきたとして、多元的な基準の錯綜状態は当事者の訴訟経済にとって不都合をもたらすので、単純明快かつ合理的な基準、家族手当、社会保障に関する全ての個別的係争を、実際私法上の問題しか提起しないのだから、司法裁判所に一括して委ねる管轄基準が必要である、と説いた。

(17) ナリアト判決のうちたてた原則を変更したと思われるのはクールヌゥヴ市学校金庫判決（C. E. 27 janv. 1971, Caisse des écoles de La Courneuve, D. 1973. 521. note J.-F. Lachaume）である。クールヌゥヴ市学校金庫が設けた施設（centre aéré）で子供同志の喧嘩から少年が怪我をした。学校金庫に対してその責任を問う訴訟が提起され、ヴェルサイユ地方行政裁判所は賠償責任を認める判決を下した。コンセイユ・デタはこの判決を取消して全面的に賠償責任を否定した。ところで、当該施設の目的は、バカンスの間の都会の若者のための余暇の組織、学校の休暇中に仕事をもつ両親にかわって子供の世話を行ない親の負担を軽減すること等であり、ナリアト事件で問題となった林間学校と同一の性格をもつものであった。しかし、コンセイユ・デタは行政裁判管轄を認めた。確かにナリアト判決の配分基準には、社会的公役務であっても私法上の同種の組織と法的に区別しうる「特殊性」を示す場合には行政裁判管轄を認める余地が残されていた。だから、それと同じ定式をもちいて社会的公役務について行政裁判所の管轄を導いた若干の判決が存在してきたのである（p. ex. C. E. 17 avril 1964, Commune d'Arcueil, D. 1965. 45 concl. combarnous）。したがって、「本件でも、家庭に援助を与え、子供の世話および教育を行なうために、社会的利益目的で…当該センターが学校金庫によって設立されたことは明らかである。センターは常設の設備をそなえ、すべての学齢児童が五〇サンチームの僅かな象徴的料金でそれを利用できた。そして学校金庫の管理の下にあった。かくして、センターは市町村公役務の性格を有していた。したがって、…賠償責任を裁断する管轄をヴェルサイユ地方行政裁判所が自らに認めたことは正当であった」というかたちで「特殊性」について語り、確かにナリアト判決を維持しているようにも解釈できるが、ナリアト判決の定式自体は繰り返されていない点に注意しなければならない。むしろ、ナリアト判決に依拠して、センターは私法の条件で運行しているから本件訴訟は司法裁判管轄に服するとした上訴人の主張に対して、センターが市町村公役務の性格を有することを理由に行政裁判管轄をコンセイユ・デタが認めた点に注目しなければならない。

社会的公役務の判例の流れをみても、訴訟管轄基準の単純化を目的としたこのカテゴリーの創造も、結局はそれに寄与することができず、私法による行政の汚染に対抗して行政裁判管轄が拡大されていく過程を前にその意味を失っていることがわかる。ここでの行政管轄の拡大についてラショームは好意を示しているように思われるが、危険性を指摘するむきもある（Didier Linotte et Achille Mestre, Services publics et droit public économique, Litec, 1982, tome 1, p. 72.）。

(18) 社会保障に関する訴訟の一括管轄に対する例外として、たとえばブランシェ判決がある（T. C. 22 avril 1974, Directeur régional de la sécurité sociale d'Orleans C. Blanchet, D. 1975. 107. note J.-F. Lachaume）。この事案では、私法人である全国非農業非被用者疾病出産保険金庫（Caisse nationale d'assurance maladie et maternité des travailleurs non salariés des professions non agricoles）が発した、長期にわたって高価な治療を受けなければならない疾病を患った場合の保険料の減免に関する二つの通達（ciriculaires）の法的性格が問題とされた。権限争議裁判所は、それが「性質上、行政行為を構成すると判示して、通達の適法性は行政裁判所で審理されるものとした。社会保障の公役務を管理する私法人の命令的性格を有する一方的行為に行政裁判管轄が認められたわけである。但し、社会保障役務を管理する私法人の個別的一方的行為はあいかわらず行政的なものと認められておらず、ここに社会保障訴訟の独自性があるという（cf.

note Lachaume, p. 111.)。」

(19) C. E. 31 juill. 1942, Monpeurt, D. 1942. 138. concl. Ségalat, note P. C. ; J. C. P 1942. II. 2046, concl. Ségalat; G. A., n° 63. 問題とされた組織委員会の法的性格について、それが純粋に私法人であるといえるか論議された点は指摘しておかなければならない（cf. Charles Eisenmann, "L'arrêt Monpeurt : légende et réalité", in L'évolution du droit public, op. cit., pp. 221 à 249.)。

(20) C. E. 2 avril 1943, Bouguen, D. 1944. 52. concl. Lagrange, note Jacques Donnedieu de Vabres ; J. C. P. 1944. II. 2565. note Charles Célier; G. A., n° 64.

(21) C. E. 13 janv. 1961, Sieur Magnier, R. D. P. 1961. 155. concl. Fournier.

(22)「公役務の任務」という実質的公役務概念による私的組織の公的領域への取り込みを正当化する理由には、一般的利益の実現のためには私的イニシアチブと行政とが協力する必要があること、市民を集団的責任の行使に参加させ機能的分権を保障することによって国家権力の肥大に一定の歯止めをかけること、専門の職業人によって公役務の効率的運営が可能となること、官僚主義的傾向から生じる閉塞状況を打開すること等があげられる（cf. D. Linotte et A. Mestre, op. cit., p. 315; Claude Leclercq, "La mission de service public", D. 1966, chron. III, p. 10)。

(23) Cl. Leclercq, op. cit.

(24) 私的組織による公役務の管理は、本来ならば公法人の資格を与えられて然るべき組織を擬制的に私法人とすることによって、行政が公法上の業務の桎梏から自らを解放するための手段として使用されることもある（D. Linotte et A. Mestre, op. cit., p. 322.)。

(25) Georges Morange, "Le déclin de la notion juridique de service public", D. 1947, chron. XII, p. 45.

(26) 関連する文献、即ち総体的に公役務概念を考察する文献の主要なものは以下のものである（直接参照したものだけ年代順に列挙する)。 G. Morange, op. cit., 1947; Bernard Chenot, "La notion de service public dans la jurisprudence économique du Conseil d'Etat", Études et Documents du Conseil d'Etat (E. D. C. E.), 1950, p. 77; J. Rivero, "Apologie pour les《faiseurs de systèmes》", D. 1951, chron. XXIII. (in Pages de doctrine, L. G. D. J., 1980, tome 1, pp. 3 à 10); A.

de Laubadère, "Réflexions sur la crise du droit administratif français", D. 1952, chron. II. (in Pages de doctrine, tome 2, pp. 177 à 186); J. Rivero, "Le régime des entreprises nationalisées et l'évolution du droit administratif," Archives de philosophie du droit, 1952, (in Pages de doctrine, tome 2. pp. 49 à 72); Ch. Eisenmann, "Le droit applicable à l'administration", (Année 1952-1953), Cours de droit administratif, L. G. D. J., 1982, tome 1, pp. 526 à 766.; J. Rivero, "Existe-t-il un critère du droit administratif", R. D. P., 1953. (in Pages de doctrine, tome 2, pp. 187 à 202); J.-L. de Corail, La crise de la notion juridique de service public en droit administratif français, L. G. D. J., 1954; Georges Vedel, "Les bases constitutionnelles du droit administratif", E. D. C. E., n° 8, 1954 (in Pages de doctrine, tome 2, pp. 129 à 176); Jean L'Huillier, "A propos de la《crise》de la notion de service public", D. 1955, chron. XXII, p. 119.〔一九五五―五六年に判例上、公役務概念の再生がみられた〕Ch. Blaevoet, "Influence relative de la notion de service public sur le champ du droit administratif et de la compétence administrative", D. 1957, chron, VII, p. 37; J. L'Huillier, "Nouvelles réflexions sur le service public", D. 1957, chron. XVI, p. 91; Roger Latournerie, "Sur un Lazare juridique. Bulletin de santé de la notion de service public. Agonie? Convalescense? ou Jouvence?" E. D. C. E., 1960, p. 61; Marcel Waline, "Compte rendu de l'article de Latournerie", R. D. P., 1961, p. 708; A. de Laubadère, "Révalorisations récentes de la notion de service public en droit administratif français," A. J. D. A., 1961 (in Pages de doctrine, tome 2, pp. 219 à 237); Lucien Nizard, "A propos de la notion de service public: un juge qui veut gouverner", D. 1964, chron. XXI, p. 147. 以上の文献の延長上にやや時代をくだって、René Chapus, "Le service public et la puissance publique", R. D. P., 1968, pp. 235 à 282; Paul Amselek, "Le service public et la puissance publique. Réflexions autour d'une étude récente", A. J. D. A., octobre 1968, pp. 492 à 514. という公役務概念のひとつの時代がすでに終焉してしまっていることを告知する論文がある。

(27) 但し、ヴデルが、公役務の危機の原因を観念の曖昧さ、説明価値の欠如、行政活動には公役務（給付）だけでなくポリスも含まれることに加えて、基本的には公役務概念が憲法的基礎を欠いていることに求めて、行政法の正統性の基礎を憲法上の執行権の観念に求めている点は注目されてよいかもしれない（G. Vedel, op. cit. 深瀬忠一「フランスにおける『行政法の憲法的基礎』をめぐる論争について㈠」北法一七巻三・四号一八七―二〇〇頁を参照）。しかし、この議論がこの時代の問題関心を超えたところにあるとは思えない。

管轄配分の基礎を主観法と客観法の区別に求め、さらに行政契約を私法管轄に服させ契約を系統的に利用する公役務の管理を行政に断念させる戦略的意図をもって、基本的には越権と賠償責任を行政裁判管轄とし、契約を司法裁判管轄とするドゥミシェルの議論のような本質的な管轄基準の再構成——イデオロギー的前提の問い直しと現実の構想——の試みはなされなかった（A. Demichel, op. cit., pp. 135 à 138.）。

（28）Cf. M. Waline, op. cit., pp. 716 à 717（直接にはラトゥルヌリィの公役務の定義に対する批判であるが。）

（29）B. Chenot, op. cit., pp. 80 à 82.（要旨）

（30）リヴェロはシュノの主張を法実存主義と呼び、法的カテゴリーの一般性、抽象性が予見可能性を保障し社会的安定に寄与する点を閑却して、それが裁判官の主観性に依存する法印象主義に陥り、ついには法の死を招くものであり、国民から法認識の手段を奪う「尊大な秘教（ésotérisme aristocratique）」であると批判し、法の体系化をめざす学説の努力を擁護した（J. Rivero, “Apologie pour les《faiseurs de systèmes》”, in Pages de doctrine, tome 1, pp. 6 à 7. cf. Id. “Le juge administratif français: un juge qui gouverne,” D. 1951. Chron. VI.（Pages de doctrine, tome 2, pp. 303 à 312）。

（31）M. Waline, op. cit., p. 717.

（32）Cf. L. Nizard, op. cit., pp. 148 à 150.

（33）R. Latournerie, op. cit., p. 120.（Conclusions de Latournerie, sur C. E. 20 décembre 1935, Société des Etablissements Vézia, R. D. P., 1936, p. 134.）

（34）「この定義の主要な利益と独自性は、なんら立法もしくは行政立法の関与なしに、定義がそれ自身で機能することに存する。立法等の決定は——明示的であれ黙示的であれ——公役務の創設即ち満されるべき公益がかかる役務の設置を要求するという判断についてしか、実際、厳格には要求されない。ひとたび決定がなされるや、それは自己展開して条文が沈黙している場合でさえ、目的と対象の関係に基礎をおく演繹によってその帰結をひきだすのである」という註における指摘は特別の注意を払われてよい（R. Latournerie, op. cit., p. 121, note (1)）。

（35）R. Latournerie, op. cit., pp. 120 à 122.

（36）最近、裁判官の役割の増大にかんして、判例の先例的価値が低下して、機関としての裁判所の役割が高まり、行政裁判所は一般的規範の適用に甘んじることなく、個々の事案ごとに積極的に活動行政をコントロールしようとする傾向を示していると指摘するリノートと、それに対して、方法論上の批判を行ない、形式上の変化よりも行政裁判官の手で実質的な価値の変化がもたらされていることを問題とするリアルとの間で応酬が行なわれた（D. Linotte, "Déclin du jurisprudentiel et ascension du pouvoir juridictionnel en droit administratif", A. J. D. A., 1980, pp. 632 à 639.; Stéphane Rials, "Sur une distinction contestable et un trop réel déclin. A propos d'un récent article sur le pouvoir normatif du juge", A. J. D. A., 1981, pp. 115 à 118.）。

（37）L. Nizard, op. cit., en particulier pp. 152 à 154（「新たに公役務を行政法の試金石とし、そこにポリスおよび行政の活動のほぼすべてを統合して、公役務の原則は目的に対する手段の比例性であると主張すること、それは行政の権限の相対性という一般原則を主張し、それに相関して公の自由の相対性の原則を主張することではなかろうか。」）因に、一九六四年に書かれた本論文と一九七五年に発表されたニザールの "A propos de la notion de service public: mythes étatiques et représentations sociales", in Recueil d'études en hommage à Charles Eisenmann, Ed. Cujas, 1975, pp. 91 à 98. の叙述を比較すると、ほぼ十年の間にフランス行政法学、行政学及びその対象とされる所与がいかに変化したかを窺い知ることができる。

（38）P. ex. A. de Laubadère, "Réflexions sur la crise du droit administratif français", in Pages de doctrine, tome 2, p. 184. ローバデール自身は、専門化の傾向を強める法の下で行政活動の要請と国民の自由との微妙な調停を実現すること、および司法による行政活動の濫用的阻害を防ぐことの二点に行政裁判所の存在理由をみている。

（39）J. Rivero, "Existe-t-il un critère du droit administratif?" in Pages de doctrine, tome 2, p. 199. V. aussi p. 194 et suiv.

（40）この作業はフランス行政法の総体的評価にかかわる。本稿で取りあげるのは、特に公役務との関連でとりあげられた事柄だけに限定される。本来ならば、公役務概念の機能的な射程を測るうえで、活動行政の量的拡大と質的変化に対して行政裁判所がどのような手段を用いて統制をくわえ、あるいは正当性を付与しているか、また、行政裁判管轄の拡大傾向を総体としてどう評価するかといった問題に踏み込まなければならないが、独自の分析視角を設定して取り組まねばならない重要な問題であるので本稿で直接扱うことはしない。

（41）国家の正統性の基礎としての公役務概念をもっとも直截に表明したのはレオン・デュギである。社会連帯を基底にすえた客観法概念と不可分の一体をなす彼の理論を公役務国家論と呼ぶ。基本的な枠組は以下の著作で展開されている。Léon Duguit, Les transformations du droit public, 1913, en particulier chap. II, Le service piblic, pp. 32 à 72; Id., Traité de droit constitutionnel, 1928, 3e éd., tome II, chap. 1, § 8, pp. 59 à 81. なお、前提として特に次の著作が参照されるべきである。Id., L'État, le droit objectif et la loi positive, 1901.（客観法理論に関する邦語文献は数多いが、本稿との関係では、今関前掲論文を参照）

（42）Eveline Pisier-Kouchner, Le service public dans la théorie de l'État de Léon Duguit, L. G. D. J., 1972. これが初てデュギの理論を体系的に批判した著作である。以後公にされた批判は基本的にこの著作の論理的枠組に則っている。そのうえで一般的利益（intérêt général）概念の問題性を論ずる。p. ex. L. Nizard, "A propos de la notion de service public", op. cit.; J. Chevallier, "L'intérêt général dans l'administration française", Revue internationale des sciences administratives [R. I. S. A.], 1975, p. 329 et pp. 334 à 335; G. Vlachos, op. cit., pp. 258 à 259; J. Chevallier, "Les fondements idéologiques du droit administratif français", op. cit., pp. 35 à 39; Céline Wiener, "Service public ou autogestion: d'un Mythe à l'autre", in Mélanges offerts au professeur Robert-Édouard Charlier. Service public et libertés. Ed. de l'Université et de l'enseignement moderne, 1981, pp. 326 à 327; Xavier Prétot, "L'État et la sécurité sociale. Réflexions sur le service public", Dr. soc., 1981, p. 800.

（43）デュギは国民主権と国家主権とを簡単に同一視することによって民主的過程に由来する正統性を等閑視した。行政の正統性を社会的欲求に直接求めるために、行政が政治権力から自立する。その結果、欲求を探査し充足するための科学的方法が重要性を帯びる。この点において、テクノクラートによる科学的合理性に基づく支配を根拠づける契機を含んでいる。

（44）Traité de droit constitutionnel, op. cit., tome II, p. 61; Les transformations du droit public, p. 51.（C'est nous qui soulignons.）

(45) Traité de droit constitutionnel, tome II, p. 59.

(46) 「被治者に対する若干の義務が為政者に課される。この義務の遂行は為政者の最大の実力の帰結であると同時に正当化根拠である。」(Les transformations du droit public, p. 33.)「為政者の関与は、権力の行使ではないが、それが固有性をもち特殊な効果を産みだすとすれば、それはこの関与が公役務目的によって決定されているが故にである。」(Ibid., p. 53.)

(47) Traité de droit constitutionnel, tome II, p. 61.

(48) すでに指摘したように、公役務国家論は客観法理論の一環であって、権利乃至主権中心の従来の法理論の否定のうえに成立しているが、『公法変遷論』においてデュギは、人権と国家主権の対抗関係を前提とし、人権乃至自由の制約原理を万人の自由の調整、保障において、一般性を帯有する法律を自由の恣意的な制約を防止する装置とする理論を否定の対象として特に措定して、かかる理論の致命的欠陥を国家の積極的作為義務を根拠づけえないことのなかにみている(Les transformations du droit public, p. 26 et suiv.)。

(49) E. Pisier-Kouchner, op. cit., p. 164.

(50) Gaston Jèze, Principes généraux du droit public, 1930, 3e éd., tome II, p. 2 et p. 15.

(51) Cf. Ch. Eisenmann, Cours de droit administratif, op. cit., p. 577 et suiv.（ジェズとデュギの理論の差異について）

(52) G. Jèze, op. cit., p. 16.

(53) デュギは、公役務の増大は為政者の権力(droit de puissance)の強化を導かないとする。「理論的にはこの権力は存在しない。」(Les transformations du droit public, p. 55) これがその理由である。たしかに、デュギは為政者の力の事実上の増大は認める。そして、それに対しては分権(公役務を管理するものの自治――地方分権、財政分権、職能上の分権、特許)によって対抗することができるとする(ibid., p. 56)。しかしながら、経験的現実に基礎をおく方法を標榜しながら、国家権力の増大を、論理によって現実の一面を切り捨てるような仕方で処理してしまったことは、理論的にみれば重大な欠陥である。

(54) Cf. E. Pisier-Kouchner, op. cit., p. 286 et suiv. ただ、この点をとらえてデュギの理論のイデオロギー性を批判するよりも、デュギが権力性を消去することによってしか国家権力の拡大を正当化できなかった点にかかわるパラドクスを知る方が重要である。

（55）G. Jèze, op. cit., p. 18.

（56）宮沢はジェズの公役務論に、実定法の理論として高い評価を与えている（宮沢俊義前掲論文）。また、アイゼンマンはジェズの公役務の定義は行政法学の対象の定義に矮小化されていると指摘する（Ch. Eisenmann, Cours de droit administratif, op. cit., p. 582.）。

（57）L. Duguit, Traité de droit constitutionnel, tome II, p. 74. オーリウも同様の批判をジェズに差し向ける（Maurice Hauriou, Précis de droit administratif, 1933, 12e éd., Préface de la onzième édition.）。

（58）Cf. Lucien Sfez, "Duguit et la théorie de l'Etat（Représentation et communication）", Archives de philosophie du droit, 1976, pp. 111 à 130.

（59）Anne Cauquelin et Lucien Sfez, "Un trajet: De la demande sociale à léconomie libidinale", Revue française de science politique, 1975, pp. 740 à 773; Pierre Bourdieu et Jean-Claude Passeron, La reproduction. éléments pour une théorie du système d'enseignement, Les éditions de Minuit, 1970（本書の一部の訳は「象徴的暴力としての教育実践」（山本哲士・池部雅英訳）として、「産育と教育の社会史」編集委員会　民衆のカリキュラム・学校のカリキュラム（叢書―産育と教育の社会史２）新評論　一九八三年、に掲載されている。また、同書に収録されている山本哲士「学校文化と教育の心性――ブルデューの教育論と社会史」を参照。）

（60）M. Hauriou, op. cit., pp. XII à XIV.

（61）オーリウは、「公益（l'utilité publique）が形式的定義以外のあらゆる定義をまぬかれ、為政者がこの点についての行政客体の考えを解釈して公法上の手続によって充足される必要があると考えるすべての利益が公益性を帯びると考えてはならない」（op. cit., p. 59.）と述べ、公益を「集団の構成員に共通の利益のうち共同体のポリス（la police de la cité）にかかわり、経済的繁栄を促進することによってそれに満足を与えるときでさえ政治的性格を有する部分」（ibid.）と定義する（ここで公益というのは公行政によって実現されるべき指導理念であって、実質的意味での公役務と同義である）。公行政は公益のみを追求するのであって、私益（「富の生産、配分にかかわり、公事［chose publique］に対する影響を配慮しない」（ibid.））にかかわる経済領域への関与は原則として禁じられる。

公役務の客観性については、さらに、cf. M. Hauriou, La jurisprudence administrative, 1929, tome 1, pp. 334 à 336（オストリュク［Austruc］判決の評釈）

（62）V. Précis de droit administratif, op. cit., préface de la onzième édition; La jurisprudence administrative, op. cit., tome 1, p. 1.

（63）J. Chevallier, “Les fondements idéologiques du droit administratif français”, op. cit., en particulier p. 40 et suiv.

（64）ドゥミシェルのことばを借れば、「一般的利益は公役務の基礎ではなく、その帰結である。」（A. Demichel, op. cit., p. 103.）しかし、それでもやはり、法的論理構成のうえでは、トリュシェの指摘するように、その限界を認識したうえでなお一般的利益は公役務に先行すると言わなければならない。なお、トリュシェは公役務のラベル化という形でそれが政治概念化したことを総括する。Dider Truchet, “Nouvelles récentes d'un illustre viellard. Label de service public et statut du service public”, A. J. D. A., 1982, p. 427 et suiv.

（65）Charles Debbasch, “Le droit administratif face à l'évolution de l'administration française”, in Mélanges offerts à Marcel Waline, op. cit., t. II, p. 348.

（66）D. Truchet, op. cit., p. 436. 適応性原則を適用して役務が廃止され、また縮小される現象が郵便、鉄道等の部門で七〇年代にみられたという。適応性とはいわゆる公役務原則（ロランの原則 lois de Rolland）のうちのひとつで、行政は国民の需要に応じた役務を提供すべし、とする原則である。しかし、行政客体が適正な役務の提供を求める権利は、そこからは引き出されない。したがって、ドゥミシェルの指摘するように、国民の需要に役務の質や規模が合致させられるのではなく、行政の提供する役務の質に国民の需要が枠づけられるという逆立した事態が生じている（A. Demichel, “Vers le service public”, D. 1970, chron. XVI, p. 80.）。

ところで、公役務の原則とは、公役務の性質、管理態様、その職員、利用者の法的地位に関係なしにすべての公役務に適用される法原則である。ロランによってはじめて定式化され、通常は、公役務の前の平等、継続性、適応性の三つがこれに数えられる（Louis Rolland, Précis de droit administratif. 1947, 9e éd., no 23. pp. 17 à 18.）。なお、トリュシェは、statut du service public という概念を用いてロランの原則を拡張し、上記三原則にくわえて、行政手続上の義務（情報処理に対する一定の制約、行政文書開示義務、文書の公式記録としての保管義務）、メディアトゥルおよび行政裁判所の審査に服することを挙示する。さらに、まだすべての公役務には適用されていないがやがてそうなるであろうものとして、行政行為の理由附記、職務執行における公務員の犯罪を制裁する刑事規定をあげる（D. Truchet, op. cit., pp. 435 à 437）。

適応性以外の原則もまた問題を含んでいる。平等原則については後にふれるとして、役務は国民の需要に応えるために継続して提供されなければならないという継続性の原則は、特に公役務におけるストライキに対する制約の根拠とされる（最近では、p. ex. C. E., 18 janv. 1980, Syndicat C. F. D. T. des postes et Télécommunications du Haut-Rhin, J. C. P., 1980. II. 19450, note Elisabeth Zoller）。憲法院は、判例法上の原則だったこの原則に憲法的価値を認める判決を下した（C. const. 25 juillet 1979, D. 1980. 101. note Michel Paillet）。このように、公役務理論の中核を法原則化した継続性原則は権利を切り崩す道具に利用されている。なお、継続性については、cf. Jean-Paul Gilli, La continuité des services publics, P. U. F., 1973; Agnès Dupie, “Le principe de continuité des services publics”, in Sur les services publics, Economica, 1982, pp. 39 à 54.

（67）Cf. Romain Laufer et Alain Burland, Management public. Gestion et légitimité, Dalloz, 1980, p. 16.

（68）この過程を概念化する試みとしてドゥミシェルの国独資論的把握がある。公役務は私物化され、資本の利潤追求の手段となっている。A. Demichel, “Vers le self-service public”, op. cit.; Id. “Le dépérissement du service public,” Economie et Humanisme, no 211, 1973, pp. 55 à 63. cf. J. Grosdider de Matons, “Service public, Rentabilité économique et Rentabilité financière”, R. I. S. A., 1976, pp. 327 à 337.（ドゥミシェルへの批判）

（69）パブリック・マネジメントに関する叙述は以下の著作に依っている。R. Laufer et A. Burland, op. cit.; R. Laufer et Catherine Paradeise, Le Prince bureaucrate. Machiavel au pays du marketing, Flammarion, 1982; R. Laufer et A. Burland, “Les paradoxes du management public”, Revue française d'Administration publique, [R. F. A. P.] 1982, pp.

665 à 678. cf. J. Chevallier, "L'intérêt général dans l'administration française", op. cit.

パブリック・マネジメントは、単なる公共部門のマネジメントではなく、「公衆（public）が当該組織の行為の、経済的社会的環境に対してもつ効果を自覚するときにマネジメントがとる形態」（R. Laufer et A. Burland, Management public, p. 52.）である。私企業でいえば、市場に対して企業規模が無限小であって影響力を及ぼさない自由競争から、企業規模が大きくなり市場に対する影響が可視的となって寡占的競争が生じたときに企業がもちいる戦略がパブリック（マクロ）・マネジメントである。公私の融合の結果、本来私的領域の論理であるマネジメントが「パブリック」という修飾語と結びつく矛盾が生じた。

（70）J. Chevallier et Danièle Loschak, "Rationalité juridique et rationalité managériale dans l'administration française", R. F. A. P., 1982, p. 695.

（71）Ibid., p. 685.

（72）ドゥノワイエ・ニ・ショルク判決を参照（前記註⒀）。cf. Joel Carbajo, "Remarques sur l'intérêt général et l'égalité des usagers devant le service public", A. J. D. A., 1981, pp. 176 à 181（同一の地位にある者に対して異なる取扱いを行なうことは一般的利益の存在のみによっては正当化されえないとし、地位の差異の立証を常に行政に要求すべしと主張する）; F. Miclo, "Le principe d'égalité et la constitutionnalité des lois", A. J. D. A., 1982, p. 127 et suiv.

（73）Cf. Robert Pelloux, "Les nouveaux discours sur l'inégalité et la droit public français", R. D. P., 1982, pp. 909 à 927.

（74）D. Truchet, "Réflexions sur le droit économique public en droit français", R. D. P., 1980, p. 1039; Nicolas Nitsch, "Les principes généraux du droit à l'épreuve du droit public économique", R. D. P., 1981, p. 1556.

（75）D. Truchet, op. cit., p. 1034; N. Nitsch, op. cit., p. 1557, p. 1574 et suiv.

（76）Paul Amselek, "L'évolution générale de la technique juridique dans les sociétés occidentales", R. D. P., 1982, p. 284.

（77）P. ex. Loïc Philip, "Le développement du contôle de constitutionnalité et l'accroissement des pouvoirs du juge constitutionnel", R. D. P., 1983, p. 407（社会党政権誕生後、憲法院への提訴が自由の原則ではなく、平等原則を援用して行なわれる傾向があり、それが憲法院の権力の拡大につながっていると指摘する（p. 411））. Ch. Leben, "Le conseil constitutionnel et la principe d'égalité devant la loi", R. D. P. 1982, p. 296 et suiv. en particulier p. 324 et suiv.（八二年の国有化法律違憲判決は法の前の平等の原則に新たな局面をつけくわえ，憲法院が国会に対するコントロールに積極的に取り組むことを可能ならしめる契機を含んでいると示唆する。）

(78) 適法性原則の変容については以下の論稿を参照した。J. Chevqllier et D. Loschak, op. cit.; D. Loschak, "Le principe de légalité, Mythes et mystifications", A. J. D. A., 1981, pp. 387 à 392; L. Richer, "L'évolution des rapports entre l'administration et les entreprises privées", R. D. P., 1981, pp. 919 à 938; Michel Durupty, "Management et principe de légalité", R. F. A. P., 1980, pp. 557 à 569; Ch. Debbasch, "Déclin du contentieux administratif?" D. 1967, chron. XIV, pp. 95 à 100; Id. "Le droit administratif face à l'évolution de l'administration française", op. cit.

(79) J. Chevallier et D. Loschak, op. cit., p. 59 et suiv.

(80) Jean-Pierre Henry, "Vers la fin de l'État de droit?" R.D.P., 1977, pp. 1207 à 1235.

(81) 一八六七年に官報に掲載された法律文書は一〇六五頁，一九二〇年にも一二〇〇頁を越えていないが，今日では一五〇〇〇頁以上になっている。また，一九三〇—六〇年の間の法律とデクレの数はほぼ三万だが，一九六七—八〇年でそれに匹敵する法律一三九〇，オルドナンス六四，デクレ二五八二九が公布されている。一九七一—八〇年の十年間には，法律とオルドナンス一〇三三，デクレ一六六八二，アレテ七一四五八，大臣の決定（décisions ministérielles）三五五〇，答申三三一〇一，指示，ディレクティブ八四，通達五〇〇，追加条文八八の計一二六，五一六の法文を数えるという。p. Amselek, op. cit., pp. 281 à 282, note (11).

(82) J.-P. Henry, op. cit., p. 1224 et suiv.

(83) D. Loschak, op. cit., p. 390.

(84) Ibid. p. 390 et suiv.

(85) Cf. Jeanne Lemasurier, "Vers un nouveau principe général du droit? Le principe《bilan-cout-avantages》" in Mélanges offerts à Marcel Waline. op. cit., t. II, pp. 551 à 562.

(86) J. Chevallier et D. Loschak, op. cit., p. 81 et suiv.

(87) J. Chevallier, “La fin de l'Etat-providence”, Projet, n° 143, 1980, pp. 262 à 273, en particulier p. 272.

(88) P. Amselek, “L'évolution générale de la technique juridique dans les sociétés occidentales”, R. D. P., 1982, p. 294, p. 291 et suiv.

(89) Cf. J. Chevallier, “L'association entre public et privé, R. D. P., 1981, pp. 887 à 918, en particulier p. 909 et suiv.

(90) 公役務と関係する最近の文献として、p. ex. Pierre Rosanvallon, La crise de l'Etat-providence, Ed. Seuil, 1981, en particulier Troisième partie; C. Wiener, op. cit., p. 332 et suiv.; Club socialiste du livre, La démocratie en jeu. réflexions sur l'Etat et le service public, 1981, en particulier, Introduction par Michel Charzat.

19 自由主義的合理性の変容と福祉国家の成立
——フランソワ・エヴァルド『福祉国家（L'Etat Providence）』

一九九五年

はじめに

本稿は、フランソワ・エヴァルド著『福祉国家』[1]の内容を紹介しつつ、現在のフランスでいわゆる社会国家、社会権の問題がどのような問題視角から検討されているのか、その一端を明らかにすることを目的とする[2]。エヴァルドは法律学を専攻する研究者ではないが[3]、本書において、一七八九年「人および市民の権利の宣言」と一八〇四年のナポレオン民法典に代表される自由主義的な法的合理性の変容という視角から、法を対象とし法に密着して福祉国家の問題を考察している。憲法学にとっても、それは示唆に富む内容を含んでいるように思われる。

『福祉国家』は六百頁を越える大著である。序論に続く本論は四編からなり、それぞれ「責任」、「リスク」、「社会保険」、「ノルム定立秩序（L'ordre normatif）」と題されている。第一編「責任」において、自由主義的合理性、そこで最良の社会の調整原理とされた過失責任概念が明らかにされ、第二編「リスク」で、自由主義的合理性と対立し、それを排斥していく保険の合理性、その基礎を構成する確率論的合理性とリスク概念の形成と構造、および具体的な保険制度の展開が叙述される。第三編「社会保険」は本書の本論ともいうべき部分であるが、そこでは一八九八年労災補償法の成立過程の分析を通じて、保険のテクノロジーが社会問題に適用され、自由主義的合理性に保険の合理性が取って代っていく過程が解明され、そして九八年法を画期として社会の構成原理すなわち社会契約のあり方までが変化し、「連帯契約」に基づく「保険社会」、すなわち福祉国家が成立したことが示される。第四編「ノルム定立秩序」では、九八年法成立以降の法のあり方の分析を通じて、九八年法とともに政治的合理性の根本的変化が生じ、福祉国家の制度化が行なわれたという主張の検証が行なわれる。ここでは、「批判的実証主義」の立場から福祉国家における法の存立可能性、社会法の構造が問われることになる。

エヴァルドは、第三編までで福祉国家の成立を跡づけ、第四編で福祉国家を支える法的合理性としての社会法(Droit social)の構造を分析しており、第一編から第三編までと第四編とは趣を異にしている。エヴァルドは前者を政治社会学の問題とし、後者を法哲学に属する考察としている。本書の主題はこの二つである。

エヴァルドは一九七〇年代、炭坑事故などの労災問題に関心をもち、その起源を求めて当然に一八九八年の労災補償法につきあたり、その系譜学的研究を始める。七〇年代の運動は一八九八年の法律のブルジョア性を非難したが、エヴァルドの関心は「告発するよりも、いかなる理由で労災問題が、そのような問題として認識されるようになったのかを自問すること」(二八)[4]へと向かった。したがって、労災補償法の成立の歴史的、社会学的分析が当初の本書の構想であった。しかし、法を素材として政治的合理性の変化を跡づけていく過程でエヴァルドは政治的、歴史的分析には還元されない法のもつ独自の重要性に気づき、法哲学的な分析にかなりの力を傾注することになった。その所産が第四編の「法哲学的」な考察である。第四編の分量(第四編だけで本書の四割を占める)が示すように「法哲学的」な考察は本書において二義的な位置づけをもつものではまったくないのであるが、執筆の経緯からすれば副産物といってよいものである。

いずれにしろ、二つのテーマは密接に関連するものの性格を異にする。本稿では、当初の企ての部分、エヴァルドの言うところの政治社会学的（あるいは考古学的）な考察の部分に焦点を絞ることとする。

とりあえず本稿では、エヴァルドの問題意識、考察の基本的な枠組みを若干整理し、労災問題を契機として福祉国家の成立にいたる経緯の分析を紹介することとしたい。

一　エヴァルドの課題と方法

エヴァルドは自己の研究の対象を簡潔に次のように示している。「過去二世紀の間の事故の問題化、保険諸制度の急激な増加、社会保障の誕生、福祉国家の出現を通じて、われわれの社会の現代史を特徴づける社会化の過程の一つ、すなわち責任の社会化を把握すること。／安全（sécurité）に関して、責任（responsabilité）の問題設定から連帯（solidarité）の問題設定への移行の仕方を研究すること。より一般的にいえば、権利義務関係の変遷、民法から社会法への移行とともに、われわれの社会が市民に提示し、この社会を保険社会（sociétés assurantielles）とする新たな社会契約の形成をあとづけること。」（一六）

社会の構成原理あるいは社会的権利義務関係を定める社会契約のあり方が一九世紀後半から二〇世紀初頭にかけて根本的に転換したというのが、エヴァルドの認識である。近代自然法思想の構想した社会契約に代わって「連帯契約」という特有な社会契約が出現したことをもって、自由主義国家から保険社会（福祉国家）への社会の編成の全面的変更が完遂される。制度的にみれば、社会保険、社会保障制度の整備として表現され、法的にみれば、それは国家の主権と私的自治（自由）の二項対立を前提とする民法から、社会法への移行として表現される過程である。当然それは国家と自由の有り様の変化を伴うものである。エヴァルドによれば、フランスでは一八九八年労災補償法の成立がその画期となった。「社会契約から連帯契約へ」の道程を記すことが福祉国家の成立を語ることになる。

注意しなければならないのは、ここで福祉国家、あるいは社会法、社会権といわれているものは、自由主義国家において副次的な役割しか担わない補完物と考えられているのではなく、自由主義に取って代る独自の政治的・法的合理性として措定されていることである。福祉国家とは、自由主義がその弊害を是正するために部分的に修正されて産み出されたものではなく、自由主義とは全く異なる合理性に所属するのである。社会法もまた、一九世紀末から二〇世紀初頭に社会連帯主義の影響を受けて主張され、イデオロギー批判の標的となった社会法論が問題なのではなく、まさに現代国家における法の存在形式として語られている。社会法は近代法の補完や修正ではなく、それに取って代る新たな合理性である。エヴァルドによれば、法は今日、「社会法」としてしか存在し得ないのである。また、「福祉国家の危機」も語られるが、危機は福祉国家の本来的あり方であって（危機が体制化したコンセンサスの時代（六〇四））、福祉国家の危機は福祉国家の終焉につながるものではない（六〇〇以下）。福祉国家にしろ、社会法にしろ半ば廃れた表現であるが、エヴァルドの認識によれば、我々は福祉国家の只中におり、社会法の支配の下にあるということになる。エヴァルドは福祉国家論、社会法論の水準をこのようなものと定める。

エヴァルドは、このような水準で把握された福祉国家のイデオロギー批判を展開しようとするのではない。福祉国家または社会法という形態をとって現れる合理性をその積極性（positivité）において捉えようとする（五三二）。自由主義か、さもなくば社会主義（全体主義）かの二項対立を前提として、福祉国家をこのどちらかを準拠として評価すること（自由主義の修正または社会主義への移行段階）が拒否される（五五二、五八〇）。ネオリベラルが福祉国家を自由を圧殺する全体主義への傾斜として排斥し、他方マルクス主義が資本主義の修正形態として福祉国家の欺瞞性を強調し、資本主義＝自由主義の枠組みのなかに福祉国家を押し込める。しかしエヴァルドによれば、福祉国家（保険社会）は、自由主義にも還元されず、全体主義にも掃一しない独自の存在を構成する「新しいタイプの国家の出現」、「新たな政治的ポジティヴィテの形成を告げる知＝権力の関係の変化」（五三一）を表現している。

当然のことではあるが、エヴァルドは手放しで福祉国家を積極的に評価するわけではない。福祉国家化が、全体主義、自由の抑圧の危険をもたらすことは当然に意識している。しかしそうだからといって定型的なイデオロギー批判に終始し、全体主義の脅威の影をちらつかせて福祉国家を国家権力の拡張、過剰としてしか捉えないことは、福祉国家化の過程がたしかに含んでいる「イリイチの共生、エコロジストのユートピア、自主管理のプログラム」（一二）が構想した夢を切り捨ててしまう点で誤りであるとエヴァルドは指摘する。したがって、今日直面している課題は「この二世紀来、我々の社会を変えてきた社会変動過程が最悪の政治を産み出す可能性をもっていることを知りながらも、いかなる条件において最良の政治に到り得るのか」（一二）を構想することである。これがエヴァルドの福祉国家に対するスタンスである。それはより根本的な福祉国家のイデオロギー批判への道を開くはずである。

エヴァルドは福祉国家あるいは産業社会のポジティヴな歴史をたどる際に、意識的に思想史のアプローチと社会闘争に焦点を合わせる方法を排斥し、プラティック[5]とその基礎を構成する合理性の変化に着目する。エヴァルドが、プラティックとその基礎を構成する合理性のタイプの歴史という方法を選択するのは、理論がプラティックの後追いをするにすぎないからであるが、また次のような認識にも依っている。「いかに所与が常に構成されたものであり、いかにして対象が対象の問題化の形式自体のなかで誕生するのかを明らかにする合理性のダイナミックで戦略的な歴史。したがって、理論とプラティックの循環作用に厳密に従い、それが記述するものに外部から何かを課すことを禁じる歴史。したがって、歴史の行為者が歴史を動かした際に媒介とした知・権力の相互作用以外のなにものも自らのものとしない歴史。換言すれば、我々は、我々が言っていることすべてを真（vrai）と見做すが、我々は我々の話していることの真理性（vérité）を主張しようとはしない。ただ、歴史が作られる過程である真理――真実を語ること（véridiction）の相互作用を復元しようとするだけである。」（二一五）こうして、エヴァルドは、福祉国家の成立を検討するに際して、例えば社会連帯主義という思想を直接の考察対象とするのではなく、労災補償問題に対する労使や裁判官、立法者の対応の変化に照準を定めることになる。そして一八九八年労災補償法の成立が、フランス国家にとって決定的な画期を構成するという認識に到るのである。

「すべての歴史は社会的闘争を背景に展開する。社会的闘争は歴史の偉大な原動力である。実際、闘争によってもたらされたとしか見えないところが社会問題の特質の一つである。」（二一五―六）と述べながら、社会的闘争が本書で正面から扱われないのは、すでに多くの研究書が存在するからというよりも、産業社会化の否定的な面だけを強調する通俗的な見解、フランス革命以降の二世紀を「富者の富裕化と貧者の貧困化」の過程に還元し、「資本と労働の対立、労働者階級の長い殉教者名簿、ブルジョワジーに対する労働者の熾烈で厳しい永続的な戦い、そのおかげで労働者は彼らに与えられなかった最小限の安全を獲得できたが、いつもブルジョワジーが彼らからそれを奪い取ろうと付狙っている」（二一六）といった考え、検証されることもなく再生産される見解に懐疑的だからである。それは「より複雑で、少なくとも哲学的にはより興味深い現実」、「産業社会化が生み出し得たもの、構築し得たもの」（同所）を隠蔽している。エヴァルドは産業社会のポジティヴな歴史の記述を試みて、事故の問題の登場、リスクのプラティックの増加が真理の新しい社会的レジーム、すなわち「人が自己を同定し、自己の行為の因果関係を管理し、相互の関係（対立と協力）を考え、相互の権利義務を明らかにする新しい仕方」（同所）の創設と結びついていること、つまり認識論的断絶が生じたことを示そうとする。自然あるいは人間の本性（nature）に準拠する社会理論から、社会だけに準拠して理解する認識論への転位である。

認識論上の転位は、政治の次元では、生の政治（bio-politique）の成立として現れる。エヴァルドは、本書をビオ・ポリティック[6]の特殊な局面である安全政策とその法的な編成、「法律の法的なシステムに代わってノルムの作用がだんだん重要性を帯びる」（フーコー）ような編成、福祉国家・ノルム・社会法の系列で語られるべき政治を記述するものだと位置付けていることを最後に指摘しておこう。

二　基本的シェーマ

以上のような課題設定の下で、エヴァルドは福祉国家の成立を解明していく。当時のさまざまな著作、文書、議会の審議、裁判所の判決等を博引旁証しながら行なわれる興味深い論証を、平板な図式に変えてしまうのは、『福祉国家』の面白さの大半を奪ってしまうことになるが、議論の整理のためにあえて行なっておきたい。

「事故（accident）は、実際ささいで、いつでもあまり意味のない出来事であり、個人や家族の内輪でしか関心の対象になるはずもないようなものに思われるが、複雑な過程を通じて、固有の権利義務を生み出す社会現象となった。この過程はわれわれの社会の歴史を特徴づけるのに非常に役立つ可能性をもっている。」（一五）

「事故」は、本書のなかで最も基本的な方法論上の概念である。事故の分析からエヴァルドの考察は始まる（序論）。事故に対して安全をどのように確保するのか。その前提として事故をどのように対象化するのか。これに対する解答は時代によって異なる。事故は常に存在してきたが、一九世紀における労働災害（accident du travail）問題とともに、「特有な社会問題」として析出されるようになる。単に機械の増大（機械化）によって事故が多発するようになったといった量的な説明だけでは、この過程を了解することはできない。それは事故に対する視線の変化の帰結である。

1 「事故の問題化」――社会的悪としての事故

辞書的な意味では、そして個人の経験としては、本来、事故は偶然によって生じ、予見できないものである。しかし、一八六八年以降のフランスの労災統計の示すところによれば、労災発生率は毎年ほぼ一定である。統計学的観点からみれば、労災は法則性を持ち、予見可能である（したがって保険の対象となり、計算可能ですらある）。しかし、予見可能であったとしても、個々の労働者の立場からみれば、自己の注意深さによって労災を防止する努力にも限界があることを、このことは意味している。一九世紀の事故（労災）は、固有の規則性をもち個々の主体に依存しない。その意味で、固有の客観性をもっている。

他方、労災という事故は集団生活の産物である。自然災害や人が物と出会い頭に衝突したというのとは違って、他者との関係の増加とその錯綜から生じるという意味で、労災において事故は人が他者と「共にあること（être-ensemble）」、他者との関係性の表現となる。他者との関係性の高まりは、事故の発生を社会のあり方の原則とした。事故が起こらないことがむしろ例外となった。

このように、エヴァルドは一九世紀における労災という事故の特殊性を、規則性と集団生活の産物という点に求める。

事故が社会の常態となると、民法の過失責任を貫徹して労災に雇主の過失が認められないかぎり（認められるのはきわめて稀な場合）、被災労働者自身のほかに労災の負担を負うべきものがいないことを理由に、全面的に被災労働者に負担を担わせることは、労働者に苛酷な帰結を導くだけではなく、労働者の不満が鬱積し体制にとっても危機的な状況を招来しかねない。しかし他方で、事故発生の危険性を理由に工場における機械の使用自体を禁止する、あるいは特別な危険をもつことを知りながら集団生活のなかに機械を持ち込んだ雇主の過失責任を追及するといった対応（自由主義的な責任追及型の処理）では事故の問題を解決できないこともまた明らかである。機械の使用禁止や、機械使用自体に関する雇主の過失責任を認めることは産業の進歩の全面否定と等価であり、産業社会の要請に反する。一九世紀の雇主層、あるいは自由主義はかかるジレンマに直面することになる。

ところで、労災のあり方は、事故への対処方法に対しても当然変化をもたらす。産業化のもたらす社会全体の進歩と、産業化が個々の労働者に引き起こす労災、それに起因する労働者の貧困という社会問題の解決の要請とを和解させ、社会の均衡を回復するためには、事故の統計的不可避性を所与の前提として、集団的な財の生産（産業化）に伴う不可避の負担（例えば労災による労働者の労働不能）を、集団的に引き受けるという形をとらざるをえない。共同善（共通の利益 bien commun）との関係で、発生した損害をだれに負担させるのがいちばん適切であるかという社会的分配の問題が提起される。この社会的分配においては、もはや個人の意思あるいは過失は問題とされなくなる。

負担の社会的分配という思考方法においては、「社会」が共同善の主体として対象化され、他方、個人はその「社会」の一部分にすぎなくなることに注意しなければならない。個人と個人との関係の単純な総和に還元されない「社会」、部分の総計とは異なる独自の存在、すなわち全体としての社会というものが前提とされている。個人と社会との関係は事故を媒介として大きく変化した。事故が分配されるべき悪（害 mal）として構成されるのに相関して、社会は多様な個人的活動の協力から生まれる集合的富の権利者として構成されるに至ったのである。

「社会的なるもの」という客観性を獲得した事故、「社会的悪」（mal social）は、自然災害や個人の悪意に基づく悪とは異なり、諸活動の正常な（normal）競合から生じる。社会的悪は「共同善としての善の追求自体から生じる。この種の悪のパラドクスは、それが人の過失から産み出されるのでなく、あれこれの活動の競合から帰結することから生じる。社会的悪は連帯、相互依存関係としての社会的紐帯を示す。それは我々が社会生活をしていることの証を提供する。」（一九）

一九世紀初頭には、未だ自然（nature）が正義の問題の準拠枠であり、善と悪の「自然な」割当てが正義であったが、上記の変化から正義の観念も免れるものではない。社会的悪という新しい悪は、純粋に世俗的で社会だけに根拠をもつ。したがって、社会的悪を悪と判断する正義も、自然ではなく社会（集合的善の総体）に準拠した正義、すなわち社会的正義（justice sociale）となり、社会的負担の分配における不平等の縮減、「集合的利益の必然的な代償である個別的な悪（個人に対する損害）の負担を万人に分配すること」（一九）を意味することになる。自然という社会に外在する準拠枠に従わず、社会の社会に対する内在的な関係のなかで、すなわち社会のもつ規則性、法則性において社会を研究する社会学の問題として正義の問題も捉え返されることになる。

一九世紀における産業化の進行は、労災という事故を産み出し、労災は意思的な結合に基づく社会とは異なる、事故の負担の分配を基礎とした社会と、その固有の正義を形作っていく。エヴァルドは、この過程と自由主義の変容との密接な関係を明らかにしていく。

2　自由主義的合理性の変容——パトロナージュ

自由主義は、自由放任を建前どおりに実行し、労働者の労災や貧困などの「社会問題」を埒外に置いたと考えられがちであるが、むしろこの問題を「社会体の周縁に押しやったのではなく、その中心に置き」（七三）、「自由主義政治は社会政策である」（七八）といえるほど思想のアイデンティティーに関わる重大な問題として位置づけていた。自由主義が拒絶したのは「社会問題」の問題性ではなく、「社会問題」を法的な権利義務関係として扱うことであった。エヴァルドは、自由主義の核心を法と道徳の峻別（partage libérale）に求める。自由主義は、法的な問題（集団的強制の行使を引き起こすもの）ではなく、道徳の問題（個人の自由意思に基づくもの）として「社会問題」に対処していこうとするのである。

自由主義における事故は、人間と自然との関係に記載される独自の現実であり、自由主義の秩序のなかでは二つの機能を果たす。事故は、運（fortune）の前には万人が平等であるという意味で平等原則であるが、不平等を正当化する役割を果たす。すなわち、だれでも事故に遇う可能性はあるが、自らの意思によって左右できないもの（運）に対する不確かで不安定な関係を各人が処理する仕方の違いから事故に遇う人と遇わない人の間の不平等が生じてくるのであって、この不平等は個人の対処の巧拙、能力の問題であるから当然に個人の責任に属する。他方で、事故は個人の人格的完成と社会的進歩の原動力である。事故は容赦なく起こり、しかも救済に対するいかなる権利も基礎づけないがゆえに、人は常にその可能性を考慮し、前もって防ぎ、それから自分を守らなければならない。こうした努力を人から引き出すので、事故は、予見（prévoyance）という徳目の基礎となる。自由主義者にとって、人間の人間である所以を真に表すのは、この予見という徳目である。それが人を自己の運命の責任者、主体とするのである。

自由主義的思考においては、純粋な出来事である（すなわち、自由意思によるのでない）事故は、原則としてだれにも帰責することができないものである。この原則に対する例外は損害が他者の過失（faute）から生じた場合だけであり、その場合にのみ損害の負担の転嫁が認められる（他者を害しないという自由の共存の原理を破ったからである）。この民事責任原則、自己責任の原則は「人間活動の最も完全な調整原理」（六五）であると考えられた。労災や貧困も事故として把握され、基本的には事故を予見し回避できなかった自己の責任に属する問題とされた。法的には、「貧者に対する扶助義務は貧者の権利に対応する」という考えが否定され、道徳的にも事故にあった労働者は自己の不明を嘆くしかない。権利をもつどころか、貧者は自分自身で貧困から抜け出す義務（労働義務）を課されさえする。

自由主義の基本的立場はこのようなものであり、貧困は個人的な問題とされ国家的な関与を正当化しないが、貧困の救済が自由主義の下で全くなされなかったわけではない。当初は貧困の救済も個人的な問題、道徳的な問題とされたが、貧困が社会化し社会全体を蔽うようになると、それに対する救済も社会的な義務、政府の関与を必要とする問題と考えられるようになる。しかし、それは政治を基礎づけても、法的な形式をとることはない。「政府は義務は負うが、それは権利が存在しないがゆえである。……これらの権利が定式化されることなく満たされるようにすることが政府の任務である」（七六）といったふうに貧困に対する救済の問題は処理されるのである。

法と道徳を区別し、法的責任原理と政治的道徳的救済を共存させる自由主義の仕組みは、そもそも政治に対する法の優位という原則を動揺させ、政治的要請が法を侵食する危機を包蔵していたし、また法的には救済義務を否定しながら自由主義秩序の存立のためには政治的救済を必要不可欠とするというジレンマを抱えていたが、産業の発展、産業社会の到来が自由主義の枠組を科学的には不十分なものとし、政治的には危険なものとした。産業は社会的進歩の条件であるが、他方で個人の意思には還元できない構造的貧困、窮乏状態（paupérisme）をもたらした。この新しい現実の前で自由主義の責任装置はかなりの変更を余儀なくされる。産業化の要請を考慮しつつ、窮乏状態と結合した政治的脅威を減少させなければならない。個々人はもはや、その運命の前に平等ではないため、責任の不平等を考慮しなければならない。雇主は、労働者の安全の責任者と判断されることになる。

窮乏状態は、労働の欠如ではなく労働それ自体から生じ、社会全体を蔽う絶対的貧困であり、恒常的なものであるため、自由主義の予見政策の前提を破壊する。貧者は社会的上昇の展望を得ることができず、富者と貧者の意思の平等という擬制も成立しなくなる。また、労働の自由と自由競争の結果、旧い産業体制に結びつく労働者の連帯の形式も破壊してしまう。これは貧困をシステムの産物として社会にその責任を転嫁し、個人の責任を希薄化する危険性を持つ事態であった。意思の自由にも影を投げ掛けるものであった。

労働者の予見能力の欠如が意識され、労働者を自由に委ねておけば必然的に貧窮してしまうから、彼らを後見するために従来の予見制度を改めて新たな恒常的救済策を構想しなければならない。国家レヴェルでの産業の統治が問題となるとともに、それと連動して企業家たちは、労働者の定着と労働力の養成のために、労働者を支配し従属させるために、生産と利潤の要請と産業の統治と権力の要請とを組み合わせて、労働者の安全を管理し、「福利厚生」に配慮していくことになる。労災の補償もこの枠組みのなかで構想される。この窮乏問題に対する自由主義的解決がパトロナージュ（patronage）のプラティックである。それは交換の相互性ではなく、愛、無償性（自発的相互的献身）の秩序のなかで労働者の貧困問題を解決しようとする。パトロナージュは、労働者を他者（雇主）へ依存しなければ生存できない無能力者として、雇主を自らの財産をかけて成功を求めると同時に労働者の生活に責任を持つ者として捉える。したがって、両者の関係は契約関係ではなく、全人格的な無限の服従を要求する従属関係となり、企業は労働者を一人前の労働者にするだけではなく「人」に仕立てあげる学校となる。雇主は、画一的でない個別化された人格的な結びつきを労働者ととり結ぶことによって、権威を持つ者に相応しくあるべく道徳的義務を果たす（ノブレス・オブリージュ）。労働の生産性が労働者の人間性に依存すると考えられるがゆえに、人間性の管理が企業の統治の対象になる。

こうして、パトロナージュは自律的な権力世界を作り上げ、そこへの法の侵入を断固として拒否する。パトロナージュのプラティックを法化すれば、そこから自由意思に基づくという道徳性が奪われてしまうことになるし、それが維持している労使の平和が乱される。ぎすぎすした法的権利義務関係は労使の対立を顕在化させ、戦争に至りかねない危うさを含んでいるからである。

しかし、労災問題をめぐって、労使関係を法化するか否かの対立が鋭く争われていくことになる。自由主義は、法と道徳の峻別を前提に、社会問題を道徳の枠内で解決しようとしてパトコナージュを発達させたが、労災問題が裁判で争われ、労働者の救済が行なわれるようになると、パトロナージュの論理と法的責任の論理は相補性を失い、対立関係に入り、法と道徳の峻別という自由主義の基本原理が動揺し始める。

一八八〇年（労災補償法の審議が始まる年）においては、労災は民事的な損害賠償請求訴訟による解決を中心としていた。裁判所は、雇用契約上の安全義務を想定し労災の原因についてのフォートの立証責任を雇主の側に転換したり、民法一三八四条一項の規定（「人は、彼自身の所為によって生ぜしめた損害だけでなく、彼が責任を負う者また彼が所持する物の所為により生じた損害についても、責任を負う」）を労災に適用するという形で、既存の法的責任原理と整合的に労災問題の解決をはかろうとした。民事責任の論理は、自由の原理を基礎に置き、他の行為をなし得たにもかかわらず、他者に損害を惹起した場合には、フォートを認め損害賠償を課す論理であるが、絶対的権力をもっている雇主は労災を防止するためにあらゆる措置をとることができるから、労災が発生した場合それを防止できなかったと主張することはできない。こうして民法の枠内で、雇主に、その絶対的権力を媒介として厳しい安全義務が課される。これは、社会問題を個人責任に還元する発想であり、その点では自由主義の合理性に合致しているが、雇主の責任の一般的な推定に至って、その限定のために雇主の義務の性質や範囲を明らかにしなければならず、厄介な問題を背負いこむことになる。ほんとうにあらゆる予防措置がとられたのか。安全義務がすべて果たされているのになお事故が発生することはあり得るのか。安全義務がすべて果たされているのに事故が発生した場合に、その責任を負うのはだれか。なぜ、雇主ではなくて労働者なのか。労働者に過失がある場合はどうなるのか。こうした問いは裁判所を袋小路に追い込んでいき、過失の認定、賠償額算定における恣意性が雇主層によって批判されることになる。

実際問題としても、労災に関する民事訴訟では、労働者の勝訴率は低く（一二％）、手続の厄介さや裁判の長期化、雇主の側の賠償金の支払い能力の欠如などの問題があり、実効的な労災の救済を提供することはできなかった。部分的には、保険が利用され改善もみられた。裁判官は保険があることによって経済に対する労働者救済の悪影響を考慮せずにすむため、労働者を勝訴させやすくなり、賠償額を上げることもできたが、それも労働者の側からすれば限界をもつものであった。

労災の法的救済はこのような形で行なわれたが、雇主の責任を認める判例が発展すればするほど、産業の要請との解離は拡大した。労使の対立は裁判所が労働者の救済を認めることで逆に深まっていくことになる。そこで雇主層は、権利としてでなく恩恵として労災の補償を行い、雇主の意のままになり、利用価値も高い救済金庫（caisses de secours）を設立し、労災問題を再びパトロナージュの内部に取り込もうとする。また、一八六〇年代には民間の特殊な労災保険が登場したが、職業の性格を基礎に保険リスクを算定し、職業上のリスクとしてそれを保障する労災保険は、労使関係を人格的な結びつきとしたパトロナージュとは違って、企業と匿名的な労働者集団との関係として労使関係を構成することになっていく。

パトロナージュは、一八六九－七〇年頃から、労働者のストの多発と共和派による規制立法の試みのなかで危機を迎える。ストはパトロナージュの本拠地で起こり、賃金だけでなくパトロナージュの精髄である救済金庫を攻撃の対象としていた。社会問題に対するその解決能力の欠如が露呈する。個々の雇主のレヴェルでは問題に対応できなくなったパトロナージュは、国家的パトロナージュに向うか、雇主の結合によるものになるかの選択を迫られる。前者は国家主義への警戒から放棄され、後者は「家父長的な」ものから、「控え目な保護」を標榜し、雇主相互の相互保険制度の形成により労働者の権利の保障をはかる「自由主義的な」パトロナージュへの改革の試みとなって現れる。これはパロトナージュの大きな変質であった。

パトロナージュも積極的に保険を利用するに至り、職業上のリスクとして労災を構成し、保険の制度を用いて補償を行なっていくことについては広範な合意が形成された。雇主層の関心は、保険の機構の管理権を、自らが握るのか、それとも国家が掌握するのかに移っていく。

このようななかで立法的解決が日程にのぼり、政治に対する法の優位が崩れ始める。一八九八年に成立した労災補償法の審議には一八年の歳月が費やされたが、そこで問われていたのは、産業の進歩を阻害せず、しかも労災に対する実効的な救済を与えること、そして裁判所から労災問題を取り上げ、裁判所によるパトロナージュの法的サンクションが引き裂いた労使の間に平和を回復することであった。

3　確率論的理性による労災問題の解決

一八九八年四月九日の法律は、「職業上のリスク」による労災補償を定めることによって問題の解決をはかった。(7) しかし、責任の対立の解決は責任の自由主義的ダイヤグラムの問題化を導く。ダイヤグラムの変更は、知・権力関係の新たな布置、すなわち、「社会学的知の形式の出現、新しい統治の作法の可能性を提供する政治的情勢。コントと第三共和制の結合」（二一四）によってはじめて可能となった。これが、労災責任に関する一八九八年四月九日法に先立つ非常に長く、白熱した論議の実質である。事故はリスクとして新しい客観性を見いだし、保険が旧い社会契約観を見直し、新たな連帯政策を構築するための一般的モデルを提供した。

保険は統計と確率論に基づいている。(8) 自由主義的な責任原理が、過失と因果関係の観念に依拠して、原因行為者を特定し、その責任追及を基本的な目的としたのに対して、保険は損害の発生自体を根拠として被害者に対する損害の塡補を保険加入者全体の負担において行なうシステムである。その前提となる観念がリスクである。リスクは具体的に発生する危険ではなく、統計と確率計算に基づいて算定される抽象的な危険であり、個々人がどんなに賢明に振舞ったとしても必ず一定の比率で事故が発生すること、そうした規則性を前提に構成された危険である。(9) その意味で個人の意思に依存しない客観性を持つものである。このリスクの観念に依拠して成立するテクノロジーである保険は、社会的進歩と、それが必然的に個人にもたらす損害とを調和させる観念である。社会的に存在するリスクに対して、定義上当然に、個人は個人としてどう対処することもできないので、保険というテクノロジーが、母集団を構成して母集団のリスクを統計と確率計算によって数量化し、それに基づいて母集団構成員の負担（掛金）と、被災者の受け取る保険金を決定して、母集団全体でリスクの負担の分配を行なうのである。

リスクと保険のテクノロジーは、自然（神）以外に個人の意思によって左右することのできないもの（リスク）を認め、個人以外の集合的なもの、社会的なものを措定する点で方法的に個人主義とは異質なものである。また、事故が発生した場合に、個人がそれを予見できなかったことに過失を認め、自己責任を徹底する自由主義的な予見政策（個人の道徳化に基礎をおく安全＝生存保障政策）とは異なり、保険はある特定個人が遭遇した事故の負担を集団的に分配し、特定個人への帰責を問題としない。事故は確率論的にみれば必然であり、他の誰かが遭遇する可能性があったのであるから、また、事故を引き起こす可能性をもつ技術を社会全体の進歩のために使用することを社会が許容している以上（機械文明を否定しない以上）その進歩と引き換えに、特定個人が被る被害の負担を社会が引き受けるのは当然のことと考えられることとなる。ここに新しい権利義務関係が成立する。社会に対する被災者の債権が発生するのである。

こうした保険の合理性は、自由主義の責任原理と対立競合関係に入ることになるが、結局産業社会に適合的なテクノロジーとして保険はその地位を確立していくことになる。保険のテクノロジーは、一九世紀の歴史のなかで、社会的な問題を解決する手段としての地位を獲得し、政治的立場を超えてやがては社会の構成原理にまで普遍化していく。保険的な構成をとらなければ社会問題は解決しないと考えられる世界が成立する。保険は、事故の損害の補塡という役割以上の意味を与えられ、社会のあり方自体を規定するものとなる。エヴァルドは、この段階で「保険社会」が成立したものとし、それによって福祉国家の成立を画する。自由主義的責任原理である過失概念が、リスク＝保険に社会的調整原理の地位を奪われたとき福祉国家が成立するのである。

一八九八年法は、「職業上のリスク」という観念を梃子に保険の合理性を実定法化した。「職業上のリスクとは、労働者および雇主のフォートから独立して特定の職業に帰属するリスクである」（シェイソン）という定義をエヴァルドは「職業上のリスク」の模範的な定義としてあげている。この観念は、伝統的な責任観念とは大きな違いを持つ。労災を、雇主または労働者の行為の如何にかかわらず、労働自体に起因するものと考え、労災回避のためにあらゆる予防措置をとっていたとしても、また労働者が重過失（faute lourde）を犯していたとしても、発生した労災の責任を、法人の代表者である企業長は負わねばならないとするのが職業上のリスクの考え方である。したがって、帰責の原理は因果関係から解放され、企業内における利潤と負担の分配の問題として、社会的な公平の問題としてのみ構成される。この考え方の背後に存在するのは、全体のあり方（労災発生率）は部分に影響する要因（過失）とは無関係であるという統計的確率論的思考である。また、リスクは、それ自体としては存在せず、リスクとして構成されることによってリスクとなり、リスクとなり得ないものはない、そういった観念であるから、「職業上のリスク」の観念はあらゆる産業のあらゆる労働者の労災を補償することを可能とし、さらにはそれが「社会的リスク」という形で職業の枠を超えることにもなんら客観的障害となるものではない。したがって、リスクの範囲を決定するのは政治的決定でしかありえない。九八年法はその一つの決定のしかたであった。

リスクを政治的に決定する手段として法という形式が用いられた結果、それは立法のあり方に変化をもたらした。九八年法は、すべての労災の犠牲者に補償を与えることによって労使の対立に終止符を打つことを目的に労使を和解させた法である。この法律は普遍的な原則に依拠しているのではなく（立法者は過失責任原理に代わる一般的な責任原理を定立しようとしたのではない）、特定の社会目的を実現するために、労働者に完全補償を可能とする損害賠償請求を放棄させ、その代わりに補償の確実さをあたえ、他方、雇主にはすべての労災の責任を引き受けさせるが、定率制という形で責任を限定し裁判における賠償（額）の恣意性から解放する仕組みを作るという、いわば政策的な配慮を表現するものであった。

エヴァルドは、定率制、リスクと現実的危険（danger）、許しがたい過失、保険の四点にわたって、自由主義的合理性とリスクに依拠した新しい合理性とが、どのように対立し和解したのかを詳細に分析した後に（二八七頁以下を参照）、一八九八年法の持つ意義、それがもたらした変化を、次のような点にみている。産業社会が、自然の制約から解放され、産業社会自体に基礎を置く権利義務関係を作出して自己の無限の力を自覚したこと。普遍的原則の表明ではなく実験的法律であること（経験に基づき合意によって変えられるプラグマティックな新しいタイプの法律）。自由で賃金と引き換えにリスクを引き受ける所有者という民法の労働者像とも、全面的な従属関係に置かれ主体性を欠く保護の対象という使用人のイメージとも異なる労働者像、すなわち人の所有物ではないが、自由でもなく予見ができない賃労働者（salarié）という労働者像の法的社会的承認。民法の責任原理＝産業の統治という自由主義の構図が崩れて特別法として労働契約の法としての労働法が誕生したこと。そして従属関係を前提とする労働契約によって職業上のリスクが基礎付けられること。最初の社会保険法としての九八年法の採用する、社会保険の観念に基礎を置くリスクと負担の分配という考え方は「客観的な社会契約」（すべての社会活動は連帯しているという、個々の契約の対象化原理）の存在を前提とすること。保険が、労災問題を契機に分断された社会と産業の関係を修復し産業を社会のなかに統合し、産業社会を成立させたこと。労働契約は負担を社会的に分配し、リスクのなかで連帯を実現していくしかたであり、産業社会の社会契約のあり方を示していること。意思・平等・過失の民法の系列からリスク・企業・社会という社会法の系列に社会的な擬制が変化したこと。九八年法はパトロナージュに法的形式を与えたものであり、パトロナージュの追認であるが、雇主層はその管理権を奪われたこと。

保険が労働者の要求に法の形式を与えることを可能とし、改革の道具となったこと。保険が一九世紀末において、政治的社会的闘争の形式であり、道具であり、賭金であったこと。

九八年法を契機として、社会法が民法に取って代り、旧い法治国家が保険社会（「保険のテクニックとカテゴリーを通じて社会の諸問題を考察し、社会の調整（régulation）を考察する社会」（二〇））に道を譲ることになる。

4　社会契約と連帯契約

エヴァルドによれば、福祉国家＝保険社会の哲学が連帯主義（Solidarisme）である。連帯主義における連帯契約は、こうして成立した新しい社会のあり方を定める社会契約の形態である。それは、一回きりの社会の起源の物語ではなく、日々更新されるアクチュアルな社会契約であり、均衡の創出という形で個人の生存を社会化し、社会の構成員の結びつきを恒常的に確認するという特異なあり方をする。

一般に、社会の形成は契約のメタファーによって説明されるが、社会契約によって社会が個人に対して義務づける社会的義務の内容は、自然状態（集団を形成して対処すべき悪）の性質に依存する。社会的悪という悪に対処する社会契約はどのような形式をとるのか、それが規定する道徳的、法的、政治的義務の内容はいかなるものなのか。事故の対象化の変化にともなう社会的調整原理の転換から生じた「保険社会＝福祉国家」における社会的権利義務のあり方が、最後に問われることになる。エヴァルドによれば、社会契約の観念の主要な機能は、政治社会の形成を記述することでも、法源がいかなるものかを示すものでもなく、法に属し得るものと法に属し得ないものとの境界を確定することである。したがって、この境界が動くとき社会契約は変化することになる。

社会的悪の原因は、単一ではなく、すべてが原因であると同時に結果でもあるような重層的に錯綜した「環境」に存する。悪の起源を個人の過失に求める伝統的政策では社会的悪に対処することはできない。個人の責任は意味を失う。悪の根拠は個人にでなく、社会的関係に存するから、個別的に個人の責任を追及しても社会的悪を根絶することはできないし、また悪が進歩の必要な代価である以上、悪の根絶は進歩自体の否定を意味する。したがって、悪を最小限に抑え、その負担を分配することしか悪に対処する方法はない。

個人の観点からみれば、各人は、自分自身の善（利益）を追求するにあたって、社会が万人の善（利益）の条件として示すものを尊重し、意欲しなければならなくなる。そこでは、個人は社会を媒介としなければ自己のアイデンティティーを確立できない存在となり、他方で、「社会」は義務を課す主体と表象される。さらに、社会は、社会的悪に対処するときに、標的とすべき対象となる。つまり民事的な権利義務関係、社会の道徳、延いては社会契約の形式自体の変更が日程に上る。「事故の社会問題化とともに、安全の問題が改良政策の主軸となることができる。この改良の対象は、政治権力の行使方法ではなく、社会であり、社会が優遇する価値と行動、社会が人々に課する生き方である。」（二一）

予見義務もその性格を変える。個人が予見を怠ったために発生した損害は個人だけの問題ではなく社会的悪となるため、個人は個人の運命の責任者であるだけでなく、社会に対する責任者ともなり、社会的予見義務を負うことになる。集団的な強制の対象となって、自由主義において道徳の領域に属した予見は、法の領域に移動する。権利義務の社会的・法的主体となった社会は無制限の権力を享受し、社会的悪に対処するために法的なサンクション（処罰）を超えて予防に乗り出す。生存権の承認は、それと引換えに社会が個人に対して積極的な義務を課す権利を手に入れたことを意味する。法は禁止だけでなく、作為義務を表すようになり、社会的道徳と混同され、自由主義の基本的原理である法と道徳の峻別が崩れることになる。個人主義的な道徳化政策は挫折し、「社会化」政策に変わる。個人は社会の構成員として、自分が意識する以前からお互いを結びつけている連帯、他者を必要とし他者なしでは存在しえないという「社会的良心」にしたがって自己の行動を判断しなければならない。

社会の構成員は相互に債権者であり、債務者であるが、しかしながら、各人がいかなる債務を負い、いかなる債権をもっているか、社会的債権債務の額は特定不能である。債権債務の内容の決定不能は連帯主義の限界を示すものと考えられてきたが、そうではなく、むしろそれはその条件のひとつであるとエヴァルドは考える。連帯の無意識的、無秩序な相互作用に服する人々は相互にそれを有利なものにするルール（正義の規範）を作らなければならないが、客観的な基準はなんらない以上、合意によって、契約によってそれを定めなければならない。そして、その際モデルとなるのが保険契約である。こうした意味で連帯主義理論は契約理論である。連帯を契約によって構成した点にこそレオン・ブルジョアによって代表される連帯主義の最大の功績があるとエヴァルドは述べている。

正義が合意、恒常的な交渉に基づく合意によって決まる以上、それは固定したものではなく、常に見直されるような性質のものである。連帯契約上の義務は、利益と負担の配分の仕方についての同意を恒常的に調達する政治的手続を組織することと、そこにおける交渉義務だけである。

以上、悪の社会的悪としての対象化は、権利義務の社会化、社会契約のプラティックの変化、その結果としての権力行使の法制度の変更として帰結した。社会契約の形態変化にまで至って、エヴァルドの考察の政治社会学的な部分は一応終了することになる。

おわりに

結局、エヴァルドの著作の要約で紙幅はつきてしまった。自由主義的合理性の支配する世界から、「保険社会」という新しい社会の構成への変容を、エヴァルドは多くの契機を考慮しながら、しかも一貫した筋道をもって示しているように思われる。

エヴァルドは福祉国家の意義を四つにまとめている。①福祉国家は、産業社会の到来と結びついていること。産業社会の発展にふさわしい空間を創出し、制度の論理として「社会法」を生み出し、社会保険が産業を社会のなかに統合したこと。福祉国家はパトロナージュから着想をえているが、工業労働力が十分構成され、定着よりもその流動性が問題となった段階で制度化されたこと。②社会的弱者の救済の歴史のなかで、救済が道徳的次元を喪失し、法の対象となったこと。それは現代史の出来事のもっとも重要な出来事のひとつである。政治が道徳の問題から社会学の領域に移行したこと。③福祉国家は、生・権力の夢を実現するものであること。自由ではなく個人の生の管理の仕方を引き受ける権力であり、福祉国家における人権は生存権としてしか存在しない。④外部をもたず、客観的準拠をもたない福祉国家段階の社会は、社会的合意の維持に必要な普遍的規範をいかに提供しうるのかという課題が提起されていること。最後の問題は、第四編で扱われることになる。社会法はいかにして法でたりうるか？

事故の対象化の変化に焦点をあて、自由主義的合理性における法的合理性とパトロナージュの相補性と対立を描きだし、その解決に決定的役割をはたした確率論的合理性、保険とリスクのテクノロジーを明らかにしたエヴァルドの手捌きは鮮やかである。しかし、不十分な紹介しかできず、またその内容を検証することもできなかった。その評価も含め、成立した福祉国家における法の問題、エヴァルドの社会法論を別の機会に論じてみたい。

（1）François Ewald, L'Etat-Providence, 1986, Grasset. フランスではいわゆる福祉国家のことをEtat-Providenceという言葉で表現するが、その起源は第二帝政に求められ、国家権限の増大に敵対的であるが、あまりにラディカルな個人主義哲学にも批判的な自由主義思想家が考案したものであるという。Cf., Pierre Rosanvallon, La crise de l'Etat-Providence, 1981, Grasset, p.141.

（2）本来であれば、Pierre Rosanvallon, La crise de l'Etat-Providence, op. cit.; L'Etat en France, 1992, Seuil, Jacques

Donzelot, L'invention du social, 1984, Fayard, Paul Rabinow, French Modern. Norms and Forms of the Social Environment, 1989, MIT Press など比較的最近の成果と対比して検討を行なうべきであるが、本稿では紙幅と能力との関係でエヴァルドの著作の内在的な分析を、しかも不十分な形で行なうにすぎない。

（3）エヴァルドは哲学者といってよいだろう。フーコーのアシスタントをしていた研究者であり、最近フランスで出版されたフーコーの全集の編者として名をつらねている。

（4）引用の後の漢数字は、エヴァルドの著作の頁を指す。以下同様に、本文中で括弧に括られた漢数字は原則としてエヴァルドの著作の頁を指す。

（5）慣習行動、慣行、実際行動などと訳される。ここでは、具体的な法制度の運用、あるいはそれを補完する法外的な慣行（non-droit）などを指すものとして用いられている。

（6）ミシェル・フーコー『知への意思：性の歴史1』渡辺守章訳　新潮社（一九八六年）第五章一七一頁以下参照。

（7）一八九八年労災補償法の内容については、岩村正彦『労災補償と損害賠償』東京大学出版会（一九八四年）第三章一七七頁以下を参照。

（8）確率論の社会への適用は、ケトレによって社会物理学として定式化された。ケトレ自身の理論は、自由主義の土台を揺さぶるような政治的影響力を獲得できなかったが、確率論の思考方法は保険の実務を通じて自由主義的合理性を覆す原動力になった。その意味でエヴァルドは、社会の統治への確率計算の適用を過去二世紀のなかで最大の政治的事件と捉える（一四三）。

（9）「良き家長」が仕事をし、社会的職務を果たし、労働するときに、自然に、すなわち意図することなく、他の良き家長に損害を生ぜしめる場合に、損害は「事故」として対象化されなければならない。それはもはや過失ではなく、リスクである（三五三）。

20　Dominique Schnapper における Nation と Citoyen

二〇〇三年

一　はじめに

本稿においては、フランスの社会学者であり、憲法院の評定官であるドミニク・シュナペール[1]の「国民（nation）」及び「市民（citoyen, citoyenneté）」の観念に関する議論を検討することを通じて、多文化主義に直面して近代民主主義が主張しうる普遍性の射程について考えてみたい。大きな問題であり立ち入った検討はできないので、とりあえずシュナペールの議論の概略を示すことを本稿の主眼としたい。

シュナペールは、フランスの高名な社会学者レイモン・アロン（Raymond Aron）の娘であり、アロンの助手をしていたブルデューの指導の下で社会学を修め、現在、社会科学高等研究学院（Ecole des Hautes Etudes en sciences sociales）の研究主任（directrice d'études）を務めており、一九九一年から一九九五年まではフランス社会学学会の会長の地位にあった。シュナペールは、一九八七年に政府によって設置された国籍法改正問題検討委員会（commission de la nationalité）のメンバーとして指名され、その検討作業に参加した。この現実問題へのコミットメントの経験を契機として、本稿で取り上げる「国民（ナシオン）」及び「市民」の観念の研究に本格的に取り組んでいくことになる。シュナペールは、現実の社会問題、政治問題に積極的にコミットしているようであり、一九九四年にはドラッグ対策に関する審議会、九五年には教育関係の審議会のメンバーに選任されており、生命倫理諮問委員会（Comité consultatif national d'éthique）のメンバーとしてクローン技術に関する法案の検討にもかかわっている。(2) またパリテ問題等でも積極的に発言をしていた。

シュナペールは、このように現実にコミットする学者であり、その主張内容から保守のイデオローグと見られているようでもあるが、(3) しかし、その社会学者としての研究手法は認識の客観性に対する強い拘りを示す手堅いものであり、社会学を社会学するという自己の方法に対する反省を自覚的に説いている。(4) したがって、主張の外観上の「保守性」のみを理由にその業績を一蹴してしまうことはできないように思われる。

方法論的には、フランス社会学の主流を受け継ごうとするものであると思われるが、ウェーバー社会学にも精通し、さらに英米の社会学に対する学問的造詣も深い。(5) 英米の社会学が「人種」を実在するものとして所与の前提とし、集団としての統合や積極的差別是正措置（アファーマティブ・アクション、ポジティブ・アクション）を正当化することに対して、シュナペールは、一方で、「人種（race）」観念の人為性、すなわち「人種」が社会的に構築された観念であることを強調する。すなわち、生物学的差異の分類として「人種」が実在するがゆえに「人種」観念が存在するというのではなく、逆に自己と他者とを差異化しようとする意識が現実に投影された結果として「人種」観念が成立するという関係を強調して、それに対する英米の社会学者の無自覚を批判するのである。(6) また他方で、あくまで個人を単位とする市民としての統合を擁護して、集団を意識した積極的差別是正措置に懐疑的な立場を表明している。(7) このように、対象を突き放して社会現象を客観的に把握する姿勢を徹底しようとする点、および、集団を公的な場で認知することを拒否し、個人レベルの統合にこだわる点は、フランス社会学の伝統を受け継ぐシュナペールの方法の特色である。この方法論から「ナシオン（nation）」、「市民（citoyenneté）」の問題にどのように分析されるのだろうか。フランス的社会学方法論と、フランス流の個人主義とが結合したところで、近代国民国家はどのような像を結ぶのであろうか。(8)

シュナペールの国民国家論の検討は、フランスが抱えている移民問題やコルシカ問題に対して、憲法院メンバーとなったシュナペールの応答がいかなるものになるのかを予測するという文脈でも興味あるところであった。(9) これは、社会学者として行ってきた主張を、どのような形で憲法院による違憲審査制の枠の中で表現していくのか、政治と法の接点に形成されたフランス独自の合憲性コントロールの場である憲法院の行う微妙な作業への社会学者のコミットメントがどのように実行されていくのか、という学者の政治への関与の仕方、学者の生き方の問題として興味を引くだけではない。とりわけフランス国内の「民族」問題であり、「共和国の不可分性」に対する脅威を構成するコルシカ問題に対して、シュナペールの国民観、市民観が現実にどのような帰結をもたらすのかという点で注目されるのである。(10) 共和国の理念と多文化主義に関するシュナペールの理論は、現実的試練にどう具体的に適用されるのであろうか。国民国家・共和国と多文化主義の緊張関係を、憲法院メンバーとしてのシュナペールはどう裁いていくのであろうか。(11) シュナペールの任命当時は、こうしたことがマスコミの関心の対象となった。

二　ナシオンとは何か？

シュナペールが、近代国民国家（Nation）の問題に本格的に取り組むきっかけとなったのは、先述のように、一九八七年にコアビタシオン下で保守内閣が設置した国籍法改正問題検討委員会のメンバーとしての経験である。

それ以降、シュナペールは、移民問題、国民統合の問題に関わる著作を続けて発表していくことになる。[12] そこでまず、この委員会について見ておきたい。その後に、シュナペール自身のナシオン観を紹介する。

1　国籍法改正問題検討委員会における議論

国籍法の改正は、一九八六年に保守が総選挙に勝利したことを受けて、移民問題を政治的に利用し、社会党政権との差異化をはかり、かつ、極右に流れる選挙民を保守に繋ぎとめることを目的として、生地主義のフランス国籍法の伝統に対する例外を設けようとするものであった。[13] 移民問題に絡めて国籍問題を取り扱い、移民の統合に対して障害を設け、外国人排斥の結果をもたらす危険のあるこの法改正に対しては、強い反対運動が起こった。それによって政府は法案を撤回せざるをえなくなり、有識者による国籍法改正問題検討委員会を設置して、そこでの検討に国籍問題解決の方向性の決定を委ねた。[14] 相当数の関係者からの意見聴取なども行った後に、委員会は報告書「今日、そして将来において、フランス人であること」[15] を全会一致でとりまとめ、基本的な立場と、六〇の具体的提案を政府に具申した（一九八八年一月七日）。しかし、一九八八年の大統領選挙でミッテランが再選され、国民議会が解散総選挙となり、選挙の結果、社会党が政権を奪取したために、この委員会報告は宙に浮いてしまい、保守政権の国籍法改正の試みは頓挫してしまう。報告書は店ざらしにされ、五年後、国民議会の任期満了に伴う総選挙で保守が政権の座に返り咲いた後に、一九九三年の移民法（いわゆるパスクワ法）とともに、メエニュリー法として委員会報告書の基本的考え方が法制化されることになった。[16] その後、国籍法は、社会党政権の手によって一九九八年に再度改正されている。[17]

シュナペールの国籍法改正問題検討委員会における主張は、公聴会での陳述人に対する質問などから見ると、国籍取得において当事者の意思表示を重視すべきであるということにある。[18] 国籍取得にひとつ条件を追加することになるこの見解が、移民の子のフランス国籍取得を難しくし[19]、移民の統合にとって障害になるという現実的効果を産むのは確かであろう。しかし、それにもかかわらず、シュナペールがフランス国籍取得の意思にこだわるのは、自らの意思によって国籍を選択できるという選択の自由を保障することを重視するからだけではなく、国籍取得に関する自己の選択の重みを当事者に負荷して、特定の国の国籍を保有することの意味を当事者に自覚させることが不可欠であると考えるからである。このような考え方は、シュナペールのナシオン理解の基本的なスタンスに由来している。後に展開していくナシオン論において、シュナペールはナシオンの政治的プロジェクト[20]としての局面を強調していくが、その萌芽がここに現れている。ナシオンが政治的プロジェクトであるならば、それへの自覚的な同意なしにナシオンの構成員になることは、定義上ありえないことになろう。

国籍の自動付与は当事者の意思に関わらずに、国家との結びつきを設定する点で自己決定の理念に悖るものであり、意思主義の導入は、当該国家の政治的プロジェクトに参加するか否かを個人が自ら決定できる点で個人の自己決定を尊重するものである。こうした見解は、自己決定の理念が称揚される今日では受け入れられやすい考え方であるが、自己決定の理念が抱える問題をそのまま抱え込んでいる。自己決定ができる環境がなければ自己決定権は行使することができない。たとえば、国籍取得の意思表示のときに要求される居住要件（五年の継続的な滞在）、およびその証明手段の簡便性に自己決定権の行使は依存する。そもそも国籍取得制度の変更が知らされていなければ、権利行使の機会自体が奪われてしまうだろう。また、ダニエル・ロシャクは、国籍保有者の子どもはなぜ選択するという市民資格の自覚行為をしなくてもよいのか、なぜ外国人の子どもだけが帰属意識の表明を要求されるのか、という形で、この議論の首尾一貫性に対して疑問を投げかけ、この見解のイデオロギー性を告発していた[21]。

2 『市民の共同体』における近代的民主的ナシオン

さて、一九九三年にシュナペールが著した『市民の共同体』[22]は、国籍法改正問題検討委員会で自らが示した立場を、理論的に弁証するような性格を持った著作であると思われる。そこで提示されたナシオンの定義は、次のようなものである。

「あらゆる政治的統一体と同様、ナシオンは、対内的にはナシオンが包摂する人々を統合するために、対外的には、政治的統一体としてのナシオンの存在とそれら相互の関係に基礎を置く国際秩序の中で歴史的主体として自己主張するために、行使される主権によって定義される。しかし、ナシオンの特殊性は、それが人々を市民の共同体として統合することにある。市民の共同体の存在によって国家の対内的及び対外的行為が正統化されるのである。[23]」

主権と「市民の共同体」という二つの契機の結合によってナシオンを規定するこの包括的な定義を弁証することが『市民の共同体』の課題であるが、そこにおけるナシオン観の特徴は、血統とエスニックな文化に基礎を置くドイツ流のナシオンと、共和主義的な価値への同意という個人の意思のみによって成立するフランス流のナシオンの両者をともに否定したうえで、ナシオンのエスニックな契機をシヴィックな契機によって乗り越える恒常的なプロセスとしてナシオンを提示した点にある。[24]このナシオンの二面性、すなわち、言語・歴史・文化の共有というエスニシティの個別性の厳然たる存在と、その差異を超えて共通の政治的プロジェクトを実現していこうというシヴィックな意思の存在、この双方を正視した上で、両者の関係性を考察するアプローチをシュナペールは採用する。エトニ（ethnie）が土台として存在しなければナシオンは成立しえないが、エトニだけではナシオンは成立せず、近代の個人の尊厳の思想と結合した「市民原理（principe de citoyenneté）」（公的領域における政治的主体としての個人＝市民の本源的平等性）を通じて政治的プロジェクトを実現しようとする意思によってエトニを乗り越える営為がなされるようになるときにはじめて、近代的ナシオンが成立するとシュナペールは考える。政治的領域

＝公的領域での主体としての平等性を核とした私的次元における文化的多様性の超克の恒常的な過程として、ナシオンの内的統合過程は構造的に捉えられる。そこでは、言語が、エスニックなものではあるけれども市民の共同体内部における政治的コミュニケーションを成立させる手段として特別の役割を担い、その点でシヴィックな意味合いをも有するという特殊な位置づけを与えられることになる。ここから公的な場面における共通言語の使用の義務づけが正当化されてくる。

シュナペールが、このようなナシオン観を形成する際に批判の対象としたのは、ドイツのフォルク観念と、フランスの純粋に公民的なナシオン観念だけではない。憲法パトリオティスムが、後者の新たな形態として、抽象的な憲法的価値だけでナシオンの統合が成し遂げられるかのような主張を行う点で批判され(25)、そして、政治的なるものの価値が凋落した結果生じてきた「社会・経済的市民権」という観念（あるいは、居住の事実のみで市民権を与える、いわば生活実態論）もまた、ナシオンの持つ政治的プロジェクト性を無視し、民主主義の危機を招くものだとして批判される(26)。さらに、経済的統合のみを優先させ政治的統合を欠落させたヨーロッパ統合の中で主張される「ヨーロッパ市民権」は、エトニの基盤を欠き、かつ、政治的プロジェクトを欠く点で否定的に語られることになる(27)。

このようなスタンスは、どこに根拠をもつのであろうか。

まず、問題となるのは、シュナペールが、「市民原理」を掲げシヴィックな局面を重視しながら、なぜナシオンのエスニックな局面を放棄しないのかということである。抽象的市民にのみ依拠するナシオン観に対する批判、憲法パトリオティスム批判の根拠のひとつは、近代の民主主義的ナシオンは、エスニックな共同性と、「市民原理」の歴史的な（すなわち、論理的必然性はない）結合によって生まれたという歴史的事実を無視することができないからである(28)。実証的にも、エスニックな基盤のないところにナシオンを形成しようとする試みはこれまで挫折してきている（例えば、旧ユーゴスラビア）。それに加えて、抽象的な「市民原理」だけでは人々を動員して共同性を維持することは不可能であり、社会の存立自体が不可能になってしまうという現実の重みを科学的考察の視野の中に意識的に取り込もうという姿勢に由来している。エスニックな要素を残存させることによって、極右のナショナリズムを後押ししかねないという概念は生じうるところであるが、科学が科学を名告ろうとする以上、社会的事象の了解のために必要であれば、このようなアプローチが実践的にはリスキーでも、そのリスクを敢えてとることも必要である。

次に、なぜ社会・経済的市民権（社会・経済的生活実態、あるいは居住の事実だけで認められる市民権）をシュナペールは批判するのかが問題となる。それは、ナシオンの構成要素として政治的プロジェクトを組み込んでいるように、ナシオンにおける政治的共同性の契機を重視するからである。これはまた、シュナペールが、政治的なるものの凋落によって民主主義の存立が危機にさらされているのではないかという強い懸念を今日の政治状況について抱いていることの現われでもある。

以上のような考慮から、シュナペールは、エスニックな個別性・特殊性を「市民資格（citoyenneté）」という普遍的原理によって不断に乗り越えようとするプロセスとして民主的ナシオンを構造的に捉えようとするのである。[29]この捉え方は、エスニックなものを強調するナショナリズムに対しては、ナシオンの普遍性を対置してそれを批判することを可能とするとともに、抽象的な価値を、その実現経路を示すことなく主張する立場に対して、ナシオンの歴史的・現実的基盤を対置することによってその観念性を批判するという二正面作戦を可能ならしめる。

フランスの保守の主張と同じ類の単なるナショナリズムの主張、さらには極右の国民戦線のナショナリズムと同列に扱われるべき悪しきイデオロギーと評価する向きもあるが、シュナペールのナシオン論は、ナショナリズム批判に終始し、ともすればナシオン観念それ自体について十分な批判的吟味を行ってこなかった立場に対する異議申立てとして評価すべきように思われる。シュナペールの発するメッセージは、ナシオン（近代国民国家）は、悪名高きナショナリズムとは切り離して、そのポジティブな部分を科学的に考察するに値するものだということにある。

三　相対的文化相対主義（relativisme culturel relatif）

『市民の共同体』において近代的民主的ナシオンの理念として「市民原理」の論理的・歴史的分析を行った後に、この考察をレイシズムや移民統合問題を対象とする人種間関係の社会学（sociologie de la relation interethnique）を素材に延長し、自己とは異なる文化的背景をもった他者との関係性をいかに築くか、社会内の文化的多様性を政治的に管理する際に「市民原理」は具体的な社会において現実にどのような役割を果たすのか、という課題に答えを与えようとした著作[30]、即ち、他者と共に生きる（vivre ensemble）ための社会の構成原理である「市民原理」のあり方の探求が『他者との関係』である[31]。

シュナペールは、その序論において「社会学的プロジェクト」の意義[32]を述べ、方法論的な反省を行い、さらに自己の立場（反レイシスム・シヴィック・社会学）を明らかにしたうえで[33]、「市民原理」を「普遍性の地平（horizon de l'universalité）」として措定する自己の立場を展開している。そして、この立場に対抗する言説として多文化主義（multiculturalisme）と同化主義（assimilationisme）とが批判の俎上に載せられる[34]。

多文化主義は、あらゆる文化の等価性を主張して個々の文化に対する一切の価値判断を拒否し、エスニックな歴史的文化的共同体に「差異に対する権利」を認め、あるいはアファーマティブ・アクションなど集団への帰属を理由に集団の構成員である個人に特別の救済を与えることを承認する。文化に対する価値判断の否定は、自文化と他文化を結ぶ共通項を一切否定することを意味し、自己と他者との相互了解の可能性を予め排除することである。また、多文化主義は、集団への帰属によって人間をカテゴリー化する点で、本源的に平等な個人という存在を否定する。結局、この考え方は、他者を「もう一人の自己」として自分と同じ理性と能力を持った存在として捉えることがないために、他者は他者として拒否されることになる。社会は分断され、文化を超えた共同性の成立の余地はない。また、文化的共同体内部では個人に対する抑圧が帰結する危険性が高い。したがって、多文化主義は、多様性・文化的独自性を公的に認知はするが、その多様性を管理し、文化間の共存を追求する経路を欠いている。(35)

他方、普遍主義は、人類普遍の原理の存在を認め、それによって個々の文化について価値判断を行うことが可能であるとするが、往々にして自文化を普遍的価値と誤認することによって自文化中心主義に堕してしまい、他者の文化を否定し自文化を強制する悪しき同化主義に陥ってしまう。(36)普遍主義を名告る同化主義は、結局、他者を他者としては認知できない。これは、多様性の端的な否定であり、多様性の管理態様とはなりえない。

批判対象をこのように同定した後に、多文化主義の相互了解の絶対的拒否を導く差異の絶対性の主張と、同化主義の普遍性に名を借りた他文化の抑圧の問題を共に回避しつつ、社会内に厳然と存在するエスニックな文化的多様性をいかに管理することができるか、という問題が設定される。この課題に対するシュナペールの解答が「相対的文化相対主義」である。(37)これは、私的な領域においては文化の多様性を保持しつつ、かつ、公的な領域に、人間の尊厳・本源的平等性を否定する文化の侵入を拒否し、その拒否の根拠を「普遍性の地平」（horizon de l'universalité）に求める立場である。この立場は、文化的多様性を承認する点で文化相対主義であるが、すべての文化の絶対的等価性を認める絶対的文化相対主義（relativisme culturel absolu）ではない。個々の文化について道徳的価値判断を行う根拠として「普遍性の地平」を認める点で、文化相対主義を相対化する立場である。

「普遍性の地平」とは何か。シュナペールは、このように個々の文化について普遍的なるものによって道徳的価値判断をすることを認めるが、先に述べた同化主義とは異なり、普遍性を実体化することに対して非常に警戒的である。シュナペールにとっての普遍は実体ではなく、「地平」として存在する。それは、普遍性が、それを追い求めて進んでもそこに辿り着くことは決してないというあり様で不断に人間の行動を規律する、現状に対する批判原理として存在するということを意味する。自文化を実体化し、普遍化する自文化中心主義とは異なり，自文化を常に普遍性の地平を引照点として反省する、そのような自省のプロセスの規制理念が「普遍性の地平」である。(38)

シュナペールにとって、この地平を構成するのが「市民原理」、すなわち市民の形式的平等性である。「市民原理」は、公的な領域における独自文化の主張を認めない。公的領域においては、人はすべて他者と形式的に平等な存在として、他者とコミュニケーション可能な共通言語を用いて、すなわち市民として振舞うべきである。公的領域における文化的独自性の承認は、共同体の解体を招き、さらに文化の多様性の否認につながっていく危険がある。すなわち、公定される文化と公定されない文化の区別が不可避である以上、多文化主義は、文化相互間の等価性という前提自体を掘り崩すという自家撞着に陥らざるを得ない。多文化主義の文化的多様性の主張が成り立ちうる前提、多様な独自文化の自己主張が共存しうるための前提を構成するものが、「市民原理」である。公的領域におけるその貫徹が、私的領域における多様性の開花を可能とするのである。(39)

シュナペールは、このような考え方を現実の問題に適用し、例えばコルシカ問題に関して次のような発言をしている。「最小限の統一性が存在するがゆえに、社会の構成員は意見を交わし、公共空間をいっしょになって形成することができる。この公共空間において、あらゆる我々の差異と我々の感性を超えて、我々は社会を形成するのである。換言すれば、コルシカの子供たちは、望むのであればコルシカ語を学ぶことができることは明らかであるが、但し、フランス語が、フランス社会に共通する言語であるがゆえに、唯一の必修言語であるということが条件となる。」「言語は、エスニックであると共に、シヴィックなものである。言語は、共通の情緒を担いながら人々の間にエスニックな関係を作り出すが、それはまた、少なくともフランス民主主義の歴史においては、民主主義の道具でもある。したがって、フランス語はブルトン語と同じ次元にはない。なぜなら、それがシヴィックな領域に属する言語だからであり、国内の諸言語とそれを区別するのはその点である。」[40]（フィガロにおけるインタヴュー）

憲法院の評定官としてシュナペールが関わったコルシカ法判決は、立法権の領土議会への委譲を違憲とすると同時に、コルシカ語教育を定めた規定について限定解釈を施し、その必修化を否定した（二〇〇二年一月一七日判決[41]）。フランス国内における独自文化の公的承認要求を否定したこの判決には、シュナペールの考え方が色濃く反映しているように思われる。

シュナペールは、ヨーロッパ統合と、国内における文化的独自性の主張の前に、今一度、近代国民国家の持つポジティブな局面を明らかにしようとする試みを企ててきた。この議論が近代国民国家の抑圧性を過少に見積もっているという評価はありえよう。しかし、近代国民国家は、ナショナリズム批判等の文脈で研究対象とされることは多かったが、それ自体の持つ肯定的な意義を明らかにする研究は意外に少なく、その欠を埋める営為としてシュナペールの議論には相応の関心が払われてよいように思われる。また、多文化主義の主張が力を得る中では、単なる多様性の賛美でなく、多様な文化の共存の条件を探る試みの方がむしろ重要性を持つ。

移民問題を契機としてフランスでは、国民戦線の代表であったルペンが国民から一定の支持を獲得するようになり、ナショナリスティックな感情が強まっている。ヨーロッパ統合も庶民の間には捉えどころのない不安を生じさせている。二〇〇二年の大統領選挙では、ルペンは、移民対策、フランス文化の防衛、治安対策強化などを訴え、民衆の中に存在する漠然とした不安をうまく利用して、得票率が急増したわけではないけれども、社会党の大頭領候補ジョスパンを押しのけ、決選投票に進んだ。ナショナリズムを捨てヨーロッパ統合を受け入れること、異文化に対して寛容であること、そのためにはナショナルな意識を捨てることが必要である。このような言説は、一見もっともであるようだが（そして、将来的にはそのような方向性が追求すべき「正しい」道ではあろうが）、ナショナルなものが現在においても保有し続けている人々の意識に対する強い規定性という現実を無視しては、正しい認識には到達し得ないように思われる。ナショナルなものを理論から単純に放逐するのではなく、むしろそれを理論的に然るべく定位することが必要である。

ナショナルな領域の画定がなされてはじめて、その領域の中で自由かつ平等な政治的主体が成立した、それが近代国民国家成立の意味であった。今日においてもなお、近代国民国家においてでなければ自由で平等な主体が成立し得なかったことの意味を、ナショナルな現象を考察の中心に据えて検討することの意義は失われてはいない。

（1）二〇〇一年二月に三年毎の憲法院メンバーの交代があり、シュナペール（六六歳）は、政治学者のアラン・ランスロに代わって元老院議長クリスティアン・ポンスレによって任命された。大統領シラクは、二〇〇〇年九月まで大統領府に仕えていたコンセイユ・デタ評定官のオリヴィエ・デュテイエ・ド・ラモット（Olivier Dutheillet de Lamothe、五一歳）を任命し、国民議会議長レイモン・フォルニは、内務大臣等の経験者で現在会計検査院院長であるピエール・ジョックス（Pierre Joxe、六六歳）を任命した（それぞれの経歴等については、*Le Monde* 二〇〇一年二月二八日付を参照）。これによって憲法院は、保守任命のメンバー七人、左翼任命のメンバー二人から構成されることになった。メンバーの平均年齢は六六・七歳（七〇代五人、六〇代二人、五〇代二人）であり、経歴で見ると、元政治家五人、国民議会事務総長経験者、憲法学者、社会学者、コンセイユ・デタ評定官各一人となる。現在の構成については、Cf. Fabrice Hourouebie, Les nominations au Conseil constitutionnel, *Petites affiches*, nº 108 (2001), p.16.

（2）*Le Figaro*, le 8 février 2001.

（3）シュナペールの立場と、国民戦線（Front National）のナショナリズムとの親和性を指摘する向きもあるようだが、シュナペール自身は国民戦線の「国民優先（Préférence Nationale）」の思想を批判している（D. Schnapper, La préférence nationale contre la République, *Le Monde*, le 24 juin 2001）。シュナペールは、まず、ある人を優先することは他の人を差別することになるという指摘を行う。次いで、民主的ナシオンは、確かに、選挙権などの市民資格と結びついた権利を市民以外のものに保障する必要はないが、すべての市民に、エスニックな帰属に関わりなく市民であるという資格があれば、政治生活への平等な参加を保障する開かれたものでなければならないとする。また、外国人であっても民事上の権利、社会経済的権利については適法な地位にある以上、国民と同等の保障を受けるべきことを指摘して、国民戦線の国民優先策は、「数世紀来の古い政治的伝統との断絶のプロジェクト」であり、その意味で「革命的なプロジェクト」である、という批判を展開している。

（4）*Le relation à l'autre*, p.25.

（5）『他者との関係』においては、英米の社会学、人種関係理論に対する批判的な総括を正面から行っている。

（6）*Le relation à l'autre*, chap. II, en particulier p.88 et suiv.; p.429 et suiv.; p.501 et suiv.

（7）イギリスの人種統合のあり方の批判的検討について、cf. *La relation à l'autre*, chap. X.

（8）「国民（nation）」観念それ自体を社会学的アプローチから研究対象とする業績は、あまり存在していない。その理由として、ノワリエルは次の三つの理由を挙げている。①社会学が誕生した時代には、もうすでに「国民問題（question nationale）」ではなく、労働運動の興隆を背景に「社会階級」の問題が時代の課題とされていたこと、②現実の個人の活動から集合的存在を説明する社会学の「構成主義的（constructiviste）」方法論が、ナシオンそれ自体を研究対象とすることを妨げたこと、③社会学の創設者たちは、普遍性指向を持っていたが、ナシオンについて普遍的な定義を行うことができなかったこと（Gérard Noiriel, *État, nation et immigration. Ver une histoire du pouvoir*, Belin, 2001, p.103 et suiv.）。シュナペールの社会学による国民国家論は、この点で貴重な業績と言える。

（9）*Le monde*, le 28 février 2001.

（10）シュナペールと同時に憲法院入りした元内務大臣ピエール・ジョックスは、憲法院に違憲を宣告されたコルシカ法案を作成した責任者であった。彼も、憲法院メンバーとして、コルシカ問題にどのような態度をとるのかと注目されていた。

（11）但し、フランスの憲法院では少数意見を表示する制度が採用されていないため、シュナペール自身の意見を直接知ることはできない。憲法院にも少数意見制を導入すべきだという議論も出てきている（Cf. p.ex., Contributions au débat sur les opinions dissidentes dans les juridictions constitutionnelles, *Cahiers du Conseil constitutionnel*, n° 8 (2000), p.80 et suiv.)。

（12）シュナペールのこの問題に関わる著作は以下のものである。

La France de l'intégration. Sociologie de la nation en 1990（Gallimard, 1991）（『統合のフランス』）

L'Europe des immigrés. Essais sur les politiques d'immigration（Francois Buurin, 1992）（『移民のヨーロッパ』）

La communauté des citoyens. Sur l'idée moderne de nation（Gallimard, 1994）（『市民の共同体』）

La relation á l'Autre. Au cœur de la pensée sociologique（Gallimard, 1998）（『他者との関係』）

Questionner le racisme（Gallimard, 2000, avec Sylvain Allemand）（『人種主義を問う』）

Qu'est-ce que la citoyenneté?（Gallimard, 2000, avec la collaboration de Chistian Bachelier）（『市民資格とは何か』）

Exclusions au Cœur de la Cité（Anthoropos, 2001）（『シテの直中における排除』）

最新の著作は、*La Démocratie providentielle*（Gallimard, 2002）であるが、本稿では扱うことができなかった。

（13）一九八六年一一月一二日に国民議会に法案提出。その内容は、外国生まれの外国人の両親から生まれた子について、国籍取得の意思表示を求めることによって、国籍の自動取得の道を閉ざそうとするものであった。

（14）一九八七年六月一九日設置。*Marceau Long*（コンセイユ・デタ院長）が主宰するこの委員会のメンバーは、*Hélène Carrère d'Encausse*（パリ政治学院教授）、*Léon Boutbien*（代議士経験のある医師）、*Jean-Jacques de Bresson*（難民不服中立審査委員会委員長）、*Pierre Catala*（法学教授）、*Pierre Chaunu*（歴史家）、*Berthold Goldman*（国際司法教授）、*Salem Kacet*（心臓病医）、*Pierre-Patrick Kaltenbach*（移民労働者社会活動基金理事長）、*Emmanuel Le Roy Ladurie*（コレージュ・ド・フランス近代文明史教授）、*Yvon Loussouarn*（国際私法教授）、*Jean Rivero*（公法学者）、*Alain Touraine*（社会学者）、*Jean-Marc Valant*（弁護士）、*Henri Verneuil*（映画監督）、そしてシュナペールであった。

（15）*Etre francais anjourd'hui et demain*. 2 vol. La Documentation Française. 1988. この報告書は、三七回の委員会と一一回の公聴会、さらに二七回の非公開の意見聴取の結果である。報告書は、非ヨーロッパ系の出生率の高い移民の増大という移民の質の変化、学校、教会、軍隊、近隣関係等の外国人を統合する装置の弱体化、旧植民地とのつながりの希薄化とヨーロッパ統合の進行といった現状認識に立って、現行の国籍法制の問題点を、関係する行政機関が複数あるために生じる無用の複雑さ、法文上の矛盾、法律と行政慣行の間の齟齬、情報提供の不十分さ、脱法行為の存在と捉えて、三つの基本方針①移民の統合のプロセスにおいて国籍法改正が積極的な意義をもつこと、②フランス人のアイデンティティの自覚が強ければ強いほど統合は容易になるという立場、③政治的概念としての nation と法的道具概念である nationalité とを区別したうえで両者の相関を考えること、を示している。委員会は、nation に関して、普遍的な政治的プロジェクトへの個人の同意による構成員性の承認という意思主義的な考え方を採用するとともに、寛容と、教育・住居・社会保障・労働の分野における統合促進を国家の義務としている。それと連動して、国籍に関しても、その取得手続において個人の意思を重視し、「国籍に対する権利」を認めた。このような立場から、国籍法制の首尾一貫性を確立し、国籍に関する政策のわかりやすい運用を実現しようとするのが委員会報告であった。

(16) 一番の問題であった外国生まれの外国人の両親からフランスで生まれた外国人の子は成人になるときに自動的にフランス国籍を取得することはできなくなり、一六歳から二一歳までの間に国籍取得の意思表示をしなければならなくなった。しかも、意思表示のときに五年間フランスに滞在していたことを証明しなければならない。このような意思表示を重視する制度は、基本的に、国籍法改正問題検討委員会の報告書の提示した方針を実現するものである。

(17) 一九九八年国籍法改正について、シュナペールは次のような批判的コメントを寄せている（*Le Monde*, le 1er août 1997）。一九九三年法の基本原則は、左右の別なく受け入れられているものであると評価したうえで、国籍法を移民問題と絡めて度々改正することを批判する。確かに九三年法に問題がないわけではないが、問題があるとすれば法律の運用レベルの問題であって、そうであれば、具体的にそれを改善していけばよいとし、具体的には、法制度の変更を知らずに、フランス国籍を有していると思って意思表示をしない、フランス生まれではあるが、両親が外国籍の若者の存在などをなくすために、国籍取得制度に関する情報へのアクセスを改善することなどを指摘している。さらに、極右がこれを奇貨として国籍法問題を政治問題化する危険を指摘し、法改正によってパンドラの箱を開けるべきではないと示唆している。ちなみに、一九九八年法改正の基調を形作ったのは、パトリック・ヴェイユの報告書である（Mission

d'étude des législations de la nationalité et de l'immigration, *Des conditions d'application du principe du droit du sol pour l'attribution de la nationalité française. Pour une politique de l'immigration juste et efficace*, La Documentation Française, 1997)。

(18) *Etre français aujourd'hui et demain, op. cit.*, t. I. これは、公聴会の記録であるが、その随所にこうした趣旨のシュナペールの発言が見られる。

(19) 例えば、親の反対を押し切ってフランス国籍取得の意思を示すことの難しさ、フランス国籍を保有していると勘違いして意思表示を怠る者の存在、統合の証しとしての五年間の居住要件を満たしていることの証明の難しさなどが、九三年法の問題点として指摘されていた。

(20) シュナペールがナシオンの基礎に見る政治的プロジェクトは、近代のプロジェクトであり、平等な市民による政治という「市民原理（principe de citoyenneté）」に基づくプロジェクトである。エスニックな文化への同意を求めているのではない。文化は基本的には私的領域で開花してよい。ただし、公的な局面では、共通言語の使用、共通の価値（市民原理、即ち、個人の市民としての本源的平等性）の承認が求められる。

(21) *Etre français aujourd'hui et demain, op. cit.*, t. I, pp.447-9. 人権同盟の関係者としての公聴会での発言。

(22) この著作は、「国民議会賞」を受賞している。受賞時の国民議会議長は、フィリップ・セガンであった。これに先立ち、シュナペールは、『統合のフランス』及び『移民のヨーロッパ』を公刊している。前者では、「九〇年代におけるフランスのナシオンのあり方に関する考察」という副題が示すように、シュナペールは、政治に対する関心の低下、選挙における棄権率の上昇等の政治の動員力の喪失状況の中で、経済的社会的統合を中心に進んでいくヨーロッパ統合のあり方と、そこで主張されているヨーロッパ市民権の問題性を指摘して、政治的なるものの凋落が民主主義の危機をもたらしていると警鐘を鳴らし、政治の復権を唱えている。後者においては、ヨーロッパ各国における文化的多様性に基づく移民政策の多様性を分析し、過去における植民地政策の特色が今日における各国の移民政策に引き継がれているという面白い指摘を行っている。すなわち、商業的結びつきだけでそれ以上に植民地とは関わらないオランダ、植民地の支配層を利用した間接支配を行ったイギリス、自国の文化を植民地に移植して植民地をフランス文化に同化しようとした普遍主義のフランス、こうした植民地政策に倣った移民政策が今日それぞれの国でとられていると指摘する。『市民の共同体』は、この二著における考察を前提としている。

(23) *La communauté des citoyens*, p.28.『統合のフランス』においては、近代的ナシオンを「自由・平等の価値と経済的秩序の必要性との間に生じる不可避的な妥協に基づく経済的社会的管理を行うことによって、客観的に異なった人々(populations)を、共通の規範と価値を中心として統合することを可能とする政治形態」と定義し、「このような価値は、全ヨーロッパに共通の歴史に由来し、政治的伝統と集団的記憶の違いによって異なる仕方で実現され、表現される。各民主的ナシオンが特殊な形態をとることは、このことから説明される」(*La France de l'integration*, p.344)としていた。

(24)『他者との関係』においても繰り返されている見解である(*La relation à l'autre*, p.445 et suiv.)。

(25) *La communauté des citoyens*, p.181 et suiv.

(26) *Ibid.*, p.190.

(27) *Ibid.*, p.197; Id., Comment penser la citoyenneté moderne? *Philosophie politique*, n° 8/1995, pp.9-26; *Le relation à l'autre*, p.412 et suiv.

(28) シュナペールは、アンソニー・D・スミスの影響を強く受けている(*La relation à l'autre*, p.392 et suiv. でスミスに言及している)。邦訳として、『ネーションとエスニシティ――歴史社会学的考察』(巣山他訳、名古屋大学出版会、一九九九年)、『ナショナリズムの生命力』(高柳訳、晶文社、一九九八年)参照。

(29) シュナペールにとって、普遍性は、絶えず追い求めるべき「地平(horizon)」としてしか存在しえない。普遍的理念は、それを追い求めても決して辿り着くことはないが、しかし、そのようなものとして不断に人間の行動を規律する(後述)。

(30) *La relation à l'autre*, p.13.

(31) シュナペールが、こうした文脈で自分の考え方を簡潔に語ったインタビューとして、*Le Figaro*, le 8 juin 2000 et le 3 février 2001.

(32) *La relation à l'auntre*, p.15(「個人の主権に基づく社会の中で、いかに社会関係を支持し、回復するか」を問うこと)。

（33）*Ibid.*, Introduction, en particulier pp.27-9.

（34）Cf., *ibid.*, pp.35-8.『他者との関係』第一部では、différentialisme と universalisme が、他者との関係の基本的な二つの形態として対比される。

（35）*Ibid.*, p.374 et suiv.

（36）*Ibid.*, pp.179-181. 同化主義 assimilationisme は、シュナペールにおいては、同化政策 politique d'assimilation と区別された観念である。統合 integration と同義とされる同化政策と異なり、同化主義は普遍主義を装った自文化中心主義である。

（37）*Ibid.*, chap. VI, en particulier p.176 et suiv.

（38）*Ibid.*, p.37.

（39）市民原理と独自文化の弁証法的関係について、cf., *ibid.*, p.446 et suiv.; p.498.

（40）*Le Figaro*, le 3 février 2001.

（41）Conseil constitutionnel, décision 2001-454 DC du 17 janvier 2002, JO du 23 janvier 2002, p.1526.

第3部解題

第3部はフランス第三共和制期における憲法学を中心に扱った論文を収録している。**17論文**はデュギとオーリウの公法理論について、**18論文**は公役務概念について、**19論文**は一八九八年労災補償法を画期とする自由主義国家から福祉国家への変容について扱っている。**20論文**は現代フランスにおける国民と市民概念について論じたものである。

フランス革命以来、数多くの革命や政変を経験し、幾度となく憲法を制定してきたことから「憲法の実験場」とさえ称されたフランスにおいて、第三共和制（一八七〇～一九四〇年）は初めて長期にわたって持続した体制である。とはいえ、とくに一九世紀後半から二〇世紀前半にかけては、フランスの政治社会は大きな変動を迎えていた。第三共和制期には、国家による積極的な社会政策や経済政策が要請され始め、国家が介入する領域が飛躍的に拡大した。さらに労働運動も盛んになり、現在もフランス最大の労組である労働総同盟が一八九五年に結成されている。この社会改革の思想的基盤となったのが、社会学者エミール・デュルケームや政治家レオン・ブルジョワなどによって提唱された社会連帯思想である。この考え方によれば、個人は孤立して存在しているのではなく、社会において結合しているのであって、それゆえに個人は相互扶助の義務を負っているのである。当時の一連の立法は、第四共和制憲法前文において「現代においてとくに必要なもの」としての「政治的、経済的、および社会的諸原理」、及び「共和国の諸法律によって承認された基本的諸原理」として憲法規範に取り込まれている。この第四共和制憲法前文は現行の第五共和制憲法に引き継がれている。

レオン・デュギ（一八五九～一九二八年）とモリス・オーリウ（一八五六～一九二九年）は、第三共和制期の代表的な公法学者である。デュギはフランス南西部にあるボルドー大学で活躍した。デュギは、あらゆる現象を「もの」としてみる社会学的方法を採用し、分業という社会的事実から、諸個人の義務の体系として社会を把握する社会連帯理論によって法体系を再構成しようとした。これを法学的に構成したものが客観法の理論である。オーリウはフランス南部にあるトゥールーズ大学で活躍した。オーリウの公法学はトマス主義に影響を受けた制度理論と社会学的な方法とを結合することによって目前にあるフランス社会を分析しようとした。オーリウは自らの分析を「実験場からの連続報告」に過ぎないと称していた。さらに、行政裁判所の判例評釈を積極的に行うことによって判例行政法の先駆けとなった。デュギ、オーリウ両者とも、当時から極めて大きな影響力を持っていただけでなく、今日に至るまでフランス公法学の大家とされており、日本でも多くの論文が執筆されている。**17論文**が発表された当時における代表的なフランス憲法学研究は樋口陽一によるものであった。民主主義こそが最も重要な価値であるという憲法学の潮流に抗して、樋口陽一は『近代立憲主義と現代国家』（勁草書房、一九七三年）において個人の自由を国家から確保する「近代立憲主義」の論理をフランスの憲法思想から歴史的に抽出した。このフランス革命に淵源を持つ近代立憲主義が確立するのが第三共和制期であった。**17論文**はデュギとオーリウの公法学のなかに「法による国家制限」の理論を求める。この点で樋口の問題意識に連なっているといえよう。

18論文は**17論文**の続編として構想された。デュギとオーリウによって展開された公法理論について公役務概念を主軸に一九八〇年代まで跡づけたものである。公役務概念はフランスの司法制度を前提にして構築された。フランスの司法制度は、民事事件や刑事事件を扱う司法裁判所と、行政事件を扱う行政裁判所の二系統に分かれている。ある事件がどちらの裁判所に帰属するのかを判断する基準として提唱されたのが公役務概念である。公役務とは国家が一般的利益を達成するために行う活動のことであり、その活動には行政法が適用されることになる。しかし、一九二〇年代には商工業的公役務が登場し、行政活動に関する事件であっても司法裁判所に帰属する場合が認められた。さらに一九四〇年代になると、私人であっても公役務を管理することが認められるようになった。その結果として、公役務概念は裁判管轄を判断する基準としては有用なものではなくなった。とはいえ公役務概念は国家活動の拡大を正当化する機能を強めることになる。しかしこの側面も一九七〇年代後半にはそのイデオロギー性が批判されるようになった。**18論文**が対象としたのはこの時期の議論である。一九八〇年代後半には新自由主義的政策が有力となってきたこともあり、公役務概念は私的活動の自由ひいては営業活動の自由を制約するものとして批判された。今日においては、市場統合を推し進めるEUと国家介入を擁護するフランスとの関係で、フランス公役務の危機が叫ばれている。EUは自由競争を原則とし、構成国が企業を援助したり、独占を承認することを禁止している。その結果として、フランスが公役務理論によって国家介入を正当化することは極めて困難となっている。実際に、電気、ガス、通信、郵便、高速道路などについて、かつて公役務とされた活動が次々と民営化されている。最近では鉄道部門の民営化をめぐって激しいゼネストが展開されている。

19論文は、フランスの歴史家で哲学者でもあるフランソワ・エヴァルド（一九四六年〜）の著書『福祉国家』を検討するものである。エヴァルドはミシェル・フーコー（一九二六〜一九八四年）の助手を務め、フーコーによるコレージュ・ド・フランスの講義録の編集にも携わった。長らく農業国であったフランスでも一九世紀前半には産業革命が開始された。自由主義的考え方においては、労働にともない損害を受けた場合、労災は労働者の過失によるものであり、責任は労働者にのみ帰せられた。この過失責任原則は、産業革命の進展とともに機械制大工業が主流になり、賃金労働者が急増するにつれて次第に変容を迫られる。その画期となったのが一八九八年に制定された労災補償法である。この法律は使用者の無過失責任を認め、労災は労働者ではなく使用者がその損害を填補することとした。その根拠となったのは職業上のリスクという考え方であった。この考え方は、統計学の考え方を前提として、あらゆる職業にはリスクが伴っているのであり、労働者が最善の注意義務を払ったとしても、一定の割合で労災は必然的に生じてしまうということに着目した。このことによって自由主義的合理性から福祉国家的合理性への転換が図られた。個人ではなくて社会がリスクを引き受ける保険制度が発達することにもなる。

20論文はフランスの社会学者ドミニク・シュナペール（一九三四年〜）による国民と市民の議論を検討するものである。シュナペールはフランスの高名な社会学者レイモン・アロン（一九〇五〜一九八三年）の娘である。一九七二年から八〇年まで母校のパリ政治学院で教壇に立ったのち、一九八一年からはフランス国立社会科学高等研究院においてレイモン・アロン社会学・政治学研究センターの研究主任を務めている。特筆すべきは、シュナペールが現実の政治にも深くコミットしてきたことである。実際に一九八七年には国籍法改正問題を検討する委員会のメンバーとなり、二〇〇一年から二〇一〇年までは憲法院の評定官も務めている。フランスは近代国民国家の典型と見なされてきたが、移民問題や地域問題からも明らかなように、実際には多様な民族から成り立つ国家でもあり、国民の内実をめぐる議論が重要な政治的問題となっている。そこでは、国民は血統や文化に基礎を置くものなのか、それとも自律的市民という共和主義的価値観に依拠するものなのかが問われている。前者の考え方は、多文化主義と親和的である反面、排外的ナショナリズムをともなうこともある。後者の考え方は、普遍主義と結びつくが、統合を旗印に他文化を抑圧する場合もある。フランスで長らく理念とされてきたのは、国民を市民として理解する考え方であった。しかし、教育や労働の機会が十分に確保されないなかで、移民がフランス社会に適合していくのは困難であり、さらに近年では、新たに流入してくる難民をいかに受け入れるのかが喫緊の課題となっている。こうした状況を背景にして、排外的な国民観が称揚され、二〇〇二年と二〇一七年には極右政党党首が大統領選挙の決選投票に進出する事態も生じている。さらにまた、市場統合を中核とする欧州統合が進展するとともに、従来の国民国家という枠組みにも揺らぎが生じ、ヨーロッパ市民権という問題が活発に議論されるようになった。国民や市民のあり方は今日でもなお問われ続けているのである。

〔春山習〕

あとがき

彼が亡くなってから、いろいろなことで皆様に助けられてなんとか過ごしております。

ほとんどすべてのことが、損得や経済優先で動く今の時代に、そのようなことを度外視して動いてくださる方たちの存在によってこの本は生まれました。一つの小さな僥倖といってもいいかもしれません。

彼のためだったらやってもいいいと一肌脱いでくださった方々の心と、そう思わせるような存在であった彼の心が出会ってできた本。

彼はある意味で非常に理想が高く、不完全なものは出したくないと思っていた節があります。私が本を出さないのと聞くと、ゴミみたいなものは出さなくていい、と答えたこともありました。でも水島朝穂先生がおっしゃったように、来るものは拒まずという性格でもありましたので、皆さんが本を出してくださったことは、はにかみながらも素直に喜んでいるのではないかと思います。

彼は本当の意味でやさしい人でした。人の足を引っ張ったり、貶めたり、ばかにしたりすることは一切ありませんでした。

私には思想的なことはわからないので、性格から想像するしかないのですが、かなり過激で理想主義なところもあったのではないかと思います。内気ゆえにぶっきらぼうなところもあったので、誤解をうけたこともあるかもしれません。理想は高かったけれど、実際の行動は地に足が着いたものだったと思います。

偲ぶ会では、学内で抗議を繰り返す学生に一日中体を張ってくっついて守ったという話もお聞きしました。

ある院生の方には、何時間も論文について指導してもらい、今でもその添削の入った論文をお守りにしているという話も伺いました。

実際の行動は目の前の人々、個々の学生さんやお弟子さんのことを本当によくしてあげようという思いで、個人個人に真摯に向き合ったものでした。

自分のことは後回しになってしまったのか（気づいてあげられなかったこと、悔やんでも悔やみきれません）、二〇一七年八月一一日に体調不良を訴え、自分で運転して一緒に向かった病院で、ステージⅣのがんと宣告され、一か月半も経たない九月二三日に逝ってしまいました。

泣き言も言わず（かえって言ってくれた方が楽であると思えるほど）あまりにも見事に去って行きました。

またね。という言葉のみを残して。

残された者には、これが現実のことだと思えないような感覚もあります。また、これまで当たり前だと思っていた彼という存在がどれほど大きかったか、毎秒、毎秒のようにつきつけられる日々となってしまいました。ただ一緒にごはんを食べること、豆を挽いて淹れてもらったコーヒーを飲むこと、スーパーに買い物に行くこと、お天気などのたわいもない話をすること、ワインを飲むこと、展覧会に行くこと、映画に行くこと、そんな日常のひとつひとつが彼と一緒だったから宝物であったことを、失ってから知ることとなりました。

生きていく意味が突然なくなってしまい、死ぬまで続くであろう絶対的な喪失感とともにどうやって生きていったらいいのか、今まで能天気に生きてきた私は途方に暮れています。

そんな私にとってもこの本の存在は小さな希望です。

日々本当にお忙しい方々が、何の見返りも求めず時間と労力を割いてこの本を作ってくださったことにこの場をお借りして深く感謝申し上げます。本当にありがとうございました。

こんなことを書き連ねてしまったのを見て、今ごろどこかで口をちょっとまげて、苦笑いをしているかもしれません。

今関　佳子

今関源成（いませき　もとなり）

〔略歴〕
1957 年　千葉県生まれ
1979 年　早稲田大学法学部卒業
1981 年　早稲田大学法学研究科修士課程修了
1984 年　早稲田大学法学研究科博士後期課程満期退学
1979 年　早稲田大学法学部副手
1981 年　早稲田大学法学部助手
1984 年　早稲田大学法学部専任講師
1986 年　早稲田大学法学部助教授
1995 年　早稲田大学法学部教授
2004 年　早稲田大学法学学術院教授
2017 年　逝去（60 歳）

〔主な業績〕本書収録以外のもの
『フランス法律用語辞典〔第 3 版〕』（共監訳）（三省堂、2012 年）
「最近の憲法院をめぐる論議」法の科学 16 号（1988 年）
「人権理念と個人」岡村遼司ほか編『人権問題とは何か』（明石書店、1997 年）
「明白な過誤の法理」フランス憲法判例研究会編『フランスの憲法判例』（信山社、2002 年）
「違法政権の擁護表現」戸波江二ほか編『ヨーロッパ人権裁判所の判例』（信山社、2008 年）
「最高裁裁判官の任命慣行の問題点」ジュリスト 1400 号（2010 年）
「比例原則」フランス憲法判例研究会編『フランスの憲法判例Ⅱ』（信山社、2013 年）ほか

法《ほう》による国家《こっか》制限《せいげん》の理論《りろん》

2018 年 10 月 10 日　第 1 版第 1 刷発行

著　者　今関源成
発行者　串崎　浩
発行所　株式会社日本評論社
〒 170-8474　東京都豊島区南大塚 3-12-4
電話　03-3987-8621（販売）　-8592（編集）
FAX　03-3987-8590（販売）　-8596（編集）
振替　00100-3-16　https://www.nippyo.co.jp/
印刷所　倉敷印刷株式会社
製本所　倉敷印刷株式会社
装　幀　百駱駝工房

ISBN 978-4-535-52382-1　Printed in Japan　検印省略　© M. IMASEKI